北京市京师（深圳）律师事务所 BEIJING JINGSH LAW FIRM SHENZHEN OFFICE | 系列丛书

金融消费者权益保护的

法律实践及合规体系构建

主　编｜王岩飞　樊思琪　姜风
副主编｜卢华秋　聂雯珺　陈修

法律出版社 | LAW PRESS
北京

图书在版编目(CIP)数据

金融消费者权益保护的法律实践及合规体系构建 / 王岩飞，樊思琪，姜风主编. -- 北京 ：法律出版社，2023

ISBN 978-7-5197-8159-0

Ⅰ. ①金… Ⅱ. ①王… ②樊… ③姜… Ⅲ. ①金融投资－投资者－法律保护－研究－中国 Ⅳ. ①D922.280.4

中国国家版本馆 CIP 数据核字(2023)第137693号

金融消费者权益保护的法律实践及合规体系构建
JINRONG XIAOFEIZHE QUANYI BAOHU DE FALÜ SHIJIAN JI HEGUI TIXI GOUJIAN

王岩飞
樊思琪 主编
姜　风

策划编辑 邢艳萍
责任编辑 邢艳萍
装帧设计 鲍龙卉

出版发行 法律出版社
编辑统筹 法律应用出版分社
责任校对 朱海波
责任印制 刘晓伟
经　　销 新华书店

开本 710毫米×1000毫米 1/16
印张 22　**字数** 360千
版本 2023年11月第1版
印次 2023年11月第1次印刷
印刷 保定市中画美凯印刷有限公司

地址：北京市丰台区莲花池西里7号(100073)
网址：www.lawpress.com.cn
投稿邮箱：info@lawpress.com.cn
举报盗版邮箱：jbwq@lawpress.com.cn
销售电话：010-83938349
客服电话：010-83938350
咨询电话：010-63939796

书号：ISBN 978-7-5197-8159-0　**定价**：86.00元

凡购买本社图书，如有印装错误，我社负责退换。电话：010-83938349

前　言

金融消费者是金融市场的重要参与者，也是金融业持续健康发展的推动者。加强金融消费者权益保护工作，是防范和化解金融风险的重要内容，对提升金融消费者信心、维护金融安全与稳定、促进社会公平正义和社会和谐具有积极意义。

随着我国金融市场的发展，个人参与金融活动的频率越来越高，越发频繁的市场活动必然带来更高的管理难度和多样化的法律问题。与此同时，我国针对金融消费者权益保护的立法工作尚不够完善，金融机构的金融消费者保护体系构建需要长时间的完善和巩固，金融消费者的金融知识和法律意识还需要提升，加之我国消费者权益保护采取的是倾斜性立法原则，这给金融机构的消费者权益保护工作带来了挑战。

近年来，金融消费者权益相关的法律纠纷和投诉数量攀升，金融消费者权益保护已经成为金融监管部门和金融机构的重要工作内容。

从立法层面，有关金融消费者权益保护的相关立法不断完善。2013 年《消费者权益保护法》修改后，新增了关于提供金融服务的经营者对消费者的说明义务。国务院办公厅发布的《关于加强金融消费者权益保护工作的指导意见》从健全金融消费者权益保护机制、建立金融消费者适当性制度、保障金融消费者财产安全权、保障金融消费者知情权、保障金融消费者自主选择权、保障金融消费者公平交易权、保障金融消费者依法求偿权、保障金融消费者受教育权、保障金融消费者受尊重权、保障金融消费者信息安全权十个方面对金融机构行为规范提出了要求。近年来，金融监管部门也连续出台了一系列金融消费者权益保护领域的部门规章，如《中国人民银行金融消费者权益保护实施办法》《银行保险机构消费者权益保护管理办法》等。

在执法和司法层面，中国人民银行、原中国银保监会、中国证监会等监管部门不断加强金融消费者权益保护工作，积极开展多种监管措施，普及金融消费者权益保护知识，查处了一批侵害消费者利益的典型案例，金融消费者权益保护工作取得了阶段性成果。与此同时，随着金融消费纠纷案件的增加，司法机关也在不断加强和完善金融消费领域的纠纷解决机制。《全国法院民商事审判工作会议纪要》专门就金融消费者权益保护纠纷案件的审理进行规定，尤其是在适当性义务的履行方面，对金融机构提出了很高的证明要求。

2023 年 3 月发布的《党和国家机构改革方案》中，将中国人民银行有关金融消费者保护职责以及中国证监会投资者保护职责，正式划入挂牌后的国家金融监督管理总局，即原“一行两会”中关于金融消费者权益保护方面的工作，将由国家金融监督管理总局统一负责，进一步加强和完善了金融消费者权益保护机制，提升了金融消费者权益保护工作的有效性。

在多重要素的影响下，金融机构关于建立和完善金融消费者权益保护的系统性工作显得尤为重要。金融消费者权益保护的系统性工作包括建章立制、行为守则、培训宣传、信息安全等多个方面，涵盖了金融消费者的知情权、公平交易权、受教育权、信息安全权等多个维度，需要综合管理、技术、法律等多种学科知识，是一项复杂性工作。尽管金融监管部门不断加强金融消费者权益保护的监管工作，金融机构也在不断完善金融消费者权益保护的合规管理机制，但面对日益复杂的金融产品及频发的纠纷事件，如何有效地开展金融消费者权益保护工作，避免合规体系的落实成为“纸上谈兵”，如何自上而下地将合规义务融入经营的各个环节，如何打通“最后一公里”，成为每一个金融机构不得不面对的难题。

本书作者为长期从事金融消费者权益保护工作的一线人员，通过市场调研、数据分析、案例分析、法律文本解读等多种研究方法，将金融消费者权益保护工作与企业合规管理理念融通，从金融消费者权益保护基本理念、行政监管及司法实践、金融业务具体环节的合规要点、数字金融新兴问题的挑战、合规体系构建等方面，系统地介绍了金融消费者权益保护工作的方方面面，并结合实践经验，提出了可操作性的解决方案及合规建议，以期为金融机构开展金融消费者权益保护工作提供参考。

本书出版恰逢国家金融监督管理总局、中国人民银行、中国证监会、国家网信办联合启动“金融消费者权益保护教育宣传月”活动，期望此书能为金融消费者权益保护工作作出些许贡献，也请业内人士多多指正！

目 录

第一章　金融消费者权益保护体系

第一节　金融消费者概述

随着金融领域产品的不断开发和丰富,金融消费者的概念被提出。2008 年国际金融危机使各金融活动参与方意识到行为监管缺失、金融消费者保护不足是次贷危机的重要根源之一。[1] 加强金融监管、规范金融产品及金融服务销售方式、完善金融消费者保护机制,是保障金融市场秩序的有力举措。

中国银行业监督管理委员会(已撤销,以下简称原银监会)2006 年发布的《商业银行金融创新指引》(银监发〔2006〕87 号)中首次使用"金融消费者"一词,并提出"充分维护金融消费者和投资者利益",但并未对其含义作出明确的界定。2013 年《消费者权益保护法》修正后,新增了关于提供金融服务的经营者对消费者的说明义务,首次在法律层面直接认可了金融消费者的存在,而此后理论界对于"金融消费者"的定义也基本参照了《消费者权益保护法》第 2 条的规定。

目前理论界对于金融消费者定义的主流观点为:金融消费者系购买、使用金融机构所提供的金融商品或者接受金融服务的自然人。但对于金融消费者概念的具体内涵仍存在一定争议:

第一,金融消费者的消费目的是否只能限于"生活消费"。在界定一般消费者时,如何界定"生活消费"的内涵是主要争议点。目前的主要判断标准分为两

---

〔1〕 参见亚洲开发银行技术援助项目(TA－9377)专家组:《构建金融消费者保护的市场行为监管机制》,中国金融出版社 2021 年版,第 19 页。

种:一是将不属于生产消费的消费类型全部划分为生活消费;二是以社会一般人的判断标准认定生活消费,例如,将一般的饮食、出行等用于满足基本生活需要的消费视为生活消费。但无论上述哪一种标准,都无法完全清晰地界定生活消费的内涵,如采用第一种标准,那么以实现房产增值为目的购入住房等行为应当如何划分很容易产生争议;如采用第二种标准,所谓的"社会一般人标准"本身就带有一定的主观性,对于购买奢侈品、高档餐厅就餐等,消费水平不同的群体对这类消费行为是否属于生活消费的观点当然不同。

在金融消费领域,消费目的则更加多元,例如,为基本消费需要进行的储蓄、支付结算,为财产增值购买基金、股票等理财产品,为规避风险购买保险等,如何解释金融消费以日常生活为目的更是难上加难。由于金融消费者与金融机构之间的信息差与专业性之间的差别更大,其相较于一般消费领域的消费者处于更为弱势的地位,也更需要法律法规为其提供倾斜性保护,如果坚持将"生活消费"的消费目的作为认定金融消费者的标准,无疑会限缩对金融消费者的保护范围。因此有学者提出,认定金融消费者不应当限于为生活消费的消费目的,而应当采用非营业性标准,即非为转卖或经营目的而购买商品或接受服务,以此回避对于"生活消费"的界定。

第二,是否只能将金融消费者界定为自然人。有观点认为,将金融消费者界定为自然人过于狭隘,其范围应当扩展至具有同样处境的法人和其他组织,原因在于金融消费者与金融机构之间客观存在实力差距和信息差,需要对金融消费者提供倾斜性保护。但主流观点认为,金融机构与法人或非法人组织之间基本不存在不对等的能力差距和信息差,因此金融消费者的范围只能包括自然人。而部分学者认为:"实力不对等、信息不对称的理论预设是金融消费者与金融机构之间的,而不是投资者与上市公司之间的,也不是股东与股东之间的。"[1]因此,对于金融消费者的界定重点应当是对金融消费者与金融机构双方之间法律关系的判断,而非对主体类型的限制。在实践中,部分小微企业及非金融企业也不具备专业的投资知识,在购买金融机构所提供的金融产品时同

〔1〕 邢会强:《金融消费者的法律定义》,载《北方法学》2014 年第 4 期。

样依赖于金融机构提供的相关信息,仅将自然人纳入金融消费者范畴有失偏颇。

第三,金融消费者的范畴不仅包括正在购买金融产品或接受金融机构所提供服务的主体,还应当包括潜在的金融消费需求者以及金融机构曾经的个人客户。[1] 这一观点实质上是主张扩张金融消费者权益保护的时间线,对于金融机构曾经服务过的个人客户,在其终止或结束了与金融机构之间的业务关系后,为避免金融机构不当利用曾经的客户遗留下来的个人信息、交易数据等行为,需要将金融机构的金融消费者保护义务的持续时间延长,类似于一种金融机构的后合同义务。而对于潜在的金融消费需求者,应当将倾斜保护的重点放在对交易机会获取的公平性和交易对象选择的自由度上,避免金融机构在选择交易对象时的金融排斥行为侵害其权益。

从法律层面来看,我国现行法中没有关于"金融消费者"的统一定义。由于我国金融立法长期以来的分业规定,人们习惯性地以金融业不同领域对参与金融活动的个体冠以不同的称谓,如存款人、借款人、投保人、被保险人、保险消费者。例如,在中国保险监督管理委员会(已撤销,以下简称原保监会)发布的文件中,从未使用过"金融消费者"一词,多使用"保险消费者""投保人""被保险人"等概念;《信托法》以及《信托公司受托责任尽职指引》中采用的则是"委托人"和"受益人"的称谓。但无论是"借款人""存款人""保险消费者"还是所谓的"受托人""受益人",都符合"购买、使用金融机构所提供的产品或接受金融服务"这一基本特点。

而近年来的相关立法活动中,已经出现了明确规定金融消费者含义的实践。《中国人民银行金融消费权益保护工作管理办法(试行)》(已失效,以下简称《金融消费权益保护管理办法(试行)》)中将"金融消费者"界定为"在中华人民共和国境内购买、使用金融机构销售的金融产品或接受金融机构提供的金融服务的自然人"。2020 年发布的《中国人民银行金融消费者权益保护实施办法》(中国人民银行令〔2020〕第 5 号,以下简称《金融消费者权益保护实施办

---

〔1〕 参见于春敏:《金融消费者的法律界定》,载《上海财经大学学报》2010 年第 4 期。

法》)则将“金融消费者”界定为“购买、使用银行、支付机构提供的金融产品或者服务的自然人”。上述定义中并未将消费目的作为界定标准,但将金融消费者限制在自然人的范围内,排除了购买、使用金融产品或接受金融服务的法人、非法人组织,以避免因对金融消费者的保护面过于宽泛而导致影响正常的金融市场活动,同时回避了理论界存在的争议问题,总体来说较为清晰地界定了“金融消费者”这一概念,大概率避免了法律适用时的不确定性。

综上所述,结合现行法规定与金融消费者的基本特点,本书中所称“金融消费者”是指在我国境内购买、使用金融机构销售的金融产品或接受金融机构所提供的金融服务的自然人。

第二节　金融消费者的权利

金融消费者作为一类特殊的消费者,其所享有的权利自然也是以消费者权利为基础的。依据《消费者权益保护法》的相关规定,消费者享有的权利主要包括安全权、知情权、自主选择权、公平交易权、依法求偿权、成立维权组织权、受教育权、受尊重权及信息被保护权、监督权。

国务院办公厅《关于加强金融消费者权益保护工作的指导意见》(以下简称《金融消费者保护指导意见》)中首次明确规定了金融消费者所享有的权利:“银行业机构、证券业机构、保险业机构以及其他从事金融或与金融相关业务的机构(以下统称金融机构)应当遵循平等自愿、诚实守信等原则,充分尊重并自觉保障金融消费者的财产安全权、知情权、自主选择权、公平交易权、依法求偿权、受教育权、受尊重权、信息安全权等基本权利,依法、合规开展经营活动。”由于该行政法规对金融消费者权益的规定是从明确金融机构相关义务的角度入手,因此没有提及金融消费者是否享有结社权和监督权,但针对其他金融消费者权利均有较为具体的规定。

1. 金融消费者财产安全权

金融机构应当依法保障金融消费者在购买金融产品和接受金融服务过程

中的财产安全。金融机构应当审慎经营,采取严格的内控措施和科学的技术监控手段,严格区分机构自身资产与客户资产,不得挪用、占用客户资金。

金融机构在业务运营过程中,负有对金融消费者财产的安全保障义务。例如,在办理与信用卡、借记卡、储蓄卡有关的业务时,金融机构应当对持卡人的卡内资金尽到包括但不限于以下内容的安全保障义务:办理大额存款支取业务时,应当按照中国人民银行等金融监管机构出台的业务操作规程对存款人及代理人的身份证件进行审慎核查;采取相关技术措施加强各种交易终端器具、交易系统对银行卡的识别性,尽可能防止银行卡盗刷;对持卡人的信息及密码予以保护等。如果金融机构不能证明其尽到了相应的安全保障义务,即使金融消费者自身对财产损害的发生存在过错,也不能因此免除金融机构应当承担的责任。

在李某与江苏新沂农村商业银行股份有限公司财产损害赔偿纠纷案〔1〕中,江苏新沂农村商业银行股份有限公司在"雷某某"持李某的银行卡取款时,并未按照中国人民银行发布的《关于进一步加强人民币银行结算账户开立、转账、现金支取业务管理的通知》的规定,对取款人的身份进行核实,未尽到对李某个人卡内资产的安全保障义务,因此法院判决该银行对李某遭受的损失承担相应的赔偿责任。

2. 金融消费者知情权

金融机构应当以通俗易懂的语言,及时、真实、准确、全面地向金融消费者披露可能影响其决策的信息,充分提示风险,不得发布夸大产品收益、掩饰产品风险等欺诈信息,不得作虚假或引人误解的宣传。

《全国法院民商事审判工作会议纪要》(以下简称《九民纪要》)中详细规定了金融机构的"适当性义务",为维护金融消费者知情权提供了有力保障。依据《九民纪要》的规定,金融机构在向金融消费者推介、销售金融产品时,必须履行了解客户、了解产品、将适当的产品销售给适合的金融消费者的义务,以确保金融消费者在充分了解金融产品、投资活动的性质及风险的基础上作出自主决定,并承受由此产生的收益和风险。

---

〔1〕 江苏省新沂市人民法院民事判决书,(2015)新商初字第00017号。

除此之外，为实现对金融消费者的倾斜性保护，《九民纪要》中还规定了金融产品发行人与销售者的不真正连带责任，包括金融机构对是否履行了适当性义务承担举证责任，损失赔偿数额的计算标准，以及金融机构的免责事由。中国人民银行、中国银行保险监督管理委员会（已撤销，以下简称原银保监会）[1]、中国证券监督管理委员会（以下简称证监会）、国家外汇管理局于2019年联合发布的《关于进一步规范金融营销宣传行为的通知》中针对金融机构的营销宣传行为制定了详细的规范内容，其中明确规定不得损害金融消费者的知情权，且金融机构在进行营销宣传时应当采用足够引起消费者注意的标识明确消费者的权利义务以及披露告知警示和免责类信息。

2020年发布的《金融消费者权益保护实施办法》则规定了银行、支付机构应当向金融消费者披露的金融产品或服务的信息内容和披露方式，要求银行、支付机构就双方对金融产品或服务的权利义务内容、纠纷解决机制或其他可能影响消费者决策的信息及时、真实、准确、全面地向消费者披露。

3. 金融消费者自主选择权

金融机构应当在法律法规和监管规定允许范围内，充分尊重金融消费者意愿，由消费者自主选择、自行决定是否购买金融产品或接受金融服务，不得强买强卖，不得违背金融消费者意愿搭售产品和服务，不得附加其他不合理条件，不得采用引人误解的手段诱使金融消费者购买其他产品。

除《金融消费者保护指导意见》外，《金融消费者权益保护实施办法》中也规定，银行、支付机构应当尊重金融消费者购买金融产品或者服务的真实意愿，不得擅自代理金融消费者办理业务，不得擅自修改金融消费者的业务指令，不得以通知、声明、告示等格式条款的方式作出含有排除或限制金融消费者选择同业机构提供的金融产品或服务的权利。

4. 金融消费者公平交易权

金融机构不得设置违反公平原则的交易条件，在格式合同中不得加重金融消费者责任、限制或者排除金融消费者合法权利，不得限制金融消费者寻求法律救

[1] 2023年机构改革撤并为国家金融监督管理总局。

济途径，不得减轻、免除本机构损害金融消费者合法权益应当承担的民事责任。

由于侵害金融消费者公平交易权的行为主要体现为金融机构通过格式合同加重金融消费者责任、限制或排除金融消费者合法权益，因此《金融消费者保护指导意见》对金融消费者公平交易权的保护重点在于对金融机构设置格式合同条款内容的规制。

5. 金融消费者依法求偿权

金融机构应当切实履行金融消费者投诉处理主体责任，在机构内部建立多层级投诉处理机制，完善投诉处理程序，建立投诉办理情况查询系统，提高金融消费者投诉处理质量和效率，接受社会监督。

2018 年中国人民银行、原银保监会发布的《关于实施银行业金融机构金融消费者投诉统计分类及编码行业标准的通知》则对金融机构处理金融消费者投诉的管理问题作出了具体规定，要求银行业金融机构做好金融消费者投诉管理系统的技术支持工作，定期进行数据备份，建立金融消费者投诉应急处置机制；积极开展对投诉岗位人员的教育培训，提升金融消费者投诉分类的全面性和准确性。为畅通金融消费者权利救济渠道，最高人民法院、中国人民银行、原银保监会于 2019 年印发了《关于全面推进金融纠纷多元化解机制建设的意见》，明确要求强化金融纠纷的调解机制，加强金融纠纷调解组织建设，提升金融纠纷解决的信息化水平。

6. 金融消费者受教育权

金融机构应当进一步强化金融消费者教育，积极组织或参与金融知识普及活动，开展广泛、持续的日常性金融消费者教育，帮助金融消费者提高对金融产品和服务的认知能力及自我保护能力，提升金融消费者金融素养和诚实守信意识。

《金融消费者权益保护实施办法》中详细规定了银行、支付机构的金融消费者教育义务：银行、支付机构应当切实承担金融知识普及和金融消费者教育的主体责任，提高金融消费者对金融产品和服务的认知能力，提升金融消费者金融素养和诚实守信意识；制订年度金融知识普及与金融消费者教育工作计划，结合自身特点开展日常性金融知识普及与金融消费者教育活动，积极参与中国人民银行及其分支机构组织的金融知识普及活动；不得以营销金融产品或者服务替代金融知识普及与金融消费者教育。

《关于促进互联网金融健康发展的指导意见》中也规定互联网金融从业机构应当研究制订互联网金融消费者教育规划,及时发布维权提示;《关于规范金融机构资产管理业务的指导意见》则要求金融机构加强投资者教育,不断提高投资者的金融知识水平和风险意识,向投资者传递"卖者尽责,买者自负"的理念,打破刚性兑付。可见加强对金融消费者的相关教育,不仅有利于帮助金融消费者增加投资知识,理性进行金融消费,还有利于明确金融消费者保护的合理限度,避免金融机构过限承担责任。

7. 金融消费者受尊重权

金融机构应当尊重金融消费者的人格尊严和民族风俗习惯,不得因金融消费者性别、年龄、种族、民族或国籍等不同进行歧视性差别对待。李某某与广发银行股份有限公司南京鼓楼支行银行卡纠纷一案[1]即为保护金融消费者受尊重权的典型案例。原告李某某是一名视障人士,在通过电话形式向广发银行申领信用卡后至广发银行营业厅办理信用卡激活手续,但广发银行认为李某某存在视力障碍,无法按照《商业银行信用卡业务监督管理办法》等原银保监会的规定抄录相关内容,且无法签字确认,因此拒绝激活该信用卡。

法院认为,残障人士作为金融消费者时,除完全享有普通金融消费者的权利外,还应依据残障群体的特殊性享有一定程度的特殊保护。金融机构在为残障消费者提供金融产品或服务时,应当根据消费者需要提供更加人性化的服务,不能简单地一拒了之。因此金融机构在履行《金融消费者保护指导意见》规定的保障金融消费者受尊重权的义务时,还应当考虑到对特殊金融消费者群体的特殊保护问题,否则也可能因此面临侵害消费者权益的风险。

8. 金融消费者信息安全权

金融机构应当采取有效措施加强对第三方合作机构的管理,明确双方权利义务关系,严格防控金融消费者信息泄露风险,保障金融消费者信息安全。

随着信息技术的不断发展,金融消费者的信息安全权的地位也越来越重

---

〔1〕 江苏省南京市中级人民法院民事判决书,(2019)苏01民终4641号。

要。早在2011年，中国人民银行发布的《关于银行业金融机构做好个人金融信息保护工作的通知》就对金融机构应当保护的个人金融信息的类型，收集、保存、使用、对外提供个人金融信息时的行为规范，以及发生信息泄露事件后的处理方式等作出了详细规定，并且将外包服务供应商的个人金融信息保护能力作为选择外包服务供应商的重要指标，加强对外包服务供应商的管理，严格防控金融消费者信息安全风险。但2012年，中央电视台"3·15晚会"曝光了有关商业银行员工向不法分子出售客户个人金融信息，并导致大量客户总计3000余万元存款被盗的事件。这充分说明部分银行业金融机构并未充分重视客户个人金融信息保护工作，缺乏对客户的个人金融信息的合规管理措施。因此，中国人民银行于2012年3月27日发布了《关于金融机构进一步做好客户个人金融信息保护工作的通知》，进一步强调金融机构保障客户个人金融信息安全的重要性，提升金融机构的客户个人信息安全保护意识。

第三节　金融消费者权益保护监管体系

一、金融管理部门

根据我国的现实情况，广义的金融监管者范围很大，专门金融监管部门、地方政府部门、司法机关、社会组织等都能对金融消费者的权益保护起到一定的监管作用。

（一）专门的金融监管部门

此前，我国采取分业监管的金融监管体制，由中国人民银行、原银保监会、证监会在各自职责范围内对不同行业的金融机构进行监管，按照职责分工，密切配合，共同落实金融行业的监管工作。在金融消费者的权益保护方面，中国人民银行、原银保监会、证监会在各自分管的行业领域下履行相应的监管职责，贯彻落实金融消费者权益保护工作。

2023年3月16日，中共中央、国务院印发了《党和国家机构改革方案》，对国务院机构改革提出了新方案。在金融监管方面,本次机构改革调整了原有机构设置下的“一行两会”结构,在原银保监会的基础上组建国家金融监督管理总局(以下简称金融监管总局)作为国务院直属机构,原银保监会不再保留。同时将证监会由国务院直属事业单位调整为国务院直属机构,强化证监会的资本市场监管职责。

在金融消费者权益保护方面,《党和国家机构改革方案》明确提出,由金融监管总局统一负责除证券业之外的金融业监管,强化机构监管、行为监管、功能监管、穿透式监管、持续监管,统筹负责金融消费者权益保护,加强风险管理和防范处置,依法查处违法违规行为。原来人民银行对金融控股公司等金融集团的日常监管职责、有关金融消费者的保护职责及证监会的投资者保护职责划入金融监管总局。这也意味着,我国金融监管部门的金融消费者权益保护工作不再采取原“一行两会”体系下的分业负责模式,实现了金融消费者权益保护监管职责和监管机构的统一。

1. 在监管法规的体系设置方面

2023 年 5 月 18 日金融监管总局正式挂牌,我国金融监管体系开启新格局。金融监管总局成立后,暂未出台有关金融消费者权益保护的相关法律法规文件,也未明确对各金融机构进行行政监管的具体方式和处理流程。国务院、中国人民银行、原银保监会、证监会此前发布的关于金融消费者权益保护的行政法规、部门规章以及规范性文件仍然有效;相关法律文件的内容包含了金融消费者权益保护体制机制建设、个人信息保护、金融营销宣传、金融消费者投诉与纠纷解决、金融消费者教育、金融产品信息披露及销售等各方面的监管要求,共同构成我国金融消费者权益保护的政策法规体系,该政策法规体系仍然适用。

国务院办公厅于 2015 年印发的《金融消费者保护指导意见》首次从国家层面对金融消费者权益保护进行部署,提出金融消费者的“八项权利”,为后续法律文件的出台奠定了基础,对金融机构的行为规范、金融消费者的权利内容、监督管理机制的完善和保障机制的健全均作出了直接规定。《金融消费者保护指导意见》目前仍是我国现行法中与金融消费者保护最直接相关、效力位阶最高的法律文件,后续出台的很多部门规章、规范性文件等都将其作为重要依据。

中国人民银行于 2020 年发布的《金融消费者权益保护实施办法》在《金融

消费权益保护管理办法(试行)》的基础上,对金融消费者的八项权利进行了重点突出、有的放矢的规范:新增了受尊重权的内容;为适应金融市场发展,在公平交易权与自主选择权方面提出更为明确的要求;对营销宣传进行了针对性规范;在延续原有的金融信息保护专章的基础上,以实现保护金融消费者信息安全权为目的,在信息收集、披露和告知、使用、管理、存储与保密等方面加强了合规要求。《金融消费者权益保护实施办法》已成为银行、支付机构开展金融消费者权益保护工作的主要依据。

《中国人民银行有关部门负责人就〈中国人民银行金融消费者权益保护实施办法〉答记者问》中也提到:将该实施办法升格为部门规章,一是细化落实了上位法要求,关注到金融消费者权益保护机制与一般消费领域的消费者权益保护机制存在差异的问题,对《消费者权益保护法》中的相关内容在金融领域进行了更为细致的规定;二是结合新"三定"方案提升了该实施办法的法律效力层级,为人民银行履职提供了更加有利的法律依据,更有利于人民银行开展金融消费者权益保护工作。

原银保监会的监管对象包括由原银监会负责监管的银行业金融机构和由原保监会监管的保险业机构。原银保监会成立后,先后发布了《关于银行保险机构加强消费者权益保护工作体制机制建设的指导意见》、《银行保险机构消费者权益保护监管评价办法》以及《银行保险机构消费者权益保护管理办法》,用于缓解原银监会发布的相关规定对保险业机构不适用的情况,促进原银监会与原保监会合并后在法律规范方面的接轨。

原银保监会《关于银行保险机构加强消费者权益保护工作体制机制建设的指导意见》对各银行、保险机构,各监督管理机构以及行业协会履行消费者权益保护职责作出规定。该意见要求各银行、保险机构将金融消费者权益保障工作融入公司治理各环节,将消费者权益保护工作的最终责任主体规定为各机构董事会,并要求其在消费者权益保护委员会的设立、相关政策措施的执行方面切实履职,明确了机构内部消费者权益保护部门的具体职责,对各机构建立并完善相关内部考核、信息披露等机制提出了基础性建议。同时为各监管部门履行监管职责提供了依据,确定了先督促整改、再追责处罚的监管模式,各行业协会则作为中间环节,在各监管机构的指导下实现行业内部的自我监督,并为消费者与各银行、保险机构提供沟通平台。

原银监会与原保监会虽然没有发布部门规章级别的专项法律文件,但是在实际工作中并没有忽视对金融消费者权益保护的监管。原保监会于 2017 年和 2018 年均发布了该年度的《消费者权益保护工作要点》,强调提升相关方面的监管能力及纠纷解决能力。原银监会发布的《关于加强银行业消费者权益保护、解决当前群众关切问题的指导意见》《银行业消费者权益保护工作指引》等规范性文件虽然法律效力层级较低,但在各金融监管部门的专项规定均较为零散甚至缺失的情况下,对于监管银行业机构的金融消费者权益保护问题还是具有极为重要的意义。

证监会监管体系中则主要涉及对上市公司的监管问题,而证券领域中的"投资人"概念虽然也包括进行股票投资的散户,但还是以企业投资者为主,"投资人"究竟是否能够被视为金融消费者,在实务界和学术界都没有定论。但由于中小投资者权益受到侵害的案件层出不穷,2019 年修订的《证券法》中增加了"投资者保护"一章,为维护投资者权益提供法律层面的保障。2020 年修正的《证券公司代销金融产品管理规定》《公开募集证券投资基金信息披露管理办法》则从金融产品营销、金融机构信息披露义务等方面对基金管理人等金融机构进行规制。相较于其他金融监管部门,证监会发布的与金融消费者保护直接相关的规范性文件数量较少,且内容侧重于规范金融产品营销行为和强调金融机构的适当性义务的履行。

2022 年 3 月,中国人民银行副行长在接受《金融时报》采访时提出,"有必要加快制定金融消费者权益保护法,全面提升金融消费者权益保护法治化水平"。[1] 2022 年 7 月,中国人民银行金融稳定局局长在《中国金融》发表的文章中亦指出,"应切实加强消费者和投资者的权益保护,坚持以人民为中心、倾斜保护消费者和投资者的立法思想,推动出台金融消费者保护法"。[2] 从这些表

---

[1] 徐贝贝:《专访丨全国人大代表、人民银行副行长刘桂平:加快制定"金融消费者权益保护法" 全面提升金融消费者权益保护法治化水平》,载微信公众号"金融时报"2022 年 3 月 8 日,https://mp.weixin.qq.com/s/BJw-JiFlEy8siGFWpxXLYw。

[2] 孙天琦:《防范化解金融风险　牢牢守住安全底线》,载《中国金融》2022 年第 13 期。

态可以看出，监管部门可能会制定统一的“金融消费者权益保护法”，也意味着金融消费者权益保护的监管体系或将得到进一步完善。而金融监管总局的设立，为后续出台统一的“金融消费者权益保护法”提供了机构主体基础以及统一监管要求的执行主体基础。

2. 在监管部门的内部机构设置方面

金融监管总局设立后，金融消费者权益保护的工作统一归入金融监管总局的职责范围内，但由于金融监管总局目前的内部职责分配和机构设置仍未公示，因此现阶段并未明确金融监管总局下负责金融消费者权益保护工作的内部机构名称及具体职责。

在原“一行两会”体系下，人民银行内部设置金融消费权益保护局、原银保监会下设消费者保护局、证监会下设投资者保护局，这些内部机构负责各监管部门的金融消费者权益保护工作。

目前人民银行下设的金融消费权益保护局仍处于存续状态，且根据人民银行官网公示的部门简介，金融消费权益保护局的主要职责为：“综合研究金融消费者保护重大问题，拟定发展规划和业务标准，建立健全金融消费者保护基本制度。牵头建立金融消费者保护协调机制，统筹开展金融消费者教育，牵头构建监管执法合作和非诉第三方解决机制。协调推进相关普惠金融工作。依法开展中国人民银行职责内的金融消费权益保护具体工作。”

与金融消费权益保护局相同，证监会下设的投资者保护局也处于存续状态，该机构的主要职责为：“负责投资者保护工作的统筹规划、组织指导、监督检查、考核评估；推动建立健全投资者保护相关法规政策体系；统筹协调各方力量，推动完善投资者保护的体制机制建设；督导促进派出机构、交易所、协会以及市场各经营主体在风险揭示、教育服务、咨询建议、投诉举报等方面，提高服务投资者的水平；推动投资者受侵害权益的依法救济；组织和参与监管机构间投资者保护的国内国际交流与合作。”

人民银行的金融消费者保护职责及证监会的投资者权益保护职责现已划入金融监管总局，目前各监管部门仍在处理职责变更的划转衔接工作。金融监管总局、人民银行、证监会于 2023 年 5 月 30 日发布的《关于金融消费者反映事项办理工作安排的公告》中明确:金融消费者反映信访、举报、投诉事项的渠道、办理方式、告知等暂保持不变。至于各监管部门的相关内部机构设置未来会如何调整,还需继续关注各监管部门的后续工作安排。

在地方层面,各中央金融管理部门在地方设置派出机构,负责各地方的金融监管工作。金融监管总局在各省(自治区、直辖市)以及厦门、大连、青岛、宁波、深圳等地设置地方监管局;人民银行在分支机构改革后,撤销人民银行大区分行及分行营业管理部、总行直属营业管理部和省会城市中心支行,在31个省(自治区、直辖市)设立省级分行,在深圳、大连、宁波、青岛、厦门设立计划单列市分行;证监会则在各省(自治区、直辖市)以及厦门、大连、青岛、宁波、深圳等地设置地方证监局,以履行相应的监管职能。

(二)人民政府及其他行政机关

除"一行一会一总局"外,《金融消费者保护指导意见》还规定,金融管理部门和地方人民政府要加强合作,探索建立中央和地方人民政府金融消费者权益保护协调机制。此规定明确了地方人民政府对保护金融消费者权益的相关事宜也负有一定的监管职责,在实践中,各地方金融监督管理局常通过发布政策文件等方式发挥地方金融监管的作用。《党和国家机构改革方案》也明确提出,地方政府设立的金融监管机构专司监管职责,不再加挂金融工作局、金融办公室等牌子,这也更有利于地方政府更好发挥金融监管的职责,维护金融消费者的权益和金融稳定发展。

地方金融办也承担着一定的监管职能,主要负责监管地方资产管理公司、小额贷款公司、融资租赁公司、融资担保公司、典当行、商业保理公司、区域性股权市场7类机构,对农民专业合作社、投资公司、地方各类交易所、社会众筹机构4类机构重点强化监管,即所谓的"7+4"模式。[1] 2021年12月31日,中国人民银行发布《地方金融监督管理条例(草案征求意见稿)》,其中强调赋予地方

---

〔1〕 参见于家浩、钟凯文等:《〈地方金融监督管理条例〉的法律解析——核心内容、出台目的、疑难问题及落地影响》,载微信公众号"北京植德律师事务所"2022年1月14日,https://mp.weixin.qq.com/s/Im6SuEm7iZ2ufpY_GMMYSw。

金融监督管理部门履职手段,加大对违法违规行为的处罚力度,同时限制地方金融组织的展业范围,以便地方金融监督管理部门更好地行使监管职权。

另外,对金融消费者的权益保护还可能涉及对金融广告、有奖销售等方面的规制。这类问题主要规定在《广告法》《反不正当竞争法》等法律法规中,广告监管、不正当竞争、价格监管等职责,主要的履行主体为市场监督管理局。因此在实践中,市场监督管理局也在其职责权限范围内承担对金融机构的监管职能,履行保护金融消费者合法权益的职责。

(三)社会组织

除相关国家机关和人民政府外,某些社会组织也肩负着维护金融消费者合法权益、监督金融机构的责任。《金融消费者保护指导意见》中明确指出:"金融领域相关社会组织应当发挥自身优势,积极参与金融消费者权益保护工作,协助金融消费者依法维权,推动金融知识普及,在金融消费者权益保护中发挥重要作用。"这一规定肯定了相关社会组织是对金融机构进行社会监督,帮助金融消费者依法维权的重要主体。

(四)司法机关

金融纠纷的解决同样是进行金融监管的重要途径,依据最高人民法院、中国人民银行、原银保监会印发的《关于全面推进金融纠纷多元化解机制建设的意见》,目前,多地法院均与相关金融监管部门、行业协会、金融机构等共同建立了金融纠纷诉调对接机制,例如,北京市高级人民法院与中国人民银行营业管理部,泰州市中级人民法院与泰州市金融办、泰州市银监局、保险协会均作出了诉调对接机制的实践。

除此之外,法院审理与金融消费者权益保护的相关案件,也起到督促金融机构切实履行金融消费者保护义务的作用。我国已在北京、上海设立了专门的金融法院,其管辖范围包括但不限于:证券、保险、银行卡、委托理财合同等金融民商事纠纷;私募基金业务、金融产品销售和适当性管理等经有权机关批准的金融业务引发的金融民商事纠纷;涉金融行政案件等。专门法院的设立为更好地实现金融监管提供了更有力的司法保障,同时对负有金融监管职责的部门也起到了一定的执法监督作用。

综上所述,我国的金融消费者权益保护监管形成了以国务院领导“一行一会一总局”组成的中央监管体制为主,以中央监管部门的派出机构与地方人民政府、地方金融办组成的地方监管体制为辅,社会组织、司法机关等多主体在内的金融监管体系,它们在金融消费者权益保护方面“多管齐下”,共同开展金融监管工作。

二、负有金融消费者权益保护义务的机构

《消费者权益保护法》第28条规定:“采用网络、电视、电话、邮购等方式提供商品或者服务的经营者,以及提供证券、保险、银行等金融服务的经营者,应当向消费者提供经营地址、联系方式、商品或者服务的数量和质量、价款或者费用、履行期限和方式、安全注意事项和风险警示、售后服务、民事责任等信息。”《金融消费者保护指导意见》则规定,银行业机构、证券业机构、保险业机构以及其他从事金融或与金融相关业务的机构应遵循平等自愿、诚实守信等原则,充分尊重并保障消费者基本权利,依法合规开展经营活动。

总体来看,为金融消费者提供金融产品或金融服务的金融机构都负有保护金融消费者合法权益的义务,由于我国金融业分业监管的事实,作为义务主体的金融机构也被划分为以下几类:即银行业机构、保险业机构、证券业机构,以及其他从事金融或与金融相关业务的机构。

(一)银行业金融机构及非银行支付机构

《金融消费者权益保护实施办法》规定,中华人民共和国境内依法设立的为金融消费者提供金融产品或者服务的银行业金融机构开展业务相关的金融消费者权益保护工作以及在中华人民共和国境内依法设立的非银行支付机构提供支付服务的,适用该办法。

依据《中国人民银行法》第52条、《银行业监督管理法》第2条的规定,银行业金融机构,是指在中华人民共和国境内设立的商业银行、城市信用合作社、农村信用合作社等吸收公众存款的金融机构以及政策性银行。在中华人民共和国境内设立的金融资产管理公司、信托投资公司、财务公司、金融租赁公司以及经国务院银行业监督管理机构批准设立的其他金融机构,参照适用有关银行业

金融机构的规定。

《中国银保监会行政处罚办法》则进一步细化了银行业机构的范围："本办法所称银行业机构，是指依法设立的商业银行、农村合作银行、农村信用社、村镇银行等吸收公众存款的金融机构和政策性银行，金融资产管理公司、信托公司、企业集团财务公司、金融租赁公司、汽车金融公司、消费金融公司，以及经银保监会及其派出机构批准设立的其他银行业机构。"

（二）保险业金融机构

《关于完善系统重要性金融机构监管的指导意见》将保险业机构定性为依法设立的从事保险业务的法人机构。

《中国银保监会行政处罚办法》中规定，保险业机构，是指依法设立的保险集团（控股）公司、保险公司、保险资产管理公司、保险代理机构、保险经纪机构、保险公估机构、外国保险机构驻华代表机构，以及经银保监会及其派出机构批准设立的其他保险业机构。

（三）证券业机构

依据中国人民银行《关于印发〈金融机构编码规范〉的通知》，证券业金融机构的范围主要包括证券公司、证券投资管理基金管理公司、期货公司、投资咨询公司。

（四）其他机构

最高人民法院《关于新民间借贷司法解释适用范围问题的批复》第 1 条规定："经征求金融监管部门意见，由地方金融监管部门监管的小额贷款公司、融资担保公司、区域性股权市场、典当行、融资租赁公司、商业保理公司、地方资产管理公司等七类地方金融组织，属于经金融监管部门批准设立的金融机构。"在实践中，上述地方金融组织如小额贷款公司等，也会为金融消费者提供信贷、融资等金融产品或服务，此外，非经金融监管部门批准设立的金融机构如部分汽车金融公司、融资理财公司等，也会为金融消费者提供实质上的金融服务。这类组织虽然并非相关法规中规定的银行、支付机构、保险机构等金融机构，但由于实质上提供了相关金融产品或金融服务，也属于负有金融消费者权益保护义务的机构,并因此受到相关监管部门的监督和管理。

而目前兴起的从事金融业务的互联网平台、金融科技公司等,如要从事金融业务,也需要取得金融牌照,在牌照的范围内从事金融活动,其本质也是受金融监管部门监管的持牌金融机构,负有金融消费者权益保护的义务。

需要注意的是,现行相关法规中,对金融机构的概念和范围的界定均采取"列举+兜底"的规定方式,不作穷尽式列举,进而为可能出现的新型金融机构留出法律规制的空间。因此在认定某一主体是否为负有金融消费者权益保护义务的金融机构时,需要结合法律规定与实际情况进行综合考虑。

三、不同监管主体的具体监管措施

作为主要监管部门的"一行一会一总局"及其地方派出机构,主要负责对金融机构的业务监管,在日常的监督检查及行政执法过程中,通过通报批评、责令整改、警告、罚款等行政处罚措施对金融机构的违法行为进行规制,行政监管也是目前各类监管方式中使用最为普遍的一种。

当金融消费者通过投诉、调解等机制仍无法解决与金融机构之间的纠纷时,当事人则会选择诉至法院或向仲裁机构提起仲裁,这是金融消费者进行权利救济的最后一道防线。而法院在处理相关案件的过程中形成的指导案例、裁判思路,也起到类案同判的指导作用,同时还可以用于指导金融机构进行合规建设。

除行政机关及司法机关外,银行、保险等行业内部组成的行业协会形成的一系列行业协定等则组成了行业内部的自我监管体系,同行业市场竞争主体通过提升自己的金融消费者权益保护水平增强竞争力,也能够促进具有竞争关系的金融机构不断规范自身的金融消费者权益保护体制。

第四节　金融消费者权益保护重要政策解读

一、金融消费者权益保护立法情况概览

笔者团队对与金融消费者权益保护相关的规定进行了搜集整理,具体的金

融消费者权益保护立法情况概览见表 1。

表 1　金融消费者权益保护立法情况概览

一、法律法规			
序号	发布时间	文件名称	效力级别
1	2022 年 4 月 20 日	《期货和衍生品法》	法律
2	2021 年 8 月 20 日	《个人信息保护法》	法律
3	2019 年 12 月 28 日	《证券法》	法律
4	2015 年 8 月 29 日	《商业银行法》(2015 年修正)	法律
5	2015 年 4 月 24 日	《保险法》(2015 年修正)	法律
6	2015 年 4 月 24 日	《证券投资基金法》	法律
7	2013 年 10 月 25 日	《消费者权益保护法》	法律
8	2006 年 10 月 31 日	《银行业监督管理法》(2006 年修正)	法律
9	2006 年 10 月 31 日	《反洗钱法》	法律
10	2001 年 4 月 28 日	《信托法》	法律
11	2019 年 9 月 30 日	《外资保险公司管理条例》(2019 年修订)	行政法规
12	2015 年 7 月 31 日	原银监会党委《关于贯彻落实〈中共中央关于全面推进依法治国若干重大问题的决定〉的指导意见》	党内法规制度
13	2015 年 2 月 17 日	《存款保险条例》	行政法规
14	1997 年 12 月 25 日	国务院原证券委员会《证券、期货投资咨询管理暂行办法》	行政法规
二、司法解释性质文件			
1	2019 年 11 月 8 日	最高人民法院《全国法院民商事审判工作会议纪要》	司法解释性质文件
2	2017 年 8 月 7 日	最高人民法院《关于为改善营商环境提供司法保障的若干意见》	司法解释性质文件
3	2016 年 11 月 4 日	最高人民法院、原保监会《关于全面推进保险纠纷诉讼与调解对接机制建设的意见》	司法解释性质文件
4	2016 年 5 月 25 日	最高人民法院、证监会《关于在全国部分地区开展证券期货纠纷多元化解机制试点工作的通知》	司法解释性质文件

续表

序号	发布时间	文件名称	效力级别
5	2019 年 11 月 19 日	最高人民法院、中国人民银行、原银保监会《关于全面推进金融纠纷多元化解机制建设的意见》	两高工作文件
6	2015 年 12 月 24 日	最高人民法院《关于当前商事审判工作中的若干具体问题》	两高工作文件
三、国务院规范性文件			
1	2015 年 12 月 31 日	《推进普惠金融发展规划(2016－2020 年)》	国务院规范性文件
2	2015 年 11 月 4 日	国务院办公厅《关于加强金融消费者权益保护工作的指导意见》	国务院规范性文件
3	2015 年 4 月 8 日	国务院《关于印发中国(广东)自由贸易试验区总体方案的通知》	国务院规范性文件
4	2014 年 8 月 10 日	国务院《关于加快发展现代保险服务业的若干意见》	国务院规范性文件
5	2014 年 6 月 14 日	国务院《关于印发〈社会信用体系建设规划纲要(2014－2020 年)〉的通知》	国务院规范性文件
6	2014 年 5 月 8 日	国务院《关于进一步促进资本市场健康发展的若干意见》	国务院规范性文件
7	2014 年 4 月 20 日	国务院办公厅《关于金融服务“三农”发展的若干意见》	国务院规范性文件
四、人民银行相关规定			
1	2022 年 10 月 26 日	《保险保障基金管理办法》(2022 年修订)	部门规章
2	2022 年 4 月 14 日	《中国人民银行执法检查程序规定》(2022 年修订)	部门规章
3	2022 年 1 月 19 日	《金融机构客户尽职调查和客户身份资料及交易记录保存管理办法》	部门规章
4	2021 年 9 月 30 日	《系统重要性银行附加监管规定(试行)》	部门规章
5	2021 年 4 月 15 日	《金融机构反洗钱和反恐怖融资监督管理办法》	部门规章
6	2020 年 9 月 15 日	《中国人民银行金融消费者权益保护实施办法》	部门规章
7	2020 年 9 月 11 日	《金融控股公司监督管理试行办法》	部门规章

续表

序号	发布时间	文件名称	效力级别
8	2014 年 6 月 22 日	《银行办理结售汇业务管理办法》	部门规章
9	2006 年 11 月 14 日	《金融机构反洗钱规定》	部门规章
10	2005 年 8 月 18 日	《个人信用信息基础数据库管理暂行办法》	部门规章
11	2022 年 3 月 30 日	中国人民银行《关于做好 2022 年金融支持全面推进乡村振兴重点工作的意见》	部门规范性文件
12	2021 年 5 月 27 日	《银行业金融机构绿色金融评价方案》	部门规范性文件
13	2021 年 6 月 29 日	中国人民银行、原银保监会、证监会、财政部、农业农村部、国家乡村振兴局《关于金融支持巩固拓展脱贫攻坚成果　全面推进乡村振兴的意见》	部门规范性文件
14	2021 年 5 月 27 日	原银保监会、中国人民银行《关于规范现金管理类理财产品管理有关事项的通知》	部门规范性文件
15	2020 年 12 月 25 日	《公司信用类债券信息披露管理办法》	部门规范性文件
16	2019 年 12 月 20 日	中国人民银行、原银保监会、证监会、国家外汇管理局《关于进一步规范金融营销宣传行为的通知》	部门规范性文件
17	2019 年 3 月 22 日	中国人民银行《关于进一步加强支付结算管理防范电信网络新型违法犯罪有关事项的通知》	部门规范性文件
18	2018 年 12 月 14 日	中国人民银行办公厅《关于印发〈金融机构互联网黄金业务管理暂行办法〉的通知》	部门规范性文件
19	2018 年 7 月 11 日	中国人民银行《关于加强跨境金融网络与信息服务管理的通知》	部门规范性文件
20	2018 年 4 月 27 日	中国人民银行、原银保监会、证监会、国家外汇管理局《关于规范金融机构资产管理业务的指导意见》	部门规范性文件
21	2018 年 1 月 12 日	中国人民银行《关于改进个人银行账户分类管理有关事项的通知》	部门规范性文件

续表

序号	发布时间	文件名称	效力级别
22	2017 年 12 月 15 日	中国人民银行、原银监会、证监会《关于金融支持深度贫困地区脱贫攻坚的意见》	部门规范性文件
23	2017 年 5 月 31 日	中国人民银行办公厅《关于强化银行卡磁条交易安全管理的通知》	部门规范性文件
24	2016 年 3 月 24 日	中国人民银行、原银监会《关于加大对新消费领域金融支持的指导意见》	部门规范性文件
25	2016 年 3 月 3 日	中国人民银行、民政部、原银监会、证监会、原保监会《关于金融支持养老服务业加快发展的指导意见》	部门规范性文件
26	2016 年 3 月 16 日	中国人民银行、国家发展和改革委员会、财政部、原银监会、原保监会、国务院扶贫开发领导小组《关于金融助推脱贫攻坚的实施意见》	部门规范性文件
27	2015 年 7 月 14 日	中国人民银行、工业和信息化部、公安部、财政部、原工商总局、法制办、原银监会、证监会、原保监会、原国家互联网信息办公室《关于促进互联网金融健康发展的指导意见》	部门规范性文件
28	2014 年 3 月 6 日	中国人民银行、财政部、原银监会、原保监会、证监会、国务院扶贫开发领导小组、中国共产主义青年团《关于全面做好扶贫开发金融服务工作的指导意见》	部门规范性文件
29	2018 年 11 月 1 日	中国人民银行、原银保监会《关于实施银行业金融机构金融消费者投诉统计分类及编码行业标准的通知》	部门工作文件
30	2012 年 9 月 17 日	中国人民银行、原银监会、证监会、国家外汇管理局《金融业发展和改革“十二五”规划》	部门工作文件
31	2021 年 11 月 25 日	中国人民银行、市场监督管理总局、原银保监会、证监会《关于印发〈金融标准化“十四五”发展规划〉的通知》	部门工作文件

续表

序号	发布时间	文件名称	效力级别
五、证监会有关规定			
1	2022年8月12日	《证券期货投资者适当性管理办法》(2022年修正)	部门规章
2	2020年3月20日	《公开募集证券投资基金信息披露管理办法》(2020年修正)	部门规章
3	2016年4月19日	《证券投资者保护基金管理办法》(2016年修订)	部门规章
4	2015年12月17日	《货币市场基金监督管理办法》	部门规章
5	2014年8月21日	《私募投资基金监督管理暂行办法》	部门规章
6	2011年3月23日	《期货公司期货投资咨询业务试行办法》(已被修改)	部门规章
7	2021年3月30日	中国人民银行、原银保监会、证监会、国家外汇管理局《关于金融支持海南全面深化改革开放的意见》	部门规范性文件
8	2020年10月30日	证监会《关于实施〈公开募集证券投资基金信息披露管理办法〉有关问题的规定》	部门规范性文件
9	2020年3月20日	《证券公司代销金融产品管理规定》(2020年修正)	部门规范性文件
10	2014年11月19日	《证券公司及基金管理公司子公司资产证券化业务管理规定》	部门规范性文件
11	2013年6月6日	《开放式证券投资基金销售费用管理规定》(2013年修订)	部门规范性文件
12	2013年6月3日	《保险机构销售证券投资基金管理暂行规定》	部门规范性文件
13	2007年10月12日	《证券投资基金销售适用性指导意见》	部门规范性文件
14	2007年5月11日	证监会《关于进一步加强投资者教育、强化市场监管有关工作的通知》	部门规范性文件

续表

序号	发布时间	文件名称	效力级别
六、原银保监会有关规定			
1	2022 年 12 月 12 日	《银行保险机构消费者权益保护管理办法》	部门规章
2	2021 年 12 月 10 日	《理财公司理财产品流动性风险管理办法》	部门规章
3	2021 年 8 月 16 日	《财产保险公司保险条款和保险费率管理办法》	部门规章
4	2021 年 5 月 11 日	《理财公司理财产品销售管理暂行办法》	部门规章
5	2020 年 12 月 7 日	《互联网保险业务监管办法》	部门规章
6	2020 年 1 月 14 日	《银行业保险业消费投诉处理管理办法》	部门规章
7	2018 年 12 月 2 日	《商业银行理财子公司管理办法》	部门规章
8	2018 年 9 月 26 日	《商业银行理财业务监督管理办法》	部门规章
9	2018 年 4 月 28 日	《保险公司信息披露管理办法》	部门规章
10	2021 年 10 月 12 日	原银保监会办公厅《关于进一步规范保险机构互联网人身保险业务有关事项的通知》	部门规范性文件
11	2021 年 10 月 4 日	原银保监会《关于服务煤电行业正常生产和商品市场有序流通保障经济平稳运行有关事项的通知》	部门规范性文件
12	2021 年 7 月 5 日	原银保监会《关于印发〈银行保险机构消费者权益保护监管评价办法〉的通知》	部门规范性文件
13	2021 年 6 月 3 日	原银保监会《关于印发〈银行保险机构恢复和处置计划实施暂行办法〉的通知》	部门规范性文件
14	2021 年 6 月 2 日	原银保监会《关于印发〈银行保险机构公司治理准则〉的通知》	部门规范性文件
15	2019 年 12 月 30 日	原银保监会《关于推动银行业和保险业高质量发展的指导意见》	部门规范性文件
16	2019 年 11 月 2 日	原银保监会《关于银行保险机构加强消费者权益保护工作体制机制建设的指导意见》	部门规范性文件
17	2018 年 6 月 1 日	原银保监会《关于加强自媒体保险营销宣传行为管理的通知》	部门规范性文件
18	2022 年 9 月 28 日	原银保监会办公厅《关于进一步加强消费投诉处理工作的通知》	部门工作文件

续表

序号	发布时间	文件名称	效力级别
19	2022 年 3 月 4 日	原银保监会、中国人民银行《关于加强新市民金融服务工作的通知》	部门工作文件
20	2022 年 7 月 19 日	原银保监会《关于〈保险销售行为管理办法(征求意见稿)〉公开征求意见的公告》	征求意见稿
21	2022 年 4 月 29 日	原银保监会《关于〈理财公司内部控制管理办法(征求意见稿)〉公开征求意见的公告》	征求意见稿
22	2021 年 12 月 16 日	原银保监会《〈关于进一步促进信用卡业务规范健康发展的通知(征求意见稿)〉公开征求意见的公告》	征求意见稿
七、原银监会有关规定			
1	2014 年 2 月 14 日	《商业银行服务价格管理办法》	部门规章
2	2013 年 11 月 14 日	《消费金融公司试点管理办法》	部门规章
3	2009 年 2 月 4 日	《信托公司集合资金信托计划管理办法》(2009 年修订)	部门规章
4	2007 年 1 月 23 日	《信托公司管理办法》	部门规章
5	2018 年 1 月 12 日	原银监会《关于进一步深化整治银行业市场乱象的通知》	部门规范性文件
6	2017 年 8 月 25 日	原银监会《关于印发信托登记管理办法的通知》	部门规范性文件
7	2017 年 8 月 23 日	原银监会办公厅《关于印发〈银行业金融机构销售专区录音录像管理暂行规定〉的通知》	部门规范性文件
8	2017 年 4 月 7 日	原银监会《关于银行业风险防控工作的指导意见》	部门规范性文件
9	2016 年 3 月 18 日	原银监会办公厅《关于进一步加强信托公司风险监管工作的意见》	部门规范性文件
10	2016 年 2 月 14 日	原银监会办公厅《关于加强银行业消费者权益保护、解决当前群众关切问题的指导意见》	部门规范性文件
11	2014 年 5 月 19 日	原银监会办公厅《关于加强农村中小金融机构服务体系建设的通知》	部门规范性文件

续表

序号	发布时间	文件名称	效力级别
12	2014 年 4 月 8 日	原银监会办公厅《关于信托公司风险监管的指导意见》	部门规范性文件
13	2013 年 8 月 30 日	原银监会《关于印发〈银行业消费者权益保护工作指引〉的通知》	部门规范性文件
14	2012 年 12 月 11 日	原银监会办公厅《关于做好老少边穷地区农村金融服务工作有关事项的通知》	部门规范性文件
15	2012 年 5 月 8 日	原银监会办公厅《关于银行业金融机构加强残疾人客户金融服务工作的通知》	部门规范性文件
16	2012 年 4 月 12 日	原银监会《关于进一步推进银行业不规范经营专项治理的通知》	部门规范性文件
17	2012 年 3 月 23 日	原银监会《关于完善银行业金融机构客户投诉处理机制切实做好金融消费者保护工作的通知》	部门规范性文件
18	2010 年 4 月 12 日	原银监会、原保监会《关于加强涉农信贷与涉农保险合作的意见》	部门规范性文件
19	2009 年 1 月 23 日	原银监会《关于印发〈信托公司证券投资信托业务操作指引〉的通知》	部门规范性文件
20	2008 年 12 月 4 日	原银监会《关于印发〈银行与信托公司业务合作指引〉的通知》	部门规范性文件
21	2007 年 10 月 11 日	原银监会办公厅《关于加强银行业客户投诉处理工作的通知》	部门规范性文件
22	2007 年 1 月 5 日	原银监会办公厅《关于印发〈中国银行业监督管理委员会公众教育服务区管理暂行规定〉的通知》	部门规范性文件
23	2006 年 12 月 5 日	原银监会《关于印发〈商业银行金融创新指引〉的通知》	部门工作文件
24	2015 年 2 月 16 日	原银监会办公厅《关于做好 2015 年农村金融服务工作的通知》	部门工作文件

续表

序号	发布时间	文件名称	效力级别
八、原保监会有关规定			
1	2015 年 10 月 19 日	《保险公司管理规定》(2015 年修订)	部门规章
2	2010 年 2 月 11 日	《人身保险业务基本服务规定》	部门规章
3	2017 年 6 月 28 日	原保监会《关于印发〈保险销售行为可回溯管理暂行办法〉的通知》	部门规范性文件
4	2017 年 9 月 11 日	原保监会《关于印发〈中国保监会加强保险消费风险提示工作的意见〉的通知》	部门规范性文件
5	2013 年 4 月 25 日	原保监会《关于印发〈人身保险电话销售业务管理办法〉的通知》	部门规范性文件
6	2013 年 1 月 14 日	《关于规范财产保险公司电话营销业务市场秩序禁止电话营销扰民有关事项的通知》	部门规范性文件
7	2012 年 8 月 6 日	原保监会《关于印发〈关于加强反保险欺诈工作的指导意见〉的通知》	部门规范性文件
8	2018 年 3 月 13 日	原保监会《关于印发〈2018 年保险消费者权益保护工作要点〉的通知》	部门工作文件
9	2017 年 3 月 14 日	原保监会《关于印发〈2017 年保险消费者权益保护工作要点〉的通知》	部门工作文件

二、重要规定解读

(一)《消费者权益保护法》

发布时间:2013 年 10 月 25 日

实施时间:2014 年 3 月 15 日

《消费者权益保护法》于 2013 年修订后,新增了关于金融消费者权益保护的内容。现行《消费者权益保护法》第 28 条规定:“采用网络、电视、电话、邮购等方式提供商品或者服务的经营者,以及提供证券、保险、银行等金融服务的经营者,应当向消费者提供经营地址、联系方式、商品或者服务的数量和质量、价款或者费用、履行期限和方式、安全注意事项和风险警示、售后服务、民事责任等信息。”本条从法律层面对金融服务经营者履行风险提示和信息披露义务提出了要求，是《消费者权益保护法》中唯一关于金融消费者权益保护的法律规定，对金融消费者权益保护工作的开展和后续出台的立法文件来说意义十分重大。

(二)《九民纪要》

发文字号：法〔2019〕254号

发布时间：2019年11月8日

实施时间：2019年11月8日

《九民纪要》中专门对金融消费者权益保护纠纷案件可能涉及的主要问题作出了系列性解答。

首先，《九民纪要》中明确了因销售各类高风险等级金融产品和为金融消费者参与高风险等级投资活动提供服务而引发的金融消费者权益保护类民商事案件，必须坚持“卖者尽责，买者自负”原则，并要求将金融消费者是否充分了解相关金融产品、投资活动的性质及风险并在此基础上作出自主决定作为应当查明的案件基本事实，依法保护金融消费者的合法权益，规范卖方机构的经营行为，推动形成公开、公平、公正的市场环境和市场秩序。

其次，《九民纪要》中详细规定了金融产品卖方机构所负担的适当性义务，要求卖方机构在向金融消费者推介高风险等级的金融产品时，必须充分了解金融消费者的情况，将适合的产品推荐给消费者，确保金融消费者在充分了解产品情况和主要风险的情况下作出自主决定，适当性义务是“卖者尽责”的主要内容和“买者自负”的前提基础。确定适当性义务内容时，需要将合同法、证券法、信托法等法律规范中的监管规定与实际情况相结合再具体确定义务范围。

再次，《九民纪要》中还规定，因金融产品发行人或金融产品销售者未尽适当性义务，导致金融消费者在购买金融产品过程中遭受损失的，由金融产品发行人或销售者承担不真正连带义务，金融消费者既可以请求金融产品的发行人承担赔偿责任，也可以请求金融产品的销售者承担赔偿责任，还可以根据《民法总则》(已失效)第167条的规定，请求金融产品的发行人、销售者共同承担连带赔偿责任。同时，为了实现程序方面对金融消费者的倾斜性保护，纪要还规定了由金融产品发行人或销售者承担是否尽到适当性义务的举证责任，并由人民法院根据产品、投资活动的风险和金融消费者的实际情况，综合理性人能够理解的客观标准和金融消费者能够理解的主观标准来确定卖方机构是否已经履行了告知说明义务。

最后，《九民纪要》还明确了卖方机构未尽适当性义务的损害赔偿计算标准，以及卖方机构的免责事由，为解决金融消费者权益保护类纠纷案件作出了明确指引。

（三）最高人民法院、中国人民银行、原银保监会《关于全面推进金融纠纷多元化解机制建设的意见》

发文字号：法发〔2019〕27 号

发布时间：2019 年 11 月 19 日

实施时间：2019 年 11 月 19 日

该意见提出："坚持把非诉讼纠纷解决机制挺在前面，建立、健全专业高效、有机衔接、便捷利民的金融纠纷多元化解机制，合理配置纠纷解决资源，保护金融消费者合法权益，促进金融业持续健康发展，全方位提升人民群众的获得感、幸福感、安全感。"

该意见还强调，要通过建立完善金融纠纷调解组织、强化调解员队伍建设和经费保障、建立小额纠纷快速解决机制、建立中立评估机制、推动建立"一站式"金融纠纷解决机构等方式，建设金融纠纷调解组织，提升金融纠纷的解决效率。同时要求严格规范金融纠纷解决工作的相关流程，完善相关保障机制，提升金融纠纷信息水平、加大对多元化纠纷解决机制的支持力度，以期在保障金融消费者合法权益的情况下减轻人民法院诉讼压力，提高纠纷解决效率。

（四）国务院办公厅《金融消费者保护指导意见》

发文字号：国办发〔2015〕81 号

发布时间：2015 年 11 月 4 日

实施时间：2015 年 11 月 4 日

《金融消费者保护指导意见》至今仍是开展金融消费者权益保护工作的重要指导性文件，2015 年后出台的很多相关法律文件均将该意见作为根据之一。

首先,该意见明确提出了“坚持市场化和法治化原则,坚持审慎监管与行为监管相结合,建立健全金融消费者权益保护监管机制和保障机制,规范金融机构行为,培育公平竞争和诚信的市场环境,切实保护金融消费者合法权益,防范和化解金融风险,促进金融业持续健康发展”的指导思想,将金融消费者权益保护工作确定为促进金融业持续健康发展的重要任务之一。

其次,《金融消费者保护指导意见》对中国人民银行、原银监会、证监会、原保监会等金融管理部门提出工作要求,确定了金融管理部门以及中央和地方人民政府负有金融消费者权益保护工作的权力和职责。同时要求金融领域的相关社会组织发挥自身优势,积极参与金融消费者权益保护工作。

再次,《金融消费者保护指导意见》指出,金融机构要健全金融消费者权益保护机制、建立金融消费者适当性制度,要求金融机构将金融消费者权益保护作为一项内控管理制度,并且要求金融机构对金融产品和服务的风险及专业复杂程度进行评估,实施分级动态管理。该意见还通过为金融机构设置义务的方式,明确了金融消费者享有财产安全权、知情权、自主选择权、公平交易权、依法求偿权、受教育权、受尊重权、信息安全权八项权利,并且详细阐述了上述权利的基本内容。

最后,《金融消费者保护指导意见》还提出,金融管理部门要不断完善监督管理机制,完善金融消费者权益保护法律法规和规章制度、加强金融消费者权益保护监督管理,健全金融消费者权益保护工作机制,促进金融市场公平竞争。要求金融管理部门实现对金融消费者权益保护的全流程、多环节监管。同时要求有关部门与地方人民政府积极配合,支持金融消费者权益保护工作,建立重大突发事件协作机制、金融知识普及长效机制以及金融消费纠纷多元化解决机制,实现促进普惠金融发展、优化金融发展环境的目标。

(五)《金融消费者权益保护实施办法》

发文字号:中国人民银行令〔2020〕第5号

发布时间:2020年9月15日

实施时间:2020年11月1日

《金融消费者权益保护实施办法》的出台为规制银行业金融机构、支付机构的金融消费者权益保护问题提供了有力的法律依据，从金融机构行为规范、消费者金融信息保护、金融争议解决等方面细化了金融消费者权益保护的相关要求。

《金融消费者权益保护实施办法》第 8 条对银行、支付机构应当建立的几类基本的金融消费者权益保护内控制度的规定，主要包括：

(1)金融消费者权益保护工作考核评价制度。

(2)金融消费者风险等级评估制度。

(3)消费者金融信息保护制度。

(4)金融产品和服务信息披露、查询制度。

(5)金融营销宣传管理制度。

(6)金融知识普及和金融消费者教育制度。

(7)金融消费者投诉处理制度。

(8)金融消费者权益保护工作内部监督和责任追究制度。

(9)金融消费者权益保护重大事件应急制度。

(10)中国人民银行明确规定应当建立的其他金融消费者权益保护工作制度。

《金融消费者权益保护实施办法》还要求银行、支付机构建立健全涉及金融消费者权益保护工作的全流程管控机制，确保在金融产品的设计开发、营销推介等各业务环节，事前、事中、事后的全流程体系中均能有效落实金融消费者权益保护工作的相关要求，并且围绕金融消费者权益对银行、支付机构在格式条款、营销宣传等多方面作出细化规定。

同时，《金融消费者权益保护实施办法》还专章规定了对消费者金融信息的保护和金融纠纷的解决，明确说明银行、支付机构应当实现对消费者个人金融信息从收集、保管到使用处理的全流程规范，建立以分级授权为核心的消费者金融信息使用管理制度，根据消费者金融信息的重要性、敏感度及业务开展需要，在不影响本机构履行反洗钱等法定义务的前提下，合理确定本机构工作人员调取信息的范围、权限，严格落实信息使用授权审批程序。要求银行、支付机构积极完善投诉机制，推动促进金融纠纷的调解解决。

（六）中国人民银行、原银保监会、证监会、国家外汇管理局《关于进一步规范金融营销宣传行为的通知》

发文字号：银发〔2019〕316号

发布时间：2019年12月20日

实施时间：2020年1月25日

《关于进一步规范金融营销宣传行为的通知》针对金融机构的金融营销宣传行为，在以下几个方面作出了详细规定：

明确金融营销宣传资质要求，市场经营主体须在取得相应金融业务经营资质的前提下方可自行开展或委托他人开展金融营销宣传活动；明确对违法违规金融营销宣传活动将采取相应监管措施。

针对金融营销宣传行为规范，《关于进一步规范金融营销宣传行为的通知》一方面要求金融产品或金融服务经营者建立健全金融营销宣传内控制度、管理机制和金融营销宣传行为监测工作机制，加强对业务合作方金融营销宣传行为的监督；另一方面对人民群众反映强烈的一些不当金融营销宣传行为作出了明确的禁止性规定：不得非法或超范围开展金融营销宣传活动；不得以欺诈或引人误解的方式对金融产品或金融服务进行营销宣传活动；不得以损害公平竞争的方式开展金融营销宣传活动；不得利用政府公信力进行金融营销宣传活动；不得损害金融消费者知情权；不得利用互联网进行不当金融营销宣传活动；不得违规向金融消费者发送金融营销信息；不得开展法律法规和金融管理部门认定的其他违法违规金融营销宣传活动。

（七）《关于加强银行业消费者权益保护解决当前群众关切问题的指导意见》

发文字号：银监办发〔2016〕25号

发布时间：2016年2月14日

实施时间：2016年2月14日

《关于加强银行业消费者权益保护解决当前群众关切问题的指导意见》首次就金融机构实施销售专区录音录像提出原则性的指导意见及工作要求。之后，原银监会又发布《银行业金融机构销售专区录音录像管理暂行规定》，要求银行业金融机构实施专区“双录”。

《关于加强银行业消费者权益保护解决当前群众关切问题的指导意见》还强调：要加强产品信息披露，落实产品销售透明原则，实施产品销售专区管理，强化消费者个人信息保护，规范服务收费行为，严格执行授信业务管理规定，提升代销业务规范化管理水平，加强员工行为管理，主动提升服务消费者的意识和水平，加强对特殊消费者群体的关爱和保护等。

（八）原银保监会《关于开展银行业保险业“内控合规管理建设年”活动的通知》

发文字号：银保监发〔2021〕17 号

发布时间：2021 年 6 月 7 日

实施时间：2021 年 6 月 7 日

该通知明确，在强化消费者权益保护与履行社会责任方面，要紧盯涉众型金融产品的设计开发、定价管理、协议制定等环节，加强产品评估及合规审查，强化关键信息披露，防止以金融创新为名损害消费者合法权益。

要严格执行销售适当性与可回溯管理，加强消费者教育，严格区分公募与私募、委托与自营等，防止误导消费者购买与其风险承受能力不相匹配的金融产品，严禁以多人集合等方式变相降低投资门槛；要加强银行业保险业销售从业人员管理，切实规范从业人员的销售行为；要持续整治不合理和违规收费，对人民群众反映强烈的误导销售、捆绑搭售、霸王条款等违规问题加大治理和问责力度；要改进保险理赔服务，杜绝恶意拖赔惜赔、无理拒赔等。

（九）《银行保险机构消费者权益保护管理办法》

发文字号：中国银行保险监督管理委员会令 2022 年第 9 号

发布时间：2022 年 12 月 26 日

实施时间：2023 年 3 月 1 日

《银行保险机构消费者权益保护管理办法》主要包括以下内容：

一是关于总体目标、机构范围、责任义务、监管主体和工作原则的规定，明确银行保险机构承担保护消费者合法权益的主体责任，消费者有诚实守信的义务。

二是关于消费者权益保护体制机制，要求银行保险机构将消费者权益保护纳入公司治理、企业文化建设和经营发展战略，建立完善消费者权益保护审查、消费者适当性管理、合作机构管控、内部考核等工作机制，指导银行保险机构加强消费者权益保护体制机制建设，构筑全方位的消费者权益保护工作体系。

三是规范银行保险机构经营行为，保护消费者八项基本权利。包括规范产品设计、信息披露和销售行为，禁止误导性宣传、强制捆绑搭售、不合理收费等行为，保护消费者知情权、自主选择权和公平交易权；规范客户身份识别、业务经营、核保理赔管理等，保护消费者财产安全权和依法求偿权；加强消费者教育宣传，提升服务质量，规范营销催收行为，保护消费者受教育权和受尊重权；规范个人信息的收集、使用、传输、外部合作等行为，保护消费者信息安全权。

四是加强行业监督管理，对原银保监会及其派出机构、各类银行业保险业行业协会、行业纠纷调解组织职责，以及相关监管措施和处罚事项等作出规定，严格行为监管要求，明确对同类业务、同类主体统一标准、统一裁量，依法打击侵害消费者权益乱象和行为。

五是明确适用范围、解释权和实施时间。

(十)原银保监会办公厅《关于进一步加强消费投诉处理工作的通知》

发文字号：银保监办发〔2022〕90 号

发布时间：2022 年 9 月 28 日

实施时间：2022 年 9 月 28 日

该通知作为新发布的金融消费者权益保护相关文件，再次强调金融纠纷的解决办法。要求各银行保险机构要完善消费投诉处理制度机制，明确各部门及各级分支机构的职责，完善内部沟通协调、信息共享、协同处理等机制，优化消费投诉处理流程，确保消费投诉得到及时接收、顺畅流转、高效处理，防止消费投诉在内部各机构、各部门间相互推诿，避免矛盾纠纷激化升级。

该通知要求进一步畅通消费投诉渠道，积极扩充消费投诉渠道，进一步完善电话、来信、来访等渠道，确保客服电话能够迅速转接至人工投诉通道，来信、来访能够快速转由专人处理。已开通官方网站、移动客户端、微信公众号等互联网投诉渠道的，应当在相关平台中设置消费投诉板块并配备专人处理。

该通知要求积极妥善处理消费投诉,投诉人诉求符合法律法规及合同约定的,各机构应当尽快履行相关义务;诉求不符合法律法规及合同约定的,应当积极向投诉人做好解释沟通工作;法律法规没有明确规定或者合同约定不明确的,应当按照公平合理原则,主动与投诉人进行协商处理、积极运用调解机制化解消费纠纷、突出消费投诉考核导向、强化责任追究和溯源整改以及加强消费投诉处理监管工作。

第五节　金融消费者权益保护现状及域外经验

一、保护工作开展现状

(一)调研情况

为进一步分析研究目前金融机构相关金融消费者权益保护合规工作的开展情况,笔者团队通过线上问卷形式对金融机构从业人员进行了调研。调研情况如图1所示:

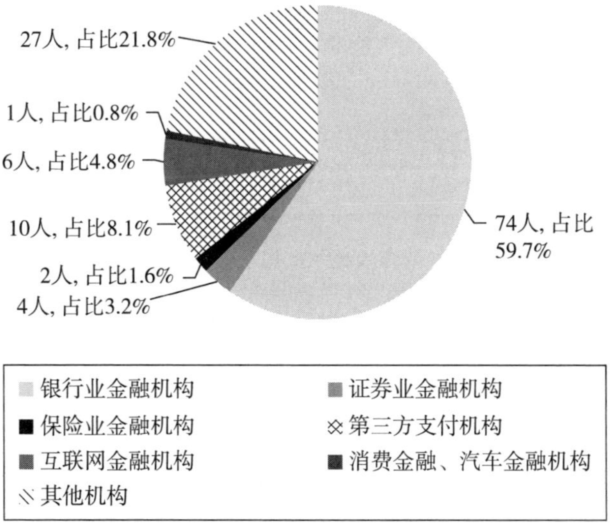

图1　参与问卷调查人员所在金融机构类型统计

如图1所示，本次金融消费者权益保护调查问卷的有效填写量为124份，问卷的填写人包含银行业金融机构，证券业金融机构，保险业金融机构，第三方支付机构，互联网金融机构，消费金融、汽车金融机构及其他机构内的从业人员。其中，银行业金融机构从业人员共计74人，占比59.7%；证券业金融机构从业人员共计4人，占比3.2%；保险业金融机构从业人员共计2人，占比1.6%；第三方支付机构从业人员共计10人，占比8.1%；互联网金融机构从业人员共计6人，占比4.8%；消费金融、汽车金融机构从业人员1人，占比0.8%；其他机构从业人员共计27人，占比21.8%。

填写人在金融机构内所处的岗位分布如下：产品销售/客户经理/渠道经理/投资经理等共计26人，占比21.0%；产品设计/运营/技术岗位共计53人，占比42.7%；法务/内控/合规等共计14人，占比11.3%；其他岗位共计31人，占比25.0%。（见图2）

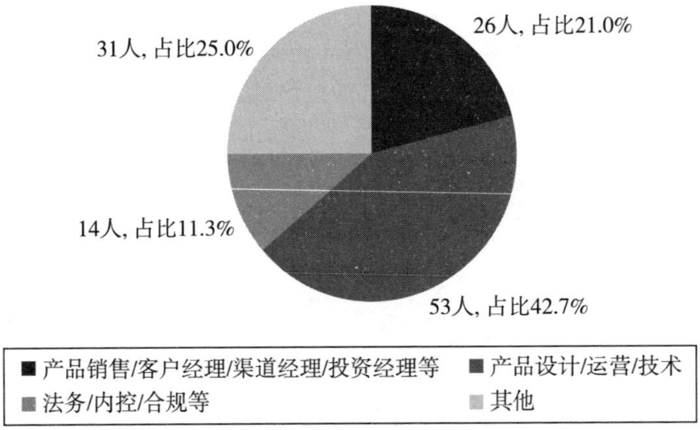

图2　参与问卷调查的金融机构从业人员所处岗位统计

在上述被调查人所处的各类金融机构中，金融消费者权益保护的具体情况如下：

在专门职能部门与相关管理制度的设置方面，67.7%的金融机构专门设置金融消费者权益保护部门、投诉部门或明确的牵头部门；75.0%的金融机构建立了金融消费者权益保护的相关管理制度和内控制度（包括但不限于设置金融消费者权益保护工作考核评价制度、风险等级评估制度、投诉处理制

度等)。(见图3)

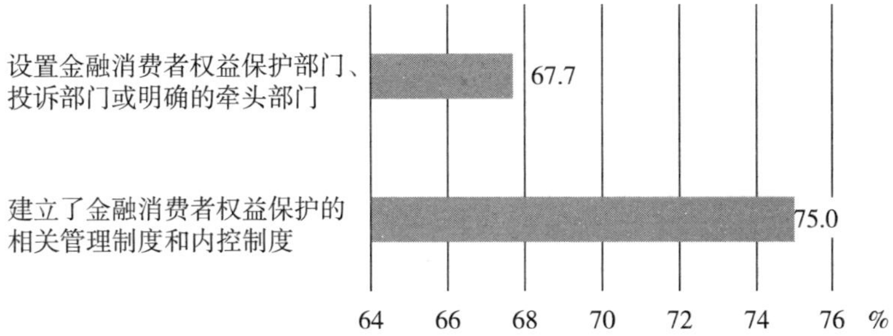

图3　参与问卷调查人员所在金融机构在专门职能部门与相关管理制度的设置统计

在员工管理方面,75.8%的金融机构会对员工开展金融消费者权益保护的专题培训;62.9%的金融机构会将金融消费者权益保护内容纳入员工工作考核内容。(见图4)

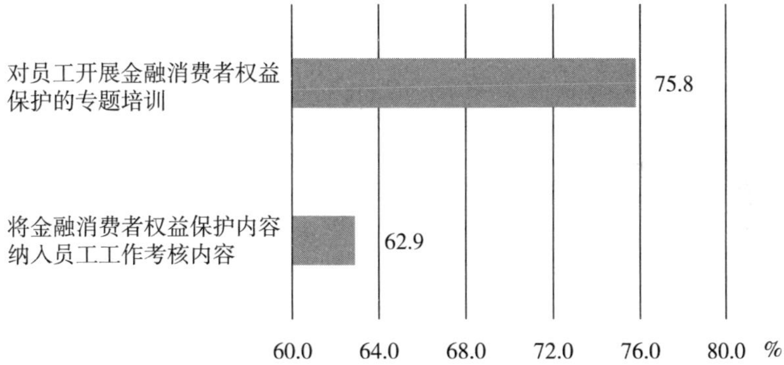

图4　参与问卷调查人员所在金融机构在员工管理方面的统计

金融产品和服务的推介、销售与管理方面,有73.4%的金融机构会对金融产品和服务进行风险评估分级;78.2%的金融机构会考虑产品风险情况,并将其与客户风险承受能力进行适当性匹配;78.2%的金融机构在向消费者推荐金融产品和服务时,会以消费者可理解的方式披露产品信息;10.5%的金融机构在销售金融产品时不履行适当性义务;8.9%的金融机构不会向消费者以可理解的方式披露产品信息。(见图5)

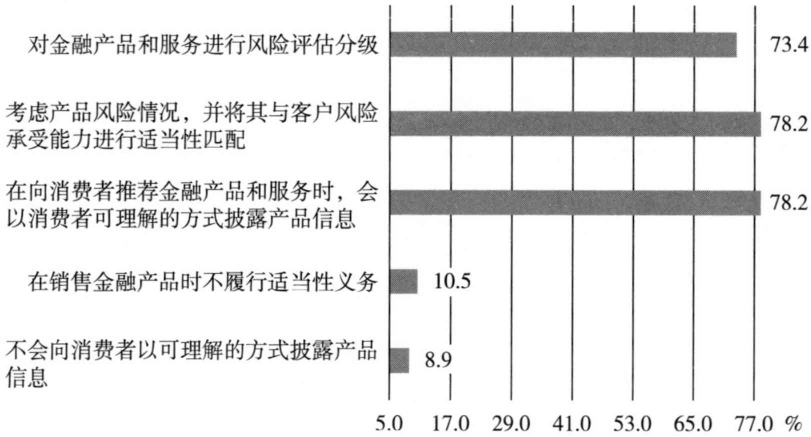

图5　参与问卷调查人员所在金融机构在金融产品和服务的推介、销售与管理方面的统计

在开展金融营销宣传的业务资质方面,大部分金融机构自身具备与金融营销宣传内容相符的业务资质,这类金融机构在本次调查中占比 70.2%；6.5% 的金融机构集团母公司或关联公司具备与金融营销宣传内容相符合的业务资质;4.8% 的金融机构受托的合作伙伴具备与金融营销宣传相符合的业务资质;但仍有 18.5% 的金融机构表示,目前暂时没有业务资质的限制性要求。(见图 6)

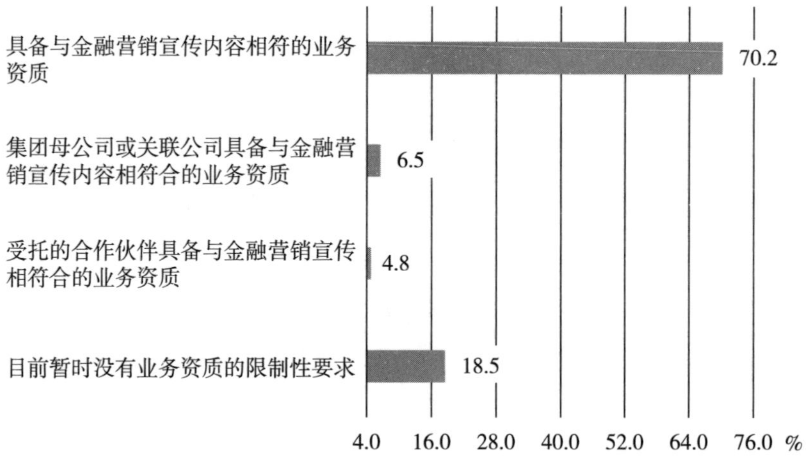

图6　参与问卷调查人员所在金融机构在开展金融营销宣传的业务资质方面的统计

在对金融消费者个人信息的保护与处理方面,64.5%的金融机构会在与客户初次签署服务协议或隐私政策时,逐一列出客户个人信息的使用场景和使用方式,表明使用目的和范围,并会根据处理个人信息所需,必要时获得重新授权;14.5%的金融机构在与用户初次签署服务协议或隐私政策时,通过概括授权的方式统一征求授权。大多数金融机构不存在对外共享、转让金融消费者个人信息的情形。(见图7)

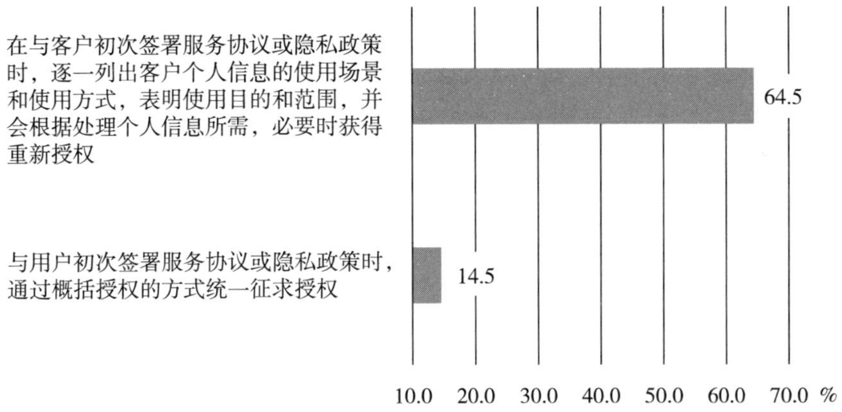

图7　参与问卷调查人员所在金融机构对金融消费者个人信息的保护与处理方面的统计

在管理外包服务供应商的方式上,占比最高的方式为设置外包服务商准入标准,比例达65.0%;居于第二位的是与外包服务供应商签署书面合作协议,明确保密条款、约定违约责任等,占比57.3%。可见相关金融机构管理外包服务供应商的方式主要还是把控准入条件以及通过协议确定权利义务关系。相比之下,对外包服务供应商的业务能力进行严格的调查和评估,建立完善的内部评审机制以及定期或不定期对外包服务商进行现场审查等过程性管理方式占比较低,分别为55.6%和48.4%。(见图8)

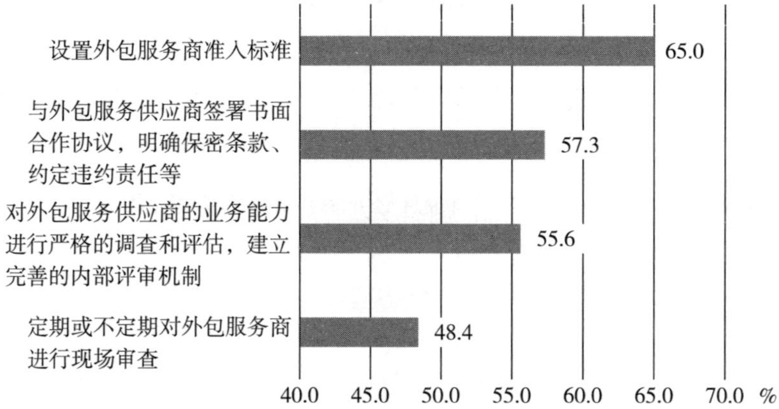

图8　参与问卷调查人员所在金融机构在管理外包服务供应商方式上的统计

在开展金融消费者权益保护的宣传教育工作方面,方式以每年参加金融监管部门定期举办的金融消费者权益保护宣传教育工作为主,占比73.4%;60.5%的金融机构除参加监管部门举办的宣传教育活动外,还自行开展宣教活动;会专门针对农民、残障人士、下岗失业者、创业创新人群、老年人等特殊群体开展金融知识普及和宣传教育活动的金融机构相对较少,占比37.9%。(见图9)

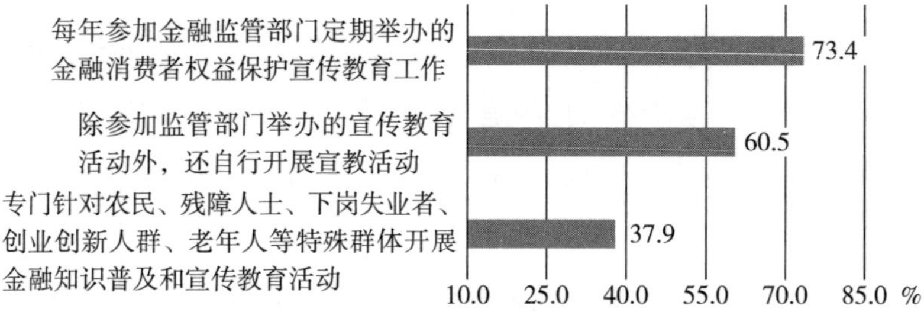

图9　参与问卷调查人员所在金融机构在开展金融消费者权益保护的宣传教育工作方面的统计

目前各金融机构解决金融消费者纠纷的主要方式,包括应对消费者提起的诉讼;金融消费者向机构消保部门投诉,启动投诉处理机制解决;金融消费者向监管部门投诉,在监管介入下解决;应对消费者提起的仲裁;通过第三方调解解决等。其中占比居于前列的是应对消费者提起的诉讼和启动投诉处理机制这两类解决方式,占比分别为62.1%和59.7%。(见图10)

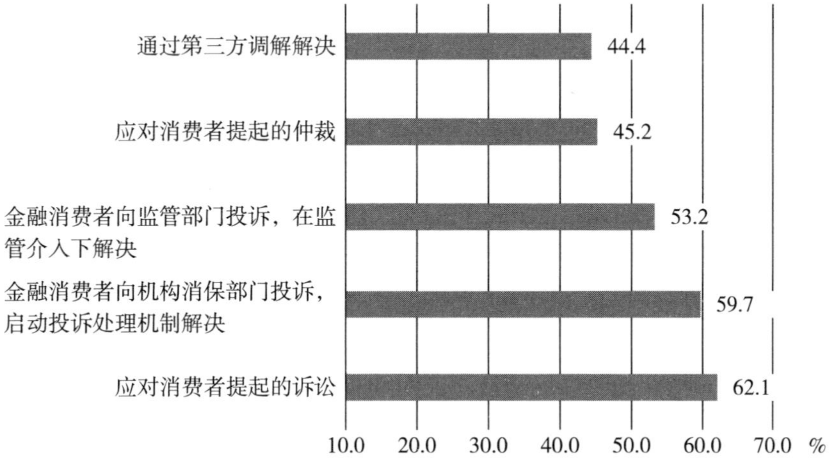

图10　参与问卷调查人员所在金融机构解决金融消费者纠纷的主要方式统计

综合上述调查结果，大多数金融机构对于金融消费者权益保护工作还是十分重视的，在内部管理、员工管理、营销宣传、外包服务供应商管理等多个方面，均有超过50%的金融机构设置了较为完善的管理机制。但仍有部分金融机构的金融消费者权益保护工作存在缺漏，例如，在基本的金融消费者权益保护管理制度设置及员工培训管理方面，仍有10%～20%的金融机构未设置专门的内部管理机构、未制定内部管理制度。

在金融消费者个人信息保护、对外包服务供应商的管理以及金融消费者权益保护的宣传教育等方面，多数金融机构采取的仅为基础性的管理措施，难以满足法律法规提出的更高要求。在消费者个人信息的共享与转让、对外包服务供应商的过程性监管，以及专门性金融消费者教育工作的开展等工作中，金融机构仍有较大的改进空间。

从调研情况来看，大部分金融机构已经对金融消费者权益保护工作采取了基本的合规措施，设置了基础性的管理制度框架，但仍需继续完善在外包服务供应商管理、金融消费者个人信息保护等方面的规则设置，尽量实现金融消费者权益保护工作的全方位合规。

（二）整体保护情况

结合调研情况以及目前立法、执法和司法对于金融消费者权益保护的工作情况来看,我国金融消费者权益保护工作取得了不错的效果。

1. 相关法律规范不断完善

2013 年修正的《消费者权益保护法》将金融消费者权益保护纳入消费者保护的规制范围,在法律层面确定了金融消费者权益保护的重要性。国务院办公厅 2015 年印发的《金融消费者保护指导意见》则首次明确规定了金融消费者的八项基本权利,指出了开展金融消费者权益保护工作的基本方向。此后相关部门规章及规范性文件的内容更具有针对性,例如,中国人民银行办公厅发布的《关于开展金融广告治理工作的通知》、原银监会发布的《关于完善银行业金融机构客户投诉处理机制切实做好金融消费者保护工作的通知》、中国银保监会办公厅发布的《关于开展银行保险机构侵害消费者权益乱象整治工作的通知》、《中国人民银行金融消费者权益保护实施办法》等多项部门规章及规范性文件,从金融消费者保护的各方面作出了相应的规定,这些部门规章及规范性文件与《消费者权益保护法》共同形成了从总体的金融消费者保护体制建设到金融营销、金融纠纷解决机制、金融消费者教育、个人信息保护等各方面的金融消费者权益保护法规体系。尽管目前对于金融消费者权益保护的监管规定法律位阶较低,但总体来说,我国的金融消费者权益保护政策法规体系已经初步建立,并且处于不断完善的过程中。

2. "多管齐下"的监管体系已经形成

在行政监管层面,金融监管机构改革后,金融监管总局及其各地派出机构统一行使金融消费者权益保护的行政监管职能,对各金融机构的金融活动行为进行监督,要求各金融机构严格依法合规经营,杜绝侵害金融消费者合法权益的违法违规行为。同时由人民法院行使司法权,在裁决相关案例的同时起到司法监督的作用,并辅之以行业内部的自我监督、人民群众及相关社会组织的社会舆论监督,共同敦促金融机构切实履行金融消费者权益保护的义务。

3. 重点进行的金融消费者权益保护工作已取得初步成效

随着相关政策法规文件的出台以及有关部门的努力推进,近年来重点开展的金融消费者权益保护工作均已取得初步成效。在金融消费者教育方面,调查显示,2021 年我国消费者金融素养指数为 66.81,与 2019 年、2017 年相比分别提高了2.04个百分点和3.10个百分点;[1]在金融纠纷的多元化解决机制建设方面,多地人民法院与当地中国人民银行分行、银保监局等机构积极沟通,相继建立了一批金融消费纠纷调解组织,实现了"诉调对接";在金融消费纠纷的解决方面,金融机构内部的金融消费纠纷投诉处理机制不断完善并发挥作用,金融纠纷的多元化解决机制逐渐走向成熟;在金融营销行为监管方面,《关于进一步规范金融营销宣传行为的通知》等文件的出台为金融监管部门加强对违法违规金融营销等行为的监管力度、细化执法监管方式提供了强有力的保障;在金融消费者个人信息保护方面,《个人信息保护法》等相关法律的出台则为保护金融消费者个人信息权益提供了强有力的法律基础。

二、存在的问题

我国金融消费者权益保护工作在取得一定成果的基础上,仍存在诸多不足之处。

(一)缺少统一的上位法依据

在法律层面,对于金融消费者权益保护的规定散见于《商业银行法》《保险法》《消费者权益保护法》等法律中,而与金融消费者权益保护直接相关的部门规章和规范性文件,法律位阶较低,且规定零碎。对于同一侵害金融消费者权益的行为,需要银行、保险业及证券业等不同的监管部门出台不同的部门规章或规范性文件予以规制,导致相关法律文件的重复和冗杂。同时,部门规章及规范性文件的法律效力层级过低,且缺少对于金融监管部门监管检查权的分配、行使规则,以及对金融监管部门的监督管理等方面的规定,法律威慑力和强制力相对不足。

(二)金融监管部门内部的监管权限划分有待厘清

在金融监管总局设立前,原"一行两会"采用分业监管模式对金融消费者权益保护的问题进行监管,各监管部门只在其监管范围内行使职权,缺少跨行业

[1] 参见《加快制定"金融消费者权益保护法"全面提升金融消费者权益保护法治化水平——访全国人大代表、人民银行副行长刘桂平》,载《中国金融》2022年第6期。

的协调监管机制。例如,在银行业金融机构代为发售基金、期货等理财产品情况下,一旦发生风险事件,究竟应当由哪一监管部门履行监管职责,既没有明确的权限划分,又没有联合监管机制共同对违法行为进行规制。这就很容易导致重复处罚、监管盲区等监管乱象的出现。除此之外,金融监管部门的监管行为缺乏独立的监督机关,金融机构对金融监管部门作出的行政处罚不服时,只能选择行政复议或行政诉讼的事后救济方式,缺少在监管行为做出前和做出时的事前监督。地方小额贷款公司、商业保理公司、融资租赁公司等游离在金融监管部门的监管范围边界的金融机构,在其实质上为金融消费者提供金融商品或服务时应当由哪一适当主体履行监督职责等问题也没有明确的规定。目前金融监管总局已成立,作为专门机构对金融消费者权益保护进行统一监管,有利于解决跨行业的协调监管问题。但对于金融监管总局的监管行为本身并未设置独立的外部监督机制,且各金融监管部门之间以及金融监管总局内部的职责划分仍在划转衔接阶段,还未明确公示各组织机构的权限范围,因此金融监管部门的内部监管权限划分仍有继续完善的空间。

(三)缺乏独立的金融纠纷解决机构

虽然目前我国金融纠纷的多元解决机制已在不断推进和完善,但仍缺乏独立的金融纠纷解决机构。在目前的金融纠纷解决机制中,金融消费者的投诉处理机制依赖于金融机构的内控制度建设,投诉处理水平因金融机构而异;金融纠纷的调解机制依赖于金融监管部门及人民法院设立的调解组织,但监管部门与人民法院并非专职处理金融消费者权益保护问题,人力、物力也有限,调解组织的效果自然不能与专门的金融纠纷解决机构相比;而在诉讼或仲裁阶段,虽然法院或仲裁委员会能够很大程度上保障个案的公平性,但诉讼或仲裁的物质成本和时间成本都相对较高,并不一定是最有利于纠纷处理的解决方式。因此,即使金融纠纷的多元解决机制能够实现金融纠纷的分流分阶段解决,但非专门金融纠纷解决机构仍会受各种因素的掣肘。

(四)金融消费者教育仍存在很大进步空间

现阶段的金融消费者教育工作已取得一定的成效,但在强化金融消费者教育的过程中仍存在一些问题,如缺乏长期性的金融消费者教育目标,将金融消费者教育义务分配给缺乏积极性的金融机构,金融教育缺乏针对性,不能满足不同金融消费者群体的具体需求等。在实践中,由于金融知识宣传经费缺失、教育资源不足等现实原因,金融知识宣传工作还可能存在应付差事、敷衍了事的现象。

三、域外法经验与借鉴

(一)制定高位阶专门法

美国在2008年国际金融危机发生后出台了《多德-弗兰克华尔街改革与消费者保护法》作为金融消费者权益保护的专门法律,同时通过对已有法律的更新,删除了重复的冗余法条,并统一了金融消费者权益保护监管规则。英国作为在金融消费者权益保护领域走在前列的国家,其法律发展方向与美国类似,2008年后,英国相继颁布了《金融稳定和存款者保护》《金融监管新方案》《2012年金融服务法案》等法律,明确了金融消费者的范围,统一了金融消费者权益保护的监管规则和监管机构。[1] 我国在立法上可以借鉴英美的经验,出台统一的《金融消费者权益保护法》,并以此为纲领,进一步整合相关行政法规、部门规章及规范性文件,形成一个更具条理性的金融消费者权益保护法律体系。

(二)设立独立的金融消费者权益保护机构

美国早期的金融消费者权益保护监管模式与我国现在的模式十分类似,监管权分散于美联储、证券交易委员会等多个机构,但其在2008年后成立了金融消费者保护局(CFPB),负责处理包括金融消费者投诉、制定相关规则、履行监管职能在内的各项事务,且独立行使职权,其他机关不能对其进行干涉。英国则于2013年设立了金融行为监管局(FCA),负责银行、保险、证券等各行业内的金融消费者权益保护工作。CFPB及FCA这种独立的金融消费者权益保护机构,不仅能够避免部门事务过多导致的履职不到位,还能够明确划分金融消

---

〔1〕 参见郭佳靖:《我国金融消费者权益保护现状及经验借鉴》,载《金融发展评论》2022年第2期。

费者权益保护的监管权限，避免出现多个监管部门之间相互推诿的情况。金融监管总局成立后，我国已形成一个统一、独立的金融消费者权益保护部门，实现了金融消费者权益保护职责的集中化，更有利于维护金融消费者的权益。后续仍需在此基础上细化金融监管总局的内部机构设置，并明确金融监管总局与人民银行、证监会等部门之间的相关权限划分，进一步完善金融消费者权益保护的监管体系。

（三）强化金融纠纷非诉解决机制

英国设立了金融申诉专员机构（FOS），该机构作为金融消费纠纷的第三方解决机构，以公司的形式存在，但在非营利性的基础上履职。对于金融消费纠纷来说，非诉解决机制相对于诉讼解决机制更具有经济性，我国在后续的金融纠纷多元化解决机制建设中，可以参考域外经验，加强行业协会的自律功能，敦促金融机构完善自身的投诉处理机制，同时设立独立的第三方非诉解决机构，为金融消费者提供更多选择。

（四）制订金融消费者教育战略计划

英美在强化金融消费者教育方面都十分重视，采取的方式也较为类似，基本上是采取制订金融消费者教育战略计划、设立金融教育基金、由政府部门提供免费的金融咨询等方式提高金融消费者的整体素质。但对于这一点，由于各国的国情存在差异，我国作为一个人口大国，要实现单纯由政府进行金融消费者教育存在一定的困难。可以依据我国的具体情况制订实施性更强的金融消费者教育战略计划，使金融机构、人民政府、金融监管部门甚至是基层群众性自治组织等不同主体在其职责范围内进行金融消费者教育，逐步提高金融消费者的整体素质。

第二章　行政监管及司法实践概况

金融消费者是金融市场的重要参与者，也是金融行业持续健康发展的推动者。加强金融消费者权益保护工作，是防范和化解金融风险的重要内容，对提升金融消费者信心、维护金融安全与稳定、促进社会公平正义和社会和谐具有积极意义。

随着我国金融市场改革发展不断深化，金融产品与服务日趋丰富，它们在为金融消费者带来便利的同时，也伴随着提供金融产品与服务的行为不规范，金融消费纠纷频发，金融消费者权益保护意识不强、识别风险能力亟待提高等实际问题。

金融监管总局设立前中国人民银行、原银保监会、证监会等金融管理部门，是做好金融消费者权益保护工作的行政监管主体单位。此外，金融管理部门还需和地方人民政府合作，探索建立中央和地方人民政府金融消费者权益保护协调机制。

值得注意的是，目前国内对金融消费者的范围界定虽已达成一些基本共识，但是否将金融投资者纳入金融消费者范畴，实质上仍存在一定分歧，比如证券市场中的“散户”是否也应算作消费者？厘清金融消费者与金融投资者的关系是推进金融消费者保护立法的重要课题，考虑到各地方存在地域性差异等现实问题，金融消费者权益保护规章制度纷繁复杂，统计上存在难度且无法形成普适性。

因此本章节关于金融消费者权益保护的讨论，限于金融监管总局设立前全国层面的人民银行、原银保监会两个行政监管部门的行政监管情况。

第一节 金融消费者权益保护违规要点

一、中国人民银行相关规则中的主要违规内容

《金融消费者权益保护实施办法》规定，商业银行、支付机构适用该办法，商业银行理财子公司、金融资产管理公司、信托公司、汽车金融公司、消费金融公司、征信机构、个人本外币兑换特许业务经营机构等则参照适用该办法。

《金融消费者权益保护实施办法》第六章“法律责任”部分，对责任机构约束可分为公司和责任人员两个方面。值得注意的是，相较于中国人民银行《关于印发〈金融消费者权益保护实施办法〉的通知》（银发〔2016〕314 号，已失效），新规对于法律责任的规定属于全新内容。

对公司的处罚又可以分为侵害消费者金融信息依法得到保护的权利、对金融产品或者服务作出虚假或者引人误解的宣传、其他实际违规三大类，前两者为依照《消费者权益保护法》第 56 条的规定予以处罚的部分，后者为中国人民银行根据情形自行决定处罚的部分。

在个人处罚方面，《消费者权益保护法》规定，对责任机构侵害金融消费者权益重大案件负有直接责任的人员，有关法律、行政法规有处罚规定的，依照其规定给予处罚；有关法律、行政法规未作处罚规定的，中国人民银行则根据情形处罚。

值得注意的是，在《金融消费者权益保护实施办法》生效之前，中国人民银行作出消费者权益保护管理及行政处罚的依据，则来自中国人民银行办公厅《关于印发〈中国人民银行金融消费权益保护工作管理办法（试行）〉的通知》（银办发〔2013〕107 号发布）与中国人民银行《关于印发〈金融消费者权益保护实施办法〉的通知》（银发〔2016〕314 号，已失效）等文件。

表 2 《金融消费者权益保护实施办法》主要违规内容及对应责任

违规类别	违规具体类别	具体违规内容	处罚依据	处罚内容
公司违规	侵害消费者金融信息依法得到保护的权利	(一)未经金融消费者明示同意,收集、使用其金融信息的。 (二)收集与业务无关的消费者金融信息,或者采取不正当方式收集消费者金融信息的。 (三)未公开收集、使用消费者金融信息的规则,未明示收集、使用消费者金融信息的目的、方式和范围的。 (四)超出法律法规规定和双方约定的用途使用消费者金融信息的。 (五)未建立以分级授权为核心的消费者金融信息使用管理制度,或者未严格落实信息使用授权审批程序的。 (六)未采取技术措施和其他必要措施,导致消费者金融信息遗失、毁损、泄露或者被篡改,或者非法向他人提供的	《消费者权益保护法》第 56 条	有关法律、法规对处罚机关和处罚方式有规定的,依照法律、法规执行;法律、法规未作规定的,由工商行政管理部门或有关行政部门责令改正,可根据情节单处或者并处警告、没收违法所得、处以违法所得 1 倍以上 10 倍以下罚款,没有违法所得的,处以 50 万元以下的罚款;情节严重的,责令停业整顿、吊销营业执照
	对金融产品或者服务作出虚假或者引人误解的宣传	(一)实际承担的义务低于在营销宣传活动中通过广告、资料或者说明等形式对金融消费者所承诺的标准的。 (二)引用不真实、不准确的数据和资料或者隐瞒限制条件等,对过往业绩或者产品收益进行夸大表述的。 (三)利用金融管理部门对金融产品或者服务的审核或者备案程序,误导金融消费者认为金融管理部门已对该金融产品或者服务提供保证的。	《消费者权益保护法》第 56 条	同上

续表

违规类别	违规具体类别	具体违规内容	处罚依据	处罚内容
公司违规		(四)明示或者暗示保本、无风险或者保收益等,对非保本投资型金融产品的未来效果、收益或者相关情况作出保证性承诺的		
	其他违规	(一)未建立金融消费者权益保护专职部门或者指定牵头部门,或者金融消费者权益保护部门没有足够的人力、物力独立开展工作的。 (二)擅自代理金融消费者办理业务,擅自修改金融消费者的业务指令,或者强制搭售其他产品或者服务的。 (三)未按要求向金融消费者披露与金融产品和服务有关的重要内容的。 (四)利用技术手段、优势地位,强制或者变相强制金融消费者接受金融产品或者服务,或者排除、限制金融消费者接受同业机构提供的金融产品或者服务的。 (五)通过附加限制性条件的方式要求金融消费者购买、使用协议中未作明确要求的产品或者服务的。 (六)未按要求使用格式条款的。 (七)出现侵害金融消费者合法权益重大事件未及时向中国人民银行或其分支机构报告的。 (八)不配合中国人民银行及其分支机构开展金融消费者权益保护领域相关工作,或者未按照规定报送相关资料的。	中国人民银行根据情形自行决定处罚	单处或者并处警告、处以5000元以上3万元以下罚款

续表

违规类别	违规具体类别	具体违规内容	处罚依据	处罚内容
公司违规		(九)未按要求对金融消费者投诉进行正确分类,或者迟报、漏报、谎报、错报、瞒报投诉数据的。 (十)收到中国人民银行分支机构转交的投诉后,未在规定期限内答复投诉人,或者未按要求向中国人民银行分支机构反馈投诉处理情况的。 (十一)拒绝、阻挠、逃避检查,或者谎报、隐匿、销毁相关证据材料的		
个人违规	有关法律、行政法规有处罚规定	对应有关法律、行政法规中规定的违规责任	依照其规定给予处罚	依照法律、法规执行
	有关法律、行政法规未作处罚规定	中国人民银行根据情形决定具体处罚内容	中国人民银行根据情形自行决定处罚	单处或者并处警告、处以5000元以上3万元以下罚款

此外,除了《金融消费者权益保护实施办法》明确规定的违规情形,在个人金融信息保护领域、征信管理领域出现的部分违规情形,也应列入金融消费者权益保护范畴,如泄露客户信息、未经授权/越权查询个人信息、未按与个人信息主体约定的用途使用信息、未按规定处理个人征信异议、未经授权查询个人信用报告等。

二、原银保监会相关规则中的主要违规内容

2022 年 12 月,原银保监会发布《银行保险机构消费者权益保护管理办法》,从规范产品设计、营销宣传、销售行为,禁止误导销售、捆绑搭售、不合理收费等方面作出规定,保护消费者知情权、自主选择权和公平交易权;从保护消费者金融资产安全、规范保险公司核保和理赔活动等方面作出规定,保护消费者财产安全权和依法求偿权;从收集、使用、传输消费者个人信息等方面作出规定,保护消费者信息安全权。

在行政处罚方面,《银行保险机构消费者权益保护管理办法》指出,银行保险机构及从业人员违反规定的,由原银保监会及其派出机构依据《消费者权益保护法》等法律法规实施行政处罚;法律、行政法规没有规定的,由原银保监会及其派出机构给予通报批评、警告或处以 10 万元以下罚款的行政处罚。

银行保险机构存在欺诈、销售误导等严重侵害消费者合法权益行为,且涉及人数多、涉案金额大、持续时间长、社会影响恶劣的,原银保监会及其派出机构除按前述规定处理外,可对相关董事会成员及高级管理人员给予警告,并处以 10 万元以下罚款。

第二节　金融消费者权益保护行政处罚基本情况

一、中国人民银行行政处罚情况

按中国人民银行作出行政处罚决定的日期,从 2020 年 1 月 1 日开始到 2022 年 9 月止(下文、表简称统计期),笔者团队共计收集处罚记录 386 条。其中,对金融机构的处罚有 311 条,涉及罚款金额 30,538.77 万元[1];对直接责任

〔1〕 中国人民银行公布的罚单金额通常为罚单总额。消费者权益保护违规可能与其他违规同时存在,故处罚金额并非消费者权益保护违规具体对应的罚款金额,而应理解为"涉及消费者权益保护违规"的处罚金额。有关消费者权益保护违规罚款金额的描述,此章节正文、表同义,特此说明。

人员的处罚有 75 条，涉及罚款金额 205.40 万元。

1. 消费者权益保护领域罚单呈现增长趋势

在中国人民银行的行政处罚中，反洗钱、支付结算、金融统计、征信管理、人民币管理领域查处的违法行为类型较多。相比之下，消费者权益保护领域罚单数量则要少很多。实际上，从完善监督管理机制、建立健全保障机制、规范金融机构行为等角度来看，金融消费者权益保护相较于其他领域有所滞后。

然而长久以来，消费者与金融机构强弱地位并不对等，比如金融机构可通过单方面声明或以格式合同等方式保留更改合同的权益。同时，消费者金融知识普遍有所欠缺，且金融创新产品越来越多且日益复杂。在此情况下，在实际监管措施和规章制度两个方面，消费者权益保护管理必将逐步加强和完善。

2020 年、2021 年、2022 年（截至 9 月），中国人民银行消费者权益保护类罚单统计量分别为 103 条、131 条、152 条，总体呈现增长趋势，详见图 11、图 12。而在 2020 年以前，中国人民银行在消费者权益保护领域开出的罚单非常少。

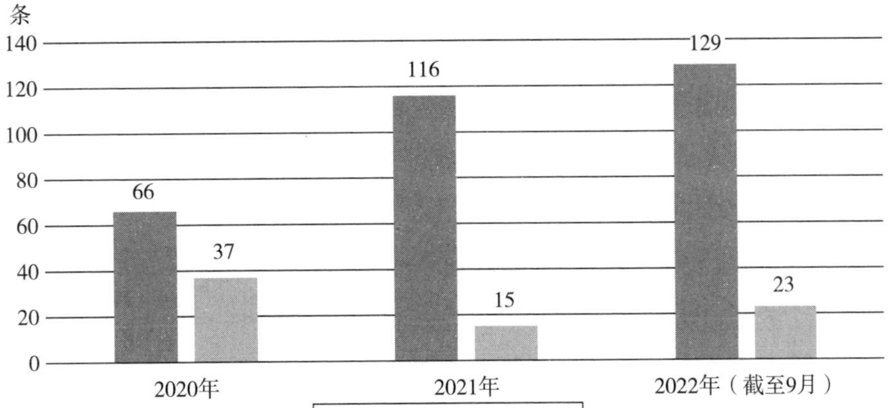

图 11　统计期内各年份单位/个人消保罚单数量情况统计

数据来源：中国人民银行。

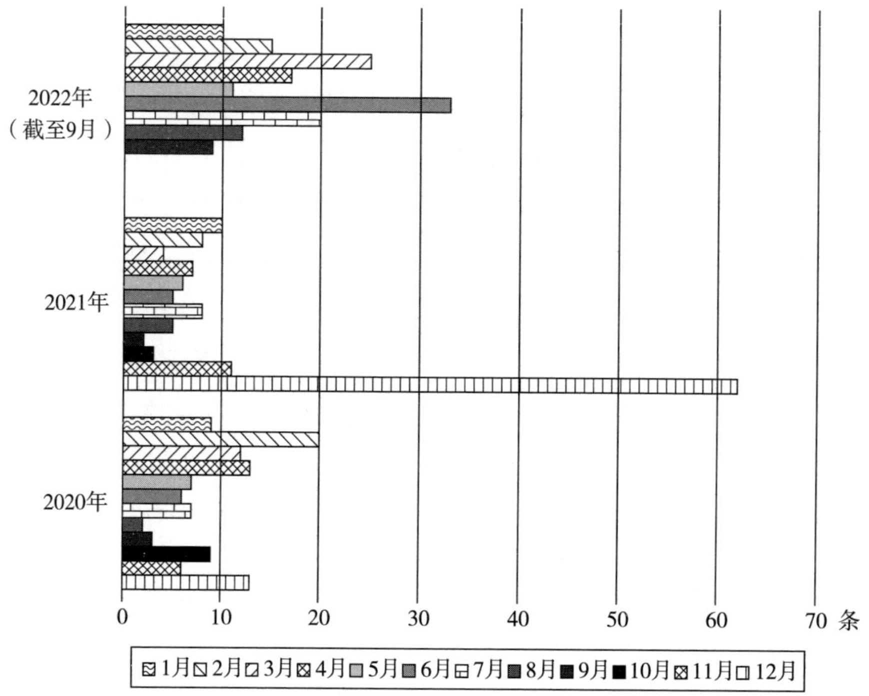

图 12　统计期内各月份单位/个人合计消保罚单数量情况统计

数据来源：中国人民银行。

2. 消费者权益保护罚单机构成分，农村类银行占比过半

如图 13 所示，在 311 条涉及单位消费者权益保护罚单中，商业银行共计 298 条，占比超过 95%。支付机构只有 7 条，消费金融公司、信托公司、小额贷款公司等机构罚单数量则更少。

商业银行是金融市场上影响最大、数量最多、涉及面最广的金融机构，几乎参与了金融市场的全部活动。也正因如此，商业银行服务的金融消费者群体最为广泛，当然也是金融消费者权益保护监管领域最重要的责任主体。

其中，罚单中的商业银行中又以农村类银行最多，共有 177 条，约占总数的 57%，远高于国有银行、股份制商业银行、城市商业银行等。

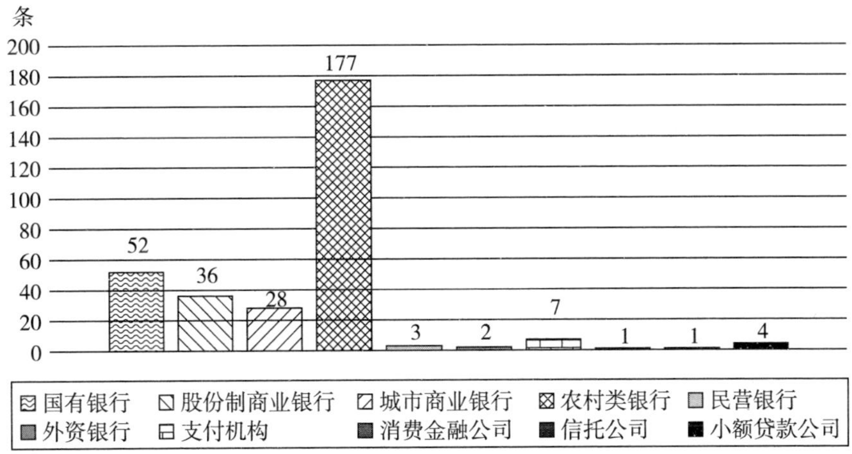

图 13　统计期内单位消保罚单数量分布情况统计

数据来源：中国人民银行。

农村类银行数量众多，广泛分布于乡镇、农村等地区，相较于大型银行体量小。而由于人员紧缺，目前农村类银行针对消费者权益保护设置专门部门和人员尚有实际困难，通常该项工作一般由其他工作人员兼岗完成，且多数从业人员缺乏专业对口知识，在处理投诉、化解矛盾纠纷时沟通话术等细节方面，均有待提高。总体来看，农村类银行存在消费者权益保护制度体系不够完善、执行力不强、内部考核与管理机制不到位、金融消费者投诉处置专业知识有待提升等实际问题。这也直接导致农村类银行在消费者权益保护领域受到的行政处罚最多。

与罚单数量情况相似，关于"涉及消费者权益保护违规"的单位处罚金额，农村类银行也最多。（见图 14）

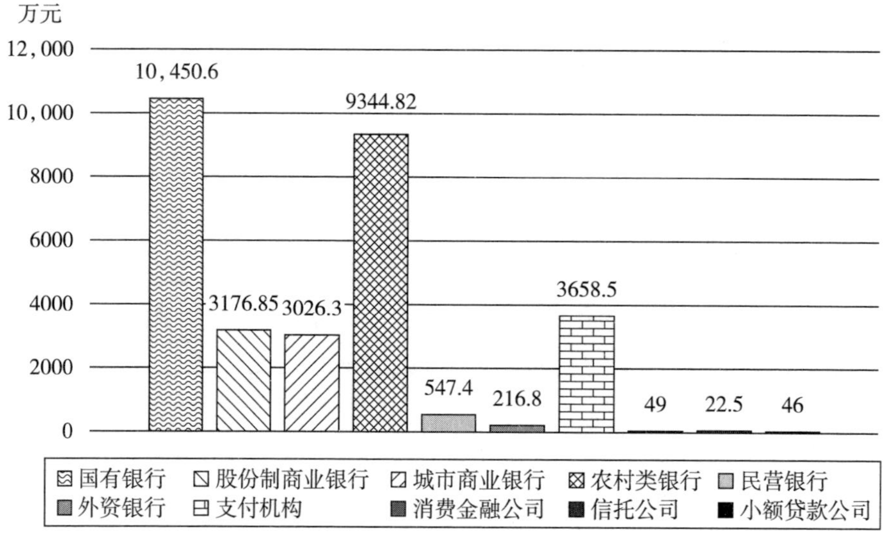

图 14　统计期内单位消保罚单金额分布情况

数据来源：中国人民银行。

3. 消费者权益保护罚单双罚概率不高，含个人罚单占比不足两成

在涉及反洗钱、支付结算等领域的行政处罚中，“双罚”比例通常非常高。比如在反洗钱领域，机构和直接责任人一同被罚的比例在七成以上。但在消费者权益保护领域，针对责任人的处罚概率并不高，如图 15 所示，统计期内消费者权益保护罚单个人层面的处罚仅有 75 条，比例低于 20%。

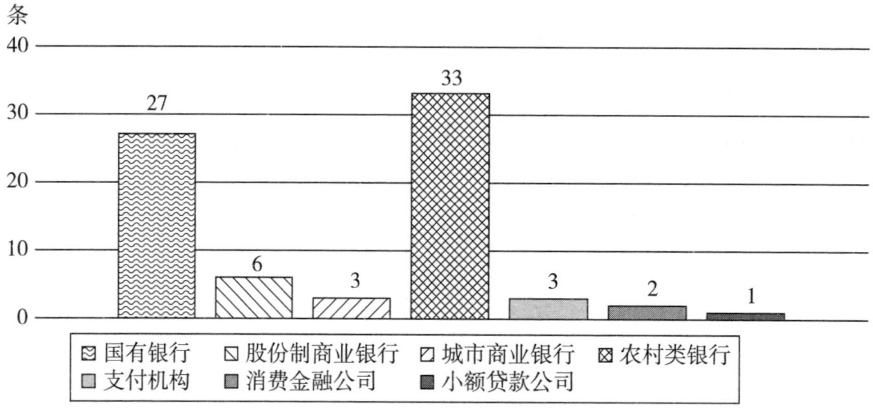

图 15　统计期内个人消保罚单数量分布情况统计

数据来源：中国人民银行。

《金融消费者权益保护实施办法》规定，对责任机构侵害金融消费者权益重大案件负有直接责任的董事、高级管理人员和其他直接责任人员，有关法律、行政法规有处罚规定的，依照其规定给予处罚；有关法律、行政法规未作处罚规定的，人民银行或其分支机构应当根据情形单处或者并处警告、处以5000元以上3万元以下罚款。从规定的罚款金额来看，消费者权益保护领域个人罚单金额也不高。（见图16）

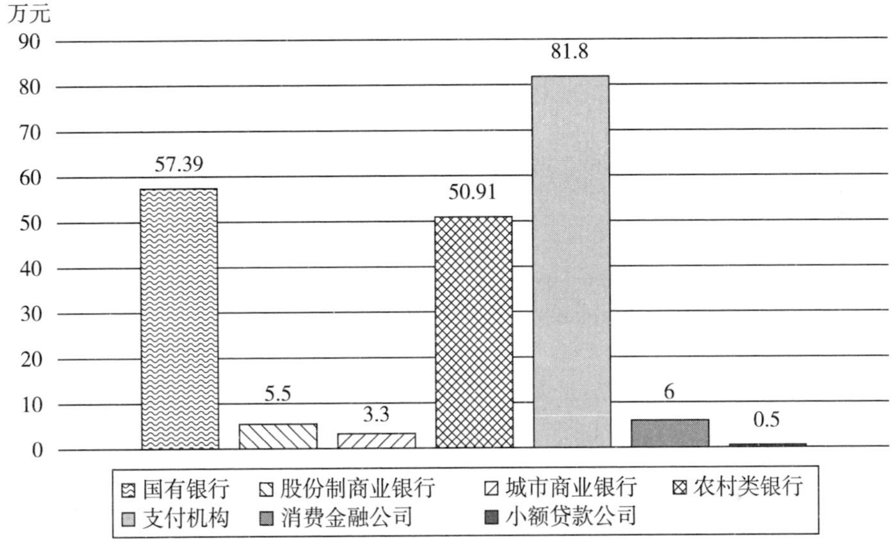

图16　统计期内个人消保罚单金额分布情况统计

数据来源：中国人民银行。

4. 不同地域消费者权益保护罚单数量分布

如图17所示，统计期内，中国人民银行总行、大连中心支行、海口中心支行没有产生消费者权益保护罚单，其余分支机构则均有处罚记录。在数量方面，郑州中心支行在单位层面的罚单最多，共有32条；长沙中心支行在个人层面的罚单最多，共有11条。[1]

---

〔1〕根据2023年中共中央、国务院印发的《党和国家机构改革方案》，中国人民银行分支机构改革后，撤销中国人民银行大区分行及分行营业管理部、总行直属营业管理部和省会城市中心支行，在31个省（自治区、直辖市）设立省级分行，在深圳、大连、宁波、青岛、厦门设立计划单列市分行。改革后大连中心支行已变更为大连市分行，海口中心支行、郑州中心支行、长沙中心支行撤销，变更为海南省分行、河南省分行、湖南省分行。

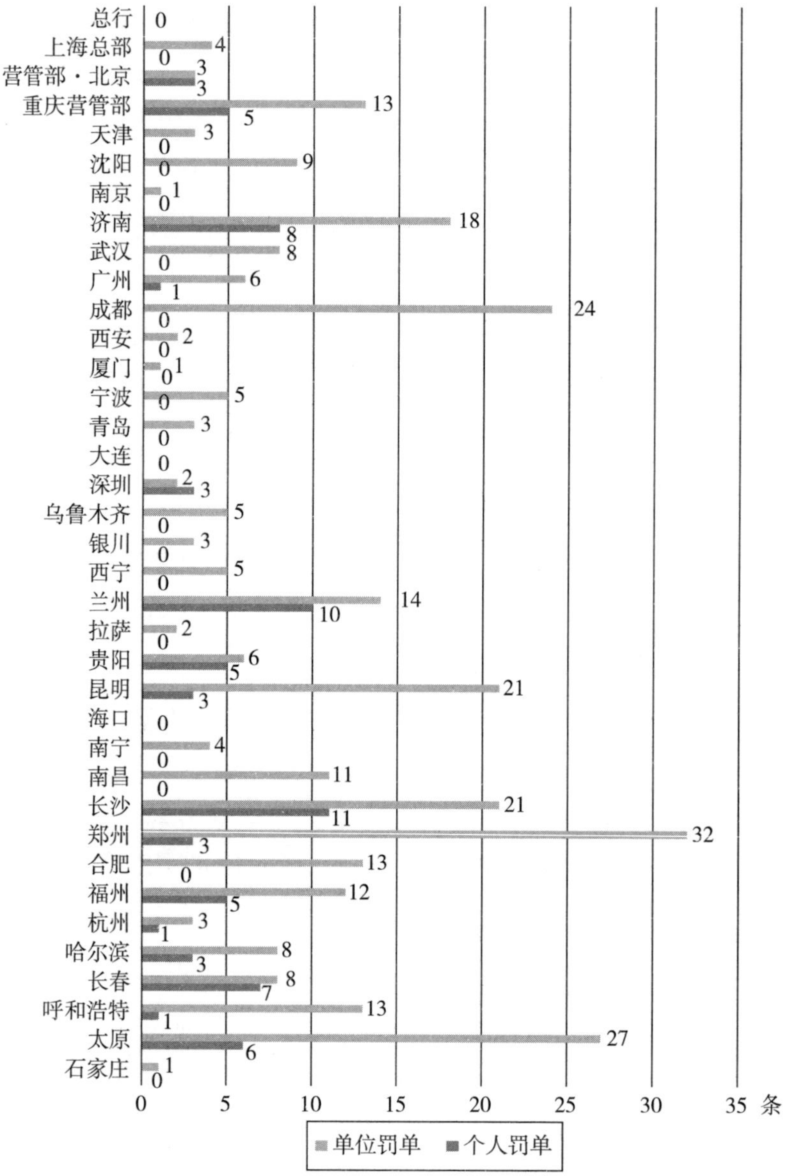

图 17　统计期内不同地区单位/个人消保罚单数量情况统计

数据来源:中国人民银行。

5. 中国人民银行消费者权益保护罚单实际违规内容分类

综合《金融消费者权益保护实施办法》对违规要点的规定,中国人民银行消费者权益保护罚单实际违规情形可划分为八个大类,分别为明确指向个人的征信管理类违规、侵害消费者个人金融信息类违规、未按规定报送/分类投诉数据类违规、未按规定披露重要内容类违规、未按规定使用格式条款类违规、营销宣传内容违规、违反消费者权益保护内部控制规定类违规、违反消费者权益保护相关规定类违规。

统计显示，明确指向个人的征信管理类违规数量最多，单位罚单层面和个人罚单层面分别出现 88 条和 39 条（见图 18）。[1] 实际上，若考虑中国人民银行在征信领域已开出的但未明确侵犯个人还是公司的行政处罚之情况，此领域的消费者权益保护违规罚单数量则会更多。从属性来看，个人征信管理类违规兼具了征信管理领域、个人信息保护领域、消费者权益保护领域色彩。

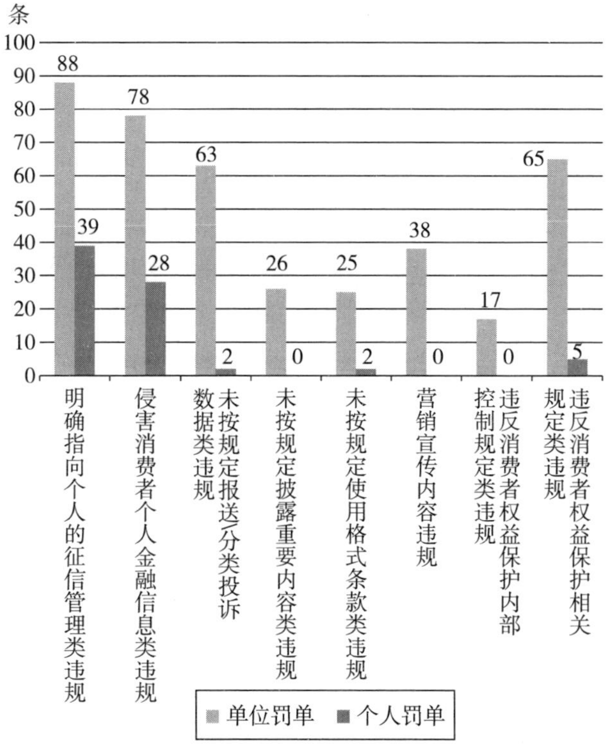

图 18　统计期内单位/个人消保罚单违规情况分布统计

数据来源：中国人民银行。

---

〔1〕 人民银行公布的同一罚单中，可能同时存在多种违规情形，故违规情形出现的次数与总罚单数量并不一一对应。

个人的征信管理类违规进一步细分，包含但不限于以下类型：

(1)未履行个人不良信息报送前告知义务；

(2)未准确/完整/及时报送个人信用信息；

(3)延迟报送个人征信账户信息/异议处理超期；

(4)越权查询个人信用报告；

(5)未经信息主体有效授权查询个人信用报告；

(6)个人征信查询不规范；

(7)未经书面同意查询个人征信信息；

(8)个人信用报告异议处理超期；

(9)提供个人不良信息未事先告知信息主体本人；

(10)未履行个人不良信息报送前告知义务；

(11)个人征信用户变更未备案；

(12)用户新建/停用未按要求向当地人民银行报备；

(13)未按照规定履行个人不良信息告知义务。

侵害消费者个人金融信息类违规数量排名第二位，指向单位和指向个人分别出现 78 条和 28 条。银行等金融机构是公民个人信息收集的重要机构，包括个人身份信息、存款信息、信用记录等，银行应该严格遵守操作规程和法律法规，保障公民的信息安全。从属性来看，侵害消费者个人金融信息类违规兼具了个人信息保护领域、消费者权益保护领域色彩。

侵害消费者个人金融信息类违规进一步细分，包含但不限于以下类型：

(1)侵害消费者个人信息依法得到保护的权利；

(2)违反内部授权审批程序查询金融消费者个人信息；

(3)未经消费者申请/授权/同意擅自收集/使用消费者个人金融信息；

(4)办理业务(如 ETC)时侵害消费者个人信息权利；

(5)泄露客户信息；

(6)未严格落实信息使用授权审批程序；

(7)未建立并落实以分级授权为核心的消费者金融信息使用管理制度；

(8)收集与业务无关的消费者金融信息。

随着网络技术的发展,公民信息被滥用问题日趋严重,社会上不断出现兜售公民个人信息的现象,对公民的人身、财产安全和个人隐私构成了严重的威胁。在金融领域,无论是个人征信还是其他个人金融信息管理,既关乎信息安全,也关乎消费者权益保护。《金融消费者权益保护实施办法》第三章即与消费者金融信息保护相关。

除上述两类,未按规定报送/分类投诉数据、未按规定披露重要内容、未按规定使用格式条款、营销宣传内容违规、违反消费者权益保护内部控制规定等大类,则与消费者权益保护管理直接相关,这些大类也是金融机构在消费者权益保护工作中需要重点关注的地方。(见表3)

表3 其他五项重点消费者权益保护实际违规内容及其细分情形

序号	大类	包括但不限于的细分情形
1	未按规定报送/分类投诉数据	迟报/漏报/谎报/错报/瞒报金融消费者投诉数据; 未按要求对金融消费者投诉进行正确分类; 投诉分类错误; 未准确披露产生纠纷的投诉途径; 投诉处理超过期限办结、未在规定期限内答复投诉人
2	未按规定披露重要内容	未及时/真实/准确/全面地向金融消费者披露重要内容; 未按规定披露贷款年化利率; 对利率/费用等重要信息,披露途径不能充分保证金融消费者知晓
3	未按规定使用格式条款	格式条款中含有对金融消费者不公平/不合理的规定; 未按要求使用格式合同文本; 格式条款侵犯金融消费者合法权利; 格式合同减轻或免除己方责任; 格式合同未以显著方式明示与金融消费者有重大利害关系的内容; 格式合同协议变更信息披露不充分

续表

序号	大类	包括但不限于的细分情形
4	营销宣传内容违规	对商品或服务作虚假或者引人误解的宣传; 金融产品营销宣传不真实/不准确; 营销宣传广告语存在误导金融消费者的内容; 实际承担的义务低于在营销宣传活动中所承诺的标准; 在营销宣传中对过往业绩进行夸大表述
5	违反消费者权益保护内部控制规定	金融消费者权益保护部门人力/物力不足; 未建立金融消费者权益保护专职部门或指定牵头部门; 消费者权益保护部门人员保障不充分

资料来源:中国人民银行。

二、原银保监会行政处罚情况

原银保监会的行政处罚可分为银保监会机关、银保监局本级、银保监分局本级三个层面。与中国人民银行行政处罚类似,原银保监会开出的行政处罚罚单数量众多,涉及领域同样广泛。但从对外公布的格式来看,至少可分为“行政处罚决定书”和“行政处罚信息公开表”两种类型。

“行政处罚决定书”通常对责任主体的违法行为有更详细的记载。比如在《中国银行保险监督管理委员会行政处罚决定书》(银保监罚决字〔2022〕34 号)中,轻松保保险经纪公司存在宣传销售违规问题,使消费者并未得到保费优惠。(见图 19)

中国银行保险监督管理委员会行政处罚决定书

（银保监罚决字〔2022〕34 号）

当事人：广东轻松保保险经纪有限公司
住所：珠海市横琴新区宝华路 6 号 105 室 – 29881
法定代表人：于亮

当事人：于亮
职务：2016 年 12 月 8 日至 2019 年 2 月 12 日任广东轻松保保险经纪有限公司总经理
住址：北京市海淀区

当事人：徐烁
职务：2019 年 5 月 13 日至检查进场日任广东轻松保保险经纪有限公司总经理
住址：北京市海淀区

当事人：余海鹏
职务：2019 年 1 月 1 日至检查进场日任广东轻松保保险经纪有限公司销售管理部和技术部负责人
住址：广州市天河区

经查，轻松保保险经纪存在以下违法行为：

一是销售安心财产保险有限责任公司（以下简称安心财险）保险产品时未按照规定使用经批准或者备案的保险条款、保险费率的违法行为。2019 年 1 月至 2019 年 6 月，轻松保保险经纪通过微信公众号销售安心财险承保的"安享一生尊享版"产品，宣传销售页面列示"首月 0 元""轻松筹感恩回馈，年度巨献""限时特惠，首月立减 × ×元"等内容，实际是首月不收取保费，将全年应交保费平摊至后 11 个月，与安心财险在银保监会备案的条款费率不一致，消费者并未得到保费优惠。

二是销售众惠财产相互保险社（以下简称众惠财险）保险产品时未按照规定使用经批准或者备案的保险条款、保险费率的违法行为。2019 年 4 月至检查进场日，轻松保保险经纪通过微信公众号销售众惠财险承保的"年轻保 · 600 万医疗保障"产品，宣传销售页面列示"首月 0.1 元""首月 3 元""轻松筹感恩回馈，会员日补贴"等内容，实际是将全年应交保费扣除首月 0.1 元或 3 元后，将剩余保费平摊至后 11 个月，与众惠财险在银保监会备案的条款费率不一致，消费者并未得到保费优惠。

图 19　《中国银行保险监督管理委员会行政处罚决定书》（银保监罚决字〔2022〕34 号）

在《中国银行保险监督管理委员会行政处罚决定书》（银保监罚决字

〔2022〕6 号）中，兴业银行信用卡中心在代理的保险销售外呼业务中，存在夸大保险责任等销售误导行为，亦明显属于宣传营销内容存在违规的情形，对金融消费者实际承担的义务低于承诺标准。（见图 20）

中国银行保险监督管理委员会行政处罚决定书

（银保监罚决字〔2022〕6 号）

当事人：兴业银行股份有限公司信用卡中心（以下简称兴业银行信用卡中心）

地址：上海市浦东新区世纪大道 1239 号世纪大都会 2 号楼

负责人：李启信

根据《中华人民共和国保险法》和《中华人民共和国行政处罚法》等有关规定，我会对兴业银行信用卡中心涉嫌违法一案进行了立案调查、审理，并依法向当事人告知了作出行政处罚的事实、理由、依据及当事人依法享有的权利。在法定陈述申辩期限内，当事人未提出陈述申辩意见。本案现已审理终结。

经查，兴业银行信用卡中心存在以下违法行为：

2019 年至 2020 年 3 月底，兴业银行信用卡中心在代理中美联泰大都会人寿保险有限公司的保险销售外呼业务中，存在夸大保险责任等销售误导行为，涉及业务 8 笔，保费 2.48 万元。

上述事实有销售误导投保单明细表及保单、每单问题描述、当事人调查笔录、事实确认书等证据资料证明。

综上，我会决定作出如下行政处罚：

兴来银行信用卡中心上述行为违反了《中华人民共和国保险法》第一百三十一条的规定。根据该法第一百六十五条，对兴业银行信用卡中心罚款 10 万元。

当事人应当在接到本处罚决定书之日起十五日内持缴款码到财政部指定的代理银行进行缴款。逾期，将每日按罚款数额的百分之三加处罚款。

当事人如不服本行政处罚决定，可以在收到本处罚决定书之日起六十日内向中国银行保险监督管理委员会申请行政复议，也可以在收到本处罚决定书之日起六个月内向有管辖权的人民法院提起诉讼。复议、诉讼期间本决定不停止执行。

图 20 《中国银行保险监督管理委员会行政处罚决定书》（银保监罚决字〔2022〕6 号）

“行政处罚信息公开表”则类似于中国人民银行惯用的行政处罚公布方式，以表格形式简要记载责任主体的主要违法违规事实。比如在银保监罚决字〔2022〕32 号公开表中，光大理财公司存在理财产品宣传不一致、不准确的违规行为。（见表 4）

表4　银保监罚决字〔2022〕32号

行政处罚决定书文号			银保监罚决字〔2022〕32号
被处罚当事人	单位	名称	光大理财有限责任公司
		法定代表人姓名	张旭阳
主要违法违规事实（案由）			光大理财理财业务存在以下违法违规行为： 一、公募理财产品持有单只公募证券投资基金的市值超过该产品净资产的10% 二、全部公募理财产品持有单只证券的市值超过该证券市值的30% 三、开放式公募理财产品持有高流动性资产比例不达标 四、使用第三方移动办公平台存在风险隐患，信息系统管控有效性不足 五、理财产品宣传不一致不准确
行政处罚依据			《中华人民共和国银行业监督管理法》第二十一条、第四十六条和相关审慎经营规则
行政处罚决定			罚款430万元
作出处罚决定的机关名称			中国银行保险监督管理委员会
作出处罚决定的日期			2022年5月24日

在银保监罚决字〔2021〕5号公开表中，中信银行存在明显的侵害消费者个人金融信息违规行为。（见表5）

表5　银保监罚决字〔2021〕5号

行政处罚决定书文号			银保监罚决字〔2021〕5号
被处罚当事人	单位	名称	中信银行股份有限公司
		法定代表人姓名	李庆萍

续表

主要违法违规事实（案由）	一、客户信息保护体制机制不健全；柜面非密查询客户账户明细缺乏规范、统一的业务操作流程与必要的内部控制措施，乱象整治自查不力 二、客户信息收集环节管理不规范；客户数据访问控制管理不符合业务“必须知道”和“最小授权”原则；查询客户账户明细事由不真实；未经客户本人授权查询并向第三方提供其个人银行账户交易信息 三、对客户敏感信息管理不善，致其流出至互联网；违规存储客户敏感信息 四、系统权限管理存在漏洞，重要岗位及外包机构管理存在缺陷
行政处罚依据	《中华人民共和国银行业监督管理法》第二十一条、第四十六条和相关审慎经营规则 《中华人民共和国商业银行法》第七十三条
行政处罚决定	罚款 450 万元
作出处罚决定的机关名称	中国银行保险监督管理委员会
作出处罚决定的日期	2021 年 3 月 17 日

鉴于原银保监会行政处罚数量多、格式不一、消费者权益保护违规内容不易判定等原因，本次统计无法实现对消费者权益保护罚单的一一收集。

在原银保监会实际处罚案例中，消费者权益保护罚单具体包括但不限于以下类型：

（1）营销方式和手段违规（如营销宣传存在夸大、误导等）；

（2）信息披露违规；

（3）个人金融信息保护不到位；

（4）收取服务费质价不符（或者预收保费、超基准费率收取保费、收费后未提供实质服务等）；

（5）搭售/强制捆绑销售/转嫁成本/违规收费等；

（6）产品定价管理不审慎；

（7）对合作商户风险管理不到位；

（8）催收行为不当；

（9）消费者权益保护审计工作不规范；

(10)消费投诉管理工作不到位；

(11)销售或代销行为侵害消费者权益(如尽职调查不充分、混淆自有产品与代销产品、未进行风险揭示、适当性管理落实不到位等)。

第三节　金融消费者投诉情况

在金融消费者权益保护领域，当金融消费者与责任机构发生金融消费争议时，监管部门通常鼓励金融消费者先向责任机构投诉，鼓励当事人平等协商，自行和解。金融机构对投诉不予受理或在合理期限内不予处理，或金融消费者对金融机构处理结果不满意，金融消费者也可继续向金融监管部门进行投诉。除此之外，金融消费者还有可能选择向当地市场监管部门进行投诉。

责任机构则应健全投诉管理工作机制、畅通投诉渠道、优化投诉接收方式、完善处理流程等，履行投诉处理主体责任，而这则属于责任机构消费者权益保护工作内控机制范畴。

一、中国人民银行金融消费者投诉情况

在金融纠纷化解方面，中国人民银行目前已开发建设了金融消费者投诉数据统计监测分析系统、中国金融消费纠纷调解网在线网络调解平台和金融消费权益保护信息管理系统等。其中，金融消费者投诉数据统计监测分析系统已实现在金融监管端对被监管对象投诉数据的实时采集。

按《中国普惠金融指标分析报告》中披露的数据，近年来中国人民银行各级分支机构受理的金融消费者投诉有所上升。

2017年，中国人民银行各级分支机构共受理金融消费者投诉21,610笔，同比增长15.63%。其中，中国人民银行法定职责范围内的投诉18,000笔，占83.29%；涉及跨市场、跨行业类交叉性金融产品和服务的投诉1104笔，占5.11%；其他类投诉2506笔。

2018年，中国人民银行各级分支机构共受理金融消费者投诉33,824笔，同

比增长 56.52%。从投诉领域看,金融消费者投诉主要集中在支付结算管理(占 38.58%)、银行卡(占 26.3%)、贷款(占 8.13%)、征信管理(占 4.12%)、储蓄(占 3.88%)、电子银行(占 1.98%)、人民币管理(占 1.96%)等业务领域。

2019 年,中国人民银行各级分支机构共受理金融消费者投诉 63,130 笔,同比增长 86.64%,受理金融消费者投诉量排名前三位的分别是上海市、广东省和山东省。从投诉领域看,金融消费者投诉主要集中在支付结算管理(占 33.15%)、银行卡(占 27.35%)、贷款(占 5.84%)、征信管理(占 4.27%)、储蓄(占 3.32%)、人民币管理(占 2.04%)、个人金融信息(占 1.87%)、电子银行(占 1.59%)等业务领域。

2020 年、2021 年,《中国普惠金融指标分析报告》均未公布中国人民银行各级分支机构受理的金融消费者投诉数据。

根据报告内容,2020 年银行业金融机构共受理处理金融消费者投诉 274.02 万件。从投诉领域看,主要集中在银行卡、债务催收、贷款、银行代理业务、支付结算和人民币储蓄等业务领域。2021 年则未有具体数据公布,金融消费者投诉主要领域与 2020 年相同。

二、原银保监会金融消费者投诉情况

2020 年 9 月,针对金融消费者投诉,原银保监会发布《关于进一步加强消费投诉处理工作的通知》,要求各银行保险机构切实履行消费投诉处理工作主体责任,强化投诉源头治理,有效化解矛盾纠纷,保护金融消费者合法权益。原银保监会及其各分支机构,将综合运用投诉督查、通报披露、监管谈话、监督检查、监管评价等多种手段,持续压紧压实银行保险机构消费投诉处理主体责任。

原银保监会消费者权益保护局按季度定期发布的银行业、保险业投诉数据如图 21 所示。

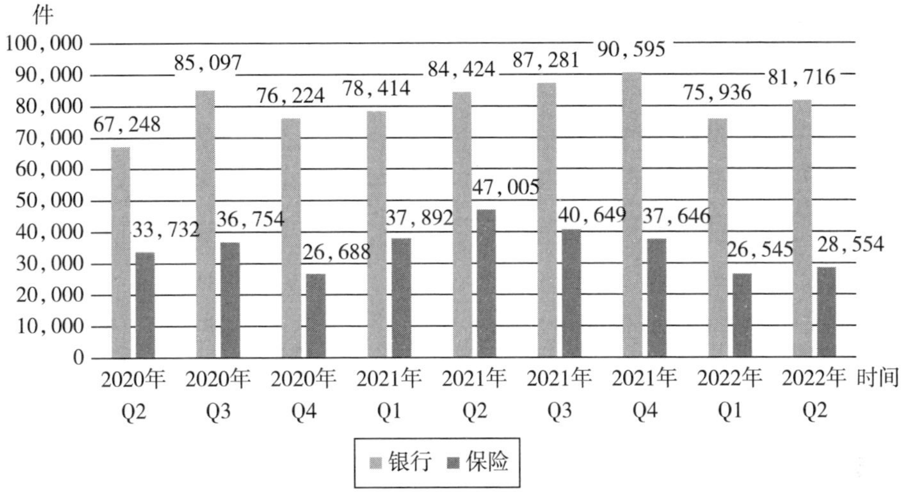

图 21　2020 年 Q2～2022 年 Q2 银行、保险消费者权益保护投诉总量情况统计

数据来源：原银保监会。

1. 国有大型商业银行、股份制商业银行投诉最多

在银行业领域投诉，原银保监会将责任机构分为国有大型商业银行、股份制商业银行、外资法人银行、农村中小金融机构、其他银行业金融机构等六大类（2020 年 Q2 只分四大类）。其中，国有大型商业银行、股份制商业银行是投诉最多的两种类型。（见表 6）

表 6　银行业投诉机构分类情况统计

时间	分类	数量（件）	占比（%）
2020 年 Q2	国有大型商业银行	23,503	34.9
	股份制商业银行	28,705	42.7
	外资法人银行	373	0.6
	其他银行业金融机构（含城市商业银行、民营银行、农村银行）	14,667	21.8

续表

时间	分类	数量(件)	占比(%)
2020 年 Q3	国有大型商业银行	27, 278	32.1
	股份制商业银行	37, 475	44.0
	外资法人银行	447	0.5
	城市商业银行(含民营银行)	8471	10.0
	农村中小金融机构	3418	4.0
	其他银行业金融机构	8008	9.4
2020 年 Q4	国有大型商业银行	25, 873	33.9
	股份制商业银行	31, 849	41.8
	外资法人银行	374	0.5
	城市商业银行(含民营银行)	8299	10.9
	农村中小金融机构	3306	4.3
	其他银行业金融机构	6523	8.6
2021 年 Q1	国有大型商业银行	25, 091	32.0
	股份制商业银行	32, 599	41.6
	外资法人银行	358	0.5
	城市商业银行(含民营银行)	7826	10.0
	农村中小金融机构	4498	5.7
	其他银行业金融机构	8042	10.3
2021 年 Q2	国有大型商业银行	26, 537	31.4
	股份制商业银行	35, 135	41.6
	外资法人银行	367	0.4
	城市商业银行(含民营银行)	8928	10.6
	农村中小金融机构	5037	6.0
	其他银行业金融机构	8420	10.0

续表

时间	分类	数量(件)	占比(%)
2021 年 Q3	国有大型商业银行	28,038	32.1
	股份制商业银行	32,333	37.0
	城市商业银行(含民营银行)	10,446	12.0
	农村中小金融机构	5622	6.4
	外资法人银行	509	0.6
	其他银行业金融机构	10,333	11.8
2021 年 Q4	国有大型商业银行	27,737	30.6
	股份制商业银行	33,017	36.4
	外资法人银行	446	0.5
	城市商业银行(含民营银行)	11,892	13.1
	农村中小金融机构	5634	6.2
	其他银行业金融机构	11,869	13.1
2022 年 Q1	国有大型商业银行	20,209	26.6
	股份制商业银行	29,393	38.7
	外资法人银行	345	0.5
	城市商业银行(含民营银行)	12,246	16.1
	农村中小金融机构	4769	6.3
	其他银行业金融机构	8974	11.8
2022 年 Q2	国有大型商业银行	18,338	22.4
	股份制商业银行	32,575	39.9
	外资法人银行	336	0.4
	城市商业银行(含民营银行)	12,007	14.7
	农村中小金融机构	10,471	12.8
	其他银行业金融机构	7989	9.8

数据来源:原银保监会。

2. 商业银行涉及信用卡业务投诉最突出

在银行业领域投诉中,涉及信用卡业务投诉、涉及个人贷款业务投诉、涉及理财类业务投诉是三种最常见的投诉类型。其中,又以涉及信用卡业务投诉最

为突出。（见图22）

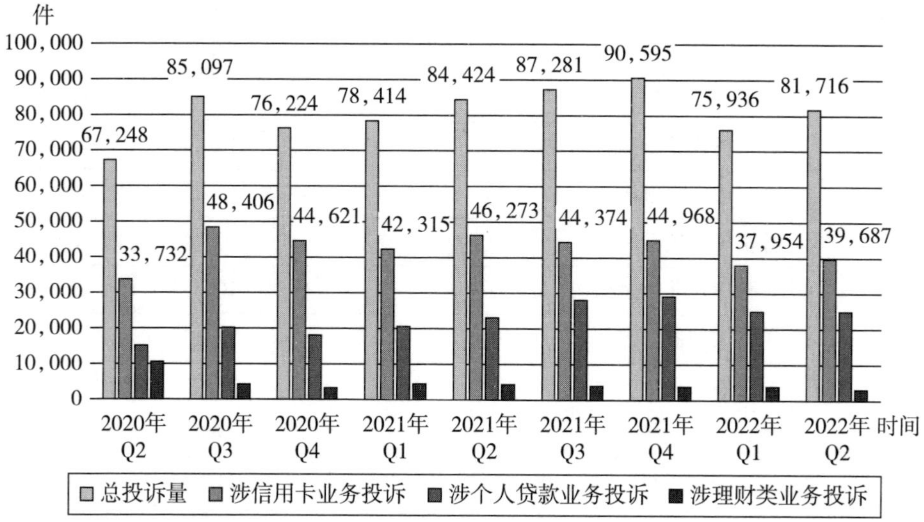

图22　2020年Q2～2022年Q2银行消费者权益保护投诉业务分布情况统计

数据来源：原银保监会。

3. 人身保险公司投诉占比提升

在保险业领域投诉中，原银保监会将责任机构分为财产保险公司、人身保险公司两大类。其中，人身保险公司投诉量占比逐年升高。（见表7）

表7　保险业投诉机构分类情况统计

时间	分类	数量(件)	占比(%)
2020年Q2	财产保险公司	16,200	48.03
	人身保险公司	17,532	51.97
2020年Q3	财产保险公司	16,895	45.97
	人身保险公司	19,859	54.03
2020年Q4	财产保险公司	11,993	44.94
	人身保险公司	14,695	55.06
2021年Q1	财产保险公司	15,539	41.01
	人身保险公司	22,353	58.99
2021年Q2	财产保险公司	19,643	41.79
	人身保险公司	27,362	58.21

续表

时间	分类	数量(件)	占比(%)
2021 年 Q3	财产保险公司	16,669	41.01
	人身保险公司	23,980	58.99
2021 年 Q4	财产保险公司	14,247	37.84
	人身保险公司	23,399	62.16
2022 年 Q1	财产保险公司	9373	35.31
	人身保险公司	17,172	64.69
2022 年 Q2	财产保险公司	10,051	35.20
	人身保险公司	18,503	64.80

数据来源:原银保监会。

注:2022 年开始,原银保监会对保险业消费投诉统计和通报口径进行了调整,对重复投诉进行合并统计和通报。

4. 保险公司:以涉及机动车辆保险纠纷投诉、涉及普通人寿保险纠纷投诉为主

在保险业领域投诉中,涉及机动车辆保险纠纷投诉、涉及普通人寿保险纠纷投诉、疾病保险纠纷投诉是三种最常见的投诉类型。其中,又以涉及机动车辆保险纠纷投诉、涉及普通人寿保险纠纷投诉最为突出。(见图 23)

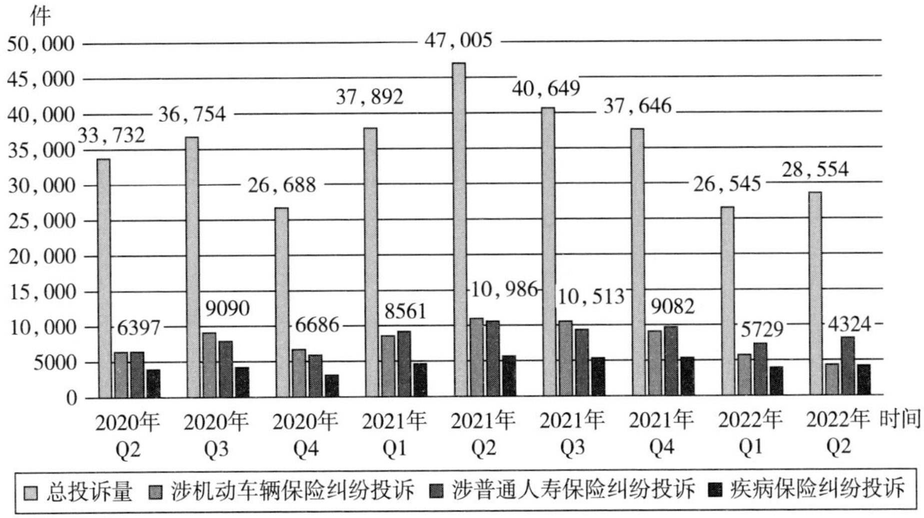

图 23　2020 年 Q2 ~ 2022 年 Q2 保险消费者权益保护投诉业务分类情况统计

数据来源:原银保监会。

第四节 金融消费者权益保护的司法实践

一、司法实践概况

截至2022年11月15日,以“金融消费者”为关键词,通过威科先行法律信息库进行案例检索,可得出共计5276条检索结果,具体案件分析如下。

1. 案件数量的时间分布

如图24所示,从案件数量的时间分布上来看,与金融消费者相关的案件主要集中在最近5年,其中2019年的案件数量最多,达2311件,甚至比过去18年内相关案件数量的总和还要高出近一倍。最主要的原因在于:其一,2018年、2019年出台了较多直接规制“金融消费者权益保护”问题的法律文件,如《九民纪要》《关于全面推进金融纠纷多元化解机制建设的意见》《关于规范金融机构资产管理业务的指导意见》《关于银行保险机构加强消费者权益保护工作体制机制建设的指导意见》等。其二,2019年湖北省发生了某银行与众多消费者信用卡纠纷的系列案件,导致案件数量激增。

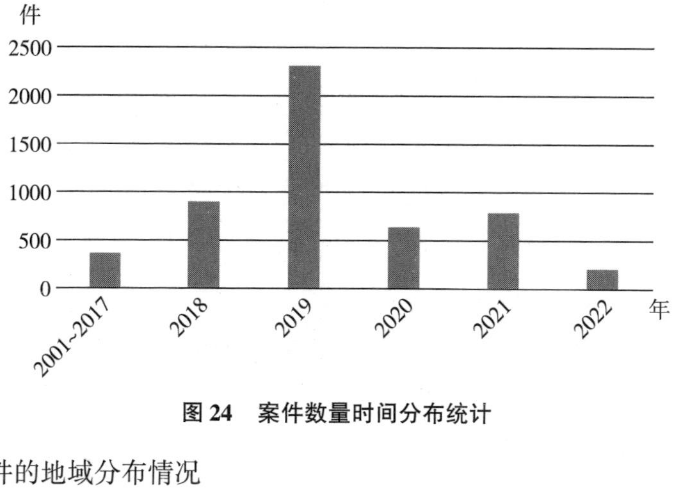

图24 案件数量时间分布统计

2. 案件的地域分布情况

从案件的地域分布状况来看(见图25),湖北省因2019年发生的某银行与金融消费者之间的信用卡纠纷系列案件居于案件数量的榜首。除湖北省外,当前与“金融消费者”相关的案例主要集中在广东、四川、广西、北京等省市。

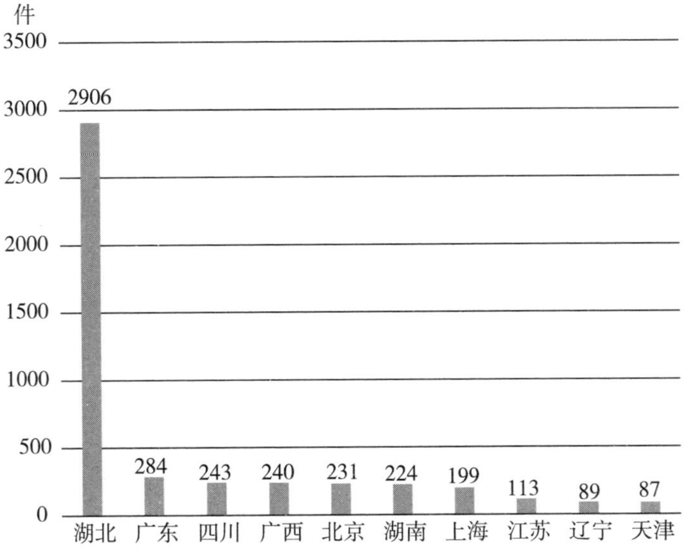

图 25　案件地域分布情况

3. 案件诉讼阶段

如图 26、图 27 所示，从案件的主要审理阶段来看，与金融消费者相关的案件主要集中在一审阶段，二审阶段的案件数为 883 件，上诉率可估算为 20.98%。

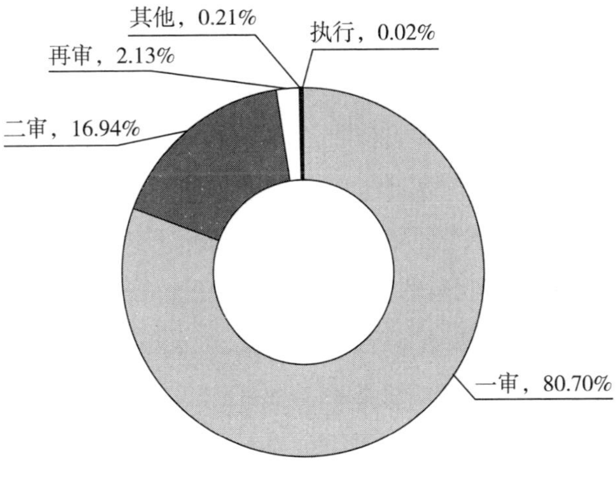

图 26　案件诉讼阶段所占百分比统计

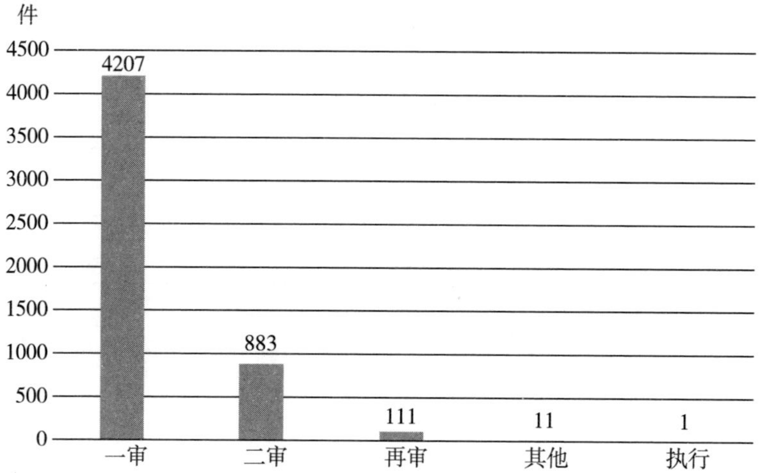

图 27　案件审理级别统计

4. 主要案由

从案由的分布来看，金融消费者相关案件以民事案件为主，在此类民事案件中，除去与本书研究重点相关性不大的知识产权与不正当竞争纠纷、非诉程序案件、劳动争议纠纷、特殊程序案件，民事案件的总数为 5163 件。其中，合同纠纷案件共计 4545 件，数量居于首位。（见图 28、图 29）

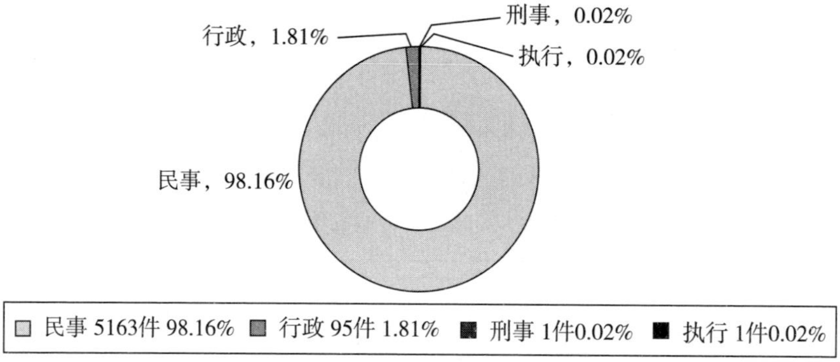

图 28　主要案由所占百分比统计

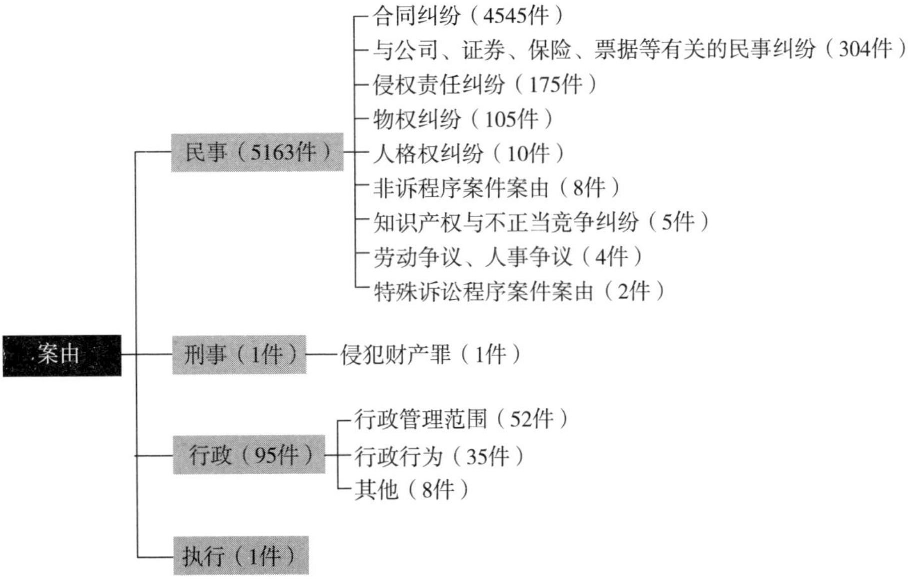

图 29　主要案由统计

5. 所援引的主要实体法依据

如表 8 所示，由于与金融消费者相关的案例案由大多为合同纠纷，因此在实体法引用情况的统计中，引用数量最多的是《合同法》（已失效）。在《合同法》（已失效）中，援引频率最高的为第 60 条合同履行、第 107 条违约责任的一般规定以及第 205 条至第 207 条有关借款合同的规定。可见在与金融消费者相关的案件中，因借款合同产生的纠纷数量最多。除《合同法》（已失效）外，《商业银行法》、《侵权责任法》（已失效）的援引案件数量也居于前列。

表 8　实体法引用情况统计

序号	名称	案件数量（件）
1	原《合同法》第 60 条（《民法典》第 509 条）	3257
2	原《合同法》第 107 条（《民法典》第 577 条）	3195
3	原《合同法》第 507 条（《民法典》第 676 条）	1761
4	原《合同法》第 206 条（《民法典》第 675 条）	1658
5	原《合同法》第 205 条（《民法典》第 674 条）	1648

续表

序号	名称	案件数量(件)
6	原《合同法》第 114 条(《民法典》第 585 条)	1511
7	原《合同法》第 8 条(《民法典》第 465 条)	169
8	《商业银行法》第 6 条	124
9	原《侵权责任法》第 6 条(《民法典》第 1765 条)	118

资料来源:威科先行法律信息库。

二、典型案例

(一)民事典型案例

典型案例一 金融消费者存在视力障碍,银行不得拒绝办理信用卡开卡服务——江苏法院 2019 年度消费者权益保护十大典型案例之八[1]

【基本案情】

李某某系视力残障人士,残疾等级为视力(盲)一级,无法正常阅读和抄录。2018 年 8 月,李某某通过电话向广发银行申领信用卡,如实告知职业、身份信息等,广发银行审核后向原告李某某寄送了信用卡。2018 年 9 月 18 日,李某某至广发银行营业厅办理信用卡激活手续。广发银行认为,李某某不能按照原银保监会规定的要求抄录相关内容,且无法在电子屏上签字确认,拒绝激活该信用卡。李某某认为,广发银行该行为构成了对其视力障碍的歧视,诉至法院要求判令广发银行协助激活信用卡。

【法院认为】

李某某通过电话向广发银行提交申领信用卡的申请,广发银行审核后予以批准,并向李某某发放了信用卡,表明双方当事人已就领用信用卡达成合意,该信用卡合约对双方当事人均发生法律效力。李某某属于视力残障人士,其无法阅读、签名系其身体残疾所致,系存在身体障碍,而非不能作出意思表示。李某

---

[1] 江苏省南京市玄武区人民法院民事判决书,(2018)苏 0102 民初 9616 号。

某收到信用卡后,至广发银行办理激活手续时,广发银行以李某某无法抄写申请材料中明确要求抄写的内容为由,未协助李某某激活信用卡构成违约,判决支持了李某某的诉讼请求。

典型案例二 保险经纪人未尽勤勉义务应对由此导致的投保人损失承担赔偿责任——上海市高级人民法院 2017 年度金融商事审判十大案例之三[1]

【基本案情】

乙保险经纪公司为开展业务,与甲保险公司签订预约保险协议(以下简称大保单),约定投保人为乙保险经纪公司的委托人,甲保险公司根据投保人的申请承保货物运输保险。大保单第 8 条约定,陆路运输时应使用集装箱卡车或者全封闭上锁的厢式卡车,否则保险人不负责赔偿。

2016 年 6 月 6 日,丙公司与案外人丁公司签订《公路运输合同》,运输一台录井仪,并由丁公司负责投保事宜。后丁公司转委托乙保险经纪公司向甲保险公司投保综合险并支付保费,甲保险公司出具《国内水路、陆路货物运输电子保险凭证》(以下简称小保单),并载明该保单为相关大保单的有效组成部分,两者如有冲突,以大保单为准。丙公司确认收到了小保单和保险条款,但乙保险经纪公司并未将大保单提供给丙公司。

2016 年 6 月 7 日,案外人刘某驾驶车辆时,由于路面不平,斜坡弯度大,车辆转弯时缆绳断开,货物从车上翻落损坏。丙公司向法院起诉请求:判令甲保险公司赔偿维修费 398,000 元、评估费 12,000 元,乙保险经纪公司对甲保险公司的赔偿义务承担连带赔偿责任。

上海市第一中级人民法院于 2017 年 10 月 26 日作出(2017)沪 01 民终 9608 号民事判决:乙保险经纪公司赔偿丙公司损失 384,684.50 元;驳回丙公司的其他诉讼请求。

---

[1] 上海市第一中级人民法院民事判决书,(2017)沪 01 民终 9608 号。

【法院认为】

大保单明确约定陆路运输时应使用集装箱卡车或者全封闭上锁的厢式卡车,否则保险人不负赔偿责任。甲保险公司之所以对运输工具作出明确要求,乃是因为运输工具对于陆路运输风险的影响重大,采用不同的运输工具,对应的保费亦有较大差异。

乙保险经纪公司作为专业的保险经纪公司,有义务了解投保人的需要并为其选择适当的险别,同时应当将所知道的有关保险合同的情况和信息,尤其是免责条款如实告知投保人。

本案中,乙保险经纪公司既未向丙公司了解标的货物的运输方式,为其选择能够适用该运输方式的货物险种,也未在投保后将大保单提供给丙公司,将大保单中载明的运输工具要求和免责情形如实告知丙公司,以便丙公司调整运输方式,因此乙保险经纪公司未尽到勤勉义务。

甲保险公司将未采用集装箱卡车或者全封闭上锁的厢式卡车运输作为保险免责的情形,符合保险精算原理,具有合理性。甲保险公司已就上述免责条款向投保人的代理人乙保险经纪公司进行了明确说明,可以据此免除赔偿责任。

由于乙保险经纪公司未尽勤勉义务,导致其委托人丙公司不知上述免责条款,选择了错误的运输方式,无法获得保险理赔,乙保险经纪公司也未针对丙公司的运输要求为其另行选择适合的保险产品,其过错与丙公司的损失之间具有因果关系,根据《保险法》第128条的规定,“保险经纪人因过错给投保人、被保险人造成损失的,依法承担赔偿责任”,乙保险经纪公司应对甲保险公司无法获赔的损失承担赔偿责任。

典型案例三 合理界定金融消费者的保护限度——上海市高级人民法院2017年度金融商事审判十大案例之七[1]

【基本案情】

张某与某证券公司签订了《融资融券业务合同》,开立了融资融券账户,由证券公司提供证券经纪、融资融券等证券服务。2017年2月23日14时左右,张某收到短信通知,得知其账户中签新股,应缴纳新股认购款18,850元。其后张某卖出该账户内的其他股票,卖出股票成交金额分别为19,110元、3181元,委托指令均为"卖券还款"。

张某拟用上述卖券所得金额申购中签新股,但证券公司告知其"卖券还款"所得的金额不能直接用于申购新股,应优先偿还融资融券账户的负债。经协商,证券公司为张某将新股认购款缴纳时间延长至当日16时30分。后张某因银行账户余额不足,转款未成,最终未能认购中签新股。张某诉至法院请求判令证券公司赔偿其投资损失48,630元。

上海市浦东新区人民法院于2017年9月18日作出(2017)沪0115民初33817号民事判决:驳回张某的诉讼请求。张某不服一审判决提起上诉。上海市第一中级人民法院于2018年1月2日作出(2017)沪01民终13735号终审判决:驳回上诉,维持原判。

【法院认为】

案件的争议焦点是信用账户中签新股后,张某"卖券还款"指令的交易金额是优先用于偿还负债还是用于认购新股。

第一,证券公司根据张某"卖券还款"的交易指令进行操作,并未违反合同约定。《融资融券业务合同》及相关监管规则未规定证券公司对于投资人"卖券还款"所得应优先用于新股认购。

第二,张某仅提供了其与另一家证券公司有关工作人员的网络通信截屏记录,并不能证明"卖券还款"所得优先用于新股认购属于行业惯例。

第三,张某在与证券公司进行咨询沟通的过程中,证券公司明确告知了张

---

[1] 上海市浦东新区人民法院民事判决书,(2017)沪0115民初33817号。

某相关的交易规则和后果。张某在知晓交易规则的情况下，未能缴纳认购款项，系因自身过错导致相关损失发生。证券公司的行为未违反合同约定与法律规定，也不存在过错，张某应自行承担相应的法律后果。

典型案例四　大额支取未审核，银行要承担相应责任——江苏省高级人民法院2016年金融消费者权益保护典型案例之一[1]

【基本案情】

李某在甲银行处办理借记卡一张，约定支付方式为凭密码支付。借记卡的背面注明，使用本卡受借记卡章程约束。甲银行的营业场所里张贴的友情提示中载明“个人取款5万元以上请出示身份证”。

2011年7月1日，李某将上述借记卡交给朋友孙某使用，并告知银行卡密码。孙某在取款手续办理结束后，于当日下午将银行卡还给李某，并告知李某取款数额为120万元。此后，李某向孙某催要上述款项未果，于2013年4月得知孙某并没有自行办理取款手续，而是转交他人办理。当月23日，李某向甲银行反映情况并调取了取款记录，得知取款人系雷某，其提取现金10万元，另外三笔分别为50万元、50万元和10万元金额的取款由雷某转存至姚某的账户。取款凭条的正面均加盖了现金清讫的印鉴。取款凭条的背面，有甲银行工作人员登记的存款人李某和代理人雷某的身份证号码。因上述款项一直未能追回，李某诉至法院，主张甲银行赔偿李某的损失115万元。

新沂市人民法院于2015年10月10日作出(2015)新商初字第00017号民事判决：甲银行赔偿李某损失34.5万元；驳回李某的其他诉讼请求。

【法院认为】

李某的存款分四笔被提取120万元，且每笔业务的支取金额均在10万元以上，甲银行仅在取款凭条的背面记载了存款人和代理人的身份证号码。而根据中国人民银行等金融监管部门的相关规定，银行等金融机构在办理大额存款支取业务时，应留存存款人和代理人的身份证件的复印件，并通过联网核查系

---

〔1〕 江苏省新沂市人民法院民事判决书，(2015)新商初字第00017号。

统验证存款人和代理人身份信息的真实性。甲银行作为专业的金融机构，应受上述规定约束。

甲银行违反中国人民银行所制定的管理措施，未按规定程序办理业务，属于违规操作，未尽到审慎核查义务，应认定甲银行在办理案涉大额存款支取业务过程中存在过错。李某委托他人办理存款提取过程中，代理人向甲银行提出的取款金额是120万元，并对提取的全部款项进行了支配，且至今未予偿还，也是造成李某财产损失的原因之一。根据双方过错程度、存款被超额提取的原因、损害后果的形成等情况综合分析，法院酌定由甲银行承担30%的责任，其余损失由李某另行主张权利。

典型案例五　违规代销应承担被代理人的损失——江苏省高级人民法院2016年金融消费者权益保护典型案例之二〔1〕

【基本案情】

2013年，A公司委托甲证券公司代销B合伙企业的合伙份额。同年8月19日，经甲证券公司推介，金某以普通合伙人身份在甲证券公司处签订一份B合伙企业合伙协议，该协议约定入伙金额为100万元。在甲公司推介过程中，其员工作出过该产品是一款保本保收益产品，年收益11%，没有任何风险的口头承诺。

2014年7月30日，江苏省证监局因甲证券公司违反《证券公司代销金融产品管理规定》第6条的规定，擅自销售B合伙企业的合伙份额且未如实报告，向B合伙企业下达一份处罚决定，责令甲证券公司限期改正及处分有关责任人员。上述合伙产品到期后，金某仅在2014年7月23日拿回投资成本677,800元。金某遂诉至法院，要求甲公司赔偿金某购买金融产品的本金损失32.22万元、以100万元为本金按年利率11%计算的利息损失11万元及其他相应利息损失。

盐城市亭湖区人民法院于2015年8月25日作出(2015)亭商初字第0931号民事判决：甲证券公司赔偿金某损失216,850元。

---

〔1〕 江苏省盐城市亭湖区人民法院民事判决书，(2015)亭商初字第0931号。

【法院认为】

甲证券公司未经相关部门批准接受A公司委托代销B合伙企业的合伙份额,违反了《证券公司代销金融产品管理规定》第6条,该违规销售行为有江苏省证监局下发的处罚决定予以确认。甲证券公司违规代销上述合伙产品,在向金某推介案涉合伙产品的过程中,并未如实告知金某代销的案涉合伙产品未获批准的事实,侵害了金某的知情权,一定程度上影响了金某对合伙产品风险程度的判断,应对金某遭受的损失承担相应的赔偿责任。

典型案例六 江苏省高级人民法院2016年金融消费者权益保护典型案例之七[1]

【基本案情】

原告崔某于2007年3月19日在国泰君安证券股份有限公司徐州解放路证券营业部(以下简称国泰君安徐州营业部)以自己的名义开户从事股票买进卖出交易活动。当时被告梁某系国泰君安徐州营业部的工作人员,在原告咨询股票的过程中,双方逐渐熟识。后崔某与梁某达成口头委托协议,崔某委托梁某代其进行股票证券交易,双方口头约定采用保底的收益方式,梁某保证崔某本金不亏损,盈利双方分成。

崔某于2007年9月6日将账户密码告知梁某,并将市值为159,895.66元的证券及账户中的剩余资金675.19元交给梁某由梁某代其进行股票证券交易。后崔某陆续向该股票账户中转入资金,自2007年9月6日至10月30日,崔某共向该账户中转入125.28万元,至2009年4月22日,崔某股票账户中所有证券被卖出,剩余账户资金为28万元,此外,在委托交易期间,崔某自2007年11月1日至2008年1月10日陆续从该股票账户中转出49.5万元。自2007年9月6日至2009年4月22日,梁某给崔某操作股票共计亏损637,904.38元。故诉至法院请求依法判令梁某赔偿崔某本金637,904.38元及利息损失175,423元,共计813,327.38元。

---

〔1〕 江苏省徐州市云龙区人民法院民事判决书,(2015)云民初字第01214号。

被告梁某辩称，崔某诉请与事实不符，被告从未与崔某商定承诺保证崔某的本金不受损失、盈利双方分成及由被告负责买卖崔某的股票，被告也没有口头同意赔偿崔某所谓的损失，即使被告为崔某操作了股票的买卖，根据相关法律规定，该行为也属无效，或者该行为应当由崔某自行承担亏损的责任，因为法律规定证券公司的从业人员禁止参与股票的交易；约定本金不受损失、盈利分成即使存在，也违反了民事活动公平等价有偿的民法基本原则，应属无效；证券投资存在风险，因股市行情变化，股票价值下跌属于正常现象，是正常的风险；被代理人对代理人的代理行为承担民事责任，崔某没有证据证明被告在操作时存在恶意，因此，即便存在亏损也应当由崔某自行承担。另外本案已过诉讼时效。

徐州市云龙区人民法院于2015年6月26日作出(2015)云民初字第01214号民事判决：被告梁某赔偿原告崔某446, 533.07元；驳回原告崔某的其他诉讼请求。

【法院认为】

被告梁某作为证券从业人员，在明知证券法和执业行为准则的相关禁止性规定的情况下，仍接受他人委托操作股票买卖，导致本案委托理财合同被认定无效，其对此负有主要过错责任，且涉案证券账户的资金损失与被告梁某操作股票买卖的行为直接相关，因此梁某应对崔某股票账户的资金损失637, 904.38元承担70%责任，即446, 533.07元；原告崔某明知被告梁某系证券从业人员，仍委托其操作股票买卖，对此负有次要过错责任，应自行承担30%的资金损失，即191, 371.31元。关于崔某主张的利息损失175, 423元，因原、被告之间签订的委托理财合同无效且原告委托被告买卖股票存在风险而非借款，其该项主张法院不予支持。关于诉讼时效，因原告崔某自亏损后多次找到被告梁某要求其归还委托理财的本金，故未超出诉讼时效，被告梁某的此项抗辩不予采信。

典型案例七 代销金融产品未尽适当性义务，造成金融消费者损失需赔偿[1]

【基本案情】

2015年6月3日，林某在工商银行下关支行处通过银行自助设备购买“工银瑞信互联网+股票基金”，认购金额为45万元。2015年11月6日，林某进行了基金赎回，赎回份额为444,664.03份，金额为309,266.06元，损失本金140,733.94元。林某2014年至2015年在工商银行下关支行处购买的多份个人理财产品，均为保本型理财产品，工商银行下关支行对林某的客户风险等级评定为稳健型，可购买最低客户风险等级亦为稳健型或保守型。案涉基金名称为工银瑞信互联网+股票型证券投资基金，基金管理人为工银瑞信公司，由其依法募集资金、独立运营并管理基金财产、销售基金份额，中国工商银行股份有限公司系代理销售该基金的机构之一。该基金招募说明书中提示：投资过程中面临的主要风险有市场风险、利率风险、操作风险、本基金特有风险，可能导致投资人权益遭受较大损失等。工商银行下关支行提供的银行自助设备购买操作截图中显示，屏幕有“您购买的基金风险等级高于您在我行的风险评估等级，是否继续购买，请确认！”及“您所进行的交易可能将会产生手续费，请交易前认真阅读《基金合同》及《招募说明书》或致电工银瑞信基金管理有限公司客服电话400××××9999”等字样。

一审庭审中，林某陈述在银行自助设备上购买操作时，除输入密码外，其余步骤均为工商银行下关支行理财经理代为操作，且未告知存在购买手续费、赎回费用。工商银行下关支行对此不予认可，认为系林某自行在银行自助设备上进行购买操作。

【法院认为】

一审法院认为，林某购买案涉基金产品系主要基于工商银行下关支行的不当推介行为所致，故应认定其过错行为与林某的损失间具有因果关系，工商银行下关支行存在相应侵权过错。但林某作为具有完全民事行为能力的成年人，

[1] 江苏省南京市中级人民法院民事判决书，(2016)苏01民终1563号。

其对自身的风险承受能力应有相应的认识，其未依照自身状况进行合理投资，且在购买案涉基金产品后，疏于对该产品进行了解和关注，对损失的发生亦具有相应过错。故一审法院判决林某对造成的本金损失承担30%的责任，工商银行下关支行承担林某本金损失70%的赔偿责任，对林某主张的利息损失不予支持。

二审法院对林某关于本案不适用过失相抵的上诉请求予以支持，对一审判决认定的责任比例予以纠正，依法认定由工商银行下关支行对林某的实际损失承担全部赔偿责任。

本案中，案涉基金的管理人系工银瑞信公司，工商银行下关支行系代理销售机构，其向投资者提供的更多是对基金产品投资收益与风险的宣传和对客户风险的评估等服务，引导投资者充分认识基金产品的风险特征，使投资者作出合理的选择。故工商银行下关支行与林某之间构成的是金融服务法律关系，工商银行下关支行应履行该种法律关系下的相应义务。

证监会发布的《证券投资基金销售管理办法》（已失效）第59条规定：基金销售机构在销售基金和相关产品的过程中，应当坚持投资人利益优先原则，注重根据投资人的风险承受能力销售不同风险等级的产品，把合适的产品销售给合适的基金投资人。

原银监会发布的《商业银行个人理财业务风险管理指引》第23条规定：对于市场风险较大的投资产品，特别是与衍生交易相关的投资产品，商业银行不应主动向无相关交易经验或经评估不适宜购买该产品的客户推介或销售该产品。客户主动要求了解或购买有关产品时，商业银行应向客户当面说明有关产品的投资风险和风险管理的基本知识，并以书面形式确认是客户主动要求了解和购买产品。法院认为上述部门规章的规定亦系民法及合同法中诚实信用原则的具体体现，应据此认定工商银行下关支行的权利义务范围，故其在金融服务法律关系中负有依照对客户的风险评估等级及财务状况等推介合适产品的义务。

工商银行下关支行对林某购买案涉基金产品之前的评估结果为稳健型投资者，风险承受能力较弱，且林某之前在工商银行下关支行处购买的均系在保证本金安全的基础上能有部分增值收入的保本型理财产品。而案涉基金产品为非保本型理财产品,存在净值下跌的可能性,并不适宜林某,但工商银行下关支行仍主动向林某推介了此种产品,故工商银行下关支行未履行上述适当推介义务;且除银行自助终端上所显示的提示语外,工商银行下关支行无其他证据证明其向林某充分介绍了案涉基金产品投资风险、告知林某存在手续费及赎回费用等事宜,其亦未出示《基金合同》及《招募说明书》供林某查阅、了解,故工商银行下关支行未能尽到合理风险提示义务。

林某系一名普通消费者,数年来在工商银行下关支行处一直购买的是保本型理财产品,作为缺乏专业知识的金融消费者,其并不当然知晓案涉基金产品是否最合乎自己的需求。但工商银行下关支行在推介案涉基金产品时未能根据案涉基金产品的风险和林某的实际状况履行适当的告知说明义务,未能确保林某在充分了解投资标的及其风险的基础上自主决定,具有重大过错。相较而言,林某疏于依照自身状况进行合理投资的过失较为轻微。

典型案例八 代销虚假金融产品,银行最终承担主要赔偿责任[1]

【基本案情】

2014年12月1日,农行益阳赫山支行工作人员向岳某某推介博沣公司的信托产品,承诺该产品保本付息。2014年12月2日,岳某某在农行益阳赫山支行营业大厅通过该行的工作人员认购了博沣公司的信托产品,签订了《中信信托—沣赢1期稳健分层型证券投资集合资金信托计划委托认购合同》,约定岳某某委托博沣公司认购并代为持有中信信托—沣赢1期结构化证券集合资金信托计划,信托计划总存续期限为12个月,即2014年12月2日至2015年12月2日,具体期限起算以本委托认购合同中委托人按照本协议将约定的款项转入博沣公司指定账户的次日起计算。岳某某委托博沣公司认购并代为持有的

〔1〕 湖南省益阳市中级人民法院民事判决书,(2019)湘09民终1274号。

信托计划的期限同信托存续期限。该认购合同第8条第2项约定，本信托计划聘请中国农业银行股份有限公司担任保管人，对信托财产提供规范的保管服务，保障信托财产的安全，对受托人的投资动作进行监督，并对信托财产进行估值，作为监控市场风险和实施投资止损制度的基础。岳某某委托博洋公司认购并代为持有本信托计划的类型为优先信托受益权，资金金额为人民币10万元。优先受益人的信托利益＝信托财产－信托费用－信托税费，可获分配的预期年化收益率为7.5%。博洋公司在本信托计划终止后6个工作日内将信托收益支付至岳某某账户。同日，岳某某按照合同的约定向博洋公司指定的账户存入信托资金10万元。合同到期后，博洋公司没有按合同约定向岳某某支付信托收益。

【法院判决】

博洋公司返还岳某某信托资金本金10万元及利息；农行益阳赫山支行对被告博洋公司不能返还岳某某的本金承担全部的赔偿责任；驳回岳某某的其他诉讼请求。

【法院认为】

博洋公司没有按合同约定向岳某某支付信托收益，致使岳某某的财产权益无法实现，故岳某某有权要求博洋公司返还本金10万元。关于岳某某主张的利息，应自该基金终止后6个工作日内即2015年12月11日起至实际返还全部本金之日止，按照中国人民银行同期同类贷款利率计算。农行益阳赫山支行在代博洋公司销售信托产品时，向岳某某承诺该信托产品保本付息，农行益阳赫山支行存在过错。根据《侵权责任法》（已失效）第6条的规定，行为人因过错侵害他人民事权益，应承担侵权责任。农行益阳赫山支行应对博洋公司不能返还岳某某的本金承担赔偿责任。

典型案例九 运用比例原则审查银行对开户人账户实施管控措施是否适当均衡——北京金融法院首批十大典型案例之七[1]

【基本案情】

2018年3月5日,清科博动公司向招行清华园支行申请开立基本存款账户,2018年3月8日,中国人民银行中关村国家自主创新区中心支行颁发《开户许可证》,准予开立基本存款账户。自2019年5月招行清华园支行对涉案账户采取了临时止付措施,具体方式是限制网银的直接交易,所有交易需在柜台逐笔进行审核,审核的材料包括交易背景资料、买卖合同等,审核的期间为一至两天。关于采取该措施的原因,招行清华园支行表示其采取临时止付措施的原因是清科博动公司法定代表人陆某在2013年曾有高风险交易行为,作为法定代表人,陆某对清科博动公司具有控制力和影响力,无法排除陆某利用清科博动公司涉案账户实施涉敏感交易行为。该行系根据相关文件的原则性规定,根据自己的理解认定涉案账户存在风险。

清科博动公司凭借上述依据向法院提出诉讼请求:(1)判令招行清华园支行恢复清科博动公司账户的正常使用状态;(2)判令招行清华园支行向清科博动公司书面道歉;(3)判令招行清华园支行赔偿清科博动公司因资金冻结无法正常使用的损失493,372.08元;(4)判令招行清华园支行向清科博动公司支付借款利息(以5万元为基数,自2019年8月19日起至解除冻结为止,利率为年利率10%;以10万元为基数,自2019年6月15日至解除冻结为止,利率为年利率10%)。

一审法院认为,现有证据无法证明继续对涉案账户采取临时止付措施尚具有必要性和合理性,清科博动公司所提交的证据不足以证明其因该限制措施遭受了直接经济损失,故一审法院判令招行清华园支行于判决生效之日起10日内解除对清科博动公司银行账户采取的临时止付措施;驳回清科博动公司的其他诉讼请求。

一审判决作出后清科博动公司提出上诉,二审法院判决维持一审法院关于

---

[1] 北京金融法院民事判决书,(2021)京74民终489号。

解除对清科博动公司银行账户采取的临时止付措施，改判招行清华园支行向清科博动公司赔偿相应借款利息。

【法院认为】

二审法院经审查认为招行清华园支行可以基于履行账户限制管控义务对风险账户实行管控，但采取的管控措施应符合法律规定或与客户达成事先约定，采取管控措施的种类、强度应当符合比例原则且应当保持在合理期间并具备规范流程，否则应当赔偿清科博动公司合理范围内的损失。因招行清华园支行采取管控措施不尽妥当，应属违约。

典型案例十　事实信托关系的认定及适当性义务审查的考量因素——北京金融法院首批十大典型案例之八[1]

【基本案情】

才某先后两次向中信信托有限责任公司（以下简称中信信托）汇款777.7万元购买信托产品，汇款摘要载明购买某信托产品。因证券市场大幅下跌，信托产品被全部平仓清算，才某分得信托财产利益383万余元，才某以《信托合同》及《客户调查问卷》并非其本人签署、信托合同不成立、信托公司违反适当性义务为由诉至法院，要求中信信托赔偿损失。中信信托主张信托合同成立，并以才某拥有多个证券账户，存在证券买卖、融资融券的投资经验为由主张免除适当性义务。法院判决中信信托赔偿才某的投资损失。

【法院认为】

双方虽未签订书面合同，但才某已经支付认购信托产品的款项，信托合同成立。才某既往投资金融产品的属性、类型、金额等均与案涉信托产品存在较大差异，其既往投资经验不足以免除中信信托的适当性义务，中信信托所提交证据不足以证明其充分履行了适当性义务。

〔1〕 北京金融法院民事判决书，（2021）京74民终574号。

典型案例十一 金融机构惩罚性赔偿以存在欺诈行为为前提——2018年上海市虹口区人民法院金融消费者保护十大典型案例之六

【基本案情】

樊某经甲保险公司业务员丁某介绍投保两全保险(分红型),丁某介绍时告知保险产品为5年期,5年期满后连本带息可取。樊某拿到保险单后发现其上记载的保险期间为10年,特别询问丁某后,丁某在保险单下方空白处手写"保证存满第六年取"并签名。此后,樊某按期交纳保费,合计交费5万元。保单生效后第6年,樊某在办理保险贷款时,甲保险公司大堂经理告知该份保险系存满10年才到保险期限,此时仅能按照退保处理,支付保单现金价值和红利。保险单背面为现金价值表,其中记载6年末的基本保险金额现金价值为48,240元。樊某据此认为甲保险公司业务员丁某隐瞒10年期保险期限,误导自己,构成欺诈,要求按照《消费者权益保护法》"退一赔三",主张甲保险公司退还5万元保费,并支付15万元赔偿金。

【法院认为】

"保证存满第六年取"核心内容是承诺"本息"在6年期满后取出,甲保险公司作此承诺时并未隐瞒保险期间为10年,可由投保单、保险单记载予以佐证,故不能认定甲保险公司有欺诈的故意及实施欺诈的行为。同时,樊某亦承认购买该保险产品系期望5年后取出本息,如将甲保险公司承诺的红利4246.07元简单类比利息计算,樊某年化利率大致为2.02%,虽低于银行同期定期存款和国债利率,但该保险产品非银行理财,兼具风险保障和投资收益的特征,原告作为曾有保险购买经历的完全民事行为能力人,应当对此有所认识,故法院无法认定原告有错误意思表示的事实。综上,被告向原告作出承诺的行为不构成欺诈,事后亦愿意按承诺履行,故不适用《消费者权益保护法》第55条关于"退一赔三"的规定。原告亦明确如法院不认定欺诈,保险合同继续履行,不要求终止合同。

(二)刑事典型案例

典型案例一　“e租宝”集资诈骗、非法吸收公众存款案——人民法院依法惩治金融犯罪工作情况暨典型案例

【基本案情】

被告单位安徽钰诚控股集团、钰诚国际控股集团有限公司于2014年6月至2015年12月,在不具有银行业金融机构资质的前提下,利用“e租宝”平台、芝麻金融平台发布虚假融资租赁债权项目及个人债权项目,包装成“e租年享”“年安丰裕”等若干理财产品进行销售,以承诺还本付息等为诱饵,通过电视台、网络、散发传单等途径向社会公开宣传,向115万余人非法吸收资金762亿余元。其中,大部分集资款被用于返还集资本息、收购线下销售公司等平台运营支出,或被挥霍以及用于其他违法犯罪活动,造成集资款损失380亿余元。此外,钰诚国际控股集团有限公司、丁某1等人还走私贵重金属、非法持有枪支、偷越国境。

【法院认为】

被告单位安徽钰诚控股集团、钰诚国际控股集团有限公司及被告人丁某1、丁某2、张某等10人以非法占有为目的,使用诈骗方法非法集资,其行为均已构成集资诈骗罪;被告人王某焕等16人违反国家金融管理法律规定,变相吸收公众存款,其行为均已构成非法吸收公众存款罪。二被告单位以及丁某1等被告人的非法集资行为,犯罪数额特别巨大,造成全国多地集资参与人巨额财产损失,严重扰乱国家金融管理秩序,犯罪情节、后果特别严重,应依法惩处。

据此,依法以集资诈骗罪、走私贵重金属罪判处被告单位钰诚国际控股集团有限公司罚金人民币1,803,000,000元;以集资诈骗罪判处安徽钰诚控股集团罚金人民币1亿元;以集资诈骗罪、走私贵重金属罪、非法持有枪支罪、偷越国境罪判处丁某1无期徒刑,剥夺政治权利终身,并处没收个人财产50万元,罚金人民币100,010,000元;以集资诈骗罪判处丁某2无期徒刑,剥夺政治权利终身,并处罚金人民币7000万元。分别以集资诈骗罪、非法吸收公众存款罪、

走私贵重金属罪、偷越国境罪,对张某等24人判处有期徒刑3年至15年不等刑罚,并处剥夺政治权利及罚金。在案扣押、冻结款项分别按比例发还集资参与人;在案查封、扣押的房产、车辆、股权、物品等变价后发还集资参与人,不足部分继续责令退赔并按照同等原则分别发还。

典型案例二 "昆明泛亚"非法吸收公众存款案——人民法院依法惩治金融犯罪工作情况暨典型案例

【基本案情】

2011年11月至2015年8月,被告单位昆明泛亚公司董事长、总经理(总裁)单某良与主管人员郭某、王某经商议策划,违反国家金融管理法律规定,以稀有金属买卖融资融货为名推行"委托受托"业务,向社会公开宣传,承诺给付固定回报,诱使社会公众投资,变相吸收巨额公众存款。被告单位云南天浩稀贵公司等3家公司及被告人钱某等人明知昆明泛亚公司非法吸收公众存款而帮助其向社会公众吸收资金。昆明泛亚公司非法吸收公众存款1678亿余元,涉及集资参与人13万余人,造成338亿余元无法偿还。此外,单某良、杨某红还在经营、管理昆明泛亚公司期间,利用职务之便,单独或共同将公司财物占为己有。

【法院认为】

被告单位昆明泛亚公司等4家公司、被告人单某良等21人违反国家金融管理法律规定,变相吸收公众存款,数额巨大,其行为均已构成非法吸收公众存款罪;单某良、杨某红利用职务便利,非法将本单位财物据为己有,数额巨大,其行为构成职务侵占罪,均应依法惩处。据此,以非法吸收公众存款罪判处昆明泛亚公司罚金人民币10亿元,分别判处云南天浩稀贵公司等3家被告单位罚金人民币5亿元、5000万元和500万元;以非法吸收公众存款罪、职务侵占罪判处单某良有期徒刑18年,并处没收个人财产人民币5000万元,罚金人民币50万元。对其他被告人分别依法追究相应刑事责任。查封、扣押、冻结的涉案财物依法处置,按比例发还集资参与人;违法所得继续予以追缴,不足部分责令继续退赔,并按等同原则发还集资参与人。

典型案例三　上海“阜兴”集资诈骗案——人民法院依法惩治金融犯罪工作情况暨典型案例

【基本案情】

自2014年9月起，被告人朱某栋、赵某权等人决定阜兴集团开展融资业务，使用虚构投资标的、夸大投资项目价值、向社会公开宣传等方式，并以高收益、承诺到期还本付息等为诱饵，设计销售债权类、私募基金类等理财产品，向社会公众非法集资，并发新还旧，不断扩大资金规模，以维持资金链。至2018年6月，阜兴集团非法集资565亿余元，案发时未兑付本金218亿余元。其间，阜兴集团、朱某栋、朱某伟等人集中资金优势、持股或者持仓优势或者利用信息优势联合或连续买卖“大连电瓷”股票，并通过控制上市公司信息的生成或者控制信息披露的内容、时点、节奏，误导消费者作出投资决策，影响证券交易价格或者证券交易量，操纵证券市场，情节特别严重。

【法院认为】

被告单位阜兴集团以非法占有为目的，使用诈骗方法非法集资，其行为已构成集资诈骗罪。被告人朱某栋、赵某权等作为阜兴集团直接负责的主管人员或其他直接责任人员，其行为均已构成集资诈骗罪；阜兴集团、朱某栋、朱某伟的行为还构成操纵证券市场罪，且情节特别严重，应数罪并罚。据此，依法以集资诈骗罪、操纵证券市场罪判处阜兴集团罚金人民币21亿元；以集资诈骗罪、操纵证券市场罪判处朱某栋无期徒刑，剥夺政治权利终身，并处罚金人民币1500万元；以集资诈骗罪判处赵某权无期徒刑，剥夺政治权利终身，并处罚金人民币800万元。对其他被告人判处相应刑罚。被告单位阜兴集团和各被告人的违法所得予以追缴，发还各被害人和被害单位，不足部分责令被告单位和各被告人继续退赔。

典型案例四　沈阳“老妈乐”集资诈骗案——人民法院依法惩治金融犯罪工作情况暨典型案例

【基本案情】

2013年8月，被告人金某福在沈阳市成立沈阳老妈乐商贸有限公司（以下简称老妈乐公司)。2015年10月,金某福招揽被告人梁某、张某等人为公司高级管理人员,共同实施非法集资活动,以发放传单、讲课和开会等方式向公众宣传,谎称投资老妈乐公司即能在一定期限后获得高额回报,且能享受免费旅游等待遇,诱骗公众投资。至2017年11月,老妈乐公司在全国开设1000余家店铺,骗取170余万名集资参与人62亿余元,案发前返还42亿余元。

【法院认为】

被告人金某福伙同梁某、张某等人以非法占有为目的,使用诈骗方法向社会公众非法集资,数额特别巨大,其行为均已构成集资诈骗罪。金某福、梁某、张某在共同犯罪中均系主犯,应予惩处。据此,依法以集资诈骗罪判处金某福无期徒刑,剥夺政治权利终身,并处没收个人全部财产;判处梁某有期徒刑13年,剥夺政治权利3年,并处罚金人民币50万元;判处张某有期徒刑12年,剥夺政治权利2年,并处罚金人民币50万元。

第三章　金融消费者权益保护合规建设要点

金融消费者权益保护是伴随着金融交易活动日益频繁以及金融产品结构日益复杂化所产生的全新法律问题,其核心是降低或消除金融机构对普通金融消费者的不当侵害,实现公平交易,维护金融市场的有序运行。

从金融机构的合规建设角度来看,金融机构合规的意义主要可以概括为以下几个方面:第一,使金融机构运营符合监管要求。合规中的“规”不仅包含法律法规,也包含行业规则以及机构自行设立的经营准则和道德评价标准,在目前行业监管越来越严格、处罚力度越来越大的趋势下,金融机构的合规势在必行,符合行业监管要求,才是企业生存之道。第二,提高金融机构的运营效率,达成经营目标。从短期来看,合规措施的实施可能会在一定时间内影响业务开展的效率,但从长远来看,合规必定能够创造价值,提升自身的市场竞争力。第三,有利于金融市场健康稳定发展。金融行业属于我国的基础设施行业,行业的长远发展以及金融市场的稳定离不开金融机构等市场参与主体的合规经营。第四,有利于金融消费者的权益保障。金融消费者是金融市场的重要参与主体,但又处于天然的弱势地位,需要法律倾斜性保护,金融机构的合规建设可以提高对金融消费者事前保护的有效性,同时,如果双方产生纠纷,也便于定分止争,提高纠纷解决的效率。

从监管层面来看,监管层面对于金融消费者权益保护的重视程度越来越高,然而顶层立法精神贯彻到具体业务环节,并且落实到保障每一个消费者合法权益的过程涉及的主体多,立法精神的贯彻需要较长的传导机制,在这个机制中,金融机构有着绝对的优势地位,金融机构自身的合规性建设将直接决定消费者权益保护工作开展的效果。金融机构所履行合规义务的主动性与积极性以及对金融消费者权益保护工作所付出的时间和精力,决定了金融消费者权益保护工作的及时性和有效性。

综上,金融机构的合规性建设是其经营发展的必然之路,本章将主要立足于保护金融消费者权益的合规价值取向,对金融机构业务开展环节中涉及的金融消费者权益保护工作的重要内容进行梳理,结合行政监管要求以及司法实践,探索金融机构如何针对消费者权益保护工作来构建和完善自身的合规体系。

第一节　金融产品销售的法律规范及合规要点

一、金融产品及金融产品的销售

(一)金融产品

近年来,金融消费者与金融机构之间的纠纷数量明显增多,监管机构对于金融机构消费者权益保护工作落实不到位的处罚也日趋严格。对于消费者而言,购买金融产品及接受金融服务的过程,是最容易与金融机构发生纠纷且权利最容易被侵害的环节。

如何界定“金融产品”? 目前,法律对于“金融产品”尚没有明确的定义。2022 年 4 月,原银保监会发布的《关于保险资金投资有关金融产品的通知》规定:“金融产品是指商业银行或理财公司、信托公司、金融资产投资公司、证券公司、证券资产管理公司、证券投资基金管理公司等金融机构依法发行的资产管理产品和资产证券化产品,包括理财产品、集合资金信托、债转股投资计划、信贷资产支持证券、资产支持专项计划、单一资产管理计划和银保监会认可的其他产品。”该定义用“列举 + 兜底”的方式对金融产品的种类进行了说明。2021 年中国人民银行会同相关部门起草的《金融产品网络营销管理办法(征求意见稿)》,将“金融产品”定义为“金融机构设计、开发、销售的产品和服务,包括但不限于存款、贷款、资产管理产品、保险、支付、贵金属等”。

结合上述定义可以看出:第一,监管部门主要是从金融机构角度出发对金融产品进行定义；第二，金融产品包括各类经济价值的载体，如现金、股票、信托计划、保险等，也包括围绕产品而开展的行为活动，即给客户提供相应的结算、支付、证券买卖、金融信息咨询等多方面的金融服务；第三，监管部门并未对金融产品进行实质的定义，主要是通过列举的方式，肯定持牌金融机构所发行的金融产品的交易类型以及法律地位，这种方式也可以适应新的金融交易活动所开发出来的新型金融产品，赋予监管部门追加认定的空间。

之所以通过这种方式定义“金融产品”，与金融产品的内在产品特点息息相关。

第一，金融产品本身具有无形性，并非以实体方式存在，而是一种信息的组织以及权利义务的组合，因此，消费者难以像购买实体商品时那样，可以看到或感知到产品的外观、质量，而只能通过金融机构提供的合同文本、产品说明书，以及销售人员的说明，来判断和理解金融产品。

第二，金融产品具有复杂性和专业性，因此在定义中特别明确是“由金融机构进行设计、开发和销售”，金融产品的设计非常复杂，需要综合金融学、统计学、数学等大量的专业知识，且最后需要将这些专业的金融概念、复杂的交易流程和交易结构转化为法律文本，从而在产品相关合同中明确双方的权利义务，实现产品最终的销售。随着金融工具的不断创新和发展，金融衍生品、结构化工具的广泛应用，互联网大数据及算法的不断优化，金融产品的专业性特点更为凸显。金融产品的专业性和复杂性，就导致销售过程必然是由金融机构起着积极的推动作用。

第三，金融产品存在风险。结合国外的立法情况，不少国家在定义金融产品时，都提到了“投资”属性，比如英国 2000 年出台的《金融服务与市场法》（FSMA）中规定的“被监管行为”，具体是指“该行为可以是通过经营方式进行的特定活动，也可以是与任何财产相关的行为，抑或是与特定投资相关的行为，其中投资包括任何财产权利或权益”；[1] 2006 年出台的《金融商品交易法》继

[1] 参见啜佳佳：《英国 2000 年金融服务与市场法研究——以金融混业和金融监管为视角》，载《金融服务法评论》2011 年第 1 期。

续沿用“有价证券”这一概念定义,仅增加和列举私法上的有价证券、抵押证券和推定有价证券,对股票、债券、外汇存款等风险性金融产品进行统一管理。换言之,金融商品是指符合《金融商品交易法》所定义的有价证券概念和金融衍生商品概念之商品,具有投资性的金融商品都由《金融商品交易法》来规制,因此该法也可以称为“投资商品交易法”。[1] 由此可见,投资属性是认定金融产品的重要参考因素,存在投资属性,必然伴随着风险。尽管“买者自负”的精神对于提高金融消费者自我教育有着积极作用,但“卖者尽责”也必须被重视,面对复杂金融产品所带来的高风险,要求普通投资者在信息不对称的市场条件下承担严重的不利后果,显然有失公正。

(二)金融产品的销售

金融销售过程是金融消费者保护的关键阶段,随着金融产品类型的不断丰富,销售渠道的不断扩大,以及销售方式的不断多样化,在金融产品的销售环节中,金融机构与金融消费者之间的各项权利义务关系以及各项行为的判断标准也正在发生变化。

何谓“金融产品的销售”?

2011 年原银监会发布的《商业银行理财产品销售管理办法》(已失效)第 2 条规定,“商业银行理财产品(以下简称理财产品)销售是指商业银行将本行开发设计的理财产品向个人客户和机构客户(以下统称客户)宣传推介、销售、办理申购、赎回等行为”;2018 年原银保监会发布的《商业银行理财业务监督管理办法》第 25 条规定:“商业银行理财产品销售是指商业银行将本行发行的理财产品向投资者进行宣传推介和办理认购、赎回等业务活动”;2020 年原银保监会发布的《商业银行理财子公司理财产品销售管理暂行办法(征求意见稿)》中并未对理财产品销售作出定义,而是列举了部分活动进行说明,如“展示、介绍、比较单只或多只理财产品部分或全部特征信息等方式宣传推介”“提供单只或多只理财产品投资建议”“为投资者办理认购、申购和赎回”以及监管机构认定的

---

[1] 参见陈燕鹤:《日本金融商品交易法改革及其对我国金融服务立法的启示》,江西财经大学 2014 年硕士学位论文,第 11 页。

其他业务活动;2020 年证监会发布的《公开募集证券投资基金销售机构监督管理办法》第 2 条规定,"本办法所称基金销售,是指为投资人开立基金交易账户,宣传推介基金,办理基金份额发售、申购、赎回及提供基金交易账户信息查询等活动"。

结合上述监管机构的规定可以看到:

第一,从事销售行为的主体应当是金融机构及其从业人员。金融机构本身就是资金融通的媒介,即便是公司发行股票或者债券,依然是以金融机构作为承销商进行销售,因此,金融产品的销售关系发生在金融消费者与金融机构之间。

第二,销售的目的是促成交易,完成金融产品的推介,达到促使消费者购买的目的,这也是金融机构逐利性的本质体现。

第三,销售的过程应当包括:(1)向消费者提供明显包含推荐金融产品的信息,如投放金融广告、向消费者提供投资建议;(2)具体向消费者展示产品内容,比如向消费者说明产品利率、风险、期限、投资范围等内容;(3)销售过程也包括成交的操作过程,如为消费者办理申购、认购、赎回等行为。由此可见,对销售行为的规制应当包含对成交全过程的规制内容。

对于金融机构而言,完成产品认购是否意味着销售行为结束,不需要再履行销售过程中的合规义务了呢?并不当然如此,目前很多金融产品在结构设计中设置了允许申购和赎回的规则,交易规则中还安排了可以在开放期追加投资或提前结束投资等不同的交易方式。结合上述监管机构对"金融产品销售"的定义来看,"赎回"的交易环节也被纳入销售行为中。金融机构在产品交易的全过程,以及产品存续期间内,无论消费者是否进行再投资,都应当持续履行销售行为的合规要求,规范金融交易的过程。

第四,金融机构不仅应当在金融产品设计阶段充分考虑合规要求,还应当注意销售过程中的服务行为及相应的销售活动的合规性,比如协助消费者进行风险等级测试,协助消费者开立账户,办理相关的认购、申购、赎回等行为,以及给消费者提供投资建议,进行账户信息查询等辅助销售的行为等,都应当纳入销售行为的合规管理。

司法实践中,对于金融产品的合同纠纷,金融消费者常常面临败诉的不利风险，理由是因购买金融产品而造成的损失应当适用“买者自负”原则。从形式上看，金融产品买卖合同与一般的买卖合同并无区别，金融消费者在合同上签字，表示其认可合同约定的条款，且是消费者真实的意思表示。但实践中，大部分金融消费者往往不能真正地理解金融产品的结构、收益和风险特征，也无法真正判断自己的风险承受能力，从而无法辨别自己是否真的愿意以及有这样的能力购买该金融产品。

金融消费者出于自身的局限性，在享受金融服务以及购买金融商品时，本身就不可能与金融机构处于同等地位，尽管目前在司法实践中，裁判者会倾向性保护金融消费者的权益，司法程序上也设置了举证责任倒置等有利于金融消费者维权的制度体系，但为更好保护金融消费者的合法权益，金融机构应当在销售理财产品的过程中建立更加完善、更加严格的合规保障措施。

二、金融产品销售过程的合规要求

(一)金融产品销售的相关规定

2015 年 3 月 27 日，中国银行业协会发布《商业银行销售银行理财产品与代销理财产品的规范标准和销售流程》，对于商业银行销售以及代销理财产品均明确了基本的行为规范，从内控体系、产品说明书、销售对象管理、销售人员管理、销售渠道管理、风险评级等多个方面确立了基本规范，为了充分起到示范作用，还同步发布了一系列示范文本。

2018 年 4 月，中国人民银行、原银保监会、证监会、外汇管理局联合发布《关于规范金融机构资产管理业务的指导意见》，其中第 12 条规定：“金融机构应当向投资者主动、真实、准确、完整、及时披露资产管理产品募集信息、资金投向、杠杆水平、收益分配、托管安排、投资账户信息和主要投资风险等内容”；第 16 条规定：“金融机构应当做到每只资产管理产品所投资资产的风险等级与投资者的风险承担能力相匹配，做到每只产品所投资资产构成清晰，风险可识别”。

2018 年 9 月 26 日，原银保监会发布《商业银行理财业务监督管理办法》，其中第三章第二节专门对销售行为进行了规范：商业银行销售理财产品，应当加强投资者适当性管理，向投资者充分披露信息和揭示风险，不得宣传或承诺保本保收益，不得误导投资者购买与其风险承受能力不相匹配的理财产品。该办法进一步强调了商业银行的说明告知义务以及适当性义务，此外，还对销售产品的风险评级以及投资者的风险承受能力等级的测评提出了具体要求。

2019 年 8 月 23 日，原银保监会发布《商业银行代理保险业务管理办法》，规范商业银行和保险公司开展保险代理业务合作，其中第三章对于商业银行及其保险销售从业人员的行为提出了要求，该办法第 28 条明确说明和告知义务，要求向客户全面客观介绍保险产品；第 32 条则明确了适当性义务，要求商业银行及其保险销售从业人员应当对投保人进行需求分析与风险承受能力测评，根据评估结果推荐保险产品，把合适的保险产品销售给有需求和承受能力的客户。

2020 年 11 月 12 日，原银保监会发布《保险代理人监管规定》，从业务许可资质、人员的任职资格以及人员的行为等方面对保险代理人提出监管要求，该规定第 70 条明确保险代理人及其从业人员在办理保险业务活动中不得隐瞒与保险合同有关的重要情况，不得阻碍投保人履行如实告知义务，或者诱导其不履行如实告知义务等。

2021 年 6 月施行的《理财公司理财产品销售管理暂行办法》进一步对于理财公司销售理财产品的行为进行了规范，其中第四章和第五章分别从销售行为以及销售人员的管理两个方面提出了合规要求，此外第六章还专门对投资者的合法权益保护提出了明确要求。该办法更加细化地对理财产品销售机构的投资者权益保护管理体系提出了具体要求，强调严格实施事前协调、事中管控和事后监督，持续加强投资者适当性管理，从理财产品销售业务活动各环节有效落实投资者权益保护。

2009 年发布的《信托公司集合资金信托计划管理办法》第 8 条明确了信托公司推介信托计划的合规要求，即信托公司推介信托计划时，不得有以下行为："（一）以任何方式承诺信托资金不受损失，或者以任何方式承诺信托资金的最低收益；（二）进行公开营销宣传；（三）委托非金融机构进行推介；（四）推介材料含有与信托文件不符的内容，或者存在虚假记载、误导性陈述或重大遗漏等情况；（五）对公司过去的经营业绩作夸大介绍，或者恶意贬低同行；（六）中国银行业监督管理委员会禁止的其他行为。"

2020年8月28日,证监会发布《公开募集证券投资基金销售机构监督管理办法》,该办法第三章明确了基金销售业务规范,其中第17条规定,基金销售机构应当按照中国证监会的规定了解投资人信息,坚持投资人利益优先和风险匹配原则,根据投资人的风险承担能力销售不同风险等级的产品,把合适的基金产品销售给合适的投资人。这一规定从法律法规层面明确规定了基金销售中金融机构的说明性义务以及适当性义务。

综观目前我国有关金融产品销售的监管要求,尽管并未形成统一的规制要求,但实践中,金融产品的销售手段是相似的,金融机构和从业人员对此的合规义务也有很多重合之处,如应尽的说明义务、适当性管理义务、风险提示义务等,这些合规义务普遍适用于各类金融产品的销售环节,因此,即便针对部分金融产品,监管机构并未提出具体的销售要求,但金融机构完全可以适用相关的监管要求对工作进行完善。

随着互联网媒介的发展,新型的营销方式也日益增加,监管机构也不断回应市场规范化需求。2021年12月31日,中国人民银行、工业和信息化部、国家网信办、原银保监会、证监会、外汇管理局、知识产权局发布《关于〈金融产品网络营销管理办法(征求意见稿)〉公开征求意见的通知》,旨在加强对金融产品网络营销的监管,明晰金融机构与第三方互联网平台的职责。该通知强调金融机构与第三方互联网平台的责任与义务必须明确分开,金融机构作为业务主体承担对营销合作行为的管理责任,第三方互联网平台应恪守信息技术服务本位,承担营销合作行为的受托责任,双方相互持续监督。该通知也对此前通过互联网平台营销金融产品的乱象作出回应,如明确第三方互联网平台经营者不得通过设置各种与贷款规模、利息规模挂钩的收费机制等方式变相参与金融业务收入分成,以及明确金融产品名称不得使用第三方互联网平台名称、商标的相关字样,造成金融机构和第三方互联网平台的品牌混同等。

从相关金融产品销售行为管理监管政策的历史沿革以及执法趋势来看,监管思路越来越明确和严格:对于金融产品销售活动的监管已经从单纯的对行为和人员管理,上升到对机构内部合规管理体系构建的管理。为进一步符合监管要求,金融机构内部亟须通过提升合规管理水平进一步减少法律风险的发生,保护金融消费者的合法权益。

（二）告知说明义务

金融产品的专业性与复杂性也使金融消费者难以正确理解金融产品的特征和存在的风险，因此为了确保金融消费者充分了解所购买的金融产品，金融机构负有对金融消费者的告知说明义务；同时，由于金融机构在金融产品销售过程中往往伴随着推荐，相关从业人员可能为谋取自身私利，而向客户推荐不适当的产品，因此，金融机构的适当性义务也是销售过程中至关重要的内容。从金融消费者权益保护的角度来看，告知说明以及适当性义务是金融产品销售过程中金融机构最为基础和重要的义务。

《消费者权益保护法》第 28 条规定："采用网络、电视、电话、邮购等方式提供商品或者服务的经营者，以及提供证券、保险、银行等金融服务的经营者，应当向消费者提供经营地址、联系方式、商品或者服务的数量和质量、价款或者费用、履行期限和方式、安全注意事项和风险警示、售后服务、民事责任等信息。"这从一般经营者的层面对说明义务进行了规定。

具体到金融行业，针对金融产品销售的说明性义务制度的规定，主要在监管机构颁布的有关规章与其他规范性文件中，但针对说明性义务的专门性规定内容较少，且规定也不够具体和明确：如 2005 年 9 月 24 日颁布的《商业银行个人理财业务风险管理指引》第 25 条和第 29 条[1]、2005 年 11 月 1 日起实施的《商业银行个人理财业务管理暂行办法》第 37 条和第 40 条[2]、2008 年原银监

---

〔1〕 已失效。第 25 条规定，商业银行在向客户说明有关投资风险时，应用通俗易懂语言，配以必要的示例，说明最不利的投资情形和投资结果。第 29 条规定，商业银行向客户提供的所有可能影响客户投资决策的材料，商业银行销售的各类投资产品介绍，以及商业银行对客户投资情况的评估和分析等，都应包含相应的风险揭示内容。风险揭示应当充分、清晰、准确，确保客户能够正确理解风险揭示的内容。商业银行通过理财服务销售的其他产品，也应进行明确的风险揭示。

〔2〕 已失效。第 37 条规定，商业银行利用理财顾问服务向客户推介投资产品时，应解客户的风险偏好、风险认知能力和承受能力，评估客户的财务状况，提供合适的投资产品由客户自主选择，并应向客户解释相关投资工具的运作市场及方式，揭示相关风险。第 40 条规定，商业银行理财计划的宣传和介绍材料，应包含对产品风险的揭示，并以醒目、通俗的文字表达；对非保证收益理财计划，在与客户签订合同前，应提供理财计划预期收益率的测算数据、测算方式和测算的主要依据。

会办公厅发布的《关于进一步规范商业银行个人理财业务有关问题的通知》(已失效)、2012 年 1 月 1 日起施行的《商业银行理财产品销售管理办法》(已失效)等文件中均有对相关销售行为的规范。

2018 年 9 月 26 日,原银保监会发布《商业银行理财业务监督管理办法》,该办法第 26 条规定“商业银行销售理财产品,应当加强投资者适当性管理,向投资者充分披露信息和揭示风险”“商业银行理财产品宣传销售文本应当全面、如实、客观地反映理财产品的重要特性,充分披露理财产品类型、投资组合、估值方法、托管安排、风险和收费等重要信息,所使用的语言表述必须真实、准确和清晰”。

2020 年 8 月 28 日,证监会发布《公开募集证券投资基金销售机构监督管理办法》,该办法第 17 条第 2 款规定“投资人购入基金前,基金销售机构应当提示投资人阅读基金合同、招募说明书、基金产品资料概要,提供有效途径供投资人查询,并以显著、清晰的方式向投资人揭示投资风险”;第 22 条规定了基金销售机构应当为投资人持续提供信息的相关服务;第 24 条列举了负面的销售行为,其中包括“未向投资人有效揭示实际承担基金销售业务的主体、所销售的基金产品等重要信息,或者以过度包装服务平台、服务品牌等方式模糊上述重要信息”。

通过对说明性义务的相关监管规定的分析可见,金融机构所应履行的说明义务的内容正在不断深化,监管机构对金融机构履行说明性义务的要求更加严格,明确要求金融机构在销售金融产品时必须真实、准确、完整、及时地向金融消费者充分告知产品的重要特征,说明产品风险与收益等与产品有关的重要事实,使金融消费者能够充分了解购买该金融产品所需的全方位信息。金融机构的说明性义务,是整个销售交易的基础性义务,通过要求金融机构履行说明义务,可以使金融消费者充分了解金融产品全面的信息,进而帮助金融消费者进行独立的判断。

但金融机构在实际履行说明性义务的过程中也存在一些问题:

第一,上述规定总体而言是比较概括地对说明性义务提出要求,所列举的说明内容比较有限,但随着金融产品的不断复杂化,仅说明产品涉及的主体、产品类型、投资组合、估值方法、托管安排、风险和收费等信息未必能够充分展示产品关键性的全部信息内容。

第二,监管文件中并未明确金融机构及其销售人员应当如何说明,“说明”义务的履行方式可以包括很多,但仅仅向金融消费者展示、提供全部的合同资料、产品说明等书面资料是完全不够的,金融消费者权益需要倾斜性保护的核心原因之一就是金融产品的专业性和复杂性导致一般的消费者不具备专业能力去评价产品风险,如果仅仅把资料提供给消费者,未进行明确解释和说明,那也只是形式上的说明而已。

第三,如何以消费者可以接受的方式进行说明?金融机构要提高产品信息说明的有效性,必须充分考虑金融消费者的有限注意力以及金融产品的潜在信息超载问题,但上述监管规定并未对说明方式以及说明应达到的效果给出衡量标准,因此金融机构应当结合实际销售情况和销售经验,关注说明义务履行的细节。比如,消费者与金融机构签署的合同以及产品说明书等文件中包含大量专业的金融词汇以及法律用语,非专业人士根本无法在短时间内快速理解和消化,因此金融机构在履行说明义务时,应当特别关注说明什么内容,表述该内容的文字是否简洁明了,理解的难易程度,关键词句是否重点突出,排列顺序是否具有层次感等细节。

(三)适当性义务

1. 适当性义务的相关监管要求

适当性义务是针对金融产品销售者的义务,是要求其将适当的金融产品销售给适当的客户,负担起合理推荐、适当销售的义务。早在 2005 年,原银监会颁布的《商业银行个人理财业务管理暂行办法》(已失效),就对个人理财业务中向客户推介投资产品的行为进行规范,要求了解客户风险偏好、风险认知能力和承受能力,评估客户的财务状况,提供合适的投资产品由客户自主选择,并应向客户解释相关投资工具的运作市场及方式,揭示相关风险。尽管该办法并未明确提出“适当性规则”,但其中已经包括了解客户、风险评估、提供合适产品等适当性规则的具体内容。

《证券投资基金法》(2015 修正)第 98 条规定,“基金销售机构应当向投资人充分揭示投资风险，并根据投资人的风险承担能力销售不同风险等级的基金产品”，明确了适当性义务的相关内容。《证券法》(2019 修订)第 88 条规定：“证券公司向投资者销售证券、提供服务时，应当按照规定充分了解投资者的基本情况、财产状况、金融资产状况、投资知识和经验、专业能力等相关信息；如实说明证券、服务的重要内容，充分揭示投资风险；销售、提供与投资者上述状况相匹配的证券、服务。”这两条均是从法律层面上对适当性义务的内容作出了明确规定。

在行政法规层面，《证券公司监督管理条例》(2014 修订)第 29 条规定：“证券公司从事证券资产管理业务、融资融券业务，销售证券类金融产品，应当按照规定程序，了解客户的身份、财产与收入状况、证券投资经验和风险偏好，并以书面和电子方式予以记载、保存。证券公司应当根据所了解的客户情况推荐适当的产品或者服务。具体规则由中国证券业协会制定。”

此外，适当性义务相关的规范主要在部门规章与其他规范性文件中，原银保监会以及证监会发布的若干规定中均有相关的要求，如《公开募集证券投资基金销售机构监督管理办法》《证券期货投资者适当性管理办法》《商业银行理财业务监督管理办法》《银行业金融机构销售专区录音录像管理暂行规定》《商业银行理财子公司管理办法》《理财公司理财产品销售管理暂行办法》等。此外，各金融行业自律管理组织为规范本行业金融机构销售金融产品也制定了关于适当性义务的监管规范，如 2017 年中国证券业协会发布的《证券经营机构投资者适当性管理实施指引(试行)》等。

金融机构的适当性义务直击金融交易中的核心问题之一，即信息不对称引发的金融产品销售中的风险与责任分配问题。目前来看，金融监管机构已经对金融产品销售的适当性义务提出广泛的规范要求，要求金融机构在销售过程中明确了解客户，充分评估客户的风险偏好以及风险承受能力，推荐与此相匹配的产品。

2. 司法实践及裁判规则

笔者团队通过威科先行法律信息库对涉及适当性义务的相关司法案件进行检索，截至 2022 年 10 月 4 日，以“适当性义务”“金融机构”“金融消费者”为关键词进行搜索,共搜索到裁判文书 804 件(含案件一审、二审及再审程序)。从审理年份来看,最近 5 年内,涉及金融机构与金融消费者之间适当性义务的民事纠纷明显增多,这也与我国近年来不断加强金融消费者权益保护执法趋势相符。

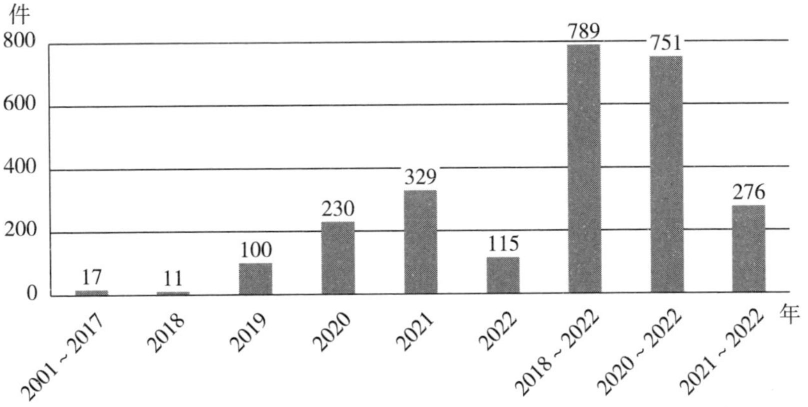

图 30 涉关键词案件数量及变化趋势统计

在该类纠纷中,涉及的民事案由主要为“合同纠纷”“金融委托理财合同纠纷”“委托理财合同纠纷”“损害赔偿纠纷”“侵权责任纠纷”“金融借款合同纠纷”。根据案由可以看出,不同法院对于涉适当性义务的案件属于何种法律关系的认定还存在争议,但大致可以分为合同法律关系与侵权法律关系两大类,根据不同案件情况以及交易主体的情况还可以做进一步区分。

2019 年 11 月,最高人民法院正式发布《九民纪要》,从司法审判的角度进一步加强了对银行等金融机构的监管,明确了银行等金融机构的适当性义务,包括了解产品、了解客户、适当推荐及告知说明等内容;肯定了“卖者尽责,买者自负”的原则,将金融消费者是否充分了解相关金融产品、投资活动的性质及风险并在此基础上形成自主决定作为应当查明的案件基本事实。

《九民纪要》对于“适当性义务”的具体表述为:“卖方机构在向金融消费者推介、销售银行理财产品、保险投资产品、信托理财产品、券商集合理财计划、杠杆基金份额、期权及其他场外衍生品等高风险等级金融产品,以及为金融消费者参与融资融券、新三板、创业板、科创板、期货等高风险等级投资活动提供服务的过程中,必须履行的了解客户、了解产品、将适当的产品(或者服务)销售(或者提供)给适合的金融消费者等义务。”

《九民纪要》将适当性义务的法律性质定性为《合同法》(已失效)第60条第2款规定的先合同义务,即合同订立过程中合同当事人基于诚实信用等原则而应承担的法律义务。卖方机构违反这一项合同义务给金融消费者带来损失的,应当根据《合同法》(已失效)第42条第3项之规定,承担缔约过失责任。在缔约过失的语境下,因合同并未成立,卖方机构因此取得的投资者财产即本金应当返还,而投资者遭受的利息损失应当得到赔偿。

概括来讲,适当性义务就是以风险揭示、信息披露以及告知说明义务为核心的适当推介义务:首先,信息披露,是指及时履行信息披露义务,所披露的信息必须真实、准确、完整,不得有虚假记载、误导性陈述或者重大遗漏;其次,风险揭示,即金融机构在向金融消费者销售金融产品时,应根据产品和服务的具体内容,充分展示产品或服务的风险内容;最后,适当推介,金融机构应在充分了解消费者及产品的基础上,将适当的产品或服务推介给适当的消费者,这就要求金融机构对投资者及产品分别进行风险评级,不得主动向投资者推介风险不匹配的产品。

此外,《九民纪要》中对于适当性义务的主要内容还包括:一是明确金融消费者可以请求金融产品的发行人、销售者承担连带赔偿责任,这一规定明确了销售机构的法律责任,同时也对销售机构的合规性提出了更高的要求。二是要求卖方机构对其是否履行了适当性义务承担举证责任,否则将承担举证不能的法律后果。长期以来,举证责任是困扰很多金融消费者的问题,司法机构明确了举证责任倒置,也要求金融机构在履行合规义务的同时留有相关记录。三是强调了告知说明义务是适当性义务的关键,明确责任的承担应当遵循“实质重于形式”的原则,即核心在于金融消费者的自主决定权是否受到销售机构的侵害,并特别指出卖方机构简单地以金融消费者手写了诸如“本人明确知悉可能存在本金损失风险”等内容主张其已经履行了告知说明义务,不能提供其他相关证据的,人民法院对其抗辩理由不予支持。四是明确了损失赔偿数额的认定标准和卖方机构的免责事由。

《九民纪要》的出台，对法院后续的审判思路产生重大影响，引导全国法院在审理案件时更加偏向于保护金融消费者的知情权和公平交易权，加重代销机构的责任承担，强化金融机构在销售过程中的适当性义务，且对适当性义务的审查可能会逐步从形式审查转向实质审查。

三、金融机构在销售环节存在的问题

根据目前司法实践，结合监管动态，可以看出金融机构在产品销售环节仍然存在诸多违规问题。

1. 产品销售行为不够规范

主要包括以下情形：

(1)强调收益，忽略风险，甚至采取虚假保本保收益的方式进行欺诈销售

对于普通消费者而言，金融术语过于复杂，晦涩难懂，业务人员在营销过程中往往会简化讲解宣传资料的内容，只向消费者传递预期收益，导致消费者只看到收益而忽视风险；另外，预期收益也并不是产品的实际收益或者保证的收益，往往是金融机构根据金融模型以及历史收益所估算的数值，但如不加以强调，消费者往往会认为这个收益就是产品的实际收益。《商业银行理财业务监督管理办法》第 26 条规定：商业银行发行理财产品，不得宣传理财产品预期收益率，在理财产品宣传销售文本中只能登载该理财产品或者本行同类理财产品的过往平均业绩和最好、最差业绩，并以醒目文字提醒投资者“理财产品过往业绩不代表其未来表现，不等于理财产品实际收益，投资须谨慎”。

更有甚者，销售人员通过虚假承诺保本、保收益的方式劝导消费者进行投资，进行欺诈销售。在合肥市中级人民法院某委托理财合同纠纷案[1]中，原告购买银行代销的证券投资基金后发生亏损，以保本保息承诺违法为由要求确认合同无效并要求银行赔偿损失。二审法院认为银行销售员以虚假承诺保本、保收益的方式诱导原告投资的行为构成欺诈销售，该行为属于职务行为，银行应对由此产生的损失承担赔偿责任。

---

〔1〕 安徽省合肥市中级人民法院民事判决书，(2019)皖 01 民终 8546 号。

(2)隐瞒或模糊理财产品的发行机构

这一问题在代销业务中更为凸显。代销理财产品与金融机构自营发行的理财产品存在的最大区别就在于代销的产品并不是由该金融机构自己进行产品设计和管理发行的。金融销售机构的业务人员可能在营销行为中模糊产品的发行人和代销的性质,故意误导消费者,导致消费者认为该产品是由该机构自己发行的。

2. 客户风险测评有待优化

原银监会早在 2011 年 8 月就出台了《商业银行理财产品销售管理办法》(已失效),对银行理财产品风险评估作了规定,《商业银行理财业务监督管理办法》第 28 条也明确规定:"商业银行应当对非机构投资者的风险承受能力进行评估,确定投资者风险承受能力等级,由低到高至少包括一级至五级,并可以根据实际情况进一步细分"。此外,2017 年中国证券投资基金业协会发布了《基金募集机构投资者适当性管理实施指引(试行)》,明确了投资者分类、基金产品或服务风险的等级划分,其中第 44 条明确了基金募集机构要根据普通投资者风险承受能力和基金产品或者服务的风险等级建立适当性匹配原则,将投资者的风险承受能力类别与产品的风险等级一一对应。

尽管各类金融机构目前已经对客户进行了风险评级设置,但是问题仍然存在:比如,金融机构对金融消费者的了解主要依靠风险测评问卷,但多数金融机构的问卷存在题目趋同、模板老化等问题,且部分问卷的评分标准设计及等级匹配算法存在漏洞,导致风险等级结果无法充分体现消费者的风险承受能力、收益目标等特征和诉求,甚至部分核心问题的选择结果与风险等级结果间存在矛盾;部分金融机构并未充分重视客户评估,认为风险测评就是个形式,不合格的情况下甚至会让客户重新填写。此外,各个金融机构的风险测评标准不统一,测试过程多环节存在弹性;风险测评题目自主设置,权重存在较大差异,导致测试结果可能存在较大差异;商业银行在进行代销产品销售时,对所有客户均采用同一张《风险承受能力评估问卷》,而代销的产品往往种类丰富,产品结构也更为复杂,通过现有问卷了解的客户信息,可能不足以判断客户风险承受能力是否与代销产品的风险等级相匹配。

在王某与中国建设银行恩济支行（以下简称建行恩济支行）金融委托理财合同纠纷案[1]中，法院认为，建行恩济支行对王某进行风险评估，是其了解王某实际情况、投资态度以及承受风险能力的有效途径，而风险评估结论的得出显然依赖于王某对评估问卷的回答，王某在评估问卷中明确表明了其投资态度是保守投资，不希望本金损失，其投资目的为资产稳健增长，并且在本金出现10%以内的损失时会出现明显焦虑，故建行恩济支行对王某的上述投资风格及风险承受能力应为明知。根据基金招募说明书，建行恩济支行向王某推介的涉诉基金为股票型基金，属证券投资基金中较高风险、较高收益品种，该基金类型明显与王某风险评估问卷的回答及评估结果不符。建行恩济支行在明知王某的投资目的、投资态度等风险偏好的情况下，推荐其购买不适宜投资的较高风险的股票型基金，存在重大过错。

3. 员工职业操守与合规意识有待提升

从部分金融机构爆发的违规销售风险事件看，员工个人的违规行为，也会给金融机构带来合规风险。比如金融机构员工私自收受第三方机构账外佣金，销售并非银行自营或通过审批的第三方机构所发行的理财产品，也即金融行业俗称的“飞单”。

在华夏银行股份有限公司北京长安支行等财产损害赔偿纠纷案中，华夏银行长安支行客户经理赵某菲向客户私自售卖非银行的理财产品，导致客户程女士损失200余万元。程女士表示，彼时理财经理赵某菲向她介绍了北京“元享同盈”基金，并称该基金是华夏银行VIP大客户才能购买的产品，安全、保险、年收益11%，产品绝对可靠，承诺一年连本带息返款。随后，程女士签署合同并支付215万元购买该基金。但2015年基金到期后，程女士却未收到任何回款。一审法院查明赵某菲参与了该产品涉及的非法集资案件，并受到了刑事处罚。

值得关注的是，在本案中华夏银行因违反审慎义务被判承担了20%的责任。根据法院查明的事实，赵某菲担任华夏银行长安支行客户经理期间，销售该行理财产品的方式与其私自销售非该行理财产品“元享同盈”的方式基本相

---

〔1〕 北京市第一中级人民法院民事判决书，(2018)京01民终8761号。

同，由此造成两种类型产品区别度降低，客观上为赵某菲销售非该行理财产品“元享同盈”提供了条件。该分行不仅违反审慎经营规则，其蓄意放纵并安排其理财经理向大量客户违法销售基金，造成大量客户巨额损失，过错明显。因此，北京市第一中级人民法院认定华夏银行存在过错，并应承担20%的过错责任。

由此可见，员工合规意识淡漠，职业道德底线失守，将大大增加客户财产损失的风险，同时商业银行业可能因为监管不严而承担相应法律责任。

4. 金融机构业绩指标的合理性有待提高

在金融产品销售活动的开展中，金融机构的销售人员向客户推荐金融产品往往并非按照最适合客户的标准进行推荐，而是根据金融机构所设定的相关业绩指标、提成多少来进行推荐，导致销售人员会向客户推荐不符合其风险承受能力的产品。因此，对于金融机构而言，在对业务部门或分支机构下达业绩指标时，不能只考虑经营指标，也应当综合考虑合规要求以及金融消费者权益保护的要求，避免业务部门或分支机构为应付业绩压力，只为促成购买而忽略了告知和适当性义务的履行。

5. 交易者教育有待加强

部分金融消费者心态失衡，一味选择相信产品会盈利，盲目信赖销售人员，却忘记其才是风险的最终承担者，而目前金融消费者接受的金融投资教育仍不够充分，金融消费者没有了解正确的投资理念与投资常识，缺乏风险收益匹配的概念，在购买金融产品前存有博弈、侥幸等不良心态，而事后产生亏损则难以接受，甚至会采取一些过激手段进行“维权”。

四、金融产品销售环节的法律风险及合规应对

金融产品销售的各个环节都需要金融机构合规应对，结合司法实践案例，金融机构产品销售合规管理体系的构建应当关注以下要点。

1. 了解投资者的合规要求

（1）了解家庭成员信息

【案例】

北京市第二中级人民法院（2019）京02民终15312号民事判决书认定，根

据王某向金融机构提供的户口簿、家人的残疾人证及医院诊断证明、王某工资账户明细及其家庭成员的账户情况，王某收入尚未达到高于本市平均工资的较高水平，其本人及家庭成员账户亦未见经常性的大额消费支出，其此前所从事的投资理财亦无对高风险产品的熟练操作，且其家庭成员中还有身患残疾的子女。因此，投资者王某显然属于普通投资者，金融机构在向其推荐金融产品时，未能做到产品与投资者的充分匹配。

【合规要点】

基于前述案例及监管规定，虽然既有监管规定并未明确要求金融机构全面了解投资者家庭情况，但存在扩充金融机构了解投资者内容的趋势。若投资者主动提供了足以影响其风险承受能力的有关家庭成员具体信息，金融机构应当将之纳入投资者肖像刻画及风险承受能力测评，但也应按照目前《个人信息保护法》的相关要求履行信息保护义务。后续金融机构可在投资者信息调查表中设置专门栏目，要求投资者主动填写所在家庭是否存在可能对投资者风险承受能力产生重要影响的重大事项，并将之作为风险测评、产品匹配的重要考量因素。

(2)过往投资经验

【案例】

北京市第一中级人民法院(2018)京01民终8761号民事判决书认定，建行恩济支行称王某已经多次购买理财产品并盈利，但法院认为，建行恩济支行未按金融监管的要求履行适当性推介义务，也没有向王某展示和提供基金合同和招募说明书，存在重大过错，尽管王某多次购买理财产品，但其所购买的理财产品均非本案涉诉基金。其之前购买理财产品的事实，并不能当然地导致其对本案涉诉基金的相关风险有所了解，银行并不能据此减轻或免除责任。

【合规要点】

①金融机构可以要求投资者尽可能全面地提供既有的投资经历，尤其是涉及中高风险的投资经验。这既能够帮助金融机构更好评判投资者对理财产品的理解及风险承受能力，也能帮助金融机构在纠纷处置中举证投资者具有能够准确理解案涉产品内容和风险的能力。

②实践中可能某一金融消费者属于银行的“老客户”，已经具备多年投资经

验和产品认购经验，理财经理在销售过程中可能会因此简化销售流程，但过往投资经验并不能表明其对目前所购买产品的风险内容是知悉的，每认购一个新的产品都应对金融消费者进行充分的风险提示和告知，以往的投资经验并不能免除金融机构的责任。

（3）投资者画像有效时间

【案例】

北京市朝阳区人民法院（2018）京0105民初91465号民事判决书认定，银行系统内留存有崔某2014年1月27日和2014年2月11日的风险评估结果，暂不考虑该两次评估结果的真实有效性，崔某购买案涉第一笔产品是在2015年3月，已超过一年的时间，崔某的情况已发生变化。因此，该两次评估结果不适宜作为崔某购买案涉产品的评估依据，银行履行适当性管理义务存在过错。

【合规要点】

《理财公司理财产品销售管理暂行办法》第31条规定："超过一年未进行风险承受能力评估或发生可能影响自身风险承受能力情况的非机构投资者，再次购买理财产品时，应当在理财产品销售机构营业场所（含电子渠道）完成风险承受能力评估，评估结果应当由投资者签字确认。"结合司法裁判及监管考量，金融机构可以参考上述规定，将一年作为周期跟进、更新投资者信息频率。进行风险测评或客户回访时，应明确告知投资者若在评估有效期内自身经济状况、风险承受能力出现重大变更，应当主动及时告知金融机构并进行新的风险能力测评。在投资者认购新的金融产品时，金融机构还应再次询问投资者是否发生影响自身风险承受能力重大事项。若有，则应完成新的投资者风险测评，并以新的风险承受能力匹配相应产品。

（4）避免"突击"风险测评，"刻意"提升风险承受等级

【案例】

在辽宁省沈阳市中级人民法院（2020）辽01民终14338号案中，双方其中一个争议焦点在于被告是否存在不当推介行为。投资者杨某于2015年5月11日进行第一次风险承受能力测评，评估结果显示杨某为平衡型。第二次风险评估时间为2015年5月15日12时3分18秒，评估结果为成长型。一年多之后

的2016年8月14日，平安银行沈阳支行针对杨某的风险承受能力测评显示，杨某再次恢复成平衡型投资者。

一审法院认为，从具体时间来看，第二次风险评估处于杨某当日购买的中风险产品和中高风险两项产品之间。杨某在认购前几日刚做过风险评估，没有理由主动提出再次做风险评估，而平安银行沈阳支行知晓基金所对应的客户风险等级，且被告也主张第一项产品风险等级是中等，第二项是中高，因此原告主张是被告在发现投资者风险等级低于第二项中高风险产品而主动提出再次进行风险评估的说法比较符合常理，平安银行沈阳支行这种为推介产品而再次发起风险评估的行为有违其应承担的适当性义务。

【合规要点】

前述案例中，司法机关认定金融机构对于投资者的第二次风险承受能力测评，是为推介中高风险产品而进行的临时性的、突击性的测评，目的在于通过"提升"投资者风险承受能力，满足案涉金融产品的匹配要求，是以看似更加合法合规的形式掩盖实质违规的突击测评。在投资者情况并未发生重大变化、前后风险测评间隔极短的情况下，本次风险测评的必要性、客观性、真实性均遭到了司法机关质疑，并成为否定该次风险测评结果效力的原因所在。

(5)风险测评结果应当如何交由投资者确认

【案例】

北京市第三中级人民法院(2019)京03民终10501号民事判决书认定，崔某提交的业务申请表中，其"风险等级激进型"的字样为交通银行工作人员自行添加，而崔某本人签字在上方，法院认为其不能证明崔某对金融机构对其风险承受能力评估结果的认可。

【合规要点】

①《理财公司理财产品销售管理暂行办法》第25条及第48条明确禁止销售人员违规代替投资者签署销售业务相关文件，或者代替投资者进行风险承受能力评估、理财产品购买等操作，应当由投资者自主决定是否认(申)购或赎回、对销售文件进行签字确认，自主承担投资风险。

②金融机构应当规范实务操作，做好风险测评结果的确认留痕。在交由金

融消费者确认时,应当要求其逐项确认风险测评信息并自行书写“本人认可自身风险承受等级为×××”并在书写处签字、盖章或捺手印。

③实务操作中,不排除个别销售人员存在帮助金融消费者,尤其是高龄投资者或文化程度较低或对电子签名不熟悉的消费者,填写相关信息、确认风险等级、点击认购选项等情形。此种帮助行为在后续的纠纷处置过程中,存在被司法机关认定为实质性替代投资者确认风险测评结果、作出认购决定的可能,进而导致金融机构承担赔偿责任。因此,金融机构工作人员在详细讲解的同时,应当着力避免替代投资者签署、确认风险测评结果及其他相关资料。

④此外,若投资者适当性文件是以电子数据形式测评、确认、保存,金融机构应当保证留存电子数据能够有效地表现所载内容并可供随时调取查用;能够可靠地保证电子数据自最终形成时起,符合文件内容保持完整、未被更改的基本要求。

2. 了解所销售金融产品的合规要求

金融机构在销售金融产品时,根据产品发行主体的不同可以分为两种情形:第一种是金融机构销售本公司发行的金融产品;第二种则是金融机构作为代理销售机构,接受其他方委托销售其发行的金融产品。

对于金融机构自身发行的金融产品而言,金融机构必须了解参与金融产品的各个主体的情况,履行尽职调查义务以及产品设计的合法合规性义务,全程主导产品的设计、发行和持续管理工作,因此金融机构的注意义务往往较高。而对于代理销售机构而言,由于其并不参与前期的产品设计环节,不少金融机构对于代销业务中的风险理解不够深刻,未能与自营产品履行同样的合规义务,导致可能存在法律风险。对于销售机构而言,无论是哪一类型的产品,也无论是否为本机构发行,都应当对产品以及产品发行人进行严格的审核。

(1)销售机构应当对所代销产品及其委托人进行尽职调查

销售机构对产品的尽职调查内容包括两个方面:第一是对发行人和管理机构的主体信息、主体资质情况进行尽职调查;第二是对拟代销产品进行尽职调查。《关于规范金融机构资产管理业务的指导意见》明确要求,金融产品代销机构应当对发行人或者管理机构进行资格审查,充分了解其信用状况,对经营管理能力、投资管理能力、内部控制能力、风险处置能力等开展尽职调查，并作为是否接受委托的重要依据。

对拟代销金融产品进行尽职调查：应充分了解金融产品的发行依据、基本性质、投资安排、风险收益特征、管理费用等信息，充分把握所代销金融产品的风险，不得仅以理财公司相关产品资料或其出具意见作为销售机构的审批依据。

不少司法案例表明，对委托人及拟代销产品进行独立自主、审慎专业的尽职调查是销售机构的法定责任，不能通过与委托人协议约定予以免除，管理人的单方合规承诺不能替代销售机构对于产品及委托人的核实义务。

【案例】

在浙江省永康市人民法院(2019)浙0784民初2946号案中，法院认为，所谓适当性义务，是指卖方机构在向金融消费者推介、销售高风险等级金融产品以及为金融消费者参与高风险等级投资活动提供服务的过程中，必须履行的了解客户、了解产品、将适当的产品(或服务)销售或(或提供)给适合的金融消费者等义务。本案中两大金融机构作为案涉高风险基金产品的专业代销机构，应当坚持投资者利益优先原则，不仅应对投资者进行风险承受能力的测试及风险告知以进一步了解投资者，还应完全履行尽职调查分析金融产品、及时披露告知的义务。但是，两大金融机构在推介案涉基金前，未对案涉基金对应的电子商业承兑汇票的出票人中能源公司涉及的重大诉讼进行调查核实，也未审慎评估案涉基金的风险等级，更没有将上述信息披露告知投资者，直接影响了原告作为普通投资者的投资决策以及最终的投资结果，其行为违反了《证券期货投资者适当性管理办法》第27条的规定，理应对投资者损失承担赔偿责任。

【合规要点】

在监管机构及司法机关看来，专业金融产品销售机构具备审慎核查所代销产品及其委托人的专业能力及手段，且如核查成本处于合理可承受范围，应当自觉主动履行核查义务。代销机构可通过公开查询路径、向交易参与方对公发函以及现场确认等市场中金融机构已普遍采用的方式切实履行对于所代销金融产品及其委托人的审慎核实义务，并做好底档留痕保存。不要试图通过要求发行人或管理人出具合规承诺等形式逃避独立自主、审慎尽责的尽职调查义务。

(2)尽职调查的尺度:独立审查、专业视角

尽管相关监管要求明确代理销售机构应当自行、尽职调查、甄别拟代销产品及委托人,但并未明确销售机构调查核实的具体标准和尺度。

【案例】

在湖南省长沙市天心区人民法院(2019)湘0103民初10113号案中,法院调查后认为,该案证券公司在代销涉案信托产品前,已经对委托人资质、产品是否合法发行、发行依据、产品风险等进行了审查,并将产品相关法律文件及审查报告等向有关机构进行了报备,履行了相关的形式审查义务,代销过程不存在过错,不对消费者损失承担责任。由此可见,该判决书肯定了销售机构进行"形式审查"即可。

在浙江省永康市人民法院(2019)浙0784民初2946号案中,司法机关要求销售机构穿透式核查所代销产品最终投资的底层资产,尽管穿透审查似乎超过了销售机构核查能力和范畴,但本案中由于应审查的信息是主体涉诉信息,该信息可通过公开渠道获取,也并未超过销售机构的审核能力。

在株洲市中级人民法院(2019)湘02民终2421号案中,原告购买的案涉基金募集已被刑事判决认定构成非法吸收公众存款,原告购买的该基金系由某银行代销,法院认为该银行向原告推介投资产品时,应向原告解释相关投资工具的运作市场及方式,提示相关风险,并应利用自身的专业能力对投资产品的合法性及相关风险进行审查,提供合适的投资产品由原告自主选择。但所涉基金未经批准、备案,也未明确投资项目,该银行未经审查便对消费者介绍该基金并承诺保本保收益,与原告损失存在因果关系,应承担一定赔偿责任。

【合规要点】

金融产品销售机构作为专业的金融机构,具备独立自主核实所销售金融产品及其委托人的能力。监管机构所明确的独立调查核实标准与司法判例明确的"合理审查"、"形式审查"或"穿透式核查"标准存在差异,但无论如何销售机构不能仅凭查看委托人提交的产品说明、合规承诺等资料,便自认为充分履行了尽职调查义务。销售机构应当要求委托人尽可能充分地提供有关产品交易

架构、投资标的、风险收益特征等信息，并在此基础上，独立自主地按照本机构确定的代销产品核查制度，就管理人适格性、管理人资质、产品内容、产品结构、投资标的、投资比例、产品风险等通过公开渠道等进行调查，并基于专业金融机构的视角，重点核实拟代销产品中是否存在不符合商业逻辑/金融投资逻辑、不符合市场环境、不符合国家产业政策的情形，并要求委托人提供进一步说明。

（3）尽职调查内容：审慎核查推介资料的合规性、准确性

对于代销机构提供资料进行合规性、完整性和准确性审核，是尽职调查的重要内容。

【案例】

在（2019）粤01民终6278号案中，法院认为，代销机构未能及时发现产品管理人制作的宣传资料中代销机构被冠以“该资金监管账户的监管机构”的名号，这与案涉基金实际托管情况并不一致。代销机构在发现案涉基金管理人利用本行名义对外宣传营销误导投资者时，并未采取任何措施制止该行为、未向管理人反馈该信息、未向投资者说明该情况，代销机构的失职行为间接导致了消费者的损失，理应承担相应的赔偿责任。

【合规要点】

①推介材料多由管理人统一制作，代销机构一般难以修改。《理财公司理财产品销售管理暂行办法》第28条规定，未经理财公司授权和审核同意，代理销售机构不得擅自设计、修改、增减任何理财公司理财产品宣传推介材料的文字、数据、公式、表格、示意图等内容信息要素，不得制作分发。实践中，金融产品的宣传材料诸如理财产品认购协议书、产品说明书、风险揭示书等多由管理人统一制作然后交由销售机构使用。为保证推介内容的一致性、准确性，现实中管理人一般都会在委托销售协议中明确禁止销售机构修改代销产品推介材料相关内容，而代销机构也极少主动变更管理人制作的推介材料内容。

②销售机构应审慎核查推介材料的真实性、客观性、准确性。委托人禁止销售机构修改推介材料并不意味着免除了销售机构的核查义务，也不能作为后续纠纷处置过程中销售机构对抗投资者诉请的理由。

③对于代销机构而言，应当在独立尽职调查的基础上，审慎核查管理人制

作的材料是否真实、准确、完整,说明产品内容、揭示产品风险、明确各方法律关系。销售前发现不一致的,应当立即封存,与管理人沟通并要求管理人据实修改;销售过程中发现不一致的,应当暂停产品销售,及时封存停用错误宣传资料,全面评估差异部分对于金融消费者认购产生的实质性影响,向已认购客户作出必要说明,并结合消费者反馈进行必要的赎回交易设置。

3.销售行为的合规要求

(1)应充分披露产品个性化及最大化风险

【案例】

在北京市第一中级人民法院(2018)京01民终8761号案中,法院认定建设银行恩济支行在《证券投资基金投资人权益须知》《投资人风险提示确认书》上载明的内容均是建设银行恩济支行提供的通用的一般性条款,未有关于案涉基金具体情况的说明,因此不能免除建设银行就案涉金融产品的具体情况向王某进行风险告知说明义务。北京市高级人民法院(2019)京民申3178号民事裁定书对此予以确认。

【合规要点】

①充分揭示金融产品个性化风险。金融机构应当转化风险揭示的理念,不应惯性地认为只要尽量罗列足够多的风险条文或者完全参照、提供监管机构发布的风险告知、说明书模板,便已履行针对产品的告知说明义务。

金融机构在制作产品推介材料时,应当在遵循《关于规范金融机构资产管理业务的指导意见》第12条明确的有关固定收益类产品、权益类产品、商品及金融衍生品类产品及混合类产品各自风险披露要求的基础上,结合特定产品的具体要素进行充分、针对性强的风险揭示,以便投资者明确该特定产品可能存在区别于其他同类产品的风险。

②明确说明金融产品可能遭受的最大损失。金融机构在向投资者揭示风险时,应当秉承"清晰易懂、客观不片面、准确真实不误导"的基本原则,避免以偏概全、避重就轻,或隐瞒或弱化描述投资者可能遭受的最大损失。如在"中行原油宝"事件中,根据投资者对外披露的交易合同文本及相关新闻报道,在风险揭示环节,金融机构仅提示了存在损失本金的可能性,并未揭示该产品存在投

资者须额外支付“原油宝”穿仓的损失风险，表明金融机构并未向投资者揭示可能产生的最大损失。

③风险揭示的语言应避免过度专业化或转化表达借以弱化或掩盖损失，应尽量做到朴素直白，使投资者阅读后即能认知可能遭受的最大损失。

(2)事后补签材料一般不能弥补推介过程的瑕疵

【案例】

北京市第二中级人民法院(2018)京02民终7731号民事判决书认定，平安银行丰台支行在消费者购买涉案理财产品时，仅向消费者提供了《资管计划电子签名约定书》，与案涉产品相关的纸质版的投资说明书和资产管理合同都是在消费者购买案涉理财产品、支付认购款项之后再行提供给消费者的。投资者之前购买的理财产品类型为股权投资基金、债权类投资基金，与案涉理财产品的运作机制和风险特点明显不同，投资者作为非专业的普通投资者并不了解熟悉案涉理财产品的特殊风险结构。故平安银行丰台支行并未以充分、必要、显著的方式向投资者揭示案涉理财产品本身所具有的高风险的特殊性和具体体现，对投资者损失存在一定过错，理应赔偿投资者损失。

【合规要点】

金融机构应当在投资者购入特定金融产品前，充分履行告知说明义务并留痕。充分说明是金融机构履行投资者适当性义务的重要内容，在法律层面属于先合同义务范畴。金融机构应当在投资者决定认购案涉产品之前，向投资者提供包括产品说明书、产品风险提示、产品合同在内的相关文件，供消费者具体详尽地了解产品内容、判断产品风险。若金融机构在投资者认购前，因某些特定客观原因未能充分履行告知说明义务，应当及时采取补救措施，向投资者充分说明产品内容、揭示产品风险，并再次做好投资者确认留痕。

(3)明确区分自有产品和代销产品

代销机构在销售过程中应当严格区分自有产品和代销产品，严谨清晰界定理财公司、代理销售机构以及投资者之间关于投资和销售等权责关系。不得以过度包装服务平台、服务品牌等方式混淆、模糊两者性质，进而向投资者误导销售金融产品。

【案例】

广东省深圳市中级人民法院(2017)粤03民终17328~17342号民事判决书(系列案件)认定,兴业银行深圳分行向消费者发送的短信宣传存在与事实不符的情形,其在短信中将其代销的金融产品表述为“我行新推出保本结构化理财产品……”因涉案两只基金非兴业银行深圳分行自行开发的保本理财产品,故销售人员存在不当的宣传行为。广东省高级人民法院(2018)粤民申1180~1194号民事判决书对前述认定予以确认并重申“特别是其通过短信平台发送的推介短信,误导消费者以为涉案基金是该行的理财产品”。

北京市第二中级人民法院(2019)京02民终11160号民事判决书认为,金融机构在进行营销活动时,不得进行虚假、欺诈、隐瞒或引人误解的宣传。广发银行黄寺支行员工在向消费者推介时,回避银行与该项目无直接关联的事实,反而不断强调该金融产品是某银行“托管”的,并且是“对公理财”,试图构建案涉金融产品与银行间的特定关联,致使消费者误以为所认购产品与广发银行存在特定关联,存在重大的推介过错,应当向消费者承担责任。

【合规要点】

金融机构向投资者推介代销产品,应当重点明确与自有产品区别:

①金融机构应当审查所代销产品与自有产品,在产品名称、投资标的、产品特点等方面的近似程度,对于近似度较高的代销产品,应当重点做好代销管理,做好与自有产品隔离。

②强化销售人员管理、规范推介用语。在宣传推介过程中,避免将代销产品与自有产品做过多的关联,切忌为片面追求高销售量,捆绑本机构信用,使用“我行推出”“我行发行”等模棱两可的词汇强化双方关联,对所代销产品进行明示或暗示的信用背书。

③审慎核查委托人提供的有关金融产品说明书、合同文本、推介资料中是否存在冒用代销机构名义、错误描述机构之间关联或者攀附代销机构、故意制造与代销机构关联的表述,并及时予以修正。

④应当向消费者作出重点提示,明确销售机构并非产品管理人,不参与产品的投资决策、管理运作,因产品运作产生的风险,由管理人自行承担。

（4）应当强化对高龄投资者等特殊群体的告知说明及风险揭示

【案例】

安徽省合肥市中级人民法院（2019）皖01民终8546号民事判决书认定，民生银行马鞍山路支行在从事涉案开放债券的销售、资金托管和咨询服务等工作中，没有向已达72周岁的刘某充分揭示投资风险、对经营业绩作如实陈述，且违反法律规定向刘某承诺收益，违反了勤勉尽责、恪尽职守义务，具有重大过错，应当对造成的损失承担赔偿责任。

江苏省南京市中级人民法院（2017）苏01民终8972号民事判决书认定，虽然本案中认购案涉金融产品是投资者自主决策的结果，且金融机构也履行了针对高龄投资者的特别适当性管理义务，但本案中的投资者是高龄老人，且案涉理财产品风险等级与投资者风险承受能力并不匹配，平安银行双门楼支行应当履行更高的注意义务，应当更加谨慎地履行推荐适当产品的义务。平安银行未能充分履行适当性管理义务，应就投资者部分损失承担赔偿责任。

【合规要点】

①商业银行履行全面告知义务时，应特别强化对高龄投资者等特殊群体的告知义务。对于存在高龄、文化水平低等情况的客户，法院一般认为在面对这些群体进行推介时，应当尽到更高的注意义务，银行则须在统一标准的基础上，使用更加清晰、明了的介绍方式，使其真正理解告知说明的内容，否则，可认定为商业银行未充分履行告知说明义务，存在违反适当性义务的行为。

②需要注意的是，在金融消费者未主动提出对金融产品作简单介绍等要求的情况下，银行不能以其过往投资经验等为依据作为减轻自身告知说明义务的抗辩。

③除制定并履行有关高龄投资者特别的、附加的适当性管理工作制度外，金融机构还应当自觉地实现身份转化，模拟高龄投资者或者低文化水平投资者的认知水平和状态，评判高龄投资者或低文化水平投资者是否能够真正理解金融产品、是否实际明确案涉金融产品的个性化风险和可能遭受的最大损失。

④金融机构还可以采取“模拟认购”方法，选取多位高龄客户等特殊投资者，在阅读产品推介材料及告知说明后，向其确认是否能够理解产品内容及风险，进而判断自身既有告知说明模式能否足以让高龄投资者知悉产品风险。

⑤若金融机构在评估和分析后认为,高龄投资者一般较难理解案涉金融产品风险,则可以限缩特定金融产品适销主体范围或通过增加告知说明环节等方式更加审慎地销售。

4. 销售机构员工管理的合规要求

实践中,很多金融机构和金融消费者之间的纠纷涉及该金融机构员工的行为,到底是机构承担责任还是员工个人承担责任往往也是争议焦点之一。因金融机构负有合规义务,应建立相应的风险管理体系和内部控制制度,实行严格的授权管理,其对于工作人员的行为管理本身也属于合规义务的重要内容。

(1)考察个人行为与公司业务的关系

【案例】

在北京市第三中级人民法院(2019)京 03 民终 7007 号案中,法院认为,工作人员实施本案销售行为时是基于其作为该支行副行长、理财经理的特殊身份进行,销售时间是执行职务期间,销售地点是支行,相对人的转账行为也是发生在该银行,故该人员的推销行为与其执行工作任务存在内在联系,因此属于职务行为,相应责任由该银行承担。

【合规要点】

由前述案例可知,司法机关立足于投资者的视角,从销售时间、销售地点、行为人身份等基础要素判断员工的私售行为,是否形成了足以让投资者相信的其行为与金融机构业务存在实质关联的外观,进而判断员工行为是否构成职务代理。针对该问题,目前金融机构主要通过举证自身已经充分履行管理职责,试图削减自身过错及可能承担的赔偿责任。

(2)投资经验是判断投资者能否知悉员工个人行为的重要因素

【案例】

北京市第一中级人民法院(2019)京 01 民终 5591 号民事判决书认定,赵某主张某银行上地支行工作人员徐某、王某向其推销涉案基金的行为是职务行为,该支行在管理上存在漏洞,因此应承担赔偿责任。但此案中,法院通过调查得知,赵某于 2012 年 12 月曾在某银行上地支行购买由该支行代为销售的理财产品,并填写了相关规范的文书,赵某此时理应知晓购买正规理财产品的流程。但其在 2014

年购买涉案基金产品时却是在家中签署合同，也未签署某银行个人理财业务申请表、某银行个人客户风险承受能力评估问卷、某银行个人理财产品（封闭式）协议书、某银行个人理财产品风险揭示书、某银行个人客户权益须知等相关资料。由此可以看出，某银行代为销售的正规理财产品与赵某购买的涉案基金在购买流程上显然存在很大的差异，因而难以认定某银行员工徐某、王某的行为属于职务行为。

【合规要点】

该案例有两点值得关注：

第一，司法机关已将投资者过往业务办理经验纳入判断投资者能否准确辨别金融机构员工销售行为是属于员工个人行为抑或金融机构职务行为的考量中。若投资者能够区分个人行为与金融机构行为，即便员工个人行为形成了金融机构行为的外观，也不应当认定为职务代理。针对该问题，金融机构可通过举证投资者拥有足够的经验、辨别能力和信息渠道等证据，多维度证明投资者足以辨别销售人员的销售活动纯属个人行为来进行抗辩。

第二，金融机构应加强对员工的日常管理：本案中，对于某银行上地支行是否存在管理上的错误存在争议，一审中，某银行上地支行提交了某银行为治理私售行为采取的管理措施文件汇总清单、禁令教育及王某、徐某二人学习上述文件的记录、承诺书、谈话记录、情况说明等，足以证明某银行上地支行已经尽到了相应的管理职责。法院认为，在银行的办公地点，某银行上地支行可以尽到对员工的监控及管理职责，但在工作时间及工作地点之外，某银行上地支行并不能完全控制徐某、王某私下里不推销非银行销售的产品，法院认为某银行上地支行在本案中不存在过错。

由此可见，金融机构的日常合规管理工作至关重要，这不仅符合监管机构的要求，也将有利于金融机构在民事案件中减轻或免除法律责任。对于日常的合规培训、合规内容的宣导应向员工明确告知，并要求员工进行阅读和签收，保留相应的管理措施落实的记录，以证明机构已尽到相应的合规管理义务。

（3）金融机构因知悉后纵容或默认而直接担责

【案例】

广东省广州市中级人民法院（2019）粤 01 民终 8837 号民事判决书认定，

根据广东银监局的《信访事项告知书》及其现场检查询问笔录,建设银行部分支行的工作人员就涉案基金的销售,确实存在主动联系投资者、积极推荐并进行了一定误导性陈述的行为,客观上促成了投资者的投资事宜。且上述人员之行为系明显的职务行为,具体表现在上述人员的行为得到建设银行两支行管理人员的指示、追认,甚至召开过相关会议进行布置,且部分管理人员还明确表示,建设银行支行承担相应之责任。故上述人员之行为应视为建设银行两支行的行为,且系造投资者损失的因素之一,建设银行两支行应就此承担相应之责任。

【合规要点】

前述案例表明,在司法机关看来,如果金融机构的内部工作系统、各类汇报总结、各类宣传资料以及各类会议中对于员工的个人行为有所提及,那就应当推定金融机构知晓员工违规私人推介行为的存在。若金融机构未能及时制止员工个人违规行为、澄清员工个人行为与公司业务的关联,即便是默认,也有可能被司法机关认定为对员工私人行为的认可,金融机构因对员工个人行为的明示或默示追认而要向投资者承担责任。

第二节 金融消费者权益保护视角下的信息披露

金融市场存在严重的信息不对称现象,金融消费者在金融市场交易中处于弱势地位,其知情权经常受到各种侵害。金融机构与金融消费者之间存在信息发送—接收的关系,金融机构是信息的生产者,消费者是信息接收者,金融机构在生产经营过程中产生的信息价值,其信息披露有效程度直接影响消费者权利的行使。[1] 因此,金融机构履行信息披露义务,提高市场透明度,是保障金融消费者知情权的重要措施,也是金融机构应当履行的合规义务之一。

---

〔1〕 参见刘玉强、黄华等:《金融机构信息披露有效性问题研究——基于金融消费保护的视角》,载《时代金融》2014 年第 11 期。

一、金融消费者知情权

金融机构履行信息披露的目的之一是保障金融消费者的知情权,金融机构首先应当理解消费者知情权的内涵,从而提高信息披露的有效性。根据《消费者权益保护法》第 8 条的规定,消费者享有知悉其购买、使用的商品或者接受的服务的真实情况的权利。消费者有权根据商品或者服务的不同情况,要求经营者提供商品的价格、产地、生产者、用途、性能、规格、等级、主要成分、生产日期、有效期限、检验合格证明、使用方法说明书、售后服务,或者服务的内容、规格、费用等有关情况。

消费者的知情权主要包括以下几层含义:首先,消费者有权要求经营者按照法律、法规规定的方式标明商品或服务的真实情况。其次,消费者在购买、使用商品或者接受服务时,有权询问和了解商品或者服务的有关情况。最后,消费者有权知悉商品或者服务的真实情况。

具体到金融领域中,《金融消费者保护指导意见》中明确规定应保障金融消费者知情权,金融机构应当以通俗易懂的语言,及时、真实、准确、全面地向金融消费者披露可能影响其决策的信息,充分提示风险,不得发布夸大产品收益、掩饰产品风险等欺诈信息,不得作虚假或引人误解的宣传。从本质上说,消费者倾斜性保护的法理基础来源于消费者的弱势地位,这种弱势地位并非财务和经济或社会地位方面的,而主要是指交易活动中的信息不对称,体现在金融领域中更是如此,因此,金融消费者知情权的保护是整个保护体系的基础,也是核心所在。

金融消费者的知情权主要是指金融消费者在购买金融产品以及接受金融服务的过程中,所享有的全面、及时、客观、准确并以其可以理解的方式获知与金融产品和金融服务相关的所有信息的权利。

金融机构信息披露的标准应当包含两个角度:第一是信息披露行为的要求,第二则是信息披露质量的要求。金融消费者知情权的内涵所体现的权利特性,也正是金融机构应当履行信息披露义务的合规标准。因此,为更好地保障金融消费者的知情权,必须对知情权的内涵进行分析。

第一,全面性。全面性是指金融机构应当就金融产品和金融服务的特点向消费者进行全方位的介绍,在实践中金融机构最容易发生侵犯金融消费者知情权的行为,如在介绍投资理财产品时只提到收益而没有揭示风险,或者只介绍该产品的优势而不提及对销售不利的其他情形。全方位的信息披露,是指在投资行为的全过程中做好信息披露,然而实践中,金融机构往往容易忽视投资后的信息披露义务,事实上,即便是交易达成后,也应向消费者披露定期报告,对投资产品完成计划、价格波动情况以及相关的市场变动等进行充分的告知。

第二,及时性。及时性是指金融机构应当在合理的、必要的时间内进行信息披露,使金融消费者在作出投资决策前可以掌握影响投资决策的充分信息,比如金融机构应当在产品认购前就对产品信息以及产品涉及的所有合同文本向消费者进行展示,而不能等到消费者已经完成投资认购,再要求消费者补充签署文件;及时性义务还包含便捷性,即金融机构应当设置多种途径,当消费者需要获得相关信息时,能通过便捷的方式快速获取信息。

第三,客观性。客观性是指金融机构在对金融商品或者金融服务进行宣传、介绍时,要实事求是,不得作虚假宣传或进行虚假陈述,比如将产品的历史收益当作未来预期收益向消费者进行宣传,或者违规作出保本保收益的承诺等,应当真实客观地向消费者披露相关信息。

第四,准确性。准确性是指金融机构应当向消费者准确地传达信息,不能混淆概念或者模糊关键信息,对于可能影响消费者判断的信息应当作出明确的解释,比如金融机构不得将代销产品与自身机构发行的产品进行混淆。

第五,易于理解。金融机构的信息披露及说明义务其实都是为了通过减轻信息偏差达到倾斜性保护消费者的目的,但金融知识具有专业性,即便将全部信息展示给消费者,消费者也未必能够完全理解,因此,金融机构的义务不仅是单纯的展示,而且应当以消费者能够理解的方式向其进行说明,所披露的信息以及披露信息的方式应当符合非专业的普通金融消费者的认知水平,尽可能地减少金融消费者的阅读量和阅读难度。

二、信息披露的监管要求

信息披露是提高市场透明度、加强监管、维护消费者权益的重要环节,由于金融机构信息披露的要求繁多，本节中主要选取与金融消费者权益保护相关的信息披露的法律规制进行重点分析说明，即本节所讨论的金融机构应当披露的信息，主要是指金融消费者在购买金融产品过程中应当获得的与其作出投资决策相关的产品信息、相关法律文件以及主体之间的权利义务等信息。

2020 年发布的《金融消费者权益保护实施办法》第 16 条、第 17 条、第 18 条对于金融机构的信息披露义务作出了详细的规定，其中第 16 条对部分金融产品和服务的重要信息作出了明确的列举，第 17 条强调应当使用有利于金融消费者接收、理解的方式进行信息披露，并应对专业术语进行解释说明，以适当方式供金融消费者确认其已接收完整的信息，第 18 条则对于金融机构留存履行信息披露义务的相关资料进行了时限规定。《关于规范金融机构资产管理业务的指导意见》第 12 条也对资管产品的信息披露义务作出规定，金融机构应当向投资者主动、真实、准确、完整、及时披露资产管理产品募集信息、资金投向、杠杆水平、收益分配、托管安排、投资账户信息和主要投资风险等内容。

总体而言，金融机构均负有信息披露的义务，针对不同的金融产品，信息披露的要求也各有不同。

《商业银行理财业务监督管理办法》第三章中单独设置“信息披露”一节，明确理财产品在发行阶段以及成立之后直到产品结束的信息披露义务和信息披露的具体内容，还确定了定期报告制度；针对理财产品属于公募还是私募的不同类型分别规定了信息披露的不同内容，对于理财产品的信息披露而言具有很强的操作价值。通过对上述规定的解读可知，金融机构的信息披露义务应当贯穿金融产品销售过程的始终，销售前应当进行充分的信息披露、说明以及风险提示，消费者认购完毕后，应及时、定期地向消费者披露产品的存续状况以及收益表现，提示可能存在的市场风险等。在金融产品到期后，应当对产品的存续时间、终止时间、收费情况以及收益分配等内容进行披露，发布到期报告；业务终止后，金融机构还应对相关资料进行妥善保存，按照相关法律规定保留一定期限。

《关于规范商业银行代理销售业务的通知》对于商业银行代销业务的信息披露也作出了明确要求：一方面，在销售阶段，商业银行自身应履行信息披露义务,向消费者说明产品情况并提供相关文件;另一方面,在产品存续期内,商业银行还应督促合作机构披露代销产品的信息。具体而言,商业银行应对代销业务建立信息披露制度,提供查询代销产品的信息渠道,告知客户代销业务流程和收费标准,代销产品的发行机构、产品属性、主要风险和风险评级情况,以及商业银行与合作机构各自的责任和义务等信息;向客户提供并提示其阅读相关销售文件,包括风险提示文件,以请客户抄写风险提示等方式充分揭示代销产品的风险,销售文件应当由客户签字逐一确认,国务院金融监督管理机构另有规定的除外。通过电子渠道销售的,应由客户通过符合法律、行政法规要求的电子方式逐一确认;代销产品存续期内,商业银行应当督促合作机构按照规定,及时、准确、完整地向客户披露代销产品投资运作情况、风险状况和对投资者权益或者投资收益有重大影响的风险事件等信息。

在保险行业中,针对信息披露也有不少具体规范。《保险法》(2015 修正)第 17 条规定:“订立保险合同,采用保险人提供的格式条款的,保险人向投保人提供的投保单应当附格式条款,保险人应当向投保人说明合同的内容。对保险合同中免除保险人责任的条款,保险人在订立合同时应当在投保单、保险单或者其他保险凭证上作出足以引起投保人注意的提示,并对该条款的内容以书面或者口头形式向投保人作出明确说明;未作提示或者明确说明的,该条款不产生效力。”此条款从法律层面确定了保险人的说明义务。

根据最高人民法院《关于适用〈中华人民共和国保险法〉若干问题的解释(二)》第 11 条的相关规定,在订立保险合同时,保险人对投保人具有提示和说明的义务:保险人在投保单或者保险单等其他保险凭证上,对保险合同中免除保险人责任的条款,应当以足以引起投保人注意的文字、字体、符号或者其他明显标志作出提示;对于保险合同中有关免除保险人责任条款的概念、内容及其法律后果应以书面或者口头形式向投保人作出常人能够理解的解释说明。

在部门规章层面,2018 年,原银保监会发布《保险公司信息披露管理办法》,旨在加强保险公司对于经营信息、主要产品销售情况以及重大事项变更的信息披露。该办法第 27 条明确规定保险公司应建立信息披露管理制度,管理制度的内容包括:(1)信息披露的内容和基本格式;(2)信息的审核和发布流程；(3)信息披露的豁免及其审核流程；(4)信息披露事务的职责分工、承办部门和评价制度；(5)责任追究制度。该办法第34条还规定了保险公司违反该办法规定所应承担的行政责任，第35条确定了信息披露处罚的“双罚制”原则，除机构被处罚以外，对其直接负责信息披露的主管人员和其他直接责任人员也将依据法律、行政法规进行处罚。

以《保险公司信息披露管理办法》为主要依据，有关信息披露的其他系列文件还包括《保险公司股权管理办法》《保险公司资金运用信息披露准则第1号：关联交易》《保险公司资金运用信息披露准则第2号：风险责任人》《保险公司资金运用信息披露准则第3号：举牌上市公司股票》《保险公司资金运用信息披露准则第4号：大额未上市股权和大额不动产投资》《关于进一步加强保险公司股权信息披露有关事项的通知》《保险机构资金运用风险责任人信息披露准则规范》等。

随着互联网保险业务的迅猛发展，互联网保险销售的边界到底在哪里成为行业和监管面临的新问题。2020年12月，原银保监会发布《互联网保险业务监管办法》，明确规定保险机构开展互联网保险业务应加强销售管理，充分进行信息披露，该办法第12条要求设置互联网保险栏目应进行信息披露并以“列举+兜底”方式明确披露内容。此外，保险机构还应通过中国保险行业协会官方网站的互联网保险信息披露专栏，对自营网络平台、互联网保险产品、合作销售渠道等信息及时进行披露，便于社会公众查询和监督。

2020年，中国保险行业协会发布《保险业公司治理实务指南信息披露通则（征求意见稿）》，主要对保险业公司实务指南信息披露的概述内容进行规范，规定了保险业公司治理工作中信息披露的基本原则、披露范围、职责分工、工作要求和工作保障机制等内容。

在部门规章层面，原银保监会发布的《人身保险产品信息披露管理办法》于2023年6月30日开始实施。《人身保险产品信息披露管理办法》对保险公司及其保险销售人员、保险中介机构及其从业人员根据法律、行政法规等要求，通过线上或线下等形式，向投保人、被保险人、受益人及社会公众公开保险产品信息的披露行为作出了明确规定。第8条规定，保险公司披露产品信息的渠道包括但不限于:官方网站、官方公众号等自营平台,保险行业协会等行业公共信息披露渠道,保险公司授权或委托的合作机构和第三方媒体,保险公司产品说明会等业务经营活动以及其他渠道。对于金融机构而言,产品信息披露的渠道和方式越来越多样化,无论通过哪种渠道进行信息披露,都要保证披露内容和方式的合法合规。第 11 条规定了保险公司应当披露的保险产品信息内容,其中包括保险产品目录、保险产品条款、保险产品费率表、一年期以上的人身保险产品现金价值全表、一年期以上的人身保险产品说明书以及银保监会规定的其他应当披露的产品材料信息。金融消费者在购买保险产品时,最关注的无非是保险产品的价格水平和可获得的具体保险利益保障金额。《人身保险产品信息披露管理办法》要求保险公司披露保险产品费率表以及一年期以上的人身保险产品现金价值全表,更有利于保险产品的信息透明化,为金融消费者衡量保险产品的性价比提供更多的判断依据,也能够使金融消费者更直观地了解保险产品可给自身带来的权益金额。此外,直接向金融消费者披露相关费率的明细标准也能够在一定程度上规避保险产品营销人员过度夸大保险收益或模糊相关计算标准,诱导金融消费者完成交易。整体而言,《人身保险产品信息披露管理办法》对人身保险产品的信息披露内容、保险公司的产品信息披露管理制度等均做出了较为具体的要求,提高了保险产品的透明度,有利于消除金融消费者与保险公司之间的信息壁垒。

证券行业中,《证券法》(2019 修订)第五章专门规定了信息披露,要求信息披露义务人披露的信息,应当真实、准确、完整,简明清晰,通俗易懂,不得有虚假记载、误导性陈述或者重大遗漏。本法中的信息披露义务人主要是指发行人及法律、行政法规和国务院证券监督管理机构规定的其他信息披露义务人。

《证券投资基金法》(2015 修正)第七章规定了公开募集基金的信息披露要求,其中第 74 条规定,基金管理人、基金托管人和其他基金信息披露义务人应当依法披露基金信息,并保证所披露信息的真实性、准确性和完整性。第 76 条规定:“公开披露的基金信息包括(一)基金招募说明书、基金合同、基金托管协议;(二)基金募集情况;(三)基金份额上市交易公告书;(四)基金资产净值、基金份额净值;(五)基金份额申购、赎回价格;(六)基金财产的资产组合季度报告、财务会计报告及中期和年度基金报告;(七)临时报告;(八)基金份额持有人大会决议;(九)基金管理人、基金托管人的专门基金托管部门的重大人事变动;(十)涉及基金财产、基金管理业务、基金托管业务的诉讼或者仲裁;(十一)国务院证券监督管理机构规定应予披露的其他信息。”

信托行业中,《信托法》第 20 条规定,委托人有权了解其信托财产的管理运用、处分及收支情况,并有权要求受托人作出说明。第 33 条规定,受托人应当每年定期将信托财产的管理运用、处分及收支情况,报告委托人和受益人。由此可见,《信托法》从法律层面确定了信托计划委托人的知情权,以及受托人信息披露的义务。《信托公司管理办法》第 25 条则规定了存在利益冲突时,信托公司的信息披露义务。

《信托公司集合资金信托计划管理办法》(2009 修订)第 34 条明确规定了信托公司的信息披露义务,信托公司应当依照法律法规的规定和信托计划文件的约定按时披露信息,并保证所披露信息的真实性、准确性和完整性,且第六章对于信托计划的信息披露作出具体要求,信托公司应当根据信托计划的不同制作相应的信托资金管理报告、信托资金运用及收益情况表等文件。

《信托公司证券投资信托业务操作指引》以及《信托公司私人股权投资信托业务操作指引》均规定了信托公司的信息披露义务,要求信托公司应当依据法律法规规定和信托文件约定,及时、准确、完整地进行信息披露;同时要求信托公司建立包含信息披露管理要求的风险管理制度。

金融机构履行信息披露义务是金融消费者行使知情权的重要手段之一,信息披露制度有助于平衡金融消费者与金融机构之间的信息不对称,信息披露制度的不完善也将影响消费者权利的实现。早期的监管文件中信息披露制度的主要问题在于立法层级较低且主要是原则性规定,但随着监管要求的细化和严格,很多监管文件中已经有专门的章节对信息披露提出要求,且对于信息披露制度的构建也提出相应要求。但这方面仍然存在不足,目前宏观立法层面规定的金融机构信息披露义务内容更多关注有关公司经营状况的宏观信息,比如《商业银行信息披露办法》主要规定的是商业银行披露财务会计报告、各类风险管理状况、公司治理、年度重大事项等信息,而对于金融交易过程中针对金融消费者披露产品信息、交易信息的相关内容却较为缺乏,且主要分布在规范某些金融产品销售行为的章节中。

三、合规管理措施

金融消费者的知情权和金融机构的信息披露义务是同一个问题的两面,知情权是通过金融机构履行信息披露义务来实现的。金融机构必须按照监管要求公布完整的信息,金融产品的透明度、披露信息的完整性和可获得性是金融消费者知情权保障的重要内容。金融机构不仅应当提供真实、准确、可靠的信息,并且应当以金融消费者可理解的、具有针对性的方式提供,因此金融机构还应履行说明义务,在充分考虑金融消费者理解能力的基础上,选择通俗易懂的表述对披露信息的内容加以说明,为此,金融机构应当不断完善针对金融产品的信息披露相关制度和合规措施。

1. 建立信息披露的内部管理制度

金融机构的内部管理制度的构建对于信息披露工作至关重要,信息披露管理制度应当纳入合规管理体系中。金融机构应结合公司以及金融产品的实际情况,制定本公司的信息披露事务管理制度。涉及金融产品的信息披露管理制度应当至少包括以下内容:(1)根据相关法律法规以及监管要求,结合公司金融产品发行和销售的情况,明确应当披露信息的范围和标准。(2)明确信息披露的报告、流转、审核、披露流程,在确定流程的同时,也应对每个程序的报告人员、审批人员及其权限范围进行设置,明确处理信息披露工作相关岗位及人员的责任和义务,如果存在信息披露的豁免情形,也应当作出特别程序的规定。(3)制定各类产品信息披露的最低标准和补充披露规则并设置信息披露的最小范围以及基本格式;对信息披露报告等定期或不定期向金融消费者展示的文档应统一格式和标准,以商业银行理财产品说明书为例,尽管说明书披露内容大同小异,但如果没有统一的披露格式,产品说明书的形式会显得比较混乱,导致客户不能准确完整地获得信息,也难以通过有效的比对作出投资决策。(4)加强信息披露相关文件和资料的管理,对于信息披露工作中涉及的文件和档案应当派专人进行管理,设定管理要求;如企业内部需查询、查阅、借阅该文档,还应当设置内部查阅的审核及报告流程。(5)设置信息披露事务的职责分工、明确具体承办部门,制定评价制度,将信息披露工作进行量化考核。(6)应当明确规定信息披露责任追责条款,对违反规定人员进行责任追究、予以处分。

2. 提高信息披露的标准

要求金融机构进行信息披露是为了解决金融消费者因为信息不对称、信息缺失无法更好作出投资判断的问题,但信息量过大、信息内容过于复杂也对金融消费者处理信息的能力提出挑战,冗杂的信息使金融消费者同样难以高效地获取有效信息并作出决策。

为避免出现上述这两种情形,金融机构必须提高信息披露的质量标准,具体来讲有以下几个方面:

第一,信息披露内容的完整性。金融机构应向金融消费者揭示:(1)重要信息,该类信息是直接与投资决策密切相关,且能够为金融消费者作出选择提供重要依据的信息,这些重要信息包括金融产品和服务的基本情况,如金融产品的结构、发行人、发行日期、投资标的、收益情况、风险情况、交易规则、合同期限,各方主体的权利义务以及其他可能影响消费者判断的情况。其中消费者尤其关心费用和收益,金融机构应对费用的构成以及收益的计算方式进行具体的说明。(2)利益冲突或其他影响产品的重大信息,如果在产品设计的机构中存在利益冲突或其他可能影响消费者决策的信息,应当及时披露给消费者,信息披露不仅应包括有利于促成交易的事实,也应当包括不利事实,比如市场环境或者其他可能存在的风险。(3)部分学者提出应当完善金融机构预测性信息披露规则并为其提供"安全港","从保护投资者的角度出发,我国立法应当鼓励发行人自愿为投资者披露法定披露内容之外的、主要为预测性的信息,并为其提供安全港"[1]。目前我国预测性信息披露制度主要应用于证券市场,针对证券发行阶段和交易阶段的披露行为进行规制。由于很多金融产品的投资期限较长,且实际的投资标的盈利情况、产品的收益情况也受实体经营状况的影响,因此根据已知的事实和趋势,允许信息披露义务人进行预测性信息的披露对于保

---

[1] 梁清华:《论我国私募信息披露制度的完善》,载《中国法学》2014 年第 5 期。

护金融消费者权益而言也具有必要性。披露的具体内容则应当是产品发行主体能够合理预见的可能对产品未来收益产生重大性或不利影响的事件、趋势、要求、承诺等因素。

第二,信息披露义务的持续性。信息披露的义务不仅仅是在金融机构宣传推介产品的阶段,而应当贯穿金融产品交易缔约的事前、事中和事后的全过程。在缔约之前,应当向金融消费者披露产品信息等内容;在交易过程中应向消费提供缔约所需的全部合同、文档资料等,并就费用、收益和风险等关键信息向消费者进一步说明;在交易达成后,金融机构也应当定期向消费报告产品运行情况、收益和成本等。

第三,提高披露信息的可理解性,加强金融机构的说明义务。金融机构的信息披露义务和说明义务是息息相关的:一方面,金融机构应当改善信息披露的方式,以通俗易懂的方式展示所披露的信息;另一方面,金融机构也应当细化说明义务,在信息说明的语言上,对于金融消费者较难理解的金融名词,金融机构可以预先准备名词解释供其参考;面对不同理解程度的金融消费者,应当尽量与之沟通,根据对方的理解能力和知识水平采取合适的说明方式使其能够理解。

第四,拓宽信息披露的渠道。随着互联网的迅速发展,信息披露的途径也越来越多,金融机构应当充分利用网站、App、微信、营业网点、电话等多种方式进行披露,使金融消费者快速获得产品和交易信息。

3. 改善信息披露的方式

金融机构可以通过以下几个方面改善信息披露的方式:

第一,信息内容简明化。披露信息的全面性和简明性看似矛盾,实则不然。简化原则包括披露文本的简明化和披露语言的简明化,这并不是说要减少信息披露的内容,而是可以通过对细枝末节和冗长句式的修改,达到精简的目的,使金融消费者能够更快地关注到产品的重要信息,提高其阅读效率。为兼顾信息披露的全面性和简明化的要求,金融机构可以考虑对于信息披露的相关文件做简化版本和全文版本两种,简化版本中可以列示重要信息或者作出“内容摘要”,并通过建立索引和附注等方式,告知消费者如果想进一步了解具体信息,可以参阅全文版本。

第二，用语通俗化。用语通俗也是提高披露信息的可理解性的方式。金融机构在履行信息披露义务时应当考虑金融消费者的知识、经验、财产状况以及缔结金融产品交易合同的目的，采取能够使其理解的方式进行。比如尽量使用简单句式，避免复杂长句，避免使用高难度的专业术语去互相解释等。

第三，图表化、影像化、形象化。人们对于形象化的图形总能更好地记忆和理解，金融机构可以在信息披露的相关文件中，通过图形化、影像化、形象化的方式传递信息。比如在说明收益、费用和风险等复杂内容时，可以通过附上图表的方式降低理解难度。此外，随着互联网信息化的发展，金融机构也可以通过短视频、微电影等影像化的方式进行信息披露。

第四，标准化、格式化、统一化。根据监管要求将金融产品需要信息披露的关键信息范围和内容进行明确，设置最低的关键信息披露标准，明确关键信息的披露范围，同时规范关键信息披露的标准格式。金融消费者可以在统一的格式及披露范围的条件下，通过重点审查关键信息来对相同或类似的金融产品进行比较。

第三节　金融广告的监管要求及合规要点

金融广告作为一种商业广告，是指金融商品服务提供者以营利为目的，通过一定媒介和途径，向不特定社会公众宣传推介金融商品服务，以期增加交易机会并盈利。[1] 金融消费者在作出是否购买金融服务的决策时往往受到金融广告的影响，随着广告渠道的不断拓展，新媒体广告形式更加丰富，发布金融广告信息隐蔽性强、监管难度大，违法违规金融广告严重误导消费者，亟待加强监管。

---

〔1〕 参见任超：《我国金融广告监管制度的优化——基于行为金融学和欧盟经验的考察》，载《上海财经大学学报》2021 年第 2 期。

一、金融广告的监管要求

1. 一般性法律规定

我国现行金融广告法律监管制度，是在金融消费者权益保护的框架下，以传统《广告法》、《消费者权益保护法》和《反不正当竞争法》等为依据，以销售者适当性义务和说明告知义务为前提，在监管虚假广告的框架范围内来规制含有虚假和误导性信息的金融广告。

在法律层面，《广告法》、《消费者权益保护法》以及《反不正当竞争法》均有涉及虚假广告或虚假宣传方面的规范，要求广告应当真实合法，不得含有虚假或者引人误解的内容，不得欺骗、误导消费者。尽管上述法律并未单独提及"金融广告"，但金融广告也应当遵守上述法律的一般性要求。

因金融产品的特殊性，在推广和营销时往往会着重强调收益和回报，忽视对消费者的风险提示，《广告法》第25条针对相关问题作出了明确的规定："招商等有投资回报预期的商品或者服务广告，应当对可能存在的风险以及风险责任承担有合理提示或者警示，并不得含有下列内容：（一）对未来效果、收益或者与其相关的情况作出保证性承诺，明示或者暗示保本、无风险或者保收益等，国家另有规定的除外；（二）利用学术机构、行业协会、专业人士、受益者的名义或者形象作推荐、证明。"

《消费者权益保护法》第28条明确规定了特定领域经营者的信息披露义务，其中就包含"提供证券、保险、银行等金融服务的经营者，应当向消费者提供经营地址、联系方式、商品或者服务的数量和质量、价款或者费用、履行期限和方式、安全注意事项和风险警示、售后服务、民事责任等信息"。本条涉及金融消费者知情权的保护，金融服务经营者应当履行信息披露、风险提示等相关义务，对金融广告的发布也具有约束力。

《反不正当竞争法》第8条规定："经营者不得对其商品的性能、功能、质量、销售状况、用户评价、曾获荣誉等作虚假或者引人误解的商业宣传，欺骗、误导消费者。经营者不得通过组织虚假交易等方式，帮助其他经营者进行虚假或者引人误解的商业宣传。"

2. 行业监管要求

我国现行法律中并未明确“金融广告”的概念,只有少量散见于各金融领域法律法规和规范性文件中的有关金融广告的条款,基本为原则性和间接性规定。如《证券发行与承销管理办法》规定了发行人和主承销商在承销过程中不得以虚假广告等不正当手段诱导、误导投资者。

《保险公司管理规定》第45条规定,保险机构应当按照原保监会的规定披露有关信息,保险机构不得利用广告或者其他宣传方式,对其保险条款内容和服务质量等作引人误解的宣传。

《商业银行理财业务监督管理办法》在“销售管理”一节中,对于商业银行理财产品宣传销售文本已作出了严格的规定,要求全面、如实、客观地反映理财产品的重要特性,充分披露理财产品类型、投资组合、估值方法、托管安排、风险和收费等重要信息,所使用的语言表述必须真实、准确和清晰。

在涉及证券、基金、保险等专业的金融领域,相关法律法规大多是对金融机构的信息披露义务作出细化的规定,对于金融广告的规制大部分也是依托于此。

2016年4月12日,国务院颁布《互联网金融风险专项整治工作实施方案》,将“互联网金融领域广告等行为”列为重点整治问题,并提出监管要求“互联网金融领域广告等宣传行为应依法合规、真实准确,不得对金融产品和业务进行不当宣传。未取得相关金融业务资质的从业机构,不得对金融业务或公司形象进行宣传。取得相关业务资质的,宣传内容应符合相关法律法规规定,需经有权部门许可的,应当与许可内容相符合,不得进行误导性、虚假违法宣传”。

2016年4月13日,原国家工商总局等17个部门共同发布《开展互联网金融广告及以投资理财名义从事金融活动风险专项整治工作实施方案》,对互联网金融广告开展专项清理整治,明确不得违反《广告法》相关规定,对金融产品或服务未合理提示或警示可能存在的风险以及承担责任风险。

2017年12月29日,中国人民银行发布《关于开展金融广告治理工作的通知》,要求重点加强对涉及互联网金融的广告开展监测及管理,重点打击非持牌机构发布违法违规金融广告的行为,坚决整治严重干扰金融市场秩序的广告行为，切实保障金融消费者权益，防范和化解金融风险。

2019 年 12 月 20 日，中国人民银行、原银保监会等四部委发布《关于进一步规范金融营销宣传行为的通知》，主要从以下几个方面规范了金融营销宣传行为：第一，金融机构内部应建立相关的金融营销宣传的内控制度以及持续的监测工作机制；第二，加强对业务合作方的行为监督，明确合作形式以及双方的责任承担；第三，重视营销宣传行为中的合规性，不得非法或超范围开展金融营销宣传活动，不得以欺诈或引人误解的方式进行营销宣传，公平竞争，不得利用政府公信力进行宣传等。

2021 年 12 月 31 日，中国人民银行、原银保监会、工业和信息化部等七部委发布《金融产品网络营销管理办法（征求意见稿）》，明确"金融产品"包括金融机构设计、开发、销售的产品和服务，包括但不限于存款、贷款、资产管理产品、保险、支付、贵金属等。此外，要求金融机构建立网络营销内容的审核机制，落实金融消费者权益保护的要求，并规范营销宣传行为以及营销合作行为，明确金融机构与第三方平台的责任和义务。

2022 年 12 月 12 日，原银保监会发布《银行保险机构消费者权益保护管理办法》，其中第 23 条明确规定，银行保险机构不得进行欺诈、隐瞒或者误导性的宣传，不得作夸大产品收益或者服务权益、掩饰产品风险等虚假或者引人误解的宣传。

随着直播带货这一新媒体购物形式出现和发展，金融产品相关的直播营销行为也越来越普遍，随之而来的风险也更为突出。为此，原银保监会发布 2020 年第 5 号风险提示《关于防范金融直播营销有关风险的提示》，强调当前金融直播营销主要存在两个方面的风险：一方面是金融直播营销主体混乱或隐藏诈骗风险，另一方面是直播营销行为存在销售误导风险。同时，提醒社会公众应注意甄别金融直播营销广告主体资质，选择正规金融机构和渠道购买金融产品；认真了解金融产品或服务重要信息和风险等级，防范直播营销中可能隐藏的销售误导等风险；树立科学理性的金融投资、消费观念。

除中国人民银行和原银保监会的行业监管要求之外，各地方的市场监管局也针对金融广告开展了一系列整治工作：如 2020 年上海市市场监管局联合市地方金融监管局等九部门共同出台《关于进一步加强金融广告监管工作的意见》，明确当前阶段将重点对未取得相应金融业务资质主体发布金融广告的行为和互联网违法金融广告开展治理，向金融行业及社会各方传达“凡从事金融业务必须获得相应资质，凡发布金融广告须以金融从业资质为基础”的重要原则。2022 年，江苏省扬州市市场监管局印发《金融广告发布指南》，明确广告内容应当真实、合法，金融商品经营者或者金融服务提供者应当依法取得相应的金融业务许可证或者审批文件，在金融业务许可范围内设计、制作、发布金融广告，并对广告内容、用语、引用的数据等作出了具体要求。

二、金融广告违规行为分析

（一）违规金融广告的发布主体

近年来，金融产品创新节奏加快，产品结构也更加复杂，与此同时，金融广告市场缺乏有效的监管，含有虚假、误导内容的广告频繁出现，甚至一些非法融资、高利贷等违法活动也假借正规金融产品名义开展广告宣传，严重扰乱了金融秩序。

尽管相关的监管文件已经明确，发布金融广告必须以金融从业资质为基础，但在实践中，金融广告的行为主体不仅仅是合法经营金融业务的金融机构，因此，从金融广告发布主体的维度来看，本书讨论的违法违规的金融广告行为主要分为两种情形：

第一种情形，持有金融牌照的主体发布金融广告，广告内容存在违法违规的内容。如厦门国际银行股份有限公司上海大宁支行涉嫌发布违法广告案，[1]2021 年 7 月 6 日，执法人员在上海市延长路 152 弄锦灏佳园小区居民信箱旁广告回收袋内发现一张广告单页，单页上印有“我行在售明星产品，净值理财到手收益 108～110 元”字样，且无风险提示或警示。

执法人员发现通过该方式投放于居民小区个人信箱的广告单页系当事人授权其员工参考银行自身业务设计的广告单页，同时在单页上添加员工自己的

〔1〕 上海市静安区市场监督管理局行政处罚决定书，沪市监静处〔2021〕062021000873 号。

名字和联系方式、办理金融业务送大米等字样，再将设计稿交由该单位审核部门进行审核、审核通过后由员工自行完成打印并利用上班时间发放到目标客户，比如放入居民信箱等。法院认为当事人的上述行为违反了 2015 年修订的《广告法》第 25 条第 1 款“招商等有投资回报预期的商品或者服务广告，应当对可能存在的风险以及风险责任承担有合理提示或者警示，并不得含有下列内容：(一)对未来效果、收益或者与其相关的情况作出保证性承诺，明示或者暗示保本、无风险或者保收益等，国家另有规定的除外……”的规定，构成未按规定发布有投资回报预期的服务广告的行为。

第二种情形，非持有金融牌照的主体发布金融广告，或者该主体及其关联方是为了实施非法集资、金融诈骗等违法犯罪行为而进行广告发布。上海市市场监管局等九部门发布的《关于进一步加强金融广告监管工作的意见》明确规定：“未取得相应金融业务资质的市场经营主体，不得宣传推广相关金融业务活动”，再一次强调了未持牌的机构不能开展金融业务，也不能发布金融广告。但在实践中，我国目前仍然存在大量不持有金融牌照的金融机构，有些机构并没有明确的监管部门，如新型互联网金融公司、第三方理财、金融信息中介公司等。相较于正规金融机构，非持牌金融机构成立门槛低，开展业务也无须金融监管部门审核，它们往往缺乏长期的发展战略以及完善的风控体系建设与合规意识，更热衷于在广告中发布虚假或引人误解的内容，假借各类金融创新之名，偷换混淆正规金融交易概念，提出虚假高收益诱惑，通过网站平台链接、广播电台播报、手机 App 推送、聊天软件植入等途径，大肆投放违法违规金融广告，误导甚至欺诈消费者，用“合作”“授权”等字眼混淆其与正规金融机构和监管机构之间的关系，获取公众的信赖和关注，以此来招揽业务。比如贷款广告中含有“凭身份证即可贷款”“信用黑户也可贷款”“大学生可贷款”等诱导信息；投资理财广告中大量包含“高收益、低风险”“保本保收益”等虚假内容，有的甚至直接面向老年群体、学生开展营销宣传，有的消费者点击广告链接并输入银行卡信息后，尚未消费就被直接扣费，造成大量金融消费者或投资人被骗，并催生出恶意催收、暴力催讨等乱象。

（二）违规金融广告的投放

违规金融广告的投放主要有以下几个特点：第一，投放的渠道更加丰富，金融行业进一步与互联网融合，广告宣传充分利用各个渠道的特点和优势，开展全方位的营销工作。第二，互联网成为金融广告主要投放渠道。传统媒体，包括电台、电视和纸媒的广告投放量急剧下降，而互联网广告作为新兴媒体投放量已超过传统媒体，成为广告投放的主要渠道。与此同时，互联网金融成为违法金融广告的"重灾区"，如互联网金融推广力度较大的领域包括网络借贷平台、小额贷款平台、众筹平台、互联网理财平台、金融服务外包公司等。第三，广告的内容更加丰富，信息更加分散。大数据时代下金融广告不仅分散在普通结构化网页中，海量的非结构化网页中也包含大量金融营销宣传信息，此类信息识别成本高，较难检测。部分违规的金融营销宣传行为被包装成虚拟货币买卖、贵金属交易、炒汇、区块链认证、国家批准等，隐蔽性较强。[1]

（三）金融广告的主要违规行为

目前，金融广告的主要违规行为有：

第一，虚假宣传夸大收益率。这也是非法金融广告最为普遍的违规情形，原银保监会发布的《理财公司理财产品销售管理暂行办法》为理财产品销售划出 18 条红线，明确理财产品的销售机构不得虚假宣传、片面或者不当宣传，不得预测理财产品的投资业绩或者出具、宣传理财产品预期收益率。

例如，2019 年 3 月 29 日，黑龙江省证监局对九鼎国泰（北京）资产管理有限公司（以下简称九鼎国泰）截至 2019 年 2 月 28 日的基金运行情况实施了现场检查。经查，九鼎国泰在对外公开宣传中，存在可能误导投资者进行风险判断的表述：公司网站首页存在"九鼎国泰证券投资基金，平均年化收益率26.45%"的宣传表述[2]。黑龙江省证监局表示，九鼎国泰违反了《私募投资基金监督管

---

〔1〕 参见杨佳：《大数据时代下金融营销宣传行为监管政策研究》，载《金融科技时代》2021 年第 5 期。

〔2〕《关于对九鼎国泰（北京）资产管理有限公司采取责令改正措施的决定》（监管措施〔2019〕20 号），载中国证券监督管理委员会黑龙江监管局网 2019 年 7 月 11 日，http://www.csrc.gov.cn/heilongjiang/c103826/c1350831/content.shtml。

理暂行办法》第 14 条“不得通过报刊、电台、电视、互联网等公众传播媒体或者讲座、报告会、分析会和布告、传单、手机短信、微信、博客和电子邮件等方式,向不特定对象宣传推介”的规定。

此外,发布含有“预期年化收益率”内容的理财广告也属违规行为,根据无锡市市场监管局发布的行政处罚信息公示[1],中国光大银行股份有限公司无锡分行因违反《广告法》第 25 条第 1 款,发布含有“预期年化收益率”内容的理财广告,受到无锡市市场监管局罚款 10,800 元的行政处罚。

第二,以明示或暗示的方式,表达对未来收益的保障,未对投资风险予以提示或提示不足。例如,国家市场监管总局公示的 2019 年第二批虚假违法广告典型案件中,“北京融世纪信息技术有限公司发布违法广告案”的当事人通过自有网站发布含有“机构 100% 本息保障”“9% ~12% 年化收益”等内容的广告,未对风险责任承担进行提示或警示,并含有对未来效果、收益作出保证性承诺用语,[2]违反了《广告法》第 25 条第 1 款的规定。

第三,利用国家机构、行业协会、行业专家、受益者等名义或形象作推荐或者证明。例如,浙江省市场监管局 2018 年公布金融违法广告典型案例中提到“舟山喆聚企业管理咨询有限公司发布违法广告案”,[3]该违法广告中含有“……我们公司是上海综合实力雄厚,安全保障型较高的服务公司之一,公司与宁波工商联合作,在市政府支持下……与工商联和多家银行之间建立了长期合作战略关系,开拓多种金融项目……”等虚假内容,其行为违反了《广告法》第 25 条、第 28 条规定。类似地,在浙江省市场监管局 2019 年公布的金融理财违法广告典型案例中,杭州磐石金融服务外包有限公司发布的广告中也包括含有“原始债务人为央企、大型国企、AA + 上市公司等知名企业”“原始债务人还款

---

[1] 参见《无锡市市场监督管理局发布行政处罚信息公示表》,载中国质量新闻网,https://www.cqn.com.cn/ms/content/2020-01/08/content_8005684.html。

[2] 参见《国家市场监督管理总局公布 2019 年第二批虚假违法广告典型案件》,载国家市场监督管理总局官网,https://www.samr.gov.cn/xw/zj/201908/t20190826_306249.html。

[3] 参见《浙江工商公布上半年金融违法广告典型案例》,载中国市场监管报 2018 年 8 月 15 日,https://mp.weixin.qq.com/s/RK_-D39h1H0HLRA4p-Hvjw。

实力雄厚,承兑汇票到期无条件兑付”内容的金融广告。[1]

第四,违反《广告法》的一般规定,如广告内容违反公序良俗。例如,2019年5月31日,广发银行股份有限公司上海分行通过微信公众号发布了题为《不要告诉别人,你的肚子是被我们搞大的!》的广告,其中图文内容为广发银行信用卡持卡人可参加“尚悦湾”购物中心部分餐饮商户的优惠活动。[2] 本案中,上海市市场监管局认为,广发银行股份有限公司上海分行在互联网媒体发布广告推销自身信用卡服务,并以《不要告诉别人,你的肚子是被我们搞大的!》作为标题进行宣传,其中“不要告诉别人”“肚子是被我们搞大”等字眼涉嫌哗众取宠、低级庸俗,易引申为违背社会良好风尚的不良含义,既违背了公序良俗和社会主义核心价值观,还有侮辱贬低女性之嫌。该行为违反了《广告法》第9条“广告不得有下列情形:……(七)妨碍社会公共秩序或者违背社会良好风尚……”之规定,构成发布违背社会良好风尚的广告的行为。最终,上海市市场监管局责令广发银行上海分行与上海厚美广告有限公司停止发布违法广告,并分别罚款60万元、30万元。2020年5月,上海厚美广告有限公司不服,诉至法院,要求撤销上述行政处罚,上海铁路运输法院一审认为,案涉广告内容从其字面意思来看,的确存在哗众取宠、低级庸俗以吸引眼球之嫌,有违公序良俗,易产生负面效应,驳回原告上海厚美广告有限公司的诉讼请求。上海厚美广告有限公司不服一审判决,上诉至上海市第三中级人民法院。经审理,法院维持原判,驳回其上诉请求。

三、合规管理措施

我国目前对于金融广告的法律规制并不完善,尚未制定专门的金融广告法规,对金融广告的规制散落在各种法律、行政法规以及部门规章中,且对于“金融广告”的规定并未明确“广告”二字,而是以“宣传材料”“推介活动”等形式表

---

〔1〕参见《罚!这个地方公布2019金融理财违法广告典型案例》,载市场监管半月沙龙2019年9月30日,https://baijiahao.baidu.com/s?id=1646053820540205539&wfr=spider&for=pc。

〔2〕上海市市场监督管理局机场分局行政处罚决定书,沪市监机处〔2019〕202019000006号、沪市监机处〔2019〕202019000013号。

达,因此可能会出现适用不明、规避法律监管的问题。尽管如此,监管部门对于金融广告的合规性要求也越来越明确,执法力度也逐渐加大,相关金融广告的经营主体也应当建立广告合规意识,健全广告发布的合规管理体系。

1. 关注资质审核

根据《关于进一步规范金融营销宣传行为的通知》对于金融营销宣传资质的要求,金融营销宣传是金融经营活动的重要环节,未取得相应金融业务资质的市场经营主体,不得开展与该金融业务相关的营销宣传活动。此规定包含两层含义:一层是不允许未取得相关金融业务资质的经营主体开展金融业务的营销宣传活动;另一层是不能超过资质范围开展营销宣传活动。因此,经营主体在发布金融广告前,应当对自身经营资质进行审核。在大部分企业中,负责广告发布和负责资质申请及维护的职能可能分属不同部门,部门之间更应加强配合及协助。

2. 建立广告发布的事先审查制度

随着互联网的兴起以及广告模式的多样化,金融广告的监管也具有更大的难度,监管部门也不断督促金融机构内部的合规部门对自身金融广告的内容在发布前进行事先的内部审查。因此,金融机构应将广告管理纳入合规管理体系,建立事先审查制度。

对于广告内容、广告用语、广告元素均应进行事前审查,如需审查是否违规使用广告词语,是否有"国家级""最高级""最佳"等用语;发布的广告是否可能存在虚假和引人误解的情形;是否发布引起不正当竞争的广告语;广告文案及广告内容是否存在侵权的问题等。针对金融行业,尤其要注意是否存在保证收益的承诺,是否存在夸大宣传收益的情形,是否对产品风险进行了充分的提示等。

此外,广告发布应当考虑社会公序良俗以及社会舆论,尽管广告文案的水平有高低之分,但需要把握尺度,避免低俗文案以及与大众审美不符的文案出现,此种情况也可能给金融机构造成负面影响。

3. 加强广告发布后的市场监测

事先审查无法完全杜绝风险的发生,因此还要关注广告发布后的市场状况,如果发生消费者投诉或者市场监督管理部门责令停止发布广告,广告主、相关主体应及时撤除违法广告或者修改涉嫌违法的广告语或广告形象。

4. 加强对业务合作方的行为监督

金融机构与广告公司、广告代言人、广告投放平台等机构合作广告业务时,在选择广告合作方前,应对合作方进行基本调查,了解其广告业务能力以及合规能力。建立负面清单和黑名单制度,对于存在多次违法发布广告的经营者应拒绝合作;双方应签订书面合同,明确约定本机构与业务合作方在金融营销宣传中的责任,共同确保相关金融营销宣传行为合法合规。

5. 建立举报投诉监督机制以及维权机制,搭建与金融消费者之间顺畅的沟通渠道

金融消费者是金融市场的坚实基础,金融监管资源有限,因此建立完善的举报投诉机制非常重要。金融机构应建立与金融消费者之间畅通的沟通机制,金融消费者如发现金融机构的违规行为,可以直接和金融机构取得联系,金融机构也应当及时处理并给予反馈。

6. 加强金融消费者教育

加强对金融消费者的宣传教育,向公众普及虚假金融广告的特点与危害、常见的非法金融广告行为及识别方法、被非法金融广告误导者的救济途径等。结合典型案例、热点问题做好金融消费风险提示,通过短视频、微电影等可读性更强的多样化表现形式进行传播,提高金融消费者对金融广告信息内容的认知水平。

第四节　个人金融信息保护的合规应对

随着《网络安全法》《数据安全法》《个人信息保护法》《个人金融信息保护技术规范》《金融数据安全 数据生命周期安全规范》《金融数据安全 数据安全分级指南》《金融数据安全 数据安全评估规范(征求意见稿)》等一系列法律法规和标准规范的发布,数据安全和隐私保护的顶层监管框架日趋完善,个人信息保护成为商业银行数字化转型中合规监管的重中之重。(见表9)

一、相关规范概览

表9　个人金融信息保护的相关规范概览

序号	文件名称	发布机构	生效时间
一、法律			
1	《个人信息保护法》	全国人大常委会	2021年11月1日
2	《数据安全法》	全国人大常委会	2021年9月1日
3	《刑法》(2020修正)	全国人大	2021年3月1日
4	《民法典》	全国人大	2021年1月1日
5	《网络安全法》	全国人大常委会	2017年6月1日
6	《刑法修正案(九)》	全国人大常委会	2015年11月1日
7	《商业银行法》(2015修正)	全国人大常委会	2015年10月1日
8	《消费者权益保护法》	全国人大常委会	2014年3月15日
9	《刑法修正案(七)》	全国人大常委会	2009年2月28日
10	《反洗钱法》	全国人大常委会	2007年1月1日
二、行政法规			
1	《征信业管理条例》	国务院	2013年3月15日
2	《个人存款账户实名制规定》	国务院	2000年4月1日
三、司法解释			
1	最高人民法院《关于审理利用信息网络侵害人身权益民事纠纷案件适用法律若干问题的规定》(2020修正)	最高人民法院	2021年1月1日
2	最高人民法院、最高人民检察院《关于办理非法利用信息网络、帮助信息网络犯罪活动等刑事案件适用法律若干问题的解释》	最高人民法院、最高人民检察院	2019年11月1日
3	最高人民法院、最高人民检察院《关于办理侵犯公民个人信息刑事案件适用法律若干问题的解释》	最高人民法院、最高人民检察院	2017年6月1日

续表

序号	文件名称	发布机构	生效时间
四、部门规章			
1	《金融机构客户尽职调查和客户身份资料及交易记录保存管理办法》	中国人民银行、原银保监会、证监会	2022 年 3 月 1 日
2	《网络安全审查办法》(2021)	国家互联网信息办公室、国家发展和改革委员会、工业和信息化部、公安部、国家安全部、财政部、商务部、中国人民银行、国家市场监督管理总局、国家广播电视总局、证监会、国家保密局、国家密码管理局	2022 年 2 月 15 日
3	《征信业务管理办法》	中国人民银行	2022 年 1 月 1 日
4	《网络交易监督管理办法》	国家市场监督管理总局	2021 年 5 月 1 日
5	《金融消费者权益保护实施办法》	中国人民银行	2020 年 11 月 1 日
6	《商业银行互联网贷款管理暂行办法》(已被修改)	原银保监会	2020 年 7 月 12 日
7	《电信和互联网用户个人信息保护规定》	工业和信息化部	2013 年 9 月 1 日
8	《个人信用信息基础数据库管理暂行办法》	中国人民银行	2005 年 10 月 1 日
9	《人民币银行结算账户管理办法》(部分失效)〔1〕	中国人民银行	2003 年 9 月 1 日

〔1〕 本篇法规中“第六条、第二十九条、第三十一条、第三十八条规定,以及第十八条、第十九条、第二十一条、第二十三条、第二十八条、第三十二条、第三十六条、第五十四条、第五十五条、第六十三条涉及银行账户核准以及开户许可证(开户登记证)的相关规定”已被中国人民银行《关于取消企业银行账户许可有关事宜的决定》(中国人民银行令〔2019〕第 1 号)宣布不再执行。

续表

序号	文件名称	发布机构	生效时间
10	《个人信息出境安全评估办法(征求意见稿)》	国家互联网信息办公室	无
11	《数据安全管理办法(征求意见稿)》	国家互联网信息办公室	无
12	《网络数据安全管理条例(征求意见稿)》	国家互联网信息办公室	无
13	《网络安全等级保护条例(征求意见稿)》	公安部	无
五、部门规范性文件			
1	《工业和信息化领域数据安全管理办法(试行)》	工业和信息化部	2023年1月1日
2	《关于银行业保险业数字化转型的指导意见》	原银保监会办公厅	2022年1月10日
3	《银行保险机构信息科技外包风险监管办法》	原银保监会办公厅	2021年12月30日
4	《关于做好小微企业银行账户优化服务和风险防控工作的指导意见》	中国人民银行	2021年10月9日
5	《商业银行监管评级办法》	原银保监会	2021年9月10日
6	《银行保险机构消费者权益保护监管评价办法》	原银保监会	2021年7月5日
7	《电信和互联网行业数据安全标准体系建设指南》	工业和信息化部	2020年12月17日
8	《云计算服务安全评估办法》	国家互联网信息办公室、国家发展和改革委员会、工业和信息化部、财政部	2019年9月1日
9	《互联网个人信息安全保护指南》	公安部	2019年4月10日
10	《金融信息服务管理规定》	国家互联网信息办公室	2019年2月1日
11	《银行业金融机构数据治理指引》	原银保监会	2018年5月21日

续表

序号	文件名称	发布机构	生效时间
12	《关于进一步加强征信信息安全管理的通知》	中国人民银行	2018 年 4 月 24 日
13	《关于加强金融消费者权益保护工作的指导意见》	国务院办公厅	2015 年 11 月 4 日
14	《银行业消费者权益保护工作指引》	原银监会	2013 年 8 月 30 日
15	《互联网用户账号名称信息管理规定(征求意见稿)》	国家互联网信息办公室	无
六、部门工作文件			
1	《关于开展网络安全技术应用试点示范工作的通知》	工业和信息化部办公厅、国家互联网信息办公室秘书局、水利部办公厅、国家卫生健康委员会办公厅、应急管理部办公厅、中国人民银行办公厅、国家广播电视总局办公厅、原银保监会办公厅、证监会办公厅、国家能源局综合司、国家铁路局综合司、中国民用航空局综合司	2022 年 1 月 7 日
2	《金融标准化“十四五”发展规划》	中国人民银行、国家市场监督管理总局、原银保监会、证监会	2021 年 12 月 25 日
3	《工业和信息化部关于开展信息通信服务感知提升行动的通知》	工业和信息化部	2021 年 11 月 1 日
4	《App 违法违规收集使用个人信息行为认定方法》	国家互联网信息办公室、工业和信息化部、公安部、国家市场监督管理总局	2019 年 11 月 28 日

续表

序号	文件名称	发布机构	生效时间
5	《App 违法违规收集使用个人信息自评估指南》	App 专项治理工作组	2019 年 3 月
七、地方性法规			
1	《浙江省公共数据条例》	浙江省人大常委会	2022 年 3 月 1 日
2	《河南省数字经济促进条例》	河南省人大常委会	2022 年 3 月 1 日
3	《福建省大数据发展条例》	福建省人大常委会	2022 年 2 月 1 日
4	《深圳经济特区数据条例》	深圳市人大常委会	2022 年 1 月 1 日
5	《上海市数据条例》	上海市人大常委会	2022 年 1 月 1 日
6	《山东省大数据发展促进条例》	山东省人大常委会	2022 年 1 月 1 日
7	《湖南省网络安全和信息化条例》	湖南省人大常委会	2022 年 1 月 1 日
八、国家行业标准规则			
1	《个人支付信息保护指引》	中国支付清算协会	2023 年 8 月 3 日
2	《网络安全标准实践指南—网络数据分类分级指引》(TC 260 – PG – 20212A)	全国信息安全标准化技术委员会	2021 年 12 月 31 日
3	《多方安全计算金融应用评估规范》(T/PCAC 0009 – 2021)	中国支付清算协会	2021 年 6 月 29 日
4	《移动金融基于声纹识别的安全应用评估规范》(T/PCAC 0010 – 2021)	中国支付清算协会	2021 年 6 月 29 日
5	《公共信用信息数据元》(GB/T 39445 – 2020)	全国社会信用标准化技术委员会	2021 年 6 月 1 日

续表

序号	文件名称	发布机构	生效时间
6	《信息安全技术 个人信息安全影响评估指南》(GB/T 39335－2020)	全国信息安全标准化技术委员会	2021年6月1日
7	《金融数据安全　数据生命周期安全规范》(JR/T 0223－2021)	中国人民银行	2021年4月8日
8	《金融业数据能力建设指引》(JR/T 0218－2021)	中国人民银行	2021年2月9日
9	《公共信用信息交换方式及接口规范》(GB/T 39443－2020)	国家市场监督管理总局、国家标准化管理委员会	2020年11月19日
10	《公共信用信息分类与编码规范》(GB/T 39441－2020)	全国社会信用标准化技术委员会	2020年11月19日
11	《公共信用信息资源目录编制指南》(GB/T 39440－2020)	全国社会信用标准化技术委员会	2020年11月19日
12	《信息安全技术 个人信息安全规范》(GB/T 35273－2020)	国家市场监督管理总局、国家标准化管理委员会	2020年10月1日
13	《金融数据安全 数据安全分级指南》(JR/T 0197－2020)	中国人民银行	2020年9月23日
14	《网络安全标准实践指南—移动互联网应用程序(App)个人信息保护常见问题及处置指南》(TC260－PG－20203A)	全国信息安全标准化技术委员会	2020年9月18日
15	《网络安全标准实践指南—移动互联网应用程序(App)系统权限申请使用指南》(TC260－PG－20204A)	全国信息安全标准化技术委员会	2020年9月18日
16	《网络安全标准实践指南—移动互联网应用程序(App)收集使用个人信息自评估指南》(TC260－PG－20202A)	全国信息安全标准化技术委员会	2020年7月22日
17	《信息安全技术 个人信息去标识化指南》(GB/T 37964－2019)	国家市场监督管理总局、国家标准化管理委员会	2020年3月1日

续表

序号	文件名称	发布机构	生效时间
18	《个人金融信息保护技术规范》(JR/T 0171－2020)	中国人民银行	2020年2月13日
19	《商业银行应用程序接口安全管理规范》(JR/T 0185－2020)	中国人民银行	2020年2月13日
20	《网上银行系统信息安全通用规范》(JR/T 0068－2020)	中国人民银行	2020年2月5日
21	《信息安全技术 网络安全等级保护基本要求》(GB/T 22239－2019)	国家市场监督管理总局、国家标准化管理委员会	2019年12月1日
22	《移动金融客户端应用软件安全管理规范》(JR/T 0092－2019)	中国人民银行	2019年9月27日
23	《网络安全实践指南—移动互联网应用基本业务功能必要信息规范》(TC260－PG－20191A)	全国信息安全标准化技术委员会	2019年6月1日
24	《信息安全技术 移动智能终端个人信息保护技术要求》(GB/T 34978－2017)	国家质量监督检验检疫总局、国家标准化管理委员会	2018年5月1日
25	《信息安全技术 云计算服务安全指南》(GB/T 31167－2014)	国家质量监督检验检疫总局、国家标准化管理委员会	2015年4月1日
26	《征信机构信息安全规范》(JR/T 0017－2014)	中国人民银行	2014年11月17日
27	《金融信用信息基础数据库用户管理规范》(JR/T 0115－2014)	中国人民银行	2014年11月2日
28	《信息安全技术 公共及商用服务信息系统个人信息保护指南》(GB/Z 28828－2012)	国家质量监督检验检疫总局、国家标准化管理委员会	2013年2月1日

续表

序号	文件名称	发布机构	生效时间
29	《信息技术 安全技术 生物特征识别信息的保护要求(征求意见稿)》	全国信息安全标准化技术委员会	无
30	《网络安全标准实践指南—移动互联网应用程序(App)中的第三方软件开发工具包(SDK)安全指引(征求意见稿)》	全国信息安全标准化技术委员会	无
31	《网络安全标准实践指南—移动互联网应用程序(App)个人信息安全防范指引(征求意见稿)》	全国信息安全标准化技术委员会	无
32	《金融数据安全 数据安全评估规范(征求意见稿)》	全国金融标准化技术委员会	无
33	《信息安全技术 个人信息告知同意指南(征求意见稿)》	全国信息安全标准化技术委员会	无
34	《信息安全技术 个人信息去标识化效果分级评估规范(征求意见稿)》	全国信息安全标准化技术委员会	无
35	《信息安全技术 数据出境安全评估指南(草案)》	全国信息安全标准化技术委员会	无
36	《信息安全技术 移动互联网应用程序(App)生命周期安全管理指南(征求意见稿)》	全国信息安全标准化技术委员会	无
37	《信息安全技术 重要数据识别指南(征求意见稿)》	全国信息安全标准化技术委员会	无
38	《信息安全技术 移动互联网应用(App)收集个人信息基本规范(草案)》	全国信息安全标准化技术委员会	无

二、监管动态及行业趋势

近年来,有关部门对金融机构在个人信息保护与网络信息安全违规行为方面的监管处罚趋严:中国人民银行上海分行 2022 年 1 月 10 日公布的行政处罚信息显示,东亚银行(中国)有限公司因违反信用信息采集、提供、查询及相关管理规定,被处以 1674 万元罚款,责令限期改正。

例如,2022 年 3 月 8 日,中国人民银行上海分行行政处罚信息显示,星展银行(中国)有限公司因存在未按规定履行客户身份识别义务。违反信用信息采集、提供、查询及相关管理规定四项违规行为,被给予警告,并处罚款人民币 203.6 万元;时任星展银行风险管理部个人信贷部经理汪某则对"违反信用信息采集、提供、查询及相关管理规定"负有责任,被罚款 3.9 万元。

目前金融行业最普遍的数据违规现象,在于个人信息的过度采集与使用不当。金融行业的风控系统是其最核心的业务系统,对数据量和数据处理能力要求更高,因此对个人信息过度收集的问题更加突出。但在近年来数据强监管背景下,金融机构已经从早期过度采集的"野蛮生长"阶段走向合规发展的调整期和适应期。

(一)相关数据分析

《中国个人金融信息保护执法白皮书(2020)》中整理了截至 2020 年 10 月 25 日,中国人民银行总行及各地分支行在当年开出的行政处罚罚单,罚单中涉及"个人金融信息"的共 181 张,罚款金额合计超过 1.8 亿元,呈现"企业 + 个人"同时处罚的趋势。统计显示,无论是罚单金额还是罚单频次,银行业金融机构均是接受处罚的"大户",银行业金融机构的罚单金额总计为 1.5 亿元、155 次。从被处罚的银行类别来看,包括国有六大行、股份制银行,以及城商行、村镇行、信用社等。可以说银行在个人金融信息保护相关违规问题上存在普遍性。

统计显示,中国人民银行行政处罚公示的违法行为类型较多,其中,未按规定保存客户身份资料或交易记录、侵害消费者个人信息保护的权利、未经同意查询个人信息、未按约定使用个人信息、违反征信查询规定、未经授权查询征信信息、征信系统用户管理不规范、未按规定处理征信异议、未履行不良信息提前报送义务、违法提供信息等是出现频率较高的违法行为类型。

不难发现,在个人信息的存储、查询、使用等环节,容易发生违法行为。其中未按规定保存客户身份资料或交易记录的违法性问题尤为严重,占比超过三成。(见图 31)

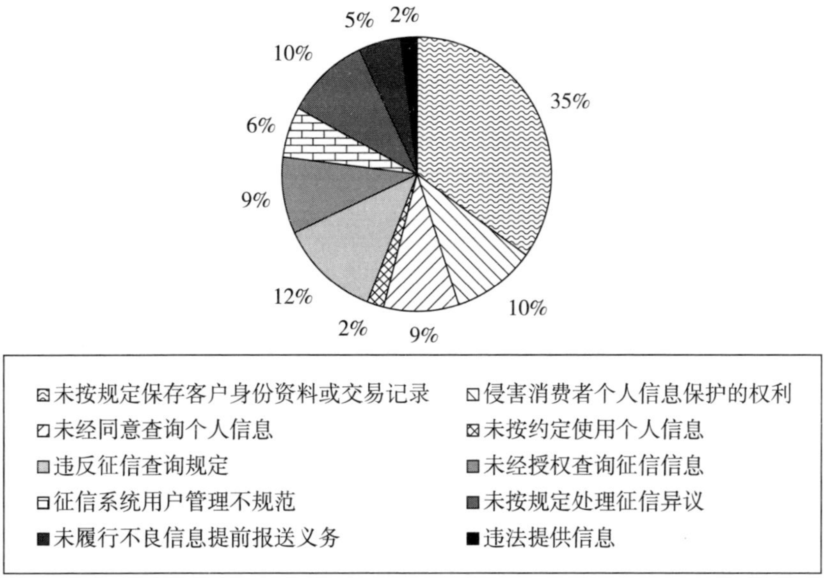

图 31　涉及“个人金融信息”处罚的具体违规内容分布统计

根据不完全统计，[1]2021 年全年，在中国人民银行、原银保监会、外汇管理局发布的行政处罚名单中，涉及信息处理等违规问题的罚单共计 119 张，罚款金额合计约 4654 万元。具体来说，在上述罚单中，金融机构发生的违规行为集中于个人信息保护与信息网络安全两大类，主要涉及未按规定收集使用个人信息、未经同意查询个人信息或企业信贷信息、提供部分个人不良信息时未事先告知信息主体、泄露客户信息、网络授权访问控制不到位，以及存在信息科技风险隐患、发生重要信息系统突发事件未向监管报告等。

《极客洞察 2021 年银行监管处罚分析报告》[2]显示，银行在“消费者权益保护领域”的监管处罚大幅增加，从监管处罚来看，过去两年侧重于从业务角度处罚侵害消费者权益的事项，如违规收取服务费、违规宣传或误导消费者等，与消费者权益保护工作直接相关的处罚较少。2021 年度，监管大幅提升了此类处

〔1〕 21 世纪经济报道：《金融机构数据合规新年迎来强监管，数据治理如何落地?》，载新浪财经 2022 年 1 月 26 日，https://baijiahao.baidu.com/s?id=1722989957673647319&wfr=spider&for=pc。

〔2〕 极客洞察：《极客洞察 2021 年银行监管处罚分析报告》，载微信公众号“极客合规”2022 年 1 月 21 日，https://mp.weixin.qq.com/s/5sUHdA_9Qf4d6nc9Zfa4Rg。

罚,个人金融信息保护不到位、违反金融消费者权益保护管理规定相关的处罚大幅增加。(见图32)

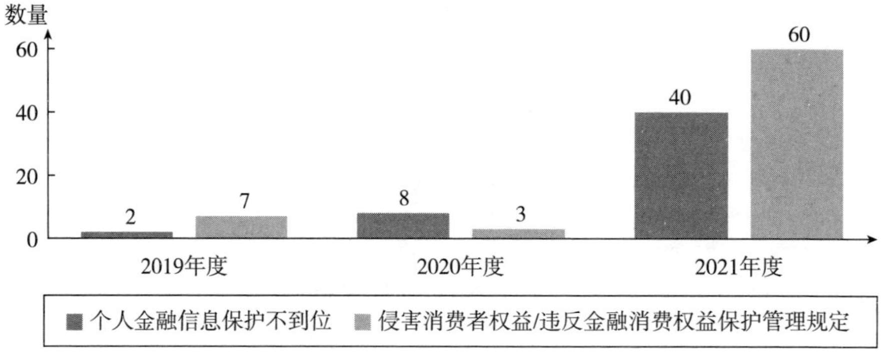

图32 "消费者权益保护领域"的监管处罚情况统计

其中,2021年度与"个人金融信息保护不到位"直接相关的案由出现40次,主要分为以下4个小类(见表10):

表10 个人金融信息保护不到位的具体案由情况统计

序号	个人金融信息保护不到位具体案由	出现次数
1	个人金融信息安全管理不到位	13
2	违规查询、使用、泄露或倒卖客户信息	12
3	未严格落实消费者金融信息使用授权审批程序	10
4	未明示收集、使用消费者金融信息的目的、方式和范围,收集个人信息未遵守最少必要原则	5

(二)相关典型案例

典型案例一 中信银行因客户信息保护体制机制不健全等被罚款450万元

【基本案情】

2020年5月6日,脱口秀演员王越池(@池子池子大池子)发布微博称,中信银行上海虹口支行未获本人授权,便将其个人账户流水提供给上海笑果文化传媒有限公司，属于侵犯公民个人信息的违法行为，并通过律师发函要求中信银行、笑果文化赔偿损失并公开道歉。对此，中信银行官方微博当日凌晨发布致歉信称，经核实，近期上海笑果文化传媒有限公司联系开户支行，要求查询其为员工王越池支付劳务工资记录，该行员工未严格按规定办理，提供了王越池的收款记录。对此，向王越池郑重道歉。

【行政处罚】

2021 年 3 月 19 日，原银保监会网站公布的行政处罚决定书显示，中信银行因客户信息保护不到位等问题，原银保监会依据《银行业监督管理法》第 21 条、第 46 条和相关审慎经营规则及《商业银行法》第 73 条，对其作出罚款 450 万元的处罚决定，认定的具体违法行为包括：

一是客户信息保护体制机制不健全；柜面非密查询客户账户明细缺乏规范、统一的业务操作流程与必要的内部控制措施，乱象整治自查不力。

二是客户信息收集环节管理不规范；客户数据访问控制管理不符合业务"必须知道"和"最小授权"原则；查询客户账户明细事由不真实；未经客户本人授权查询并向第三方提供其个人银行账户交易信息。

三是对客户敏感信息管理不善，致其流出至互联网；违规存储客户敏感信息。

四是系统权限管理存在漏洞，重要岗位及外包机构管理存在缺陷。

由于相关人员是公众人物，该案件在 2020 年引起舆论的诸多讨论，尽管公安部、中国人民银行以及商业银行自身均出台大量法律法规、政策及内部控制文件建立健全个人金融信息保护，但从目前高发的案例来看，商业银行内部的风控制度构建和管控措施的落实依然任重道远。

典型案例二　刑事责任 + 行政处罚（罚款及从业禁止），原建设银行余姚城建支行行长沈某冲，被判侵犯公民个人信息罪

【基本案情】

2017 年 3 月 17 日，沈某冲应周某要求，将从鲁某听处非法获取的余姚市东

城名苑业主的财产信息共计1111条通过QQ邮箱非法提供给周某用于招揽业务。同年4月20日，沈某冲在担任建行余姚城建支行行长期间，将该行受理的贷款客户财产信息共计127条提供给周某用于招揽业务。2018年8月15日，沈某冲主动向公安机关投案，如实供述了上述犯罪事实，并于2019年8月14日被余姚市人民检察院取保候审。

【审判结果】

2020年3月31日，浙江省余姚市人民法院公布刑事判决书。浙江省余姚市人民法院认定，沈某冲违反国家有关规定，向他人提供公民个人信息，情节特别严重，其行为已构成侵犯公民个人信息罪。其中部分公民个人信息系被告人在履职过程中获得并提供给他人，依法应从重处罚。鉴于被告人沈某冲的犯罪情节及悔罪表现，依法宣告缓刑，判决沈某冲犯侵犯公民个人信息罪，判处有期徒刑3年，缓刑3年，并处罚金人民币6000元。

【行政处罚】

中国银行保险监督管理委员会
China Banking and Insurance Regulatory Commission
宁波监管局
Ningbo Office

发布时间：2021-10-22　来源：宁波　文章类型：原创

行政处罚决定书公告送达

我局2021年9月2日向你作出《行政处罚决定书》（甬银保监罚决字〔2021〕64号），因采取其他送达方式无法送达，根据《中华人民共和国行政处罚法》第六十一条、《中华人民共和国民事诉讼法》第九十二条的规定，现向你公告送达。自公告之日起，经过六十日即视为送达。《行政处罚决定书》（甬银保监罚决字〔2021〕64号）主要内容如下：

你时任中国建设银行余姚城建支行行长，是侵犯公民个人信息案件的作案当事人，对侵犯公民个人信息案件负有直接责任。

图33　行政处罚决定书公告送达网页界面

沈某冲作为侵犯公民个人信息案件当事人，上述行为已触犯《刑法》第253条的规定，违反了《银行业金融机构从业人员职业操守指引》（银监发〔2011〕6

号)第5条、第7条的规定,属于严重违反审慎经营规则的行为。根据《银行业监督管理法》第48条第3项规定,宁波监管局决定对其予以禁止从事银行业工作5年的行政处罚。(见图33)

侵犯公民个人信息不仅面临行政处罚,还可能涉嫌刑事犯罪。由中国司法大数据研究院、21世纪经济报道、北京市京师律师事务所金融犯罪研究中心和南方财经法律研究院共同编写的《中国金融机构从业人员犯罪问题研究白皮书(2021)》显示:金融机构从业人员犯罪的判决中共同犯罪的占比高,但除了传统的非法吸收公众存款罪、集资诈骗罪等,还涉及其他犯罪。随着我国不断加强个人信息保护的立法,金融机构从业人员侵犯公民个人信息案件也在增多。司法大数据统计显示,在金融机构从业人员涉嫌侵犯公民个人信息罪案件中,与外部人员共同犯罪的案件占比高达75%。由于金融机构从业人员能够接触到客户的诸多个人信息,现实中不乏少数工作人员与外部人员勾结,以此牟利的情形。

典型案例三 “机构+个人”双罚,银行员工违规查询并倒卖客户信息案

【基本案情】

2019年5月初至6月中旬,被告人郝某潭利用在中国工商银行西夏支行的工作便利,查询该行储户个人信息(姓名+身份证号码+预留手机号码+银行卡号,简称公民“四要素”信息)200条,以每条人民币70元至100元不等的价格通过QQ出售给他人,获利207,000.88元。

【审判结果】

被告人郝某潭违反国家有关规定,向他人出售公民个人信息,情节特别严重;依照《刑法》第52条、第53条、第64条、第67条、第253条之一,最高人民法院、最高人民检察院《关于办理侵犯公民个人信息刑事案件适用法律若干问题的解释》第5条,《刑事诉讼法》第15条之规定,判决被告人郝某潭犯侵犯公民

个人信息罪,判处有期徒刑3年,并处罚金人民币21万元。

【行政处罚】

因中国工商银行股份有限公司银川西夏支行内控制度执行不到位,员工违规查询泄露倒卖客户信息,严重违反审慎经营规则,依据《银行业监督管理法》第46条第5项,第48条第2项、第3项,2021年6月29日,宁夏银保监局对工行银川西夏支行予以罚款40万元的行政处罚;对郝某潭予以禁止终身从事银行业工作的行政处罚。

从近期中国人民银行对银行的行政处罚结果来看,受到行政处罚的不仅仅是机构,还可能处罚具体负责人员,双罚制的执法趋势也进一步凸显商业银行关于加强内部管控和日常员工的合规培训的重要性。

(三)行业趋势

整体而言,《数据安全法》《个人信息保护法》给金融机构在信息获取和使用、数据处理等方面提出了更高要求。当前,不少金融机构正在根据法律规定进行相应调整。

相关报道显示:平安银行相关负责人表示,2021年伊始,该行成立了平安银行个人信息保护委员会,委员会包含了风险、业务、科技、合规、消保、人力资源管理等各领域专家,统筹管理全行个人信息保护相关工作。同时,该行不断提升技术防护能力,保障数据全生命周期安全。技术防护能力逐步优化,强化物理安全、网络安全、系统安全、应用安全、数据安全技术防护措施的同时,也在积极探索新型技术防护手段,确保个人信息数据收集、传输、存储、使用、删除及销毁的全生命周期安全。

浦发银行根据《数据安全法》《个人信息保护法》等法律法规和监管要求,正持续提升数据安全防护能力,着力打造全覆盖体系化网络安全防护体系,持续强化数据安全和客户隐私保护力度,建立全周期多层次数据安全保障体系,从治理、管理、技术三个层面,实施数据采集、传输、存储、使用、删除销毁等全生命周期安全控制,防护数据安全。"主要措施包括:一是构建综合安全治理框架,建立常态化安全内控规范机制;二是建立数据安全分类分级标准,采取分级保护；三是实施多层次的纵深防御策略，持续升级网络安全防护体系。”[1]

三、个人金融信息在商业银行业务场景中的应用

《民法典》及《个人信息保护法》的颁布和实施健全了个人信息保护法律体系，对于个人权利的保障及协调个人信息保护和信息流动之间的关系有极大的促进作用。但在数字经济时代，个人信息所包含的财产价值不断提升，随着个人金融信息利用行为所隐含的技术风险不断增长，个人金融信息在技术迭代中被侵犯的事件也屡屡出现。同时，金融消费者在维护金融信息权益时，也面临信息不对称致使同意有效性降低、缺乏有效的维权和争议解决机制等诸多问题。

由于商业银行在金融机构中的客户群体更为广泛，对于金融消费者权益保护工作的要求更加全面，所收集和处理的个人信息类型更加多样化且规模也更为庞大，因此本节将以商业银行为例，具体分析个人金融信息在商业银行业务开展中的应用以及可能会对个人金融信息进行处理的部门，从而为后续合规工作的开展提供合规义务识别和风险识别的基础。

为进一步落实《个人信息保护法》，提升个人信息使用的规范性，保护消费者信息安全，不少商业银行已经或拟开展个人金融信息保护的专项合规整改工作，但在实际开展合规整改工作时，因商业银行所涉及的个人金融信息类型、范围及处理活动众多，且商业银行的业务规模大，行内部门及分支机构数量多，合规工作又牵涉跨部门合作，部分商业银行在合规工作开展之初往往面临不知如何下手的困境。下文将进一步总结商业银行开展个人信息保护的合规工作可能涉及的业务、负责部门以及合规检查的重点。

（一）商业银行可能掌握哪些个人信息

从维持日常运营、客户关系管理和具体业务来看，商业银行所掌握的个人信息主要有以下几大类：

---

[1] 经济参考报：《多家银行针对个人信息保护，对现有的系统置和业务模式进行调整》，载移动支付网 2021 年 11 月 29 日，https://www.mpaypass.com.cn/news/202111/29103608.html。

1. 员工相关个人信息

在员工招聘和持续雇佣过程中,银行会掌握大量的职位申请人和正式员工的个人信息,以及这些人员的近亲属、紧急联络人等额外的个人信息。这部分信息与银行的金融交易无关,系日常行政管理中获得的自然人身份信息,可能包含个人的一般信息及敏感信息,也不完全是个人的金融信息。

2. 业务活动中涉及的自然人客户相关金融信息

从银行的整体业务来看,主要可以分为个人金融业务、公司金融业务和同业业务。在个人金融业务中(一般涉及银行的个人金融部或零售金融部),因主要的客户群体为自然人客户,且主要涉及金融交易,因此将收集大量的个人金融信息。

个人金融业务主要分为个人贷款和个人理财业务。在个人贷款业务中,因需要进行贷款主体的信用审批,因此涉及的个人征信业务将收集大量个人信息。2013 年 1 月 21 日,国务院颁布《征信业管理条例》,标志着国家正式开启全行业的征信体系建设,其中专门用"征信业务规则"一整章的内容对征信机构采集个人用户信息的范围和原则进行了框架性的规定。此后相继发布的《征信机构信息安全规范》《金融信用信息基础数据库用户管理规范》等文件均对个人信用信息的安全保障进行了规范。

个人理财业务满足了金融消费者资产运作的需求,金融消费者通过银行进行储蓄、投资银行理财产品、债券、基金、信托、外汇、保险等理财工具从而对个人资产进行管理和分配。

个人理财与个人贷款尽管都属于银行的个人金融业务,但其本质并不相同,实践中部分银行存在内部超范围共享个人金融信息进行营销的情况,有一定的合规风险。

另外,个人理财业务还包括信用卡业务,部分银行将信用卡业务独立于个人业务和公司业务之外,属于单独的业务类型。信用卡业务主要的客户为自然人,信用卡业务全流程均涉及个人金融信息的处理活动。

值得注意的是,在个人理财业务活动中除了收集客户的个人金融信息之外,还可能产生衍生个人信息,尤其是在当前互联网财富管理、互联网保险、互联网消费金融、指纹支付、刷脸支付等互联网业务兴起的市场背景下，交易习惯、消费偏好、投资风险偏好等客户“个人信息”被个人信息处理者深度挖掘。根据《个人信息保护法》第4条，个人信息不包括匿名化处理后的信息。这意味着，如果“衍生个人信息”已经脱离了具体化的自然人，且信息是来自某个自然人群体，而能够实现不指向具体某个自然人的“匿名化”，那么这一类的“衍生个人信息”就不再是《个人信息保护法》所定义和适用的“个人信息”，而是转化为金融机构自有的商业信息、商业秘密、知识产权：一方面，金融机构应当对该等数据分析结果采取商业秘密的保护措施进行保护；另一方面，在使用该大数据分析结果或进行数据分析时也应当遵守其他法律规制，如有关个性化推送、精准营销或算法等方面的规范。

3. 业务活动中涉及的机构客户相关自然人主体的个人信息

尽管在公司金融业务和同业业务中，银行的客户主要为机构客户，但对于非自然人机构客户，银行也会收集到自然人的个人金融信息，比如银行的某笔公司贷款，尽管借款人为企业，但因实际控制人个人提供了连带责任担保，银行也会审核该自然人的资信情况，必然收集到该自然人的相关个人金融信息。

此外，在公司金融业务和同业业务中，银行可能收集到该机构授权代表（经办人/员工）的个人身份信息。

除此之外，银行在与其他合作各方建立业务合作关系的过程中，金融业监管法规往往会要求银行对拟合作方的服务能力、专业资质、公司治理、财务状况等诸方面进行审慎的尽职调查，在这个过程中，银行也不可避免地会掌握一定的个人信息。

4. 履行反洗钱反恐怖融资监管要求过程中收集到的个人信息

金融机构开展反洗钱风险管理工作需要反洗钱系统功能的有效运转以及完整准确的底层数据。反洗钱系统需要采集分散在金融机构各个业务系统中的客户数据及交易数据。如在履行反洗钱义务的尽职调查过程中必须去收集和掌握大量的机构客户法定代表人、授权办理业务的人员、实际控制人、受益人、所有人等个人信息。《个人信息保护法》并未改变金融机构洗钱和恐怖融资风险的管理方式，但由于大量“个人信息”或来源于身份识别，或包含在交易记录中，或体现于交易检测，因此，洗钱和恐怖融资风险管理也成为很多金融机构个人信息保护的切入点。

(二)什么是“个人金融信息”

从法律规制的角度来看，对于个人金融信息的保护分为两个体系：第一个体系是在已经出台的《个人信息保护法》框架下，个人金融信息也属于个人信息的重要内容，因此，《个人信息保护法》及个人信息保护相关的部门规章、国家标准如《信息安全技术 个人信息去标识化指南》(GB/T 37964－2019)、《信息安全技术 个人信息安全规范》(GB/T 35273－2020)等也应适用于商业银行保护个人金融信息工作中。此外，因商业银行金融 App 也属于移动互联网应用程序，也应符合相关 App 治理监管要求。

第二个体系则是在金融消费者权益保护的框架下，法律法规层面的依据，包括《中国人民银行法》、《商业银行法》、《消费者权益保护法》及国务院办公厅发布的《关于加强金融消费者权益保护工作的指导意见》等。我国 2013 年修订的《消费者权益保护法》在具体条款中认可了银行、信托、证券、保险等金融行业的消费者保护制度，新增了包括消费者个人信息与隐私保护等可能适用于金融领域消费者保护的规范。相关文件中明确对金融消费者的隐私权进行保护：金融经营者需要保障金融消费者的个人金融信息安全，包括金融消费者的个人信息、账户信息等。2016 年发布的《中国人民银行金融消费者权益保护实施办法》(已失效)第 2 条对“金融消费者”进行了界定，将金融消费者界定为“购买、使用金融机构提供的金融产品和服务的自然人”；2020 年发布的《金融消费者权益保护实施办法》作为部门规章，继续沿用了“自然人”的界定。

关于个人金融信息的范围，中国人民银行《关于银行业金融机构做好个人金融信息保护工作的通知》(银发〔2011〕17 号)中将其界定为银行业金融机构在开展业务时，或通过接入中国人民银行征信系统、支付系统以及其他系统获取、加工和保存的以下个人信息：(1)个人身份信息；(2)个人财产信息；(3)个人账户信息；(4)个人信用信息；(5)个人金融交易信息；(6)衍生信息；(7)在与个人建立业务关系过程中获取、保存的其他个人信息。

2020 年发布的《金融消费者权益保护实施办法》中的“消费者金融信息”，

是指银行、支付机构通过开展业务或者其他合法渠道处理的消费者信息，包括个人身份信息、财产信息、账户信息、信用信息、金融交易信息及其他与特定消费者购买、使用金融产品或者服务相关的信息。

中国人民银行发布的《个人金融信息保护技术规范》（JR/T 0171－2020）适用于提供金融产品和服务的金融业机构，规定了个人金融信息在收集、传输、存储、使用、删除、销毁等生命周期各环节的安全防护要求，从安全技术和安全管理两个方面，对个人金融信息保护提出了规范性要求。根据《个人金融信息保护技术规范》的规定，“个人金融信息”是指“金融业机构通过提供金融产品和服务或者其他渠道获取、加工和保存的个人信息”，包括账户信息、鉴别信息、金融交易信息、个人身份信息、财产信息、借贷信息及其他反映特定个人某些情况的信息。该规范将个人金融信息按照敏感程度从高到低分为C3、C2、C1三个类别，C3类别信息主要为用户鉴别信息，如账户（包括但不限于支付账号、证券账户、保险账户）登录密码、交易密码、查询密码及个人生物识别信息；C2类别信息主要为可识别特定个人金融信息主体身份与金融状况的个人金融信息，以及用于金融产品与服务的关键信息，如账户信息、个人财产信息等；C1类别信息主要为机构内部的信息资产，主要指供金融业机构内部使用的个人金融信息，如账户开立时间、开户机构等。

（三）商业银行可能涉及的个人金融信息处理活动

商业银行各部门均有可能涉及个人金融信息的处理活动，个人金融信息保护应当贯穿商业银行合规经营的每个环节。

1. 业务部门

从业务类型及涉及的职能部门来看，因金融消费者主要为自然人，商业银行涉及个人金融交易的业务部门主要为个人金融业务部门，部分银行也叫零售金融部，对应的金融产品（服务）包括个人储蓄业务、个人理财投资业务（如银行理财产品）、个人贷款业务以及代销业务（包括代销基金、代销保险、代销证券等业务），此外针对个人的业务还有银行卡业务，包括借记卡服务以及信用卡服务，但不少商业银行的信用卡服务会设立单独的业务部门负责。个人金融业务部门是商业银行的业务端口收集和使用个人金融信息的主要部门，其业务开展的各个环节均可能涉及个人金融信息处理活动，下面以几个业务场景为例进行说明。

(1)征信业务

在办理个人贷款业务时，商业银行会对该自然人进行信贷审批，涉及个人征信信息的查询、整理、加工和使用等活动。

但个人征信业务不仅仅涉及商业银行，2014 年 6 月发布的《社会信用体系建设规划纲要(2014—2010 年)》标志着我国社会信用体系建设进入全面推进时期，2018 年 2 月 22 日，百行征信获得我国首张个人征信业务牌照，个人征信业务市场化取得实质性突破。

随着个人征信业务市场化的不断加深，金融机构应当更加重视数据安全及信息保护问题。根据《征信业管理条例》第 13 条的规定，采集个人信息应当经信息主体本人同意，未经本人同意不得采集。但是，依照法律、行政法规规定公开的信息除外。该条款确立了“用户事前同意原则”，该条例同时对禁止采集信息的范围、不良信息的存储、信息的查询和信息的安全保障均作出相应规定。2022 年 3 月，中国人民银行长沙中心支行发布的处罚信息显示，邮储银行湖南省分行因 9 项违规被罚 187. 7 万元，其中一项违法行为为“未经书面同意查询个人征信信息”，由此可见部分商业银行仍然存在未经个人事前同意查询征信信息的情况。

2021 年，中国人民银行发布《征信业务管理办法》，该办法第 6 条明确规定，从事征信业务及其相关活动，应当保护信息主体合法权益，保障信息安全，防范信用信息泄露、丢失、毁损或者被滥用，不得危害国家秘密，不得侵犯个人隐私和商业秘密。该办法分别从信用信息的采集、整理、保存、加工、提供、使用及信息系统安全等方面提出了规范要求。

(2)信用卡业务

信用卡业务作为零售业务，涉及的客户信息和业务敏感数据极多。业务全生命周期从贷前、贷中到贷后管理，各业务环节均可能涉及人工操作且需要访问批量客户数据，人员操作风险也相对较高，如信贷人员授信时需要访问客户全量申请信息和征信报告；客户经营环节可能对客户金融产品使用和行为信息进行整合和分析;客服坐席受理客户需求时需要访问客户身份信息和交易记录等。

在信用卡营销环节以及催收环节,部分商业银行的信用卡业务还会存在外包人员的参与,金融消费者的个人信息还有可能存在和第三方共享、转让的情况,第三方的信息安全保障能力以及其内部的合规管理能力都需要商业银行进行评估。

(3)个人理财业务

个人理财业务包括一般的个人储蓄业务以及理财投资业务,商业银行针对高净值客户可能还会专门设立私人银行部。由于商业银行发行的理财产品有限,为丰富金融产品类型,商业银行会通过代销的方式为客户提供更多元化的服务和产品。代销业务涉及商业银行与其他金融机构或市场主体进行商业合作,因而会涉及大量个人信息的共享、加工、转让等处理活动。

因部分大型金融集团公司下设银行、保险、证券、信托以及互联网平台等各类金融机构,因此在集团体系内部就存在大量业务合作机会,此种情况下也容易出现个人信息处理活动不合规的情况:过度收集个人信息以及超授权范围使用个人信息,比如以默认同意、概括授权等方式获取授权;未经消费者同意或违背消费者意愿将个人信息用于所办理业务以外的用途;不当获取消费者外部信息等。

2. 职能部门

个人信息的全生命周期安全管理不仅涉及业务部门,也涉及商业银行的职能部门,如信息技术部、数据管理部、数据中心等部门(各商业银行职能部门名称有所不同)。这类职能部门一般负责相关信息技术安全及大数据管理的工作,包括个人金融信息存储系统的构建及安全保障、查询权限、密钥等金融信息安全管理,制定和完善数据库操作规程,加强个人金融信息保护存储介质管理等。不少商业银行还存在金融外包业务,如信息技术外包或业务流程外包,在此过程中还可能涉及个人金融信息的共享、转让或委托处理。

因个人金融信息安全属于金融消费者权益保护的重要工作,且中国人民银行和原银保监会对于个人金融信息的行政处罚也主要是依据金融消费者权益保护相关规定进行，商业银行也会将个人金融信息保护纳入金融消费者权益保护相关部门的工作职责中，针对消费者权益保护工作，有些商业银行是在零售金融业务中独立设立部门负责，有些则是纳入法务部或合规管理部。

个人信息保护合规工作是银行合规工作的重要组成部分，且部分银行的反洗钱工作也由合规管理部负责（其中也可能涉及个人金融信息处理问题），因此部分银行也会将个人金融信息保护工作纳入合规管理部的工作范畴，要求合规管理部负责个人金融信息保护工作统筹管理、沟通协调及监督工作。

此外，因《个人信息保护法》第54条明确规定，个人信息处理者应当定期对其处理个人信息遵守法律、行政法规的情况进行合规审计，因此审计部门也可能涉及个人信息合规保护工作；其他部门或分支机构（如支行）可能涉及个人金融信息保护制度的日常监督、检查培训及相关管理工作。

综上，金融机构的个人金融信息保护工作涉及跨部门之间的合作，因此合规工作中的制度构建和整改计划一定要从整体出发，统一筹划而不能割裂施行。

四、合规管理措施

针对个人金融信息保护的合规工作可以从两个维度开展：第一，从微观层面来看，需要对涉及个人金融信息处理活动的各个环节进行评估，注重具体业务开展过程中存在的漏洞和风险点；第二，从宏观层面来看，个人金融信息保护工作要纳入合规管理中，商业银行应从制度层面确定管控措施、落实管控手段，在微观层面发现的不合规项也要通过制度、操作规程、协议、人员培训等多种手段予以整改，通过不断的检查发现问题并自我完善。

（一）个人金融信息全生命周期合规评估

根据《民法典》、《网络安全法》、《个人信息保护法》以及《金融消费者权益保护实施办法》等相关法律法规及行业标准，商业银行应根据实际业务开展流程对个人金融信息全生命周期的合规性进行评估，具体梳理个人金融信息涉及的收集、传输、存储、使用（包括信息展示、共享和转让、公开披露、委托处理、加工处理、汇聚融合、开发测试）、删除、销毁等各环节的操作流程及存在的合规风险(包括但不限于个人信息处理目的、合法事由、对个人信息收集是否获得充分授权进行评估、收集方式、存储方式、存储期限、删除或匿名化方式等),完善银行的内部日常管理及操作流程。

各环节的重点合规工作包括但不限于以下内容:

1. 在个人金融信息的收集环节,自然人客户可能线下进行业务办理,也可能通过网银、手机银行等信息系统方式办理,因目前商业银行大多进行数字化转型,涉及大量通过网银和手机银行收集个人信息的情形,因此在该环节应注意对移动金融 App 的合规检测,除参考中国人民银行发布的《移动金融客户端应用软件安全管理规范》之外,国家网信办及工业和信息化部发布的有关 App 治理的规范及国标都是合规依据。这些依据中的以下合规要点供参考:如通过技术措施进行(如弹窗、明显位置 URL 链接等)收集信息,应引导个人金融信息主体查阅隐私政策,并获得其明示同意后,开展有关个人金融信息的收集活动;逐项列明信息收集与共享的内容、目的及范围,进一步细化"知情—同意"机制的执行要求,在保证效率的前提下,供金融消费者自主选择其信息是否能够被用于营销、用户体验改进与市场调查等特定目的,确保遵循其真实意愿,遵守最小化原则,避免过度收集用户信息。

2. 处理个人生物识别信息的特殊要求:生物识别信息属于敏感个人信息,只有在具有特定的目的和充分的必要性,并采取严格保护措施的情形下方允许处理。出于保护用户财产等目的,商业银行倾向于在各类信息系统中使用人脸、指纹作为用户登录的验证方式,因此在开展合规检查中要特别注意对个人生物信息的识别及存储合规状况进行评估,评估时可以参考以下合规要点:如通过弹窗、即时提示等方式,就生物识别信息的收集和使用征得用户的单独同意;避免将生物识别作为唯一的验证方式,为用户提供其他替代选择;原则上不应存储原始个人生物识别信息,可仅存储个人生物识别信息的摘要(特征)信息;采取安全措施存储和传输生物识别信息,方式包括但不限于加密存储和传输,采用物理或逻辑隔离方式分别存储人脸信息和个人身份信息等。

3. 在个人金融信息的存储环节,应健全分级授权管理制度,建立个人金融信息脱敏(如屏蔽、去标识、匿名化等)管理规范和制度,明确不同敏感级别个人金融信息脱敏规则、脱敏方法和脱敏数据的使用限制。

4. 在个人金融信息的使用环节,商业银行普遍存在代销理财产品的业务,业务可能涉及个人金融信息的共享、转让,在共享和转让前,应开展个人金融信息接收方信息安全保障能力评估,并与其签署数据保护责任承诺,在合规评估工作中应制定有关个人信息接收方准入和评价标准,制定对第三方进行定期评估的工作制度,拟定相关承诺函件。

5. 用户画像与自动化决策:金融机构通过收集用户各类基础数据,对用户进行分类并画像,从而进行精准营销并提供个性化的产品和服务,这种应用模式在行业中已是常态,如商业银行根据客户的风险偏好、风险承受能力、资产基础等,向客户量身推荐个性化的理财产品和银行服务。该行为不仅涉及对客户个人金融信息的利用,还涉及金融产品营销的合规性,两者都是金融消费者权益保护的重要内容。在合规工作中,应对商业银行用户画像及自动化决策涉及的营销工作合规状况进行评估,相关合规事项包括但不限于:应当在个人信息保护政策中明确披露,收集个人信息是否将用于形成直接用户画像及其用途;利用个人信息进行自动化决策的,应当保证自动化决策的透明度和结果公平、公正,不得对个人在交易价格等交易条件上实行不合理的差别待遇;在用户同意的使用目的之外,使用个人信息时应消除明确身份指向性,尽量使用群体画像而非个体画像;在依据用户画像进行信息推送、商业营销时,应当同时提供不针对其个人特征的选项,或者向个人提供便捷的拒绝方式;就个人提出的、有关自动化决策影响其个人权益的决定予以说明,并提供替代性措施。

6. 禁止超范围使用个人信息:2022 年 3 月 2 日,中国人民银行长沙中心支行发布的处罚信息显示,邮储银行湖南省分行因“未经书面同意查询个人征信信息”“未经消费者申请、授权或同意擅自收集、使用消费者个人金融信息办理 ETC 业务”等多项违规行为被处以 187.7 万元的罚款,相关责任人员一同受罚。《个人信息保护法》对企业提出“公开个人信息处理规则,明示处理的目的、方式和范围”“个人信息的处理目的、处理方式和处理的个人信息种类发生变更的,应当重新取得个人同意”等要求,旨在约束企业在约定/法定范围内处理个人信息。商业银行体系内部金融产品类型繁多,业务部门之间存在交叉营销的情况,应结合个人信息的授权范围,评估是否存在超范围使用个人信息的情形,并且在内控管理制度中建立完善的分级授权管理机制,确定各部门各岗位的个人信息处理权限。

7. 信息科技外包是当前银行保险机构的风险多发领域,主要表现在银行保险机构信息科技外包范围不断扩大、银行保险机构信息科技外包形式趋于多样、银行保险机构信息科技外包活动风险频发等方面。商业银行存在个人信息委托处理或其他信息科技外包情形的,应遵守原银保监会发布的《银行保险机构信息科技外包风险监管办法》(以下简称《信息科技外包风险监管办法》)执行合规义务,《信息科技外包风险监管办法》强调银行保险机构应对信息科技外包活动及相关服务提供商进行分级管理,对重要外包和一般外包采取差异化管控措施,其中第 13 条明确规定"涉及集中存储或处理银行保险机构重要数据和客户个人敏感信息的外包"原则上属于重要外包。商业银行应当采取设置外包准入机制的措施,对外包服务商履行尽职调查义务、对信息科技外包服务建立服务效能和质量监控指标,并进行相应监控以保障网络和信息安全。

8. 为激活数据要素潜能、挖掘业务场景,金融机构可能将所有或部分关联企业,以及第三方数据公司收集的个人信息进行汇聚融合,形成更多个人信息标签,如商业银行将自有数据与电商、医疗等其他行业的数据融合,实现联合建模,构建更加精准的营销和风控模型。商业银行在合规整改工作中,应对数据来源的合法性及使用范围进行评估,在实践中,企业往往会在个人信息保护政策中使用"为了提供更好的服务,我们会与第三方共享您的个人信息"之类笼统的描述,在目前《个人信息保护法》强监管的背景下,笔者建议此类目的应当更加明确具体;此外,在数据融合过程中应当采取相应的技术措施和其他必要措施,保障数据安全。商业银行的数据融合具有数据来源多样性以及收集、汇总和存储数据量巨大等特点,数据融合不可避免地会带来更高的数据安全风险,包括对数据未经授权的访问和意外泄露等,商业银行目前的技术手段及安全保障能力是否能够适应数据融合活动也需要特别关注。

9. 商业银行可能面临数据出境的问题,对于个人信息和数据出境应当进行专项的合规评估。数据出境的情形可能包括:该商业银行为外资银行,可能存在向设立在境外的总部进行数据传输的情况；商业银行因业务开展发生的资金跨境、交易跨境从而引起数据出境，如企业境外上市、跨境投资、跨境贸易过程中出现的金融数据出境。针对金融数据出境的问题，2011 年 1 月，中国人民银行发布《关于银行业金融机构做好个人金融信息保护工作的通知》，其中明确指出，“除法律法规及中国人民银行另有规定外，银行业金融机构不得向境外提供境内个人金融信息”。2016 年发布的《中国人民银行金融消费者权益保护实施办法》第 33 条对金融数据出境亦有所规定，但 2020 年发布的《金融消费者权益保护实施办法》删除了相关条款。

2022 年 6 月 24 日，全国信息安全标准化技术委员会发布《网络安全标准实践指南—个人信息跨境处理活动安全认证规范》（TC260 - PG - 20222A，以下简称《安全认证规范》），以落实《个人信息保护法》关于建立个人信息保护认证制度的相关要求。《安全认证规范》从基本原则、个人信息处理者和境外接收方在跨境处理活动中应遵循的要求、个人信息主体权益保障等方面提出了要求，为认证机构实施个人信息保护认证提供跨境处理活动认证依据，也为个人信息处理者规范个人信息跨境处理活动提供参考。2022 年 7 月 7 日，国家网信办发布《数据出境安全评估办法》，明确了数据出境安全评估坚持事前评估和持续监督相结合、风险自评估与安全评估相结合。2023 年 6 月 1 日，《个人信息出境标准合同办法》发布，明确了存在下列情形之一的，可采用标准合同方式完成个人信息出境：非关键信息基础设施运营者；处理个人信息不满 100 万人的；自上年 1 月 1 日起累计向境外提供个人信息不满 10 万人的；自上年 1 月 1 日起累计向境外提供敏感个人信息不满 1 万人的；同时该办法还公示了个人信息出境的标准合同模板，配套出台的《个人信息出境标准合同备案指南（第一版）》则明确了备案的申报材料、申报流程等。金融机构拟完成客户个人金融信息出境的，应根据拟出境个人金融信息的敏感程度、出境数量规模，以及金融机构的主体性质等条件，选择合规的方式实现个人金融信息出境。

从监管的态度来看，金融数据出境必定面临强监管态势《网络安全法》、《个人信息保护法》、《安全认证规范》、《个人信息出境标准合同办法》以及《数据出境安全评估办法》均对数据出境提出了安全影响评估的明确要求，金融数据的出境也将按此相关规定执行，金融机构可据此进行合规评估及整改。

10. 在个人金融信息的删除环节，应采取相应技术手段，在金融产品和服务所涉及的系统中去除个人金融信息，使其保持不可被检索和访问。但在删除环节的合规工作中，应特别注意要符合不同合规义务，比如个人金融信息的删除工作不应违反反洗钱工作有关信息、资料保存期限的要求。

11. 在个人金融信息的销毁环节，应建立相应管理制度，明确销毁对象、流程、方式和要求，销毁个人金融信息存储介质的，应对该销毁过程进行监督并保存销毁记录。如该介质中的个人金融信息不再使用，应采取不可恢复的方式，如消磁、焚烧、粉碎等方式对介质进行销毁处理，如还将继续使用该介质，则应采取多次复写等方式确保介质中的个人金融信息不可再被恢复或采取其他形式加以利用。

(二)合规管理制度构建及人员管理

1. 确立个人金融信息保护的主管部门。由于各商业银行内部职能分工不同，部分银行会设立单独的个人信息保护委员会，有些银行则将该工作统一交由金融消费者权益保护部门进行，有一些则专门设立数据安全委员会统一负责。在实践中，个人金融信息保护工作必然涉及多部门联合协作，因此商业银行内部应先确定合规工作的牵头部门，方能有条不紊地开展后续合规工作。

2. 建立个人金融信息收集、传输、存储、使用、删除及销毁的相关操作规程。

3. 信息系统分级授权管理：建立个人金融信息数据库分级授权管理机制，并按照金融信息的重要性、敏感度及业务开展需要，合理确定本机构员工调取信息的范围、权限和程序。

4. 建立外包服务机构等外部合作机构的管理制度：商业银行应对本机构数据全生命周期过程中的第三方机构进行管理，建立第三方机构管理制度，如根据《信息科技外包风险监管办法》等相关规定建立审查与评估管理机制、通过协议合同等方式对第三方的数据使用行为或个人信息处理行为进行规范等。

5. 建立个人金融信息安全检查及监督机制，定期评估个人金融信息管理方面存在的不足。

6. 将个人金融信息泄露等相关事件处理纳入机构信息安全事件应急处置

工作机制,制定专门的流程和预案,定期评估应急处理流程和预案,及时保障、有效应对个人金融信息安全事件,降低安全事件造成的损失及不利影响。

7. 建立个人金融信息投诉与申诉处理程序,明确投诉与申诉受理部门、处理程序。

8. 人员管理:在员工入职前进行必要的背景调查,与个人金融信息处理的关键岗位人员签订保密协议、员工离职后应立即收回访问权限,并明确告知有关信息保密的义务;对员工开展定期的专项培训等。

第五节　金融机构催收业务的合规要点

催收是金融机构在消费者无法偿还贷款、信用卡欠款等债务时,采取的必要手段。近年来,随着信用卡用户数量的攀升以及不断增加的逾期信贷资产,金融机构尤其是商业银行催收工作重要性不言而喻。以商业银行为例,目前主要以自行催收和委托第三方催收为主,催收管理制度的不完善、催收人员素质参差不齐、第三方管控不严格等导致商业银行催收工作存在诸多法律问题。另外,随着小贷公司、互联网金融、消费金融业务的发展,相关行业催收工作频率越来越高,但因有关机构合规管理水平欠缺、合规意识薄弱,暴力催收、侵犯个人信息权利等事件频出。随着监管机构对于催收工作的要求提高、监管手段加强,如何合法、有效地开展催收工作,成为摆在金融机构面前的挑战性问题。

一、催收的主要法律规制

20 世纪 90 年代起,中国民间金融异军突起,非法催收活动猖獗,有关部门采取了一系列手段遏制民间借贷及催收黑灰产业发展。其中有针对民间借贷的立法规定,也有对非法金融行为进行打击、加强治安管理的行政管理措施,更有刑法手段的震慑。随着监管措施的不断完善以及执法力度的加强,金融行业催收业务也经历了从不合规到逐渐合规的过程。

早在 2009 年,原银监会发布的《关于进一步规范信用卡业务的通知》中就提出，银行业金融机构应审慎实施催收外包行为。要求实施催收外包行为的银行业务金融机构，应建立相应的业务管理制度，明确催收外包机构选用标准、业务培训、法律责任和经济责任等，选用的催收外包机构应经由本机构境内总部高级管理层审核批准，并签订管理完善、职责清晰的催收外包合同，不得单纯按欠款回收金额提成的方式支付佣金。另外，还要求银行业金融机构持续关注催收外包机构的财务状况、人员管理、业务流程、工作情况、投诉情况等，确保催收外包机构按照本机构管理要求开展相关业务。

2010 年发布的《银行业金融机构外包风险管理指引》中，又进一步规定了银行业金融机构将原来由自身负责处理的某些业务活动委托给服务提供商进行持续处理的行为规范及内部治理要求。银行业金融机构应当根据审慎经营原则制定其外包战略发展规划，确定与其风险管理水平相适宜的外包活动范围，银行业金融机构的战略管理、核心管理以及内部审计等职能不宜外包。《银行业金融机构外包风险管理指引》中规定了外包业务评估风险因素、对服务提供商进行尽职调查、应当签订书面合同或协议、应当建立严格的客户信息保密制度、承诺合规性义务、不得将外包活动转包或变相转包、开展跨境外包活动应遵循的原则，对于催收外包有着重大的规制意义。

2014 年开始，互联网金融发展迅速，相关行业的催收问题也凸显出来。2018 年 3 月，中国互联网金融协会出台《互联网金融逾期债务催收自律公约（试行）》（以下简称《催收自律公约》）。《催收自律公约》适用于互联网金融逾期债务催收行为，对失信惩戒、业务管理、人员管理、信息管理、外包管理、投诉处理等作了具体规定，明确了债务催收行为的正、负面清单，设定了执行与惩戒机制。2018 年 P2P“爆雷”，网络借贷资金逐渐收紧，各种非法催收行为猖獗，利用互联网、电话等软暴力催收行为高发，这也正是中国互联网金融协会出台《催收自律公约》的背景。《催收自律公约》一定程度上填补了规范互联网金融债务催收行为的制度空白，对互联网金融风险专项整治工作形成了支撑。但是《催收自律公约》的法律效力较低，加之网贷企业因资金紧缺无法兑付将面临刑事风险，相较于非法催收，兑付问题更容易造成群体性舆情事件，故公约在实践中被有效遵守执行的效果如何，要打一个问号。

随着“扫黑除恶专项斗争”的开展,线下直接暴力催收得到了有效遏制,但是通过其他方式威慑影响消费者进行非法催收的行为屡禁不止。2019 年最高人民法院、最高人民检察院、公安部、司法部联合发布的《关于办理实施“软暴力”的刑事案件若干问题的意见》(以下简称《“软暴力”刑事案件意见》),对于“软暴力”作出了定义:是指行为人为谋取不法利益或形成非法影响,对他人或者在有关场所进行滋扰、纠缠、哄闹、聚众造势等,足以使他人产生恐惧、恐慌进而形成心理强制,或者足以影响、限制人身自由、危及人身财产安全,影响正常生活、工作、生产、经营的违法犯罪手段。同时《“软暴力”刑事案件意见》列举了“软暴力”违法犯罪手段通常的表现形式:(1)侵犯人身权利、民主权利、财产权利的手段,包括但不限于跟踪贴靠、扬言传播疾病、揭发隐私、恶意举报、诬告陷害、破坏、霸占财物等;(2)扰乱正常生活、工作、生产、经营秩序的手段,包括但不限于非法侵入他人住宅、破坏生活设施、设置生活障碍、贴报喷字、拉挂横幅、燃放鞭炮、播放哀乐、摆放花圈、泼洒污物、断水断电、堵门阻工,以及通过驱赶从业人员、派驻人员据守等方式直接或间接地控制厂房、办公区、经营场所等;(3)扰乱社会秩序的手段,包括但不限于摆场架势示威、聚众哄闹滋扰、拦路闹事等;(4)其他符合规定的“软暴力”手段。《“软暴力”刑事案件意见》还特别提出,通过信息网络或者通信工具实施,符合本意见第 1 条规定的违法犯罪手段,应当认定为“软暴力”。《“软暴力”刑事案件意见》的出台,有效震慑了网络“软暴力”非法催收行为,对于金融机构规范自行网络催收、委托第三方催收提出了更高要求。

近几年,监管机构对于金融消费者权益保护的工作重视程度上升到了新高度,对于催收环节的监管要求也越来越严格。

2019 年 11 月,原银保监会发布《关于银行保险机构加强消费者权益保护工作体制机制建设的指导意见》,要求银行保险机构将消费者权益保护融入公司治理各环节。

2020 年 7 月,《商业银行互联网贷款管理暂行办法》正式公布施行,该办法对于催收外包特别进行了规定:商业银行不得委托有暴力催收等违法违规记录的第三方机构进行贷款清收。商业银行应明确与第三方机构的权责,要求其不得对与贷款无关的第三人进行清收。商业银行发现合作机构存在暴力催收等违法违规行为的，应当立即终止合作，并将违法违规线索及时移交相关部门。另外，商业银行应当持续对外包合作机构进行管理，及时识别、评估和缓释因合作机构违约或经营失败等导致的风险。对合作机构应当至少每年全面评估一次，发现合作机构无法继续满足准入条件的，应当及时终止合作关系，合作机构在合作期间有严重违法违规行为的，应当及时将其列入本行禁止合作机构名单。

2020 年 9 月，《金融消费者权益保护实施办法》正式发布，并于 2020 年 11 月 1 日起施行。《金融消费者权益保护实施办法》较为完善地对银行、支付机构金融消费者权益保护工作进行规制，在加强内控制度建设、加强培训、争议解决等多方面对于催收工作有着指导意义。值得指出的是，《金融消费者权益保护实施办法》第三章专门就消费者金融信息保护进行了规定，要求银行、支付机构及其工作人员应当对消费者金融信息严格保密，不得泄露或者非法向他人提供，并对催收及催收外包中的个人金融信息保护提出要求。

2021 年 11 月发布的《中国银行业协会信用卡催收工作指引（试行）》作为行业自律文件，为银行金融机构信用卡催收工作提供了有效完善的参考。该指引较为明确地从催收行为、催收规范、外部催收机构管理、内控管理、行业自律惩戒等方面进行了规定。值得指出的是，该指引在《民法典》和《个人信息保护法》之后出台，更深刻地体现了政府对于金融消费者信息权益保护工作的重视。

2022 年 6 月，原银保监会、中国人民银行联合发布《关于进一步促进信用卡业务规范健康发展的通知》，完善了银行业金融机构开展信用卡业务合作的规定，要求银行业金融机构切实落实业务合规审查主体责任，加强与合作机构在从业人员合规和消费者保护培训等方面的协作，其中就包括催收环节的合作机构。该通知还规定，银行业金融机构应当落实催收管理主体责任，严格制定并实施催收业务审计检查、投诉处理等管理制度，规范催收行为，不得违法违规提供或者公开客户欠款信息，不得对与债务无关的第三人进行催收。不断加强本机构催收能力建设，降低对外包催收的依赖度，加强对外包催收机构的管理。

银行业金融机构应当至少在本机构官方渠道统一公开委托催收机构名称、联系方式等有关信息。另外,银行业金融机构开展联名卡合作时,联名单位提供催收等其他服务的,还应当另行签订专门合同,并按照收益风险匹配原则分别约定双方权责,不同合作内容类别之间不得相互混同和交叉捆绑。

总体来讲,目前金融行业对于催收行为的专门规制主要体现在部门规章、行业自律等文件中,已经有了较为完善的规定。但是有关文件的法律效力较低,实践中新模式、新问题高发,司法实践的判罚与金融机构理解存在偏差等因素,也困扰着金融机构催收工作。另外,随着金融行业发展,数字经济领域的金融服务越来越多,新兴互联网金融、消费金融近年来发展迅速,催收工作面临越来越多的挑战。鉴于此,立法学界也一直在呼吁对催收进行专门立法,这也将有助于金融机构催收工作的合规性发展,如2019年年底,由湘潭大学信用立法研究中心主办、湘潭大学信用风险管理学院承办的"《中华人民共和国债务催收管理条例》(立法建议稿)"研讨会在长沙召开,与会专家就《中华人民共和国债务催收管理条例(立法建议稿)》展开研讨。但截至目前,该立法建议仍未有进一步进展,我国的债务催收管理专门立法仍待加强。

二、催收存在的主要法律问题

(一)个人金融信息保护

1. 针对借款人催收的个人信息保护

金融业务的办理,都需要收集、留存用户部分个人信息,这是业务本身特性。针对个人客户,金融机构一般可能要求金融消费者留存身份信息、金融账号、联系方式、家庭地址等个人信息,然而近年来,在催收工作中侵犯个人信息权益、个人隐私权纠纷案件时有发生。

(1)非诉催收中的个人信息保护

催收工作中,金融机构往往首先通过非诉讼手段进行催收,如电话、信函、外访等方式,这些方式的催收需要利用在业务初始阶段收集的个人电话号码、通讯地址、住址等信息。根据《个人信息保护法》,个人信息处理者在处理个人信息前,应当以显著方式、清晰易懂的语言真实、准确、完整地向个人告知个人信息的处理目的、处理方式，处理的个人信息种类、保存期限，个人行使法律规定权利的方式和程序等内容，这就要求金融机构在签订业务合同时，在合同中显著位置，或者通过弹窗等显著方式，向个人披露收集有关个人信息的目的中包含后续催收工作。

在实践中，很多催收对象预留的联系方式在催收工作进行时已经变更，或者难以联系到个人，部分金融机构工作人员、第三方催收机构及其人员，基于绩效、催收收益等因素考虑，可能存在向非法出售个人信息的组织或者个人购买有关客户的其他个人信息的情形。近年来，虽然金融机构对于从业人员侵犯个人信息的行为加大了监管力度，但因为利益的驱使，部分人员依然铤而走险，第三方催收机构此类行为更加严重。

2021 年 12 月，长沙市公安局通报了一起特大侵犯公民个人信息案：贷款催收公司湖南强责信用管理有限公司（以下简称湖南强责）为提高催收率，通过非法渠道大量购买公民个人信息，再将之卖给催收业务员。经调查，湖南强责主要承接银行等金融机构不良资产管理及信用卡催收业务服务。该公司下设行政部、数据部、业务部等多个部门，且每个部门分工明确，催收业务由业务部负责，信用卡透支户、信贷逾期户的个人信息由数据部对接银行提供给业务部，业务部员工负责联系催收对象，确认是否有还款意愿。

为提高催收成功率、提升业绩，湖南强责直接将催收对象还款金额与业务部绩效收入挂钩，在银行提供的个人信息无法联系催收对象或者催收对象还款意愿不强的情况下，组织公司人员通过网络黑灰产渠道大量购买公民个人信息，再将这些公民个人信息贩卖给公司员工用于催收，并巧立名目以“水果费”“风险费”等名义，每月从员工工资中扣除数十元到几百元不等的费用，作为购买公民个人信息的资金。专案组初步调查发现，该公司月均购买公民信息 10 万余条，累计非法获取公民信息达 200 余万条。

“湖南强责案”是典型的催收公司侵犯公民个人信息案件，该类型业务模式在行业内普遍存在。根据《刑法》第 253 条之一，违反国家有关规定，向他人出售或者提供公民个人信息，情节严重的，构成侵犯公民个人信息罪。而根据最高人民法院、最高人民检察院《关于办理侵犯公民个人信息刑事案件适用法律若干问题的解释》,非法获取、出售或者提供行踪轨迹信息、通信内容、征信信息、财产信息50条以上;非法获取、出售或者提供住宿信息、通信记录、健康生理信息、交易信息等其他可能影响人身、财产安全的公民个人信息500条以上;非法获取、出售或者提供其他公民个人信息5000条以上即达到入罪标准。

(2)诉讼催收中的个人信息保护

当非诉讼催收手段无法实现催收目的时,金融机构基于业务流程,一般会通过自行提起诉讼、委托律师提起诉讼、将不良债权转让给资产管理公司等方式处理逾期债权。

在自行催收工作中,金融机构须向法院、仲裁机构提交被告/被申请人/被保全人/被执行人的联系地址、联系人、联系电话、财产信息等。虽然有效的联系方式和财产线索在司法实践中有助于尽早、尽快且有效地实现合法债权,但基于个人信息保护的原因,金融机构所提交的个人信息也应当是事前合法授权取得的。另外,在诉讼中,还可以通过合法的调查取证程序,申请调取公安机关人口登记信息、不动产登记信息中的个人信息。

在委托律师提起诉讼进行催收时,律师与金融机构属于代理与被代理的关系。金融机构除了要求律师履行上述合法诉讼程序外,还应对律师通过调查取证获得以及从金融机构获取的有关个人信息进行保密。

通过将不良债权转让给资产管理公司的方式处理不良债权,依然需要将事前通过合法授权取得的个人信息(主要存在于合同、表格中)转让给资产管理公司。

2. 针对第三人催收的个人信息处理

金融机构出于风控、反洗钱等考量,可能在办理业务时要求金融消费者留存配偶、紧急联系人等其他个人的有关信息,这类信息可能包括姓名、身份证号、联系电话、职业、联系地址等。在催收环节,为了将催收信息传达给金融消费者,相关信息可能被催收人员使用,就会出现针对第三人催收的可能性。这里的针对第三人催收,可能包括通过联系第三人,获取金融消费者的最新个人信息及情况,可能包括通过第三人传达催收信息,也可能包括要求第三人代为偿还债务。

针对第三人的联系和催收在实践中常有发生，尤其是针对夫妻一方欠款向另一方催收联系的情况较为普遍。如微博大 V 袁某聪称招商银行存在泄露个人信息、违规催收事件，就曾引发社会关注。2020 年 11 月 15 日，袁某聪发布微博称，接到一个自称是招商银行的私人手机号码来电，对方要求他替过世的妻子偿还信用卡欠款。袁某聪对来电方身份表示怀疑，最后得知对方是“收数公司”的。袁某聪称，妻子离开得突然，生前并未向他交待这方面的信息，他也并不清楚妻子的财务状况。他认为来电对方“极度无礼”，引起了他的不适和愤怒。针对此事，招商银行回应称，经查核，该行信用卡中心委托第三方公司处置账务问题的流程合法合规，不存在泄露客户信息的情况。对于袁某聪反映的外呼人员会话态度问题，该行正在调取相关录音查验，如发现不符合服务规范的情况，将予以严肃处理。

实践中，针对第三人的不当催收行为也受到监管机构的关注，如原银保监会《关于开展银行业保险业市场乱象整治“回头看”工作的通知》（银保监发〔2020〕27 号）中，对信用卡业务中的乱象进行整治，其中包括未采取有效措施保护客户信息安全，违规泄露、滥用客户信息、对债务人或担保人违规不当催收等。

金融机构是否有权对第三人进行催收或联系第三人？

一般理解，催收对象只能是法律上具有还款义务的人，包括债务人和担保人，以及其他具有还款义务的人。如《中国银行业协会信用卡催收工作指引（试行）》对于债务人的定义是“根据信用卡领用合约、信用卡相关产品合同或服务协议等，申请或使用信用卡及信用卡相关产品，对信用卡及相关债务负有偿还义务的持卡人或担保人，以及其他依法应承担还款义务的当事人”，这里一方面明确了债务人定义，另一方面其实也明确了催收对象。但是“其他依法应承担还款义务的当事人”在实践中可能会对一线人员造成困扰，金融机构应当在业务流程及操作指引中详细列举还款义务当事人的具体范围。如夫妻关系中，有关欠款并不当然属于共同债务，是否属于共同债务仍有待于司法确认。

上述指引还对联系第三人进行了规定，要求催收工作应严格遵守国家对个人信息保护的相关规定。严禁对与债务无关的第三人进行催收或骚扰。联系第三人不得透露债务人的详细欠款信息和欠款金额,可询问债务人的联系信息,或请其代为转告债务人与银行联系。当第三人明确愿意为债务人偿还欠款时,可视情况提供还款所需必要信息;当第三人明确要求不得联系时,经确认其为无关第三人,则催收人员应限制后续联系行为。

《商业银行信用卡业务监督管理办法》第 68 条规定,发卡银行应当对债务人本人及其担保人进行催收,不得对与债务无关的第三人进行催收。

《商业银行互联网贷款管理暂行办法》第 56 条也对此进行规制,要求商业银行应明确与第三方机构的权责,要求其不得对与贷款无关的第三人进行清收。

有关监管要求仅禁止了针对无关第三人的催收行为,并未明确禁止通过第三人联系金融消费者。金融机构直接通过第三人联系金融消费者时,应当仅限于客户留存的有关人员及联系方式,执行催收或合同约定的特定目的。在具体话术及流程中,应当严格保护金融消费者个人信息,避免直接要求第三人偿还债务,更不得对第三人进行持续骚扰或继续催收。

值得注意的是,实践中,因业务需求,金融机构会要求金融消费者在办理业务时留存配偶、紧急联系人等人的个人信息,可能包含一般个人信息和敏感个人信息。此部分信息的收集并未获得有关权利人的授权和同意,在向第三方催收机构转让时存在法律障碍。另外,一些违规机构通过 App 等媒介获取用户通讯录,进而获取他人姓名、电话号码等个人信息的情形也时有发生。这两种情形下,他人个人信息能否转让给催收机构,是实践中的难点。笔者认为,通过 App 等媒介获取通讯录的行为违法违规,此类信息的取得甚至未通过用户本身的合法授权,不应采集,更不应转让。针对用户自主预留的家人、紧急联系人等信息,应当在收集时就列明收集必要性和目的,且被收集人的范围、收集的信息类型应符合最小必要原则,在转让时也应严格要求催收机构遵守有关信息的用途,要求催收机构严格规范催收流程,保护有关个人信息。

3. 委托第三方催收中的信息转让

金融机构委托第三方催收机构进行催收,必然涉及大量个人信息的转让,这也是委托催收中个人信息保护工作的重点。

第一,应当告知金融消费者有关催收机构的信息,并取得个人单独同意。根据《个人信息保护法》第 23 条,个人信息处理者向其他个人信息处理者提供其处理的个人信息的,应当向个人告知接收方的名称或者姓名、联系方式、处理目的、处理方式和个人信息的种类,并取得个人的单独同意。

上述规定的难点在于告知的时间点。在催收工作进行时,将个人信息提供给催收机构并获取个人同意几乎无法实现。笔者认为,虽然金融消费者权益保护要求倾斜性立法,且个人信息保护工作十分重要,但相关保护规则也应具有合理边界。为了保护金融机构合法债权的实现,金融机构可以在签订合同时就披露收集个人信息的目的、范围、方式、救济途径,其中可以包括催收中可能将特定信息提供给特定催收机构,以及催收机构的联系方式、处理目的、处理方式等。

上述规定的另一个难点在于取得个人的单独同意。一般单独同意可以通过电子合同中单独选框、单独弹窗,线下合同中单独附件、单独地同意催收合同等方式实现。

第二,金融机构应当要求催收机构仅通过约定的催收手段,利用约定的个人信息的种类,在实现催收目的的范围内处理个人信息。虽然《个人信息保护法》规定,接收方变更原先的处理目的、处理方式的,应当依照本法规定重新取得个人同意,但基于监管要求,金融机构应当严禁催收机构变更处理目的、处理方式。

第三,金融机构应当进行个人信息保护影响评估。《个人信息保护法》第 55 条规定,委托处理个人信息、向其他个人信息处理者提供个人信息、公开个人信息的,个人信息处理者应当事前进行个人信息保护影响评估,并对处理情况进行记录。如果金融机构委托催收机构进行催收,必然涉及个人信息的提供,应当对提供信息给第三方催收机构的情形进行事前的个人信息保护影响评估。个人信息保护影响评估报告和处理情况记录应当至少保存 3 年,而评估的主要内容包括:个人信息的处理目的、处理方式等是否合法、正当、必要;对个人权益的影响及安全风险;所采取的保护措施是否合法、有效并与风险程度相适应。

第四,信息转让应符合《个人金融信息保护技术规范》有关要求,个人信息在共享和转让前，金融机构应开展个人金融信息接收方信息安全保障能力评估，并与其签署数据保护责任承诺。如果有委托处理的场景，C3 以及 C2 类别信息中的用户鉴别辅助信息，不应委托给第三方机构进行处理。

(二)暴力催收

1. 暴力催收的现状

随着金融行业的发展，暴力催收行为猖獗，日益影响社会安定。国家近年来一直在打击暴力催收的行为，比较典型的就是“扫黑除恶专项斗争”行动中对于暴力催收黑恶势力的打击。同时，为了规范催收行业有序发展，国家也出台了一系列规制文件，如针对民间非法金融活动和非法催收行为，原银保监会、公安部、国家市场监管总局、中国人民银行联合出台了《关于规范民间借贷行为 维护经济金融秩序有关事项的通知》(银保监发〔2018〕10 号)，其中规定了严厉打击以故意伤害、非法拘禁、侮辱、恐吓、威胁、骚扰等非法手段催收贷款。

另外，针对非法暴力催收的行为，《刑法修正案(十一)》新增了“催收非法债务罪”作为《刑法》第 239 条之一：“有下列情形之一，催收高利放贷等产生的非法债务，情节严重的，处三年以下有期徒刑、拘役或者管制，并处或者单处罚金：(一)使用暴力、胁迫方法的；(二)限制他人人身自由或者侵入他人住宅的；(三)恐吓、跟踪、骚扰他人的。”

(1)对人身健康和财产直接造成危害的非法拘禁、故意伤害等行为

对人身安全和财产直接造成危害的暴力催收，很容易触犯《刑法》。根据催收者对相对人实施暴力的程度和情形，可能涉嫌非法拘禁罪、故意伤害罪、侮辱罪、寻衅滋事罪等罪名，催收机构如具有通过暴力催收的行为，还可能构成黑恶势力，极易被认定为黑社会性质组织。如果相关行为尚不足以入罪，还可能违反《治安管理处罚法》第 2 条的规定：扰乱公共秩序，妨害公共安全，侵犯人身权利、财产权利，妨害社会管理，具有社会危害性，依照《刑法》的规定构成犯罪的，依法追究刑事责任；尚不够刑事处罚的，由公安机关依照本法给予治安管理处罚。

随着“扫黑除恶专项斗争”的开展，通过故意伤害、非法拘禁等暴力手段催

收的行为得到有效遏制。2018 年原银保监会《关于银行业和保险业做好扫黑除恶专项斗争有关工作的通知》规定，对于银行业领域重点打击的情形就包括以故意伤害、非法拘禁、侮辱、恐吓、威胁、骚扰等非法手段催收贷款。

（2）通过“软暴力”实施的催收行为

通过“软暴力”实施催收的情形依然存在。在金融领域，尤其是银行业金融机构中，自行催收工作中的直接暴力催收问题尚不突出，更多体现为“软暴力”，且主要存在于金融机构委托第三方催收机构进行的催收工作中。

关于“软暴力”，2019 年《“软暴力”刑事案件意见》给出了定义：是指行为人为谋取不法利益或形成非法影响，对他人或者在有关场所进行滋扰、纠缠、哄闹、聚众造势等，足以使他人产生恐惧、恐慌进而形成心理强制，或者足以影响、限制人身自由、危及人身财产安全，影响正常生活、工作、生产、经营的违法犯罪手段。

同时，《“软暴力”刑事案件意见》列举了“软暴力”违法犯罪手段通常的表现形式，还特别提出，通过信息网络或者通信工具实施，符合本意见第 1 条规定的违法犯罪手段，应当认定为“软暴力”。

2. 针对暴力催收的监管要求

近年来，监管部门对于暴力催收的行为加强了监管，无论是对于消费者权益保护工作的深入开展，还是要求金融机构对第三方催收机构加强日常管理，均有杜绝暴力催收的监管思想。

2011 年 1 月发布的《商业银行信用卡业务监督管理办法》就规定不得采用暴力、胁迫、恐吓或辱骂等不当催收行为。

2020 年 7 月发布的《商业银行互联网贷款管理暂行办法》，对商业银行提出了更高的要求。其中第 56 条规定，商业银行不得委托有暴力催收等违法违规记录的第三方机构进行贷款清收。商业银行发现合作机构存在暴力催收等违法违规行为的，应当立即终止合作，并将违法违规线索及时移交相关部门。该办法还要求商业银行应当持续对合作机构进行管理，及时识别、评估和缓释因合作机构违约或经营失败等导致的风险。对合作机构应当至少每年全面评估一次，发现合作机构无法继续满足准入条件的，应当及时终止合作关系，合作机构在合作期间有严重违法违规行为的,应当及时将其列入本行禁止合作机构名单。

针对行业内暴力催收,尤其是“软暴力”催收行为屡禁不止,且危害金融消费者权益的情况,2021 年 7 月,原银保监会发布了《关于银行业保险业常态化开展扫黑除恶有关工作的通知》(银保监发〔2021〕23 号),该通知要求银行业、保险业要规范催收行为,保护消费者合法权益。各银行保险机构要加强催收业务管理,合理设定催收考核指标及奖惩机制,建立并完善催收机构准入和退出机制,严禁委托涉黑涉恶机构和个人催收,发现催收机构采用非法手段催收的,应立即停止合作关系;进一步规范催收行为,严禁使用非法手段催收,切实保障消费者合法权益。

2022 年 12 月,原银保监会发布《银行保险机构消费者权益保护管理办法》,该办法第 41 条规定,银行保险机构应当规范催收行为,依法依规督促债务人清偿债务。加强催收外包业务管理,委托外部机构实施催收前,应当采取适当方式告知债务人。银行保险机构自行或者委托外部机构催收过程中不得存在下列情形:(1)冒用行政机关、司法机关等名义实施催收;(2)采取暴力、恐吓、欺诈等不正当手段实施催收;(3)采用其他违法违规和违背公序良俗的手段实施催收。

可见,监管部门在不断加强有关暴力催收的行为规制,这有助于金融消费者权益保护,但也给催收工作,尤其是一线催收人员的工作带来挑战。催收人员通过网络、电话等在线途径开展催收工作时,应特别关注避免构成“软暴力”。具体而言,应遵守以下规则:

(1)应表明实际身份,不得冒用行政机关、司法机关、律师等名义实施催收;

(2)不得以泄露欠款信息、泄露个人隐私为由胁迫还款;

(3)不得在外访催收时,采取围堵、跟踪等行为;

(4)未经债务人同意,严禁在晚 22:00 至早 8:00 进行电话、外访催收;

(5)按照电话催收当时具体情况,主动通话的频密程度应控制在合理及必需的范围内。严禁使用“呼死你”等方式频繁致电催收;

(6)严禁对与债务无关的第三人进行催收或骚扰;

(7)严禁使用无录音设备；

(8)不得穿着特殊服饰或有不当言行；

(9)外部催收机构严禁以金融机构工作人员身份开展催收行为；

(10)严禁以列入虚构的黑名单、虚构的不良信用数据库为由威胁债务人；

(11)严禁以虚假的债务数额、性质、法律后果作出误导债务人的表述；

(12)严禁采用骚扰、恐吓、欺诈、威胁等不当手段开展催收；

(13)严禁有其他不正当催收方式。

3. 暴力催收对于金融机构的影响

暴力催收属于监管机构明确禁止的行为。即使是催收业务外包，金融机构也承担主要管理责任，第三方暴力催收也直接影响金融机构。因自身工作人员或第三方催收机构暴力催收的行为造成金融消费者权益损害的，金融机构或相关从业人员，可能承担相应责任。

(1)刑事责任

如金融机构人员通过暴力手段进行催收，涉嫌刑事犯罪的，相应人员可能承担相应的责任。委托第三方催收情形下，在部分暴力催收行为中，金融机构有关人员存在同谋的可能性，如催收行为触犯《刑法》，则相关人员可能作为共犯涉嫌犯罪。

(2)行政责任

禁止暴力催收在监管文件中反复出现，如金融机构在催收工作中存在不正当催收行为，则可能因为侵犯消费者权益，被追究行政责任。如 2021 年 3 月，原银保监会消费者权益保护局发布《关于新网银行侵害消费者合法权益案例的通报》(以下简称《新网银行侵权通报》)，通报了四川新网银行股份有限公司(以下简称新网银行)侵害消费者合法权益的案例。

《新网银行侵权通报》指出，自 2019 年第四季度以来，监管系统接收到消费者对新网银行的投诉举报显著上升，车贷方面的投诉举报数量位列银行业金融机构第 2 位，反映问题主要集中在银行违规放款、对车贷金额存在异议、贷款息费过高、暴力催收等方面。其中，对新网银行与一家互联网汽车消费分期服务平台合作业务的投诉举报尤为突出。《新网银行侵权通报》披露，调查发现新网银行与该互联网平台合作业务存在以下侵害消费者合法权益的行为：

一是新网银行贷前调查不尽职。新网银行存在对部分借款人贷款申请资料真实性核查不到位的问题，违反相关监管规定。

二是新网银行催收管理不到位。新网银行存在短信催收缺乏相应的管理制度、电话催收操作规程不完备等问题。

三是新网银行与该互联网平台合作业务推高了消费者融资成本。

《新网银行侵权通报》要求各银行保险机构认真贯彻落实党中央、国务院决策部署，按照原银保监会《关于银行保险机构加强消费者权益保护工作体制机制建设的指导意见》，建立健全消费者权益保护体制机制，自上而下切实承担起主体责任，围绕与第三方机构合作、催收管理等方面侵害消费者权益乱象开展自查自纠，依法合规开展经营活动，切实降低融资综合成本，保护消费者合法权益。

新网银行被通报的内容之一即是存在短信催收缺乏相应的管理制度、电话催收操作规程不完备等问题。

而催收领域的行政处罚并非个例，尤其是信用卡催收领域的违规案例时有发生。近年来，已经有多家金融机构因委托第三方催收，涉嫌暴力催收被处以行政处罚。金融机构或其委托的第三方机构对信用卡持卡人实施暴力催收的，可能因涉嫌违反《银行业监督管理办法》第 46 条规定的审慎经营规则，而被处以责令改正，并处 20 万元以上 50 万元以下罚款等行政处罚。

(3)民事责任

因暴力催收造成金融消费者合法权益损害的，金融机构可能承担侵权责任或者连带责任。通过暴力催收造成金融消费者权益损害的，可能引发健康权、名誉权、隐私权等纠纷。

如在(2018)鲁 08 民终 171 号案中，北京拉卡拉小额贷款有限责任公司虚构债务人涉嫌诈骗贷款、已经进入立案侦查的事实，并以短信的方式发送给案外人，构成了侵犯名誉权。法院认为，自然人享有生命权、身体权、健康权、姓名权、肖像权、名誉权、荣誉权、隐私权、婚姻自主权等权利。以书面或口头形式侮辱或者诽谤他人,损害他人名誉的,应认定为侵害他人名誉权。本案中,王某海一审提交的通话录音光盘、录音书面资料、短信图片、手机内存短信、中国联通查询短信详单等证据可以证明,北京拉卡拉小额贷款有限责任公司工作人员与王某海通话催收借款,并向董某军及王某海手机发送短信的事实。其作为借款合同的一方当事人可以通过自行协商或诉讼的途径依法行使权利,而不应当采取虚构并发布不实信息、贬损对方名誉的方式达到解决合同争议的目的。北京拉卡拉小额贷款有限责任公司虚构王某海涉嫌贷款诈骗已经进入经侦科审查阶段的事实,并以短信的方式发送给案外人董某军,其行为对王某海的名誉构成侵犯,北京拉卡拉小额贷款有限责任公司应当承担侵权责任,王某海请求北京拉卡拉小额贷款有限责任公司以书面形式道歉以恢复其名誉,应当予以支持。

另外,随着《个人信息保护法》实施,金融机构在催收工作中还可能受到隐私权、个人信息权益纠纷的困扰。尤其是催收工作中不当收集和使用个人信息,不当转让、提供个人信息很容易产生投诉、纠纷。《个人信息保护法》第69条规定,处理个人信息侵害个人信息权益造成损害,个人信息处理者不能证明自己没有过错的,应当承担损害赔偿等侵权责任。损害赔偿责任按照个人因此受到的损失或者个人信息处理者因此获得的利益确定;个人因此受到的损失和个人信息处理者因此获得的利益难以确定的,根据实际情况确定赔偿数额。这就要求金融机构做好信息收集、使用、转让等环节的合规工作并做好相应记录,否则遇到“过错推定”的司法实践,很可能要承担侵权责任。

(三)委托第三方催收

委托第三方催收机构进行催收工作,近年来已经成为金融机构的常态。虽然监管部门在逐渐要求金融机构减少对催收机构的依赖,如原银保监会、中国人民银行《关于进一步促进信用卡业务规范健康发展的通知》(银保监规〔2022〕13号)要求银行业金融机构不断加强本机构催收能力建设,降低对外包催收的依赖度。但基于成本、催收效果等因素考量,金融机构对于委托催收的需求依然旺盛。

委托第三方催收,必然意味着金融机构可能承担的不利法律风险扩大,如在上文中已经论述的个人信息权利、暴力催收等环节中的法律责任凸显。如何加强对第三方催收的监管,有效地管控业务流程,进而防控风险,是金融机构面临的重要课题。对于金融机构,可从以下方面加强第三方催收机构管理。

第一,金融机构应当建立外包催收机构的准入机制和业务管理制度,明确要求、标准,实行名单制管理。对于入围的外包催收机构,应根据合作内容、对客户的影响范围和程度、对银行财务稳健性的影响程度等,实施分层分类管理,并按照其层级和类别确定相应审批权限。

第二,金融机构应当对外包催收机构从经营情况、管理能力、风控水平、技术实力、服务质量、业务合规和机构声誉等方面对合作机构进行准入前评估,确保合作机构与合作事项符合法律法规和监管要求。

第三,金融机构应当与催收合作机构签订书面合作协议。书面合作协议应当按照收益和风险相匹配的原则,明确约定合作范围、操作流程、各方权责、收益分配、风险分担、客户权益保护、数据保密、争议解决、合作事项变更或终止的过渡安排、违约责任以及合作机构承诺配合商业银行接受银行业监督管理机构的检查并提供有关信息和资料等内容。

第四,金融机构应当在相关页面醒目位置向金融消费者充分披露合作机构信息。具体而言,至少在本机构官方渠道公开委托催收机构名称、联系方式等有关信息。

第五,金融机构不得委托有暴力催收等违法违规记录的第三方机构进行贷款清收。在准入环节,应当对合作机构及其主要人员进行尽职调查和评估。如发现合作机构存在暴力催收等违法违规行为的,应当立即终止合作,并将违法违规线索及时移交相关部门。

第六,金融机构应要求催收机构不得对与贷款无关的第三人进行清收。

第七,金融机构应当持续对催收合作机构进行管理,及时识别、评估和缓释因合作机构违约或经营失败等导致的风险。对催收合作机构应当至少每年全面评估一次,发现合作机构无法继续满足准入条件的,应当及时终止合作关系,催收合作机构在合作期间有严重违法违规行为的,应当及时将其列入本行禁止合作机构名单。

第八,金融机构应持续加强对催收合作机构的日常管理,通过现场检查、非现场检查、培训等方式,确保外部催收机构依法合规开展催收行为。

第九,金融机构应当严格要求催收合作机构保护个人信息,不得非法泄露、使用个人信息,要求其按照《个人信息保护法》的规定,制定个人信息保护有关制度,并监督落实情况。

第十,金融机构应当要求催收合作机构加强对业务人员的合规培训,并定期检查落实情况。

第十一,金融机构应认真记录并处理金融消费者对外部催收机构的投诉意见,并结合投诉意见优化外部催收机构债务催收的流程和行为。

第十二,金融机构应建立对催收合作机构的常态化考核机制,将催收效果、信息安全、有责投诉等纳入综合考核范围,切实提高对催收合作机构和催收人员的合规催收约束力,持续强化合规催收意识。

第十三,金融机构应严禁催收合作机构将委托催收的业务转包或变相转包。

三、合规管理措施

面对庞大的逾期债权资产,通过催收回笼资金已经成为金融机构最重要的工作之一,也是金融机构风控的重要环节。面临投诉量不断增长、司法纠纷案件增加的压力,无论是监管机构还是金融机构本身,都在加强催收工作的合规化改进。金融消费者教育工作的推进,提高了金融消费者权利意识,对金融机构催收工作提出更高要求;个人信息保护等有关法律的出台,又为金融机构在催收环节的个人信息保护工作套上了“紧箍咒”。合规催收,已然成为金融机构以及外包催收合作机构必须要走的一条道路。

(一)建立催收管理制度

建立一套完善的催收管理制度是催收工作的基础。金融机构应当建立包含催收业务管理、催收人员管理、催收信息管理、外包机构管理、投诉处理制度等在内的制度体系。而制度体系中涵盖的精神内容,需要融入整个业务流程中,并非仅限定于催收环节。如关于个人信息的保护,如涉及外包催收情形,则应在初始业务合同中就约定有关信息收集、信息使用、信息转让等条款,并获取金融消费者合法授权同意。

同时,为了制度落实和流程管控、行为管控,金融机构有必要建立专门的催收业务系统,以有效支撑债务催收管理。

在制度的遵守和落实中,金融机构还应关注制度落实的记录。评价制度完善性,一个重要的考量因素,就是制度的落实是否有记录。记录的产生有助于金融机构不断完善合规管理体系,不断完善制度文本,不断优化流程。同时,在受到监管部门调查时,亦是有效的抗辩证据。另外,基于法律对于消费者权益保护采取倾斜性立法,在司法实践中对于金融机构采取的可能是举证责任倒置、过错推定等原则,有关记录的保存也有助于金融机构面对诉讼纠纷时防控风险。

(二)规范催收行为

目前,主要的金融机构均建立了有关催收的制度,但实践中,基于催收产生的纠纷依然高发,主要原因在于催收人员不规范催收行为。金融机构应当严格规范催收人员行为,针对催收对象、催收方式、催收规则、催收话术等方面进行专门研究,并就有关内容形成文化,用以催收人员的培训。同时,金融机构还应严格要求催收人员对于催收过程进行全程录音或录像。

针对投诉、纠纷高发的情形,金融机构应当建立严格的行为负面清单,如不得骚扰无关人员、不得恐吓、不得威胁、不得辱骂、不得胁迫、不得频繁致电骚扰债务人、不得泄露信息、不得私自收款、不得穿着误导性服装等。如信用卡催收实践中,催收人员可能会以信用卡诈骗、列入虚构的黑名单、列入虚构的不良信用数据库为由威胁债务人,这也应当予以禁止。

值得指出的是,金融机构或外包催收合作机构催收时,经常冒充公安机关、司法机关、律师等身份进行催收,这应严格禁止。外访催收时,更不得殴打、伤害债务人及其他人员,不得非法限制债务人及其他人员人身自由,不得非法侵入他人住宅或非法搜查他人身体,不得抢掠或破坏债务人及其他人员财物。

（三）加强外部催收机构管理

委托外部催收合作机构催收是金融机构主要催收方式之一，但也是投诉、纠纷高发地。基于委外催收中存在的诸多问题，监管部门也在不断加强金融机构落实主体管理责任，要求金融机构严格管理外部催收机构的催收工作。同时，行政司法机关近年来也逐渐加大了对催收行业的整治，如2022年9月，公安部会同中宣部、中央网信办、最高人民法院、最高人民检察院、工业和信息化部、司法部、中国人民银行、原银保监会联合印发通知，部署在全国开展为期一年半的打击惩治涉网黑恶犯罪专项行动，全力推动常态化扫黑除恶专项斗争在信息网络空间持续纵深开展，整治内容直指利用信息网络实施“套路贷”、恶意索赔、“软暴力”催收等犯罪活动的黑恶势力组织。在此背景之下，金融机构加强对外部催收机构的管理十分必要。

金融机构应当建立外包催收机构管理制度。金融机构应当设定准入前评估机制，加强日常管理，选择信誉良好、无不良催收记录的机构合作。金融机构对外部催收机构的管理应当是动态管理，应在日常管理中，通过现场检查、非现场检查、培训等方式，确保外部催收机构依法合规开展催收行为。如发现催收机构有暴力催收、严重不正当催收行为，或具有其他违法违规行为，应立刻停止合作，将催收机构列入名单管理中的禁止合作单位名录。如发现其他投诉意见，也应做好记录，进而优化管理制度和催收流程。

金融机构应加强对催收机构的行为管理。金融机构应当通过合同文本、日常检查、信息系统等手段，加强对催收机构的行为管理。金融机构不得委托有暴力催收等违法违规记录的第三方机构进行清收，应当要求催收合作机构严禁将委托催收的业务转包或变相转包。针对催收机构的催收管理制度、操作指引、标准话术、人员培训等，金融机构也应实行动态管理和检查。尤其是对于催收操作流程、话术等方面，金融机构应该严格审查，对于监控及催收录音应当妥善保管。另外，鉴于个人信息保护领域的投诉、纠纷攀升，金融机构还应要求催收机构不得非法泄露、使用个人信息，并要求催收机构建立有关制度，监督落实情况。

金融机构应加强对催收机构的信息安全管理。金融机构应当要求外部催收机构具备信息安全标准、政策和流程,包括但不限于出入管理、人员管理、业务操作管理、数据信息管理、权限管理、作业场地及机房安全管理等方面。

金融机构应当做好催收机构信息披露工作。基于金融消费者知情权,金融机构应当向金融消费者充分披露合作机构信息,包括催收机构名称、联系方式等。另外,金融机构还应要求催收机构进行催收时表明身份,不得冒充金融机构工作人员进行催收。

金融机构应当监督催收机构加强对业务人员的培训。业务人员的催收行为不规范,是造成催收工作中投诉、纠纷率居高不下的原因之一。催收机构在业务管理合规性方面可能存在欠缺,部分催收机构更是为了效益考量,放任业务人员的不正当催收行为。金融机构应当落实主体管理责任,加强监管,定期检查落实情况,必要时还应主动承担催收培训工作。

金融机构应当对催收机构制定综合型绩效考核机制。金融机构应避免采用或变相采用单一以债务回收金额提成的考核方式,应结合催收效果、信息安全、有责投诉等多方面要素,制定综合考核机制。

(四)强化人员管理和绩效机制

金融机构应当建立专业的催收团队开展催收工作。一般应指定一名高级管理人员负责管理债务催收工作,并组建专业的债务催收团队。招聘催收团队人员时,应当建立完善的职位画像,选取有金融知识、法律知识等背景的人员开展工作。另外,还应对进入团队的人员进行背景调查,不得录取具有暴力催收、泄露个人信息等行为或有其他违法违规行为的人员。

金融机构应当加强对于外包催收人员的管理。管理工作包括行为管理、绩效管理、培训管理等,上文已论述,此处不再赘述。

金融机构应当加强催收知识培训工作。金融机构应加强对债务催收团队的培训工作,定期开展催收业务知识及合规操作培训。培训的内容应包括金融消费者权益保护、金融基础知识、催收话术、重要法律问题、不良投诉案例、典型司法案例等内容。

金融机构应当对催收团队建立综合绩效机制。此处与金融机构对外包机构绩效考核思路一致,应避免采用或变相采用单一以债务回收金额提成的考核方式,应结合催收效果、信息安全、有责投诉等多方面要素,制定综合考核机制。另外,如在日常催收工作中,相关人员具有违规行为,应对违规人员给予处罚,并保留违规记录。如相关行为涉嫌违法犯罪,还应移交有关机关处理。

(五)诉讼催收与非诉催收结合

金融机构催收的压力由来已久,尤其是法律规定越来越严格,监管机构也在持续加大金融消费者权益保护的工作落实,金融机构平衡催收效果与金融消费者权益保护就成为工作难点。传统的诉讼催收成本高、效果慢,已经成为金融机构催收的最后一道难题。转而加强诉前催收,通过电话、邮件、函件、外访等非诉讼手段进行催收工作,成为更优解。诉讼程序具有严格的法律规定,法律风险的边界较为清晰,但非诉讼手段因无特别明确的专门法律规制,法律边界并不清晰,也往往会引起纠纷。尤其是个人信息等领域的最新立法,对非诉讼催收手段合规性提出更高要求。

金融机构法律合规部门应当对非诉讼催收手段的合法合规性进行严格论证,优化催收流程、催收方式等,尤其是在初始业务合同中,提前约定有关催收的事项,避免产生法律风险。而针对催收工作中投诉量大、法律关系模糊的关键问题,金融机构应重点研究,重点突破,优化催收制度和流程。

另外,建议金融机构通过合同约定等方式,与金融消费者提前就中国法律允许的替代性争议解决(Alternative Dispute Resolution,ADR)/在线纠纷解决(Online Dispute Resolution,ODR)等方式进行约定,通过引入合法第三方专业机构,促进金融催收工作的开展。部分仲裁机构的介入,可使非诉程序迅速转为诉讼程序,有助于催收工作的合法、有效进行。

当前,随着数字经济的发展,一些新型催收方式产生,包括电子信息催收、人工智能催收及互联网技术催收等。新型催收方式的产生促进了催收工作的开展,但同时也导致了一些新型的纠纷案件。在使用此类新型技术进行催收时,金融机构还应特别关注侵犯名誉权、隐私权、个人信息权益等法律风险的评估,尤其是通过检索司法大数据,综合最新法律规定,分析后优化催收流程、催收手段、催收内容等,有效防控金融机构在催收工作中的法律风险。

第六节　金融机构外包服务管理的合规要求

金融服务外包是由专业服务供应商为金融行业主体提供外包服务，巴塞尔银行监管委员会于2005年2月制定的《金融服务外包指引》则从监管的角度将金融服务外包定义为“受管制实体在持续性基础上利用第三方完成一些一般由受管制实体现在或将来从事的事务，不论该第三方是否为公司集团内的附属企业，或公司集团外的某当事人”。[1] 随着互联网信息技术和大数据产业的发展，互联网金融等创新金融模式蓬勃兴起，也为金融服务外包领域以及外包服务商业模式的创新带来机遇。本节将从金融消费者权益保护视角出发，探讨金融机构在外包服务合规管理方面的合规义务以及管控方式。

一、金融外包业务主要发展状况

根据《银行业金融机构外包风险管理指引》，“外包”是指银行业金融机构将原本由自身负责处理的某些业务活动委托给服务提供商进行持续处理的行为。服务提供商包括独立第三方，银行业金融机构母公司或其所属集团设立在中国境内、外的子公司、关联公司或附属机构。金融机构通过利用“外部专业化资源”可以明显降低成本、分散相关风险、提高自身效率，并取得最大化的竞争优势，实现核心价值。

当前，金融机构业务品种与服务类型丰富，这为全新的金融外包市场带来广阔的业务机会。目前金融服务外包主要以信息技术外包（ITO，包括软件技术服务、软件研发及开发服务、基础信息技术服务等）、业务流程外包（BPO，包括企业业务运营服务、企业供应链管理服务等）、知识流程外包（KPO，包括产品技术研发、工业设计等）三大业务板块为主。

数据显示，截至2018年年底，中国金融服务外包市场规模约为2159亿元，

---

[1] 参见任吉蕾：《全球化背景下金融服务外包规制风险及对策》，载《商业经济研究》2015年第5期。

其中:金融服务外包 ITO 仍占 1/2 左右的份额;金融服务外包 BPO 则高速增长。具体来看,2018 年中国金融 ITO 行业市场规模为 1015 亿元;金融 KPO 市场规模达到 894 亿元,较 2017 年增长 17%;金融 BPO 行业市场规模已经达到 250 亿元,较 2017 年增长 3%。[1]

互联网信息技术的应用与大数据产业的发展成为现今各行业发展的新型驱动,也是金融行业创新业务内容、服务模式和实现手段的重要动力。比如,微信、抖音等新型社交媒体的出现逐渐构建金融产品营销和服务的新型交易平台,云计算技术大大降低了中小金融机构的运营成本,大数据分析技术也广泛应用于客户征信评估以及反欺诈反洗钱等领域。

目前金融机构与外包服务商的合作领域广泛:因金融行业本身的信息化和网络化还处于持续发展阶段,如软件研发及开发服务、软件技术服务等服务是信息技术外包的重要内容;在业务流程外包服务中,业务运营服务和内部管理服务的外包服务内容占比较大,如单据处理、保险审核、客服等后台业务往往采取外包形式;以金融产品开发、数据分析为主的新兴外包服务也使金融机构逐步扩大外包服务范围。

二、关于商业银行外包的相关监管要求

目前,我国对于银行业外包的法律和监管规定尚不成统一体系,主要散见于各类监管文件中:

- 2004 年 3 月,原银监会发布《关于加强银行卡安全管理有关问题的通知》,强调"对于将有关银行卡的技术和服务外包给第三方的,各商业银行应制定严格的管理制度,采取有效措施防止外包方接触或泄露有关本行和其他银行的银行卡敏感信息,并明确外包方应承担的各项义务和责任。各商业银行应将和外包方签订的有关外包的主要内容、行内制定的对外包方的各项管理制度等相关资料报送银监会"。

---

[1] 参见服务贸易联席会议办公室:《金融服务外包市场快速发展》,载微信公众号"威海商务"2021 年 5 月 12 日,https://mp.weixin.qq.com/s/kAK_TG4X-qfZmDk8WNmwhQ。

• 2006年1月,原银监会发布《电子银行业务管理办法》,其中第44条第2款规定“金融机构使用第三方认证系统,应对第三方认证机构进行定期评估,保证有关认证安全可靠和具有公信力”;第46条第2款规定“金融机构电子银行业务连续性计划应充分考虑第三方服务供应商对业务连续性的影响,并应采取适当的预防措施”。此外,在本办法第五章专章明确了对电子银行业务外包的管理,从金融机构的内部管理制度、合作前的尽职调查、合作合同的签署、风险评估与监测程序、应急计划、交流机制等方面对外包服务作出管理规定。

• 2009年3月,原银监会发布《商业银行信息科技风险管理指引》,强调商业银行等金融机构应加强信息科技风险,其中第八章专章对外包进行规定,明确商业银行不得将信息科技管理责任外包,并对协议前的评估、合同谈判中的考虑因素、双方关系管理以及外包管理工作、应急措施作出规定。

• 2010年6月4日,原银监会发布《银行业金融机构外包风险管理指引》(银监发〔2010〕44号),旨在规范银行业金融机构的外包活动,保障银行业金融机构业务持续经营。该指引从银行业金融机构外包管理的组织框架、风险管理措施,以及监督管理措施等方面进行了规定。

• 2014年9月12日,原银监会发布《商业银行内部控制指引的通知》(银监发〔2014〕40号),其中第25条规定商业银行应当建立健全外包管理制度,明确外包管理组织架构和管理职责,并至少每年开展一次全面的外包业务风险评估,并规定涉及战略管理、风险管理、内部审计及其他有关核心竞争力的职能不得外包。

• 2021年12月30日,原银保监会办公厅印发《〈银行保险机构信息科技外包风险监管办法〉的通知》(银保监办发〔2021〕141号),专门加强了对信息科技外包的风险管控。该通知要求银行保险机构在实施信息科技外包时不得将信息科技管理责任、网络安全主体责任外包,同时应当保障网络和信息安全,加强重要数据和个人信息保护,对准入条件、风险管理及相关监督措施作出严格要求。

• 2021年1月15日,中国人民银行反洗钱局《关于印发〈法人金融机构洗钱和恐怖融资风险自评估指引〉的通知》(银反洗发〔2021〕1号)第21条规定,法人金融机构可聘请第三方专业机构协助进行评估方案、指标与方法的起草和内外部信息收集整理等辅助性工作，但评估过程中对各类固有风险、控制措施有效性及剩余风险的讨论、分析和判断应由领导小组、反洗钱牵头部门及各条线、部门、分支机构主导完成。不得将自评估工作完全委托或外包至第三方专业机构完成。

- 《商业银行互联网贷款管理暂行办法》、中国银保监会办公厅发布的《关于进一步规范商业银行互联网贷款业务的通知》以及 2022 年 7 月 15 日原银保监会发布的《关于加强商业银行互联网贷款业务管理 提升金融服务质效的通知》，对于商业银行互联网贷款业务作出风险管理及合规要求，上述监管文件对于互联网贷款业务的外包管理均作出规定，要求商业银行强化风险控制主体责任，独立开展互联网贷款风险管理，并自主完成对贷款风险评估和风险控制具有重要影响的风控环节，严禁关键环节外包，建立合作方的准入和评估机制等。
- 2022 年 6 月 20 日，原银保监会、中国人民银行发布《关于进一步促进信用卡业务规范健康发展的通知》（银保监规〔2022〕13 号），规定银行业金融机构应当建立健全信用卡风险模型开发、测试、评审、应用、监测、校正、优化和退出的全流程管理机制，确保风险模型开发与评审环节相互独立，并至少每年对风险模型进行重新评审和及时更新优化。使用合作机构辅助提供的信用卡有关风险模型时，应当遵循可解释、可验证、透明、公平原则，不得将风险模型管理职责外包。

综合来看，《银行业金融机构外包风险管理指引》是商业银行关于外包管理的综合性风险管理监管要求，其他关于外包业务的规范散见于各业务规范类监管要求中。从监管要求不难看出，第一，监管对于外包业务的范围有原则性的要求，即核心业务、核心业务能力不能外包，且金融机构不能因为外包而转移自己的主体责任；第二，外包机构的选择和准入条件的设置非常重要；第三，要强化对外包机构的过程管理；第四，完善内部管理，加强风险控制，签署书面合同明确双方权利义务，并建立相应的应急计划，定期进行全面审计和评价等。

三、外包业务存在的主要法律风险

由于金融外包服务具有帮助金融机构降低成本、增强核心竞争力的特点，越来越多的金融机构选择金融外包服务，希望通过金融外包服务获取所需的专业技术支持，拓宽服务渠道、提高服务水平。

早期的金融外包多集中于业务运营服务、内部管理服务、信用卡催收、业务拓展、广告营销、产品技术研发以及工业设计等领域。但在信息化的时代背景下，目前金融机构的业务开展已经离不开网站、App 等媒介的支持，但金融机构并非专业的信息科技公司，因此选择信息技术外包，由外包服务商提供软件技术服务、软件研发及开发服务、基础信息技术服务，逐渐成为金融机构外包服务的重要内容。

随着金融机构外包事项的增加，金融机构非驻场集中式外包领域形成的外包服务集中度和行业依赖度会越来越高。[1] 如果外包服务商的管理能力、风险控制能力不高，就会对金融机构的业务能力、机构声誉以及客户信任度等产生不利影响。可能产生的法律风险包括但不限于：

1. 个人信息、数据保护类违法风险

外包服务商在协助金融机构进行客户个人信息或重要数据的收集、处理、分析、保护等工作的过程中，可能出现不合理收集、滥用客户个人信息，管理不当导致数据泄露、丢失和篡改，或是超出与金融机构的协议约定范围私自处理客户个人信息或相关数据等情况，违反《个人信息保护法》和《数据安全法》。以外包服务商在个人信息处理活动中发挥的作用为标准，可将金融机构可能面临的法律风险大致分为三类：

第一，金融机构作为个人信息控制者，外包服务商作为接受委托处理个人信息的第三方。此时金融机构作为委托者，需要尽到《信息安全技术 个人信息安全规范》（GB/T 35273—2020）中规定的委托者义务，包括对委托行为进行个人信息安全影响评估，对外包服务商进行资格审查和监督管理等。如果外包服务商不合法或不适当处理消费者的个人信息，造成消费者个人信息权益受损，依据《个人信息保护法》第 69 条的规定，个人信息处理者的个人信息侵权行为

---

〔1〕 参见《【动态】银监会立规外包服务风险监管》，载微信公众号“中腾信”2014 年 11 月 14 日，https://mp.weixin.qq.com/s/lCxy15B3WydCTYF30S11TQ。

认定适用过错推定的归责原则,金融机构在不能证明机构尽到了对外包服务商的监管义务或机构对个人信息权益损害没有过错的情况下,可能承担损害赔偿等侵权责任。

第二,金融机构作为个人信息控制者,为更好地开展业务,将控制的个人信息与外包服务商共享。此时金融机构需要事先开展个人信息安全影响评估;向个人信息主体告知共享、转让个人信息的目的及可能产生的后果,并征得个人信息主体的授权同意;同时通过合同等方式规定数据接收方的责任义务。如果未经个人信息主体授权即与外包服务商共享个人信息,则属于违反《个人信息保护法》第23条,对金融消费者个人信息权益造成损害的,可能承担损害赔偿等侵权责任。《信息安全技术　个人信息安全规范》(GB/T 35273—2020)中也规定:"因共享、转让个人信息发生安全事件而对个人信息主体合法权益造成损害的,个人信息控制者应承担相应的责任。"

第三,金融机构与外包服务商为共同个人信息控制者。此时金融机构应当通过合同等方式明确规定机构与外包服务商就个人信息安全问题分别应当承担的责任义务,并告知个人信息主体。如果金融机构在提供产品或服务的过程中部署了外包服务商收集个人信息的第三方插件(如软件开发工具包SDK、调用地图API接口等),且未单独向个人信息主体征得收集个人信息的授权同意,则金融机构应承担因第三方引起的个人信息安全责任。

除此之外,某些外包服务商在为金融机构提供贷款催收服务时,可能使用非法获取的贷款人个人信息,通过电话威胁、骚扰贷款人亲友的手段逼迫贷款人还贷。此种情形下,依据原银监会《关于进一步规范信用卡业务的通知》第14条的规定,因催收外包管理不力,造成催收外包机构损害欠款人或其他相关人合法权益的,银行业金融机构需承担相应的外包风险责任。

2. 网络安全风险

随着《网络安全法》《数据安全法》《网络安全审查办法》等法律法规的出台,金融机构应更加重视网络安全的合规问题。金融机构应当对外包服务商所提供内部网络系统构建、修复或其他涉及网络安全的服务尽到审慎的注意义务和监管义务。否则如因外包服务商不尽责、网络系统缺陷等原因导致重大信息泄露等网络安全事件，金融机构将不仅面临着本机构系统内部的网络安全风险，还可能因网络安全不合规的问题受到相关部门的行政处罚，甚至承担刑事责任。以中韩人寿保险有限公司为例，该公司因未按照网络安全等级保护制度的要求，履行保障网络免受干扰、破坏或者未经授权的访问，防止网络数据泄露或者被窃取、篡改的安全保护义务，造成该公司的尊服务系统于2020年12月7日被黑客攻击。杭州市江干区公安局据此认定中韩人寿保险有限公司因不履行网络安全保护义务导致危害后果，给予其当场警告的行政处罚。[1]

3. 损害金融消费者权益的违法风险

当外包服务商给金融机构造成个人信息违法风险时，也会侵害金融消费者的信息安全权。以2021年原银保监会发布的《关于马上消费金融股份有限公司侵害消费者合法权益的通报》为例，由于马上消费金融股份有限公司对第三方合作商管理制度不健全、对委外催收机构审核管理不到位等问题，其合作商严重损害金融消费者信息安全权等合法权益，原银保监会对此作出通报并要求该公司进行整改。

除此之外，如果金融机构对广告营销外包、业务运营外包等外包服务的监管不到位，也可能因违反《金融消费者保护指导意见》的相关规定面临损害金融消费者知情权、公平交易权、受教育权等消费者权益的风险。

4. 商业秘密风险

此处的商业秘密风险包括两重含义：一是在外包服务商为金融机构提供相关服务的过程中，难免会知悉某些金融机构内部的重要信息或者商业秘密，如果外包服务商不遵守双方签订的保密协议，或其对相关工作人员的管理不到位，抑或双方未就应保密事项作出约定，就可能造成金融机构商业秘密泄露的严重后果。二是金融机构在通过外包服务商获知相关信息时，如果外包服务商所提供的信息是通过非法手段获取的他方商业秘密，金融机构也会因此面临违反《反不正当竞争法》的风险。

---

〔1〕 杭州市江干区公安局行政处罚决定书，杭江公（四）行罚决字［2021］01827号。

5. 知识产权及广告服务风险

金融机构在接受外包服务的过程中可能存在的知识产权风险包括但不限于:(1)在网络营销外包服务过程中,外包服务商未严格审查微信公众号推文的文字、图片素材出处,金融机构在使用外包服务商所提供的推文或广告内容时,可能侵犯他人的著作权,产生知识产权侵权纠纷。(2)在由外包服务商为金融机构提供软件制作、产品技术研发、工业设计等服务的情形下,如果双方未就相关软件、产品技术等的著作权、专利权归属或使用方式和使用范围作出明确约定,双方之间就极有可能产生知识产权权属纠纷。

除著作权、商标权等知识产权风险外,金融机构在接受外包服务时,还需要特别注意可能产生的广告服务风险。依据《广告法》的规定,招商等有投资回报预期的商品或者服务广告,应当对可能存在的风险以及风险责任承担有合理提示或者警示,并且不得含有对收益效果的保证性承诺;发布虚假广告,欺骗、误导消费者,使购买商品或者接受服务的消费者的合法权益受到损害的,由广告主依法承担民事责任。《广告法》中所称的广告主,是指为推销商品或者服务,自行或者委托他人设计、制作、发布广告的自然人、法人或者其他组织。依据上述规定,金融机构在接受广告外包服务的过程中,即为《广告法》中的广告主。因此一旦外包服务商设计、发布了虚假广告,误导消费者,并使其合法权益受到损害,应当对消费者直接承担责任的不是作为广告经营者或广告发布者的外包服务商,而是接受外包服务的金融机构。

《关于进一步规范金融营销宣传行为的通知》中规定,金融机构应当依法审慎确定与业务合作方的合作形式,明确约定本机构与业务合作方在金融营销宣传中的责任,共同确保相关金融营销宣传行为合法合规;除法律、法规、规章另有规定外,金融机构不得以业务合作方金融营销宣传行为非本机构作出为由,转移、减免相应的责任。

该通知还从不得非法或超范围开展金融营销宣传活动、不得以欺诈或引人误解的方式对金融产品或金融服务进行营销宣传、不得损害消费者知情权等多个方面对金融机构的金融营销宣传行为进行规范,同时规定金融机构开展金融营销宣传活动违反规定的,视情况严重程度,由国务院金融管理部门及其分支机构或派出机构依职责对其进行约谈告诫、风险提示并责令限期改正；逾期未改正或其行为侵害金融消费者合法权益的，可依职责责令其暂停开展金融营销活动，或由以上相关部门依法采取相应措施。

综上所述，如果金融机构对广告外包服务商的广告内容、服务商资质、金融营销行为等审查不到位，很可能因违反《广告法》《关于进一步规范金融营销宣传行为的通知》等相关规定，而承担对消费者的侵权责任或受到相关部门的行政处罚。

6. 外包管理不合规的风险

《银行业金融机构外包风险管理指引》《商业银行信息科技风险管理指引》等相关文件中均强调了金融机构对外包服务商的监管责任，此类监管责任更注重金融机构的过程管理，并不以发生损害结果为承担法律责任的必要条件。如金融机构未尽到事先对外包服务商进行尽职调查、未在提供服务过程中对其进行监管等责任，即便在接受外包服务的过程中并未发生损失或未对金融消费者产生不利影响，金融机构也可能会因外包管理不合规而遭受行政处罚或承担其他法律责任。如2022年，比亚迪汽车金融公司因对合作经销商管理严重不足，形成重大风险，违反《银行业金融机构外包风险管理指引》第11条以及其他违法行为被原银保监会陕西监管局处以警告和罚款。

7. 其他可能存在的风险

依据《信息科技外包风险监管办法》第30条的规定，银行保险机构应建立并持续完善风险管理制度和流程，充分识别并评估信息科技外包可能产生的风险，包括但不限于：

（1）科技能力丧失。过度依赖外包导致失去科技控制及创新能力，影响业务创新与发展。

（2）业务中断。支持业务运营的外包服务无法持续提供导致业务中断。

（3）数据泄露、丢失和篡改。因服务提供商的不当行为或其服务的信息系统遭受网络攻击，导致银行保险机构重要数据或客户个人信息泄露、丢失和篡改。

（4）资金损失。因服务提供商的不当行为或其服务的信息系统遭受网络攻击，导致银行保险机构客户资金被盗取。

（5）服务水平下降。由于外包服务质量问题或内外部协作效率低下，使信息科技服务水平下降。

（6）可能导致的战略、声誉、合规等其他风险。

其中提到的科技能力丧失、服务水平下降以及可能导致的战略、声誉、合规等其他风险，可能不会立刻导致金融机构因违法违规而承担法律责任，但如果不能及时解决，也会给金融机构造成客户流失、经济效益下跌等严重后果，甚至因合规状况得不到及时改善或严重损害金融消费者权益而导致违法违规情况的出现。

四、合规管理措施

结合相关合规要求以及目前监管部门的执法情况，金融机构可以从以下几个方面加强对外包机构的合规管理：

1. 设置外包服务商的准入机制，对外包服务商进行尽职调查，合作期间内进行不定期考察。建立服务商资格审查和评级制度，通过综合考察外包服务商的财务资信状况、管理成熟度、技术能力、资源规模、行业的熟悉程度及创新能力等方面，界定服务商是否具备市场准入资格，外包服务商的准入审批应有规范的内部管理流程。对服务商的准入审核不应仅依据书面资料进行审核，也应采取实地调查等多种方式佐证服务商提供的证明资料。此外，针对不同的业务类型以及不同的外包服务内容，应采取不同的准入和监管程序，有针对性地审核外包服务商的服务能力。对于外包规定之外的服务项目实行审批制度，执行监管机构审查与批准程序。

2. 签署书面合同或协议，明确各方权利义务，加强对业务过程的监督和管理。在外包合同中明确双方权利义务以及合规要求，对外包服务的服务范围，服务质量要求和标准，外包服务的保密性、安全性、业务连贯性等内容均作出明确规定，同时，要依据合同约定对外包服务商进行监督管理，并且明确约定金融机构与外包服务商的相应违约责任、保密义务等。

3. 完善金融机构内部的外包管理体系和制度。第一，金融机构内部应明确外包服务和业务的范围，建立金融机构自身的核心竞争力；第二，确定外包事务的管理组织，明确管理人员而不能仅在需要寻找外包服务商时临时组织；第三，对于外包服务商的准备审批以及合作期内的监督管理应当设置相应的管理制度和监督流程，比如明确评审的机制、流程、议事规则、合同审批流程等。

4. 制定必要的应急措施。金融机构应针对外包服务商可能的不履行合同或者不能全面履行合同等问题制定完善的应急措施，包括在前期设置违约责任，应急事件发生后及时更换服务商、及时启动应急预案排查风险以及整改等，以确保金融机构对客户的服务不间断。

第七节 金融消费者教育

通过金融教育提升国民金融素养水平，有助于促进普惠金融深入发展，有利于维护金融消费者的长远和根本利益，有益于金融市场健康稳定发展。金融纠纷、金融诈骗等事件时有发生，其中部分原因也是因为金融消费者缺乏相关的金融知识，风险识别能力低。加强金融消费者教育已经迫在眉睫。

一、金融消费者教育的相关法律规定

2013 年，中国人民银行、原银监会、证监会、原保监会积极设计了《中国金融教育国家战略（初稿）》并提交给二十国集团（G20）领导人，明确了金融教育的重要性、各个利益方的协调合作机制、实现目标的路线图等，但该初稿尚未正式出台。

同年，原银监会印发了《银行业消费者权益保护工作指引》，该指引要求银行业金融机构应当建立健全银行业消费者权益保护工作制度体系，其中就包含“消费者金融知识宣传教育框架安排”。此外，该指引第 22 条提出银行业金融机构应当积极主动开展银行业金融知识宣传教育活动，提升公众的金融意识和金融素质。

2015 年，国务院办公厅印发《金融消费者保护指导意见》，明确要求“保障

金融消费者受教育权”,金融机构应当进一步强化金融消费者教育,积极组织或参与金融知识普及活动,开展广泛、持续的日常性金融消费者教育,帮助金融消费者提高对金融产品和服务的认知能力及自我保护能力,提升金融消费者金融素养和诚实守信意识,并提出“教育部要将金融知识普及教育纳入国民教育体系,切实提高国民金融素养”。

2016 年,中国人民银行正式建立了消费者金融素养问卷调查制度。2017 年开始在全国 31 个省级行政单位(港澳台地区除外)每两年全面开展一次消费者金融素养问卷。调查从消费者态度、行为、知识和技能等多角度综合定性分析我国消费者的金融素养情况,并构建消费者金融素养指数,得出全国消费者金融素养得分。

2020 年,中国人民银行发布《金融消费者权益保护实施办法》,要求金融机构建立健全金融消费者权益保护的各项内控制度,其中包括“金融知识普及和金融消费者教育制度”;第 24 条要求“银行、支付机构应当切实承担金融知识普及和金融消费者教育的主体责任,提高金融消费者对金融产品和服务的认知能力,提升金融消费者金融素养和诚实守信意识。银行、支付机构应当制定年度金融知识普及与金融消费者教育工作计划,结合自身特点开展日常性金融知识普及与金融消费者教育活动,积极参与中国人民银行及其分支机构组织的金融知识普及活动。银行、支付机构不得以营销金融产品或者服务替代金融知识普及与金融消费者教育”。

在保险行业,早在 2008 年,为加强保险消费者教育工作,保护保险消费者权益,原保监会制定了《加强保险消费者教育工作方案》,工作方案强调了“风险提示与知识普及并重”“加强消费者教育和倾听消费者呼声并重”“整合行业各方面力量齐抓共管”“消费者教育与加强监管相结合的原则”“重点明确、分步推进”五项原则。

在互联网金融领域,2015 年中国人民银行等部门联合发布《关于促进互联网金融健康发展的指导意见》,强调消费者权益保护,要求“研究制定互联网金融消费者教育规划,及时发布维权提示”。2016 年,国务院印发的《互联网金融风险专项整治工作实施方案》,要求加强宣传教育和舆论引导,“以案说法,用典型案例教育群众，提高投资者风险防范意识”。

二、金融消费者教育的现状及问题

原“一行两会”均成立了各自的金融消费者权益保护部门，承担金融消费者教育职能，这样的管理体制使金融消费者教育基本上能够覆盖全国，此外，在监管机构的安排部署下，各类金融宣传活动大力开展：如每年 3 月 15 日开展以“权利责任风险”为主题的“金融消费者权益日”集中宣传活动；自 2019 年开始，中国人民银行、原银保监会、证监会、国家网信办连续 4 年联合开展“金融知识普及月 金融知识进万家 争做理性投资者 争做金融好网民”金融联合教育宣传活动，成为持续推动金融消费者教育和金融知识普及的有效途径。

尽管我国金融消费者教育事业已经取得一定的成果，但仍存在需要改进的问题。

1. 金融消费者教育工作的法律地位较低，监管机构整合力度不够，缺乏系统性

《消费者权益保护法》是我国保护消费者合法权益的基本法律，为普通消费者提供了强有力的保障，但无法针对“金融消费者”的特殊性进行有效规制。金融消费者教育制度的建设缺乏体系性，也没有上升到国家金融战略和经济战略的高度。参考国外有关金融消费者教育的经验，2003 年 12 月 4 日，美国颁布了《公平交易与信用核准法案》，其中第 5 项《金融素养和教育促进条例》以法案形式确立了金融素养教育工作在美国金融体系中的重要地位。[1] 英国在《2000 年金融服务与市场法案》(Financial Services and Markets Act 2000)中就首次采用了“金融消费者”(Financial Consumer)这一概念，并由金融服务局(Financial Service Authority，FSA)起牵头作用，负责保护金融消费者，推行金融消费者教育。《2010 年金融服务法案》出台后，FSA 不再承担消费者金融教育的具体工作，而是将其内部的金融教育部门独立出来，成立了消费者金融教育局

[1] 参见亚洲开发银行技术援助项目(TA－9377)专家组：《构建金融消费者保护的市场行为监管机制》，中国金融出版社 2021 年版，第 181 页。

(CFEB),由 CFEB 独立、系统、全面地开展消费者金融教育工作。2011 年 4 月,CFEB 更名为货币咨询服务公司(Money Advice Service,MAS)。MAS 是担保有限公司,属于公共服务部门,具有相对独立性。MAS 的主要职责包括提高金融消费者对金融产品和服务的风险意识、对金融行为的规范意识;发行相关教育材料,开展教育活动;向社会公众提供金融咨询和建议服务等。[1]

然而在我国金融监管总局设立前,由原"一行两会"承担金融消费者教育的主要职能,带领金融机构开展了多项宣传活动,但没有明确牵头机构和各自职责,难以形成合力,容易造成定位不清,使监管交叉与真空并存。金融监管机构仅在分管行业领域内开展教育工作,但不同行业金融教育工作开展不一致,标准存在差异,缺乏完整性与规范性。

此外,目前的金融消费者教育活动主要是阶段性、零碎的知识普及,监管部门也并没有系统性地推进金融消费者教育事业,也未制定明确的包括目标、途径、措施等在内的金融教育战略性规划。

2. 教育内容未充分考虑知识需求的差别性,缺乏针对性

根据中国人民银行发布的《消费者金融素养调查分析报告(2021)》,总体上我国消费者的金融素养水平逐步提升,2021 年全国消费者金融素养指数为 66.81,与 2019 年相比,提高了 2.04。其中,我国消费者在金融态度上的表现较好,在金融行为和技能的不同方面体现出较大的差异性,还需要进一步提升基础金融知识水平。

由此不难看出,消费者个人的年龄、学历、收入、性别、城乡维度等方面的差异,都会导致消费者对金融知识需求的差异,然而目前的金融教育宣传方式,主要以"普及月""普及周"等宣传活动为主,该类的宣传活动大多比较雷同,缺乏针对不同消费群体的针对性,无法起到实质作用。在宣传方式上,也是以传统的文字、课程等方式为主,缺乏趣味性,无法真正吸引消费者,也达不到金融消费教育的预期效果。

---

〔1〕 参见高田甜、陈晨:《基于金融消费者保护视角的英国金融监管改革研究》,载《经济社会体制比较》2013 年第 3 期。

在金融消费者群体中，面向部分弱势群体的金融教育工作还有待加强，需要进行差异化教育，比如对于老年人，近年来“以房养老”诈骗、“保健品”诈骗、“缴纳养老金”诈骗等金融诈骗形式不断变化，需要有针对性地进行教育，且教育形式应当更加浅显易懂，直接直观。

3. 金融消费者教育工作的开展易流于形式

尽管《金融消费者权益保护实施办法》要求银行、支付机构应当切实承担金融知识普及和金融消费者教育的主体责任，但在实践中，不少金融机构还会在进行金融知识宣传的同时，对自己的金融产品或金融服务进行宣传、营销，这无异于本末倒置，只会使金融教育工作流于形式。

4. 金融教育工作评估方式有待改善

金融教育的评估工作，往往过分重视一些基础层面的数据。金融知识普及活动的评估手段主要为统计活动次数、受众人数、宣传资料发放份数、微信推送宣传量、媒体报道量等，但这些数据并不与消费者金融素养直接挂钩，不能深层次反映金融消费者的金融素养，如金融知识、技能、行为、需求等问题。建立有效的金融教育评估和反馈机制是提高金融教育的重要途径，监管机构可以据此改善相关工作的不足。

三、金融机构应当如何做好金融消费者教育工作

金融机构在金融消费者教育工作中的作用至关重要，金融机构在日常业务中直接接触金融消费者，为金融消费者提供金融服务或金融产品，银行、保险等传统金融机构的消费者群体基数广大，覆盖范围广。具体而言，金融机构可以从以下几个方面加强金融消费者教育工作：

1. 制定教育规划和指标，加强员工培训，由员工向消费者传导金融知识

从监管机构层面，未来金融消费者教育应当会更关注系统性和长期性，因此，金融机构在推进金融消费者教育工作时，应落实主体责任，内部应建立兼具指导性与可操作性的金融消费者教育计划，细化教育工作的各项指标并逐步落实，尤其是金融教育有效性的评估指标体系以及反馈体系。

金融机构的员工在日常工作中会直面消费者，在为金融消费者提供金融服

务或消费者进行金融产品交易过程中,可以将金融教育融入其中,向金融消费者传导基础的金融知识,加强消费者对金融产品及金融风险的理解,这就要求金融机构在日常对员工进行培训的过程中,要将对金融消费者的教育工作也纳入对员工的培训内容中。

2. 加强金融消费教育的针对性

在金融教育内容方面,应针对不同受众群体,制定合适的教育内容,采取合适的教育方式。如英国对 16 岁以下群体,通过正规的教育系统提供金融教育;对 16 岁以上群体,通过成人金融扫盲咨询小组、公民咨询部门等开展金融继续教育。美国重视对特定群体特别是弱势群体的教育,如专门调查拉美裔和非洲裔美国人的金融知识情况,并拟定解决方案。印度针对本国多语系的实际情况,以多种语种印制金融扫盲材料;印度央行通过在学校开设展览、举办征文活动、设立奖学金等方式促进金融扫盲。[1]

上述做法也值得我国借鉴,目前中国人民银行的调研已对金融消费者的素养情况有了一定了解,在此基础上,应当分析不同人群的金融知识水平,并针对不同人群采取特定的教育方式,高效开展消费者教育工作。金融机构在开展金融教育活动中,应提前对教育对象进行分析研究,可以采取"主题培训"的方式,有针对性地设定培训内容。

金融消费教育的内容不仅应当包含基础的金融基础知识、金融风险识别和防范的基本技能等内容,还应当向消费者宣导如何保障自身权益,比如产生纠纷后如何进行投诉、纠纷处理的基本方式和基本流程等。

3. 丰富教育形式

传统的教育方式还是以文字方式为主,但随着互联网和新媒体模式的迅速发展,金融消费教育的传播媒介可以利用微信、微博、抖音、互联网社区论坛等新型媒体,发挥即时通信工具的信息传播渠道作用,整合各类信息资源,以最便捷、最直接的方式满足金融消费者的个性化信息需求,最大限度地扩展金融教

---

〔1〕 参见中国人民银行南京分行金融消费权益保护处课题组、周晓刚:《金融消费者教育现状、经验与对策》,载《金融纵横》2019 年第 10 期。

育覆盖面。金融机构应拓宽教育的方式，通过线下宣讲活动、官方网站、短视频、趣味活动等多种方式，加强互动，以感性加理性的方式对消费者进行培训。

4. 给予资金保障

持续推进金融教育工作需要政府的专项资金，为实现金融消费者教育工作的长期延续，我国政府可效仿西方发达国家和经济合作与发展组织（OECD）设立国民金融教育投资基金。[1] 在金融机构内部，消费者权益保障部门并非营利性部门，开展各类教育活动往往没有或者仅有少量的资金保障，开展的力度和机构内部人员的重视程度远远不够，因此，金融机构内部应当将金融消费工作所需费用纳入机构整体预算中进行考量，给予充分的资金保障，明确资金用途，安排专人专岗进行资金管理、分配和使用。

5. 加强机构之间的合作

金融机构在开展金融消费者教育工作中，可以考虑加强合作，包括机构间联合开展培训工作，或者通过监管机构、行业协会、社区、校园等非营利性组织加强教育工作，进一步整合资源，共同开展宣传与教育活动。

第八节　金融消费纠纷解决机制

随着金融产品的不断创新和丰富，互联网和信息化带来的交易方式更加便捷，金融消费已经成为一般消费，成为消费者日常生活中必不可少的消费内容。由于金融行业的特殊性，人们也从一般的消费者身份发展到金融领域的“金融消费者”。越来越多的金融消费者，也必然导致金融消费者与金融机构之间的纠纷越来越多，纠纷类型更加多样化、复杂化，影响力也更为广泛。

金融消费者权益保护关系金融市场的稳定，金融消费纠纷能否得到便捷、高效、公平的处理，纠纷解决机制是否完善，都直接关系金融消费者权利是否能实现，因此，金融消费纠纷解决机制的构建至关重要。对于金融机构而言，建立

---

[1] 参见李苏乔：《基于金融消费者保护视角的金融教育研究》，东南大学2016年硕士学位论文。

完善的金融消费纠纷解决机制,积极应对并化解与金融消费者之间的纠纷,也是合规管理的题中之义。

一、金融消费纠纷解决机制概述

金融消费救济解决机制是解决金融消费纠纷的各种具体方式和程序的总称。金融纠纷是指在金融交易或金融活动过程中产生的各类纠纷与争议,从这个角度来看,金融纠纷的范围非常宽泛,不仅包括金融机构之间的纠纷,也包括金融机构与企业、个人或其他组织之间的纠纷。本书所称的"金融消费纠纷",主要是指金融消费者在接受金融机构服务或购买金融产品、参与金融交易的过程中,与金融机构之间所产生的民事争议。具体而言,首先,金融消费纠纷是发生在金融交易和金融活动中的,即购买了金融产品或者接受了金融服务;其次,金融消费纠纷是发生在金融机构与金融消费者之间的,即排除了金融机构之间以及金融机构与企业或其他组织之间的民事纠纷。

金融消费纠纷的类型日益复杂化及其特殊性对传统的纠纷解决机制提出了新挑战。金融消费纠纷的特殊性主要体现在以下几个方面:第一,金融消费者与金融机构相比,在专业知识、经济实力、信息来源等方面实力悬殊,双方的地位事实上存在严重不平等。第二,随着金融产品的丰富以及交易结构的复杂化,金融产品相关的交易合同往往充斥着许多晦涩难懂的专业术语,随着金融期货和金融期权等金融衍生品交易的不断扩展,具体案件中涉及的技术问题、事实问题和法律问题日趋复杂,内容的专业性极大地增加了处理金融纠纷的难度。第三,随着近年来私募基金、P2P"爆雷"事件频发,金融消费纠纷往往存在一定涉众性,涉及的金融消费者众多,在此情况下,如若处理不当,容易激化矛盾,引发群体性事件。第四,金融消费纠纷可能还涉及刑民交叉,北京市朝阳区人民法院发布的《金融审判白皮书(2019 年度—2021 年度)》显示,统计期内,以裁定驳回起诉方式结案的案件共计 2804 件,其中 85% 左右的案件系涉嫌刑事犯罪裁定驳回起诉后移送公安机关处理。其中,除涉刑比例高的委托理财案件外,其他类型金融案件中涉及刑事因素的情况明显增多且呈现类型多样化、主体多元化特点。[1] 第五,金融消费纠纷还可能导致个人或企业的资金链断裂,引起其他的民商事纠纷,产生一定连锁反应。

鉴于金融消费纠纷的特殊性,在现有的诉讼、仲裁等途径的基础上,建立一套高效、便捷、公平的多元化金融纠纷解决机制至关重要,也能够更好地保护金融消费者的合法权益。金融消费纠纷解决机制对于金融消费者保护的重要作用主要体现在以下几个方面:

第一,有利于为金融消费者基本权利的实现提供保障,《金融消费者保护指导意见》中明确规定了金融消费者的财产安全权、知情权、自主选择权、公平交易权、依法求偿权、受教育权、受尊重权以及信息安全权等权利。金融消费纠纷的发生,从本质上说是金融消费者认为自己的上述权利受到了侵犯,"有权利必有救济",金融纠纷发生以后,金融消费者只有通过高效、便捷、公平的方式获得及时的赔偿、补偿,才能够从实质上保障金融消费者的权利。

第二,维护金融秩序的稳定以及避免群体性事件发生。近年来,群体性金融纠纷事件时有发生,如 e 租宝、善林金融等大量 P2P 和私募基金的"爆雷",中行"原油宝"事件,"河南村镇银行事件"等,该类事件涉及的金融消费者群体数量庞大,地域广泛,成为社会舆论的焦点,影响力巨大,对金融行业整体形象和金融秩序的稳定造成了巨大的负面影响。更糟糕的情况是,如金融消费者未能获得满意的纠纷解决方案,他们可能选择采取"抱团取暖"的方式,集体向监管机构进行投诉、上访。由于该类案件涉众,一旦处理不当,部分金融消费者还可能采取一些非理性的维权方式,导致出现群体性冲突。

在金融交易及金融活动中,金融消费者的基本权利受到侵害,将打击金融消费者对金融市场的信心,影响金融秩序的稳定,对金融市场的长远发展也将造成不利影响。建立完善的金融消费纠纷解决机制,能够保障金融消费者及时合法维权,推动金融行业高质量持续发展。

---

〔1〕 参见《金融审判白皮书:投资类纠纷持续增多,相当一部分具群体性因素》,载澎湃新闻 2022 年 6 月 30 日,https://baijiahao.baidu.com/s?id=1737033370414294423&wfr=spider&for=pc。

二、金融消费纠纷主要的解决途径

2015 年，国务院办公厅发布的《金融消费者保护指导意见》中，明确要求"建立金融消费纠纷多元化解决机制。金融管理部门、金融机构要建立和完善金融消费投诉处理机制，畅通投诉受理和处理渠道，建立金融消费纠纷第三方调解、仲裁机制，形成包括自行和解、外部调解、仲裁和诉讼在内的金融消费纠纷多元化解决机制，及时有效解决金融消费争议"。

2019 年，最高人民法院、中国人民银行、原银保监会印发的《关于全面推进金融纠纷多元化解机制建设的意见》中强调，"坚持把非诉讼纠纷解决机制挺在前面，建立、健全专业高效、有机衔接、便捷利民的金融纠纷多元化解机制，合理配置纠纷解决资源，保护金融消费者合法权益，促进金融业持续健康发展，全方位提升人民群众的获得感、幸福感、安全感"。

上述原则性规定，为金融行业纠纷解决作出了方向性指导。

金融消费纠纷是在金融交易活动中产生的民事纠纷，适用我国民商事相关法律法规的规定。总体而言，目前现有的消费纠纷解决方式主要有以下几种：

（一）向金融机构进行投诉

金融消费纠纷的投诉分为两个方面：一是金融消费者向金融机构进行投诉，金融机构通过内部的投诉处理机制进行解决；二是金融消费者向监管机构进行投诉，金融消费者对金融机构作出的投诉处理不接受的，可以通过银行、支付机构住所地、合同签订地或者经营行为发生地中国人民银行分支机构等监管机构进行投诉。

根据《金融消费者权益保护实施办法》第 35 条，金融消费者与银行、支付机构发生金融消费争议的，鼓励金融消费者先向银行、支付机构投诉，鼓励当事人平等协商，自行和解。对于金融消费者而言，金融机构自行接受客户投诉，协商解决纠纷，是解决纠纷最便捷、最有效的方式。在实践中，发生纠纷时，金融消费者第一时间会选择向提供金融产品或金融服务的金融机构寻求纠纷解决。金融机构也应当通过金融消费者方便获取的渠道公示本机构的投诉受理方式，包括但不限于营业场所、官方网站首页、移动应用程序的醒目位置及客服电话主要菜单语音提示等。就金融机构内部投诉机制而言,目前各大银行、证券公司等金融机构均设立了客户投诉处理机构,也会向金融消费者公示客户投诉的受理渠道。目前受理方式主要包括通过金融机构官方门户网站、移动客户端、客服电话以及网点现场投诉等。

金融机构处理消费者投诉的主要流程为:消费者通过金融机构公布的投诉受理途径提出投诉,投诉受理途径的管理单位收到投诉事项后,转交给相关投诉处理单位,投诉处理单位调查核实该投诉事项并在一定期限内作出处理结果,将该处理结果告知投诉人。如投诉人对该处理结果有异议,可以向投诉处理单位的上级单位申请复核;如投诉人对处理结果不满意不接受,还可以向金融消费者纠纷调解组织申请调解或通过诉讼、仲裁的方式解决纠纷。

通过金融机构内部投诉机制处理纠纷,也存在固有的缺陷,该纠纷解决机制下,金融机构既是“裁判者”,又是“参赛者”,处理结果恐有失公平。此外,部分金融机构也未能给予投诉处理工作充分的重视,导致相关投诉处理人员往往从金融机构的利益出发,以敷衍、搪塞、拖延或者以实际存在的“霸王条款”等为理由拒绝对消费者进行赔偿。

(二)向金融监管机构进行投诉

金融监管总局设立前,金融消费者保护监管工作主要由金融监管部门对口负责,并视监管对象的不同,进而由原“一行两会”适用其各自制定的监管规则分头监管,主要由中国人民银行、原银保监会、证监会分别对银行、保险以及证券领域的金融机构进行监管,上述监管机构也均设立了专门的消费者保护局或投资者保护局。各监管机构也都对广大消费者公开设立了信访、投诉、举报途径。

中国人民银行金融消费权益保护局高度重视金融消费者投诉处理工作,把畅通金融消费者咨询投诉受理渠道、完善咨询投诉处理机制作为金融消费权益保护的重要工作抓手。早在 2013 年,中国人民银行就向工业和信息化部申请了“12363”号码作为全国统一金融消费权益保护咨询投诉电话公益服务号码,受理金融消费者的咨询和投诉。

2012 年 4 月 26 日起,原保监会开通“12378”保险消费者维权投诉热线并颁布了《12378 保险消费者投诉维权热线管理办法(试行)》,保险消费维权投诉有了新的快捷通道。2020 年,《银行业保险业消费投诉处理管理办法》(银保监会令 2020 年第 3 号)颁布,且《保险消费投诉处理管理办法》(保监会令 2013 年第 8 号)和中国银监会办公厅《关于印发银监会机关银行业消费者投诉处理规程的通知》(银监办发〔2018〕13 号)同时废止。“12378”热线成为银行保险监督管理机构设立的消费投诉接收转送服务渠道之一。

对于证券纠纷的投诉处理,国务院办公厅《关于进一步加强资本市场中小投资者合法权益保护工作的意见》要求“建立多元化纠纷解决机制”“证券监管部门要健全登记备案制度,将投诉处理情况作为衡量相关主体合规管理水平的依据”。此外,《中国证券投资基金业协会投诉处理办法》对基金业协会投诉处理监督工作制度作出专门规定。“12386”热线是证监会建立的接收证券期货市场投资者诉求的公益服务渠道,热线接收投资者投诉、咨询、意见建议等诉求。

尽管近年来,金融监管不断加强,金融监部门也不断完善投诉处理机制,着力加强投诉处理的监管工作,压紧、压实金融机构主体责任,推动机构依法依规及时处理投诉,并加强源头治理,有力保障了消费者的合法权益,但监管机构受理投诉机制也存在一定不足。根据目前监管部门处理投诉的流程,金融消费者首先要进行书面投诉,监管部门在收到书面投诉后,会将投诉事项转交给金融机构处理,监管部门负责督办。在此机制下,本质上金融消费者的问题又回到金融机构内部进行处理,然而很多消费者正是在通过金融机构内部无法解决的情况下才会向监管部门进行投诉,该程序只能徒增纠纷解决的时间成本。

(三)调解机制

调解是纠纷处理的传统解决方式,尤其是《人民调解法》以及最高人民法院《关于人民调解协议司法确认程序的若干规定》(法释〔2011〕5 号)的颁布,为调解的适用提供了法律依据。近年来,随着 2018 年 11 月 13 日最高人民法院、证监会发布《关于全面推进证券期货纠纷多元化解机制建设的意见》以及 2019 年 11 月 9 日,最高人民法院、中国人民银行、原银保监会联合发布《关于全面推进金融纠纷多元化解机制建设的意见》(法发〔2019〕27 号),金融监管机构以及司法机关对于金融消费纠纷非诉解决机制方面也在进行不断探索。

对于金融纠纷的调解机制而言,除了诉讼和仲裁中的调解前置程序之外,目前金融消费者主要可以向消费者协会和行业协会申请调解。

根据《消费者权益保护法》第 37 条的规定,消费者协会所履行的公益性职责中包括受理消费者的投诉,并对投诉事项进行调查、调解。因此,金融消费者在产生纠纷时,也可以向消费者协会投诉并在消费者协会的帮助下进行调解。但由于消费者协会并非处理金融纠纷的专业机构,相关工作人员未必具备专业的金融知识,可能缺乏调解能力。

由于金融行业的特殊性,金融消费纠纷适用更多的还是行业内的调解机制。自 2013 年起,中国人民银行在上海、广东、陕西、黑龙江等地进行了省(市)级金融消费纠纷调解组织建设试点,各地区结合当地实际情况,摸索不同模式的调解组织构建途径:一种是在金融消费权益保护协会等行业协会内部设立调解机构,如 2014 年 12 月,广东省金融消费权益保护联合会正式成立,该联合会下设专门的金融消费纠纷调处中心;另一种则是采用民办非企业(法人)模式,在民政部门注册登记的调解组织,如 2014 年 12 月 16 日揭牌成立的上海市金融消费纠纷调解中心,它是中国人民银行金融消费权益保护局确定的金融消费纠纷非诉讼解决机制建设的首批 4 家省级试点单位之一,也是我国第一家金融消费纠纷专业调解组织,中心已经建立了小额金融消费纠纷快速解决机制、诉调对接机制和中立评估机制。

目前来看,各地成立的金融消费纠纷机构的主要工作职责包括:一是受理人民银行职责范围内、有调解基础的、双方同意的金融消费纠纷;二是与法院建立诉调对接机制,开展委托、委派调解和司法确认工作;三是为金融消费者提供金融政策和法律咨询服务。

在保险业领域,原保监会自 2005 年开始在上海、安徽和山东等省、市探索建立保险合同纠纷非诉讼快速处理机制,之后又出台了《关于推进保险合同纠纷快速处理机制试点工作的指导意见》(已失效),明确了保险纠纷调解工作原则、机构建设、受案条件和工作程序,要求各保监局在辖区内有条件的地区依托保险业协会试点建立调处机制。2012 年,最高人民法院、原保监会联合下发《关于在全国部分地区开展建立保险纠纷诉讼与调解对接机制试点工作的通知》

（法〔2012〕307 号），在 31 个原保监局辖区试点建立保险纠纷诉调对接机制。2016 年，最高人民法院、原保监会发布《关于全面推进保险纠纷诉讼与调解对接机制建设的意见》（法〔2016〕374 号），推动保险纠纷解决机制的建设，从平台建设、规范运作程序、健全工作机制以及强化保障措施等多方面完善保险纠纷多元化解决机制。

证券期货业领域，中国证券业协会、中国证券投资基金协会等行业自律组织发挥了重要作用，主要的调解机制包括以下几种：一是行业协会设立调解组织，如中国证券业协会成立证券纠纷调解中心，并在官方网站公布调解规则，支持申请在线调解；中国期货业协会也于 2014 年决定成立纠纷调解委员会，中国证券投资基金业协会、中国证券投资者保护基金等多个机构均设置相关机构处理投资者纠纷的调解工作。二是通过证监会成立专门的调解机构，2014 年 12 月成立了中证中小投资者服务中心有限责任公司，其主要职责包括提供调解等纠纷解决服务，主要受理的范围是资本市场主体因证券、期货、基金等相关业务产生的投资者与上市公司之间的纠纷、投资者与证券期货经营机构之间的纠纷、投资者与资本市场其他主体之间的纠纷、投资者之间的纠纷以及中心认为可以受理的纠纷。三是成立事业单位性质的调解组织，如深圳证券期货业纠纷调解中心，这是中国资本市场第一个紧密结合调解与仲裁功能的纠纷解决机构，由证监会深圳监管局和深圳国际仲裁院共同推动，由深圳国际仲裁院和深圳市证券业协会、深圳市期货业协会和深圳市投资基金同业公会共同设立，是经深圳市事业单位登记管理局批准登记成立的公益性事业单位法人。

近年来，金融消费者的投诉与调解机制正在不断完善，无论是监管机构还是行业协会，都在积极推动多元化纠纷解决机制，拓宽调解渠道，完善调解规则以及加强诉调对接机制。但不得不承认，调解机制也存在一定缺陷：第一，在目前分业监管的背景下，调解组织过于零散和杂乱，调解组织众多但部分业务和功能重叠，也存在部分区域调解组织空白的情况；第二，调解大部分是在当事人主动申请的情况下才会适用，当事人往往难以获得调解机构的具体信息，无法启动该流程；第三，现有的调解组织更多的是采用解释、劝解方式达成和解，但缺乏对纠纷事实进行合法合理公正判断的能力，如果纠纷当事人分歧较大，调解往往无法达成一致意见;第四,调解机制只能覆盖传统的金融行业及金融交易,涉及类金融或带有金融属性的复杂、新型交易结构则不在受理范围或者调解人员不具备专业的金融知识和法律知识处理该类纠纷,导致调解机制未必能够应对复杂多变的金融市场;第五,在实践中,如金融消费者与金融机构发生纠纷,采用向金融机构投诉的方式更多,因为金融消费者认为金融行业协会的宗旨是促进协会会员的发展,其内部设置的调解机制缺乏公允性,也不具备强制力,调解的效果可能并不理想。

(四)仲裁制度

在金融消费纠纷多元化解决机制中,金融仲裁成为普遍适用的一种纠纷解决方式,具有高效便捷、自主、专业、保密等优势。

1993 年,《股票发行与交易管理暂行条例》(国务院令第 112 号)第一次确认仲裁在股票发行与交易争议中的法律地位。随后,国务院证券委员会《关于指定中国国际经济贸易仲裁委员会为证券争议仲裁机构的通知》(已失效)、原保监会《关于在保险条款中设立仲裁条款的通知》(已失效)出台,逐步强调和肯定了证券和保险争议中的仲裁效力。2003 年,中国国际贸易促进委员会和中国国际商会制定《中国国际经济贸易仲裁委员会金融争议仲裁规则》,该规则分别在 2005 年、2008 年和 2014 年进行修订。《中国国际经济贸易仲裁委员会金融争议仲裁规则》是我国第一部金融仲裁规则,强调了金融仲裁的独立性、公正性。

2007 年我国首家金融仲裁院——上海金融仲裁院成立,随后,重庆、武汉、深圳、杭州、广州、成都等地纷纷建立金融仲裁机构。在受案数量上,金融争议仲裁案件数量亦呈现持续快速增长的趋势,且全国各专业性金融仲裁机构每年审理的金融纠纷案件标的数额呈快速上升趋势,由此可见我国金融仲裁在制度规则和机构建设上已经初具规模。

对于金融仲裁机构而言,其受案范围主要包括存款贷款纠纷、票据纠纷、保险纠纷、信托投资纠纷等,但金融仲裁制度在消费者与金融机构的纠纷适用上还存在不足之处:第一,仲裁程序适用于金融纠纷,仲裁规则中并未对金融消费者与金融机构之间的纠纷作出特殊性规定,因此也无法在仲裁程序中对金融消费者进行倾斜性保护。第二,仲裁费用的收费标准往往较高,如金融消费者作为申请人,无论最后仲裁结果如何,都需要先行垫付仲裁费用,金融纠纷涉及的标的金额较大,在金融消费者权益受损的情况下,是否还有能力支付高昂的仲裁费用是个很大的问题。第三,金融仲裁方式实际上是金融机构更倾向的纠纷解决方式,原因之一是高昂的仲裁费用可能会阻碍金融消费者采取此种方式寻求救济。此外,由于金融仲裁程序的不公开性、仲裁文书的保密性,即便仲裁中金融机构败诉,纠纷也不会像诉讼案件那样被公示,无法为公众知悉,社会影响更小。第四,仲裁裁决标准不统一,金融消费者无法获得统一的标准对自身行为进行预判,而仲裁的"一裁终局"既提高了效率,但同时也使败诉方难以获得再次审理的机会。

(五)诉讼制度

诉讼是多元化纠纷解决体系中最权威、最有利的方式,金融消费者通过向有管辖的法院提起诉讼,维护自身的合法权益。

近年来,法院受理的金融案件呈现数量多、类型多、涉案金额高的趋势。上海市浦东新区人民法院发布的《2017 年度上海市浦东新区人民法院金融消费者权益保护审判白皮书》显示:"2017 年,我院共受理该类案件 32,605 件,收案数量较 2016 年同比上升 22.54%;共审结该类案件 32,435 件,结案数量较 2016 年同比上升 21.09%。从该类案件的结案方式来看,以判决方式结案的 11,459 件,占比 35.33%;以调解和撤诉方式结案的 20,891 件,占比 64.41%,较 2016 年度有明显增加,审判效果良好;以其他方式结案的 85 件,占比 0.26%。"从上海市高级人民法院通报的 2021 年金融商事审判情况来看,[1]2021 年,上海法院共计受理一审金融商事案件 197,484 件,同比上升 10.16%,审结 197,090 件,同比上升 10.18%;共受理二审金融商事案件 3348 件,收案数量为近 5 年来最高。

通过对比金融纠纷的整体诉讼案件数量,金融消费纠纷在整体金融纠纷案

---

[1] 参见《上海高院通报 2021 年金融商事审判情况 金融借款合同纠纷案件数首次居于首位》,载光明网 2022 年 8 月 5 日,https://m.gmw.cn/baijia/2022-08/05/1303076873.html。

件中占比并不高,采取诉讼方式解决金融消费纠纷也存在一些不足,主要在于诉讼程序固有的程序问题以及审判人员的专业性问题。诉讼案件程序复杂、周期较长,金融消费者维权的时间成本较高且诉讼受理费、律师费或其他各项可能的支出较大,如果标的金额不大,当事人往往得不偿失,相对于金融消费者而言,金融机构无疑在应诉方面更具备优势;此外,由于金融案件的专业性,尽管部分法院设置了专门的金融审判法庭,但对于很多地区的法院而言,金融审判的专业性导致缺乏足够的司法审判人才,与此同时,各类金融产品的创新也导致法律关系的认定和责任的划分更为模糊,部分涉众案件、刑民交叉的案件也使法院审判存在困难,如何依照现有法律规定和案件的实际情况,做到公正高效解决此类纠纷,是法院在未来金融诉讼案件审理中面临的重大挑战。

总体而言,金融纠纷解决途径多元化趋势日益明显,行业协会和金融行政监管机构成立的专业调解委员会将成为非诉讼纠纷解决机制的核心机构,大量金融纠纷得以通过非讼调解的方式解决。因此,当事人在拥有多种纠纷解决方式的情况下,会倾向于将不具有调解可能的纠纷,或者将因为金融改革创新而出现的新型的、复杂的金融纠纷诉至法院。如此一来,金融诉讼一方面类型会相对集中,另一方面审理难度会有所增加,判决因其终局性、示范性和确定性之特征较之诉讼调解更受到当事人认可,同时也成为非诉讼纠纷解决机制构建初期必不可少的规范和参照,其适用率将显著提高。[1]

三、金融消费纠纷的合规应对

通过对各类金融消费纠纷的审判情况以及案例进行研读,可以从中得到一些启示:

在保护金融消费者合法权益方面,金融机构应是第一责任人,金融机构应当加强内部的合规管理,才能避免纠纷的发生,即便出现纠纷,也有正当的免责理由。比如大量的司法案例涉及对金融机构履行适当性义务的认定,根据裁判

---

〔1〕 参见莫然、杨斯淼:《珠三角地区金融诉讼实证研究及启示》,载《法治社会》2017 年第 6 期。

观点，金融消费者是否充分了解相关金融产品、投资活动的性质及风险并在此基础上作出自主决定属于应当查明的案件基本事实，对此金融机构至少需要提交其对客户风险承受度进行测试的书面文件（如客户风险承受度评估报告）、产品的风险评估等级、其向客户就案涉产品收益及风险进行告知说明的录音录像或文件（风险申明书、权益须知、产品说明书、招募说明书等）以及交易协议等证据向法院进行说明。这就要求金融机构在日常经营中，完善操作流程，加强业务培训等。

此外，金融消费者也应加强风险意识，警惕各类非法金融手段，警惕高收益金融产品，注意自行保管相关的密码、资料、个人信息等。在诉讼制度强调保护金融消费者权益的基本理念之外，还应平衡好买者自负与交易适当性之间的关系，合理分配金融机构和金融消费者之间的权利义务。

具体而言，金融机构在应对金融消费纠纷时，应当加强内部合规管理制度建设：

1. 建立金融消费纠纷解决机制，完善流程管理

第一，明确分工，构建完善的纠纷处置组织架构。金融机构应建立完善的纠纷解决机制，设置相应的组织架构，明确相关部门的权责。

一般情况下，发生金融消费纠纷，金融消费者首先会与相关业务部门的人员进行沟通或向相关投诉部门进行直接投诉，投诉受理部门或相关业务部门及分支机构应第一时间及时负责协调处理客户投诉纠纷，具体负责对客户投诉事项进行调查核实，搜集相关资料，出具解决方案；做好客户投诉纠纷的协调沟通、情况反馈和回访工作，跟踪落实处理方案，并将投诉处理结果上报总部相关部门；做好客户投诉纠纷处理记录的保管和归档工作等。

在这个过程中可能存在多部门的沟通协调，如合规部、法律事务部、人力资源部等部门也可能参与其中，合规法务部负责合规投诉与举报，司法诉讼的应对、咨询和指导；信用风险、市场风险、操作风险等投诉事件可能涉及风险管理部的职责；人力资源部则负责对客户投诉纠纷责任人的核实处理等工作。

第二，明确要求，规范纠纷处置规程。金融机构应当制定明确的、可供一线业务人员实际操作的处置指引，明确纠纷处置的时间要求及规范处理流程。具

体而言，首先，在接到客户投诉时，受理人员应当引导金融消费者准确表述投诉事实，明确具体诉求，同时，做好客户安抚工作，争取客户理解，避免矛盾激化；其次，受理人员应对客户投诉事项进行初步分析，甄别投诉性质，确定纠纷发生具体部门、具体业务条线，提交投诉纠纷处理部门处理，此时尤为注意，在未核实纠纷所涉事实的情形下，受理人员应当避免直接或间接承认消费者所述事实或对其诉求进行承诺；再次，投诉纠纷处理部门应开展核查工作，认真核实投诉事项，查实引发投诉的具体原因，提供书面证明材料，提出投诉处理方案，并在相关部门负责人审核通过后予以实施；最后，投诉纠纷处理部门根据投诉处理方案与客户进行沟通，在规定时间内妥善处理客户投诉，将处理结果反馈投诉纠纷受理人员，由投诉纠纷受理人员进行客户满意度跟踪调查。

2. 积极介入、及时沟通，避免个体案件演化为群体性纠纷

金融机构的投诉处置的一线受理人员不能盲目搪塞、推脱责任或拖延处置，这是导致消费者与金融机构矛盾激化的重要原因。这不仅导致金融机构难以及时获知纠纷详情，还容易刺激消费者采取向监管机构投诉、围堵金融机构营业场所、制造引爆负面舆情等诸多过激措施。

因此，在投诉受理环节，受理人员应当耐心、仔细地受理客户投诉，真实记录客户投诉内容，了解问题发生的本质及事实情况。在投诉内部核查、决策环节，受理人员应当全面、准确地传递消费者投诉信息，不得隐瞒漏报。

3. 全面核查、明确自身是否存在过错

金融机构在处理金融消费纠纷时，除安抚客户之外，更应及时、全面地核查纠纷所涉的事实情况。比如因产品销售产生的纠纷，应全面核查金融机构关于投资者适当性义务的履行、金融产品的情况以及销售行为的合法合规性。

4. 准确评估投资者损失

金融机构应准确评估消费者损失，从而明确自身责任范围、制定双方可接受的纠纷处置策略、明确具体谈判方案。如金融机构未能准确界定消费者损失，则将导致难以准确判断消费者诉求是否合理、难以评估司法机关判决额度、难以确定金融机构处置方案具体金额，从而拖延纠纷处置进程。

此外，在损失评估结果的呈现上，金融机构应当尽量通过直观、清晰、便于

理解的方式,明确消费者因金融机构过错所受损失的实际构成及具体计算方式,便利后续纠纷处置。

5. 司法程序的应对

如纠纷进入司法程序,则应由法务部或外部律师及时处理。司法机关、监管机构及金融机构之间在具体纠纷情形等诸多方面的认定存在重大差异。在法律对金融消费者进行倾向性保护的背景下,此种差异往往导致金融机构难以评估司法机关对于纠纷的关注要点及司法裁判态度。因此,金融机构不仅要查明纠纷基本事实,还应积极应对可能的诉讼案件,将纠纷事实转化为法言法语以应对司法机关对事实的调查以及法律性质的认定。

第四章　数字金融背景下金融消费者权益保护工作的新挑战

据《中国数字经济发展白皮书》的数据统计,2015 年至 2020 年,中国数字经济总规模占 GDP 比重由 27% 提升至 38.5%。2020 年,数字经济核心产业增加值占 GDP 的比重达到 7.8%。根据 2021 年全球数字经济大会的数据,中国数字经济规模已经连续多年位居世界第二。数字技术的发展日新月异,互联网、通信技术、人工智能、大数据、云计算、区块链等新一代数字经济正在深刻地改变着社会经济的各个领域,同样也被广泛应用于金融领域,数字技术与金融产业的融合程度不断加深,数字金融也取得迅猛发展。

在数字经济的背景下,金融机构充分利用数字技术实现金融产品创新,对行业而言无疑是具有重要积极意义的,但在这个过程中,数字金融的发展也导致监管滞后,产生诸多法律问题:比如对于数字金融缺乏明确的法律规范,已有的相关规范性文件效力较低,主要是框架性和原则性的指导意见;监管主体不明确,新型金融从业机构增加,新型业态和产品不断涌现,分业监管体制下监管主体之间的权责重叠问题突出;随着金融产品的不断创新,金融消费者参与金融交易过程所面临的风险不断增加且不断复杂化,也为金融消费者权益保护工作带来了新的挑战。

加强数字金融消费者权益保护的工作不能被忽视,这也是促进数字金融行业规范、稳健发展的必然举措。因此,本章将主要探讨数字金融发展的过程中,可能给金融消费者权益保护工作带来哪些风险,以及为相关的数字金融从业机构如何做好金融消费者权益保护工作提出一些合规建议。

第一节 数字金融概述

目前,我国法律法规及政策层面尚未对"数字金融"这一概念作出明确的界定,但与其相关的如"互联网金融""金融科技"等概念已经在相关政策文件中出现。实践中,数字金融在金融领域已经得到越来越广泛的关注,学界对此也作了深入研究,吴卫明认为,"数字金融是运用现代信息技术对金融进行改造的产物,通过现代的计算机信息技术、通信技术、人工智能技术等手段,将金融活动的用户获取、用户识别、交易行为、交易记录、风险控制、信用评价、信用交换,甚至是争议解决,以数字化的方式予以实现"[1];北京大学数字金融研究中心的黄益平、黄卓认为,"数字金融泛指传统金融机构与互联网公司利用数字技术实现融资、支付、投资和其他新型金融业务模式"[2];胡滨和程雪军则是从数字普惠金融的角度,认为大数据与深度学习不断进化、金融服务模式与产品发生重大变革,全球普惠金融经历了"微型金融→普惠金融→数字普惠金融"的演进与发展,而基于金融科技与普惠金融的矩阵交叉视角分析,金融科技在支付与清算、借贷与融资、投资理财、风险管理、金融监管以及其他领域全面渗透,催生全新的数字普惠金融服务应用场景;[3]马德功和滕磊认为,"数字金融是一系列数字技术与金融活动结合形成的创新金融服务供给方式,与互联网金融、金融科技等共同构成数字科技与金融耦合的数字金融谱系概念,普惠效应是其核心价值"[4]。

尽管学术界的定义并不完全相同,但从上述定义中不难看到,数字金融是技术与金融活动的结合,具体应用于各类的金融产品和服务场景中。数字金融

[1] 吴卫明:《数字金融法律实务与风险防控》,中国法制出版社 2018 年版,第 15 页。

[2] 黄益平、黄卓:《中国的数字金融发展:现在与未来》,载《经济学(季刊)》2018 年第 4 期。

[3] 参见胡滨、程雪军:《金融科技、数字普惠金融与国家金融竞争力》,载《武汉大学学报(哲学社会科学版)》2020 年第 3 期。

[4] 马德功、滕磊:《数字金融、创业活动与包容性增长》,载《经济论丛》2020 年第 9 期。

的发展大致经历了三个阶段：第一阶段为金融信息技术阶段，即电子化阶段，依托信息技术的发展，以电子化、信息化的技术和手段，为金融行业提供软硬件支持、服务和解决方案。比如自动提款机（ATM）、销售终端机（POS）、电子化登记结算系统、交易系统、账务系统等，都是该阶段的产物。第二阶段为互联网金融阶段，即互联网化阶段，网络技术与金融业务深度融合，通过互联网技术实现信息的共享和业务拓展，为资产端、交易端、支付端和资金端的对接连通提供便捷的通道，形成依托互联网和移动终端的新型金融业态，这一阶段出现了网上银行、网络借贷、移动支付、股权众筹、互联网理财、互联网基金销售等互联网金融模式。第三阶段是真正意义上的数字化阶段，即通过大数据、云计算、人工智能、区块链、移动互联等新一代信息技术的应用，改变传统的金融信息处理流程、投资决策过程、信用中介角色，通过自动化、智能化、去中心化等方式深刻变革传统金融市场基础设施和金融交易形态，从而大幅提升金融效率、改善金融服务。这一阶段出现的量化交易、智能投顾、大数据征信、虚拟货币等新业态和新模式，都体现了新型信息技术应用给金融行业带来的深刻变革。[1]

从严格意义上说，互联网金融、金融科技以及数字金融等概念还是存在一定区别。在《关于促进互联网金融健康发展的指导意见》中，互联网金融被定义为“传统金融机构与互联网企业利用互联网技术和信息通信技术实现资金融通、支付、投资、信息中介服务的新型金融业务模式”，从这个定义上看，互联网金融被认为是利用互联网技术和信息通信技术为传统的金融业务提高效率从而产生的新型金融业务模式；金融科技则被认为是金融服务领域中以技术为基础的创新，中国人民银行在《金融科技（FinTech）发展规划（2019—2021 年）》中将金融科技定义为“金融科技是技术驱动的金融创新”，侧重于强调具体产品和业务流程的技术创新，更加突出其技术性特征；而数字金融则是一个更为宽泛的概念，是金融与技术紧密结合的新兴领域，它以数据为核心，使金融媒介更为丰富，计算机硬件、软件、网络、通信等技术都是推动数字金融发展的工具，在这

---

〔1〕 参见香港交易所：《研究报告：金融科技的运用和监管框架》，载 https://www. hkex. com. hk/ -/media/HKEX - Market/News/Research - Reports/HKEX - Research - Papers/2018/CCEO_Fintech_201810_c. pdf。

些创新技术的支持下，金融行业不断进行数字化转型，优化金融服务模式，产生更多金融产品，推动金融服务类型和范围的扩展，这也是数字金融业态发展的新趋势。

数字金融不会成为传统金融的替代，恰恰相反，数字金融将提供更多新型的金融服务内容，比如移动支付、数字货币、互联网保险等。数字金融将突破传统金融的局限性，通过网络实现远程交易，在便利性、高效性和共享性等方面具有巨大优势，让金融消费者能够更加便捷地购买产品或者享受服务。

随着数字金融的不断发展，一系列问题也逐渐暴露。目前，我国数字金融监管缺乏专门的法律规范，尽管中国人民银行公布了《金融科技发展规划(2022—2025年)》，中国人民银行、市场监管总局、原银保监会、证监会共同发布了《金融标准化"十四五"发展规划》等文件，但上述文件主要是原则性规定，具体实操性不强，在过去的监管体系中并未将数字金融与传统金融之间的监管方式进行明确区分；此外，数字金融的迅速发展也使法律规制和行政监管存在一定滞后性。在此环境下，金融消费者在参与金融交易的过程中，也面临着越来越多的风险，一方面，数字金融领域金融监管的有效性亟待加强；另一方面，为消费者提供数字金融产品的机构(以下统称数字金融从业机构)也有义务加强其合规管理能力，落实金融消费者权益保护。接下来，本章将结合当前数字金融发展的现状与趋势，针对金融消费者权益保护领域的部分重点和突出的合规问题进行分析。

第二节　金融数据的安全管理与共享交易

数字金融发展的根本是有效数据治理前提下的金融数据应用，而金融数据的安全是数据应用的基础。金融数据安全对于金融消费者权益的影响主要包括以下几个方面：第一，金融数据包含金融消费者个人信息，对于个人信息的处理，直接影响个人的信息安全、自主选择等权利，因此金融数据安全管理直接影响金融消费者的权益保护。第二，金融数据安全直接影响金融机构业务连续性,进而影响金融消费者的财产安全。如美国“9·11”事件中,纽约银行和德意志银行的数据中心毁于一旦,纽约银行因此破产清盘,但德意志银行因为在几十公里外做了数据备份,得以存活下来。第三,金融行业属于关键信息基础设施,从宏观来看,金融数据的安全直接影响金融体系的安全,完善的金融体系构建是金融消费者权益保障体系的基础。第四,金融行业的数据内容,不仅包括个人信息,还涉及重要数据、核心数据等,这些数据可能影响国家安全。综上,在数字金融背景下,金融数据安全管理至关重要。

一、数据安全管理义务

金融行业是国民经济的重中之重,金融系统数据安全的重要性不言而喻。我国早在《网络安全法》中就规定,国家对金融等重要行业和领域以及其他一旦遭到破坏、丧失功能或者数据泄露,可能严重影响危害国家安全、国计民生、公共利益的关键信息基础设施,在网络安全等级保护制度的基础上,实行重点保护。《关键信息基础设施安全保护条例》又进一步明确,关键信息基础设施,是指公共通信和信息服务、能源、交通、水利、金融、公共服务、电子政务、国防科技工业等重要行业和领域的,以及其他一旦遭到破坏、丧失功能或者数据泄露,可能严重危害国家安全、国计民生、公共利益的重要网络设施、信息系统等。目前的法律法规及监管要求均认为金融行业属于关键信息基础设施,而金融机构也属于关键信息基础设施运营者。因此,金融机构应当履行数据安全管理义务,保障网络安全,保障金融数据安全。

对关键信息基础设施的保护,是在网络安全等级保护制度的基础上,实行重点保护。金融领域系统安全等级一般要求达到国家信息安全等级保护三级认证,2020 年 11 月 11 日,中国人民银行发布《金融行业网络安全等级保护实施指引》和《金融行业网络安全等级保护测评指南》系列标准,为金融行业数字化转型提供了网络安全、系统安全的实践指导。在等级保护制度之外,金融机构还应对关键信息基础设施每年至少进行一次网络安全检测和风险评估,制定应急管理机制。

《网络安全审查办法》规定了网络安全审查制度。作为关键信息基础设施运营者,金融机构应当具有国家安全的思维和意识,应当优先采购安全可信的网络产品和服务;采购时应当按照国家有关规定与网络产品和服务提供者签订安全保密协议,明确提供者的技术支持和安全保密义务与责任,并对义务与责任履行情况进行监督。采购网络产品和服务可能影响国家安全的,应当按照国家网络安全规定通过安全审查。

近年来,国家越来越重视网络安全与数据安全,金融体系的数据安全关乎社会系统的有效运行,除了业务管理系统安全之外,金融机构还应特别注意内部管理系统的安全性。如 2022 年 10 月 13 日,深圳证监局公布了《证券期货机构监管通信》(2022 年第 5 期),其中通报了一起证券公司网络安全风险管理不规范的案例。辖区某证券公司因网络安全风险管理存在漏洞,导致公司 OA 系统遭受攻击影响公司移动端 OA 办公。深圳证监局核查发现,该公司渗透测试及漏洞修复机制不完备,网络安全监控方式和响应机制有待改进,安全防护策略有待加强。同时,该公司信息系统相关人员流动性较大,多个重要信息系统运维主岗已离职,多个技术管理环节权限管理不严。金融机构应当高度重视网络安全保障工作,认真落实网络和信息安全工作责任规划,加强信息技术人员保障,提升网络安全风险防控能力。

二、金融数据治理的基本要求

根据《银行业金融机构数据治理指引》,数据治理是指银行业金融机构通过建立组织架构,明确董事会、监事会、高级管理层及内设部门等职责要求,制定和实施系统化的制度、流程和方法,确保数据统一管理、高效运行,并在经营管理中充分发挥价值的动态过程。银行业金融机构应当将数据治理纳入公司治理范畴,建立自上而下、协调一致的数据治理体系。

金融数据具有多样性、复杂性、融合性等特点,实现金融数据的优化治理是金融数据应用的基础,也是数字金融发展的基础,金融数据治理主要包括以下几个方面:

1. 数据治理架构

金融机构应当将安全保护的义务融入组织架构和公司治理体系中,建立组织架构健全、职责边界清晰的数据治理架构，明确董事会、监事会、高级管理层和相关部门的职责分工，建立多层次、相互衔接的运行机制。《银行业金融机构数据治理指引》对组织架构中不同层级的数据治理内容提出规制：董事会应当制定数据战略，审批或授权审批与数据治理相关的重大事项，督促高级管理层提升数据治理有效性，对数据治理承担最终责任；监事会负责对董事会和高级管理层在数据治理方面的履职尽责情况进行监督评价；高级管理层负责建立数据治理体系，确保数据治理资源配置，制定和实施问责和激励机制，建立数据质量控制机制，组织评估数据治理的有效性和执行情况，并定期向董事会报告；根据实际情况设立首席数据官；应当确定并授权归口管理部门牵头负责实施数据治理体系建设，协调落实数据管理运行机制，组织推动数据在经营管理流程中发挥作用，负责监管数据相关工作，设置监管数据相关工作专职岗位；业务部门应当负责本业务领域的数据治理，管理业务条线数据源，确保准确记录和及时维护，落实数据质量控制机制，执行监管数据相关工作要求，加强数据应用，实现数据价值；应当在数据治理归口管理部门设立满足工作需要的专职岗位，在其他相关业务部门设置专职或兼职岗位。

2. 数据管理

金融机构应当制定全面科学有效的数据管理制度，包括但不限于组织管理、部门职责、协调机制、安全管控、系统保障、监督检查和数据质量控制等方面：(1)制定与监管数据相关的管理制度和业务制度；(2)完善信息系统，且信息系统应国产化；(3)建立适应监管数据报送工作需要的信息系统，实现流程控制的程序化，提高监管数据加工的自动化程度；(4)加强数据采集的统一管理，明确数据共享的安全标准、共享流程；(5)建立数据安全策略与标准，依法合规采集、应用数据，依法保护客户隐私，划分数据安全等级，明确访问和拷贝等权限，监控访问和拷贝等行为，完善数据安全技术，定期审计数据安全；(6)建立全面严密的管理流程、归档制度，明确存档交接、口径梳理等要求；(7)建立数据应急预案；(8)建立数据治理自我评估机制；(9)建立问责机制，定期排查数据管理、数据质量控制、数据价值实现等方面问题，依据有关规定对高级管理层和相关部门及责任人进行问责。

3. 数据质量控制

数据质量控制是金融数据治理的重要内容。数据质量的优劣是制约数字经济发展的重要因素，在金融行业，数据应用体现在产品设计、投资、营销、风控、监管等多个领域，数据质量非常重要，监管部门一直以来也非常关注金融数据质量问题，多次强调报送数据的真实、完整、有效性。金融机构应当确立数据质量管理目标，建立控制机制，建立数据质量管控制度，包括但不限于：关键监管指标数据质量承诺、数据异常变动分析和报告、重大差错通报以及问责等，确保数据的真实性、准确性、连续性、完整性和及时性，加强数据源头管理，确保将业务信息全面准确及时录入信息系统。数据质量控制应当覆盖数据全生命周期，对数据质量持续监测、分析、反馈和纠正。同时，金融机构应当将监管数据纳入数据治理，建立工作机制和流程，确保监管数据报送工作有效开展，监管数据质量持续提升。

4. 数据分类分级

数据分类分级管理是金融机构的重要合规义务，也是金融数据治理的重要手段。我国《网络安全法》《数据安全法》《个人信息保护法》分别对网络运营者、数据处理者、个人信息处理者提出了有关数据分类管理的要求。国家层面也在逐步建立数据分类分级保护制度，根据数据在经济社会发展中的重要程度，以及一旦遭到篡改、破坏、泄露或者非法获取、非法利用，对国家安全、公共利益或者个人、组织合法权益造成的危害程度，对数据实行分类分级保护。金融行业作为关乎国计民生的重要行业，也出台了诸多数据分类分级管理的规定。如《个人金融信息保护技术规范》（JR/T 0171—2020）规定，将个人金融信息划分为 C3、C2、C1 类信息；《金融数据安全　数据安全分级指南》（JR/T 0197—2020）根据金融业机构数据安全性遭受破坏后的影响对象和所造成的影响程度，将数据安全级别从高到低划分为 5 级、4 级、3 级、2 级、1 级。金融机构应当根据业务和管理情况，对数据资产进行分类管理，根据定级要素、定级标准、定级流程等对识别的数据进行定级，这也是建立统一、完善的数据生命周期安全保护框架的基础工作，能够为金融业机构制定有针对性的数据安全管控措施提供支撑。

三、金融数据共享中的合规要点

金融大数据的分析利用是数字金融发展的基础,金融数据的共享和融合成为大数据分析不可或缺的环节。伴随着开放银行(Opening Bank)的兴起,金融数据共享的重要性被提升到新的高度,开放银行起源于英国,要求银行通过开放的技术标准(API、SDK等),与第三方共享信息系统的访问权限,将金融服务与其他应用场景深度结合,为用户提供更为综合、优质的服务。在此过程中,数据的共享是开放银行的基础。近年来,中国的开放银行发展迅速,2012年中国银行推出首个开放平台,2015年工行API开放平台上线,2018年浦发银行推出无边界API Bank,平安银行、招商银行、建设银行等也纷纷推出开放银行平台。开放银行的发展进一步加深了金融数据的共享和融通。

1. 金融数据共享中的个人信息处理问题

金融数据的共享必然涉及个人信息的处理,法律法规对于个人金融信息的处理有着非常严格的规制,如何合规、有效地实现个人金融信息的共享,成为金融机构必须面对的问题。

在《个人信息保护法》出台之前,我国就在司法领域确定了个人信息共享的规则。在2015年新浪诉脉脉不正当纠纷案中,人民法院在判决书中确认了数据共享的三重授权原则,明确第三方应用通过开放平台获取用户信息时应坚持"用户授权"+"平台授权"+"用户授权"的三重授权原则。

《个人信息保护法》明确规定了个人信息的取得需要合法、正当、必要,并规定个人信息处理者向其他个人信息处理者提供其处理的个人信息的,应当向个人告知接收方的名称或者姓名、联系方式、处理目的、处理方式和个人信息的种类,并取得个人的单独同意,亦明确了个人主体授权同意的原则。《个人金融信息保护技术规范》(JR/T 0171—2020)也规定金融机构应向个人金融信息主体告知共享、转让个人金融信息的目的、数据接收方的类型,并事先征得个人金融信息主体明示同意;还应帮助个人金融信息主体了解数据接收方对个人金融信息的存储、使用等情况,包括个人金融信息主体的权利,如访问、更正、删除、注销账户等。

由此可见,金融数据共享对个人信息进行处理的法律基础是个人主体的明知和授权同意。此外,基于《个人信息保护法》《个人金融信息保护技术规范》等法律法规和国家标准的规定,金融机构向第三方转让和共享个人信息,还应履行以下合规义务:

(1)应开展个人金融信息安全影响评估,并依据评估结果采取有效措施保护个人金融信息主体权益;

(2)在共享和转让前,应开展个人金融信息接收方信息安全保障能力评估,并与其签署数据保护责任承诺;

(3)支付账号及其等效信息在共享和转让时,除法律法规和行业主管部门另有规定外,应使用支付标记化技术进行脱敏处理,防范信息泄露风险;

(4)应部署信息防泄露监控工具,监控及报告个人金融信息的违规外发行为;应部署流量监控技术措施,对共享、转让的信息进行监控和审计;

(5)应根据“业务需要”和“最小权限”原则,对个人金融信息的导出操作进行细粒度的访问控制与全过程审计,应采取两种或两种以上鉴别技术对导出信息操作人员进行身份鉴别;

(6)应定期检查或评估信息导出通道的安全性和可靠性;使用外部嵌入或接入的自动化工具(如代码、脚本、接口、算法模型、软件开发工具包等)进行信息共享与转让时,应定期检查或评估信息共享工具、服务组件和共享通道的安全性和可靠性,并留存检查或评估结果记录;

(7)应执行严格的审核程序,并准确记录和保存个人金融信息共享和转让情况;应采取有效技术防护措施,防范信息转移过程中被除信息发送方与接收方之外的其他个人、组织和机构截获和利用。

在上述规则的前提下,金融机构实现金融数据的有效共享,发展开放银行业务,面临严格的法律规制,尤其是个人授权的取得,直接制约着开放银行业务,在此背景下,隐私科技应运而生。

2. 隐私科技助力金融数据共享

根据法律规定,个人信息的共享面临数据合规的障碍。通过金融科技手段,对个人金融信息进行去标识化、加密处理,在确保数据接收方无法重新识别个人金融信息主体的情况下,再进行转让、共享成为金融数据共享的主要合规方式。另外,具有“数据不出域”“可用不可见”特征的隐私计算,成为时下最受关注的技术解决方案。当前主要应用的隐私科技有隐私计算、自动化标签工具、隐私合规审计系统等,而隐私计算是最具代表性的技术手段。

常见隐私计算的种类包括联邦学习、同态加密、差分隐私、多方安全计算以及零知识证明等技术。如联邦学习(Federated Learning),通过在多个数据源之间进行分布式模型训练,在不共享和交换数据的前提下,仅交换模型参数或中间结果,实现联合建模,能够有效打破“数据孤岛”,保护数据安全,已经成为隐私计算的主要方式。通过一种或多种隐私计算手段,实现数据“可用不可见”,一方面有利于金融数据的共享流动,另一方面又避免了原始数据的传输。当前,隐私计算不仅应用在金融行业,而且在公共数据开放共享、数据交易、社会信用体系建立等多种场景下具有巨大的实用价值。

金融行业是数据密集型行业,金融机构在推进数字化转型、发展数字银行时,既要保护客户隐私,又要利用好数据。近年来,中国人民银行出台了《多方安全计算金融应用技术规范》《金融业数据能力建设指引》等标准和规范,对隐私计算应用于金融数据保护提供了指引,诸多金融机构都在试点和研发隐私科技的应用。但截至当前,中国隐私计算等隐私科技的应用还属于初期,我们相信随着数字金融的发展,出于数据共享和数据融通的需要,隐私科技的应用定将成为平衡业务发展和金融消费者权益保护的重要手段。

四、金融数据交易中的合规要点

金融数据交易场景主要有两种情形,一种是点对点进行的数据交易,另一种是通过数据交易场所进行数据交易,本节主要探讨通过数据交易场所进行交易的新业态。

中共中央、国务院《关于构建更加完善的要素市场化配置体制机制的意见》将数据与土地、劳动力、资本、技术等传统要素并列为要素之一,并提出建立健全数据产权交易机制。在国家促进数据要素市场建立和完善的背景下,全国各地成立诸多数据交易中心,探索数据交易市场。截至目前,北京、上海、深圳、广州、武汉、贵阳等多个省、市,相继设立数据交易机构,上海数据交易所更是在

2021年11月25日揭牌成立仪式上达成了部分首单交易。

《数据安全法》规定，国家建立健全数据交易管理制度，规范数据交易行为，培育数据交易市场，并规定数据交易中介服务的机构提供服务时，应当要求数据提供方说明数据来源，审核交易双方的身份，并留存审核、交易记录等合规义务进行规制，为数据交易机制的建立提供了法律基础。

金融行业是最主要的社会经济参与方之一，金融数据的交易对于激活数据交易市场具有重要促进作用。金融机构参与数据交易行为应当关注以下问题：

1. 个人信息保护

个人信息，尤其是个人隐私信息不具有可交易性。金融数据中含有大量金融消费者个人信息，虽然我国《个人信息保护法》等规定了个人信息的转让、提供等规则，但个人信息的转让等处理活动，要以合法、正当、必要为基本原则。个人信息的交易突破了上述规则的限定，尤其是无法满足必要性原则。金融数据的交易，如涉及个人信息内容，应当通过去标识化手段使有关信息脱离个人信息的范畴。另外，金融机构可以采取隐私计算等技术手段，实现不泄露个人信息前提下的数据交易，进而实现数据价值的变现。

2. 重要数据的识别

《信息安全技术　数据出境安全评估指南（草案）》附录A“重要数据识别指南”中，将金融行业数据纳入重要数据的范围。《信息安全技术　重要数据识别指南（征求意见稿）》中，将支撑关键基础设施运行或重点领域工业生产，如直接支撑关键基础设施所在行业、领域核心业务运行或重点领域工业生产的数据，以及反映关键信息基础设施网络安全保护情况，可被利用实施对关键信息基础设施的网络攻击，如反映关键信息基础设施网络安全方案、系统配置信息、核心软硬件设计信息、系统拓扑、应急预案等情况的数据列为重要数据范畴。金融行业属于关键信息基础设施，金融数据中含有大量的重要数据。

重要数据关乎国家安全，《数据安全法》规定，国家制定重要数据目录，对数据实行分类分级保护，各地区、各部门应当按照数据上述分类分级保护制度，确定本地区、本部门以及相关行业、领域的重要数据具体目录，对列入目录的数据进行重点保护。

重要数据是否可以进行交易，暂无法律明确禁止。从《网络数据安全管理条例（征求意见稿）》“数据处理者开展共享、交易、委托处理、向境外提供重要数据的安全评估，应当重点评估以下内容……”“数据处理者共享、交易、委托处理重要数据的，应当征得设区的市级及以上主管部门同意，主管部门不明确的，应当征得设区的市级及以上网信部门同意”等规定可以看出法律规制层面，监管部门允许在符合程序和条件下的重要数据交易行为，金融机构参与数据交易，应当持更加谨慎的态度，进行更为严格的合规管理。

3. 数据交易安全评估

无论是个人信息通过去标识化、隐私计算等方式实现交易，还是涉及重要数据的交易，数据交易的安全评估是必不可少的合规内容。

金融行业作为数据密集型行业，金融机构参与数据交易时，大多是数据提供方，应当重点评估：(1)交易数据的目的、方式、范围等是否合法、正当、必要；(2)交易对手方涉及境外主体或对手方可能进行数据出境时，提供数据被泄露、毁损、篡改、滥用的风险，以及给国家安全、经济发展、公共利益带来的风险；(3)数据接收方的诚信状况、守法情况、境外政府机构合作关系、是否被中国政府制裁等背景情况；(4)数据接收方承诺承担的责任以及履行责任的能力等是否能够有效保障数据安全；(5)与数据接收方订立的相关合同中关于数据安全的要求能否有效约束数据接收方履行数据安全保护义务；(6)在数据处理过程中的管理和技术措施等是否能够防范数据泄露、毁损等风险。

五、数据信托与数据资产证券化

随着数字经济发展，数据应用在社会经济的方方面面，数据的价值也越来越高，将高价值的数据变现成为企业参与数据要素市场的主要目的。当前，数据交易业务已经在多地开始试点，数据交易机制越来越完善，还出现了数据信托、数据资产证券化等新模式，这些新模式是金融与数据结合产生的新业态，也是数字金融领域的创新发展。

1. 数据信托

信托，是指委托人基于对受托人的信任，将其财产权委托给受托人，由受托人按照委托人的意愿以自己的名义,为受益人的利益或者特定目的,进行管理或者处分的行为。数据信托可以认为是信托这种传统制度在数字经济领域的新应用,对于数据要素市场建设具有重大意义。数据信托模式可以在一定程度上解决数据不流转情况下的价值变现,有助于数字经济的发展。

目前,北京、江苏等省、市出台了相关政策支持数据信托的发展。2021 年 12 月出台的《江苏省数字经济加速行动实施方案》提出大力培育数据要素市场:实施数据要素市场生态培育工程,推动开展数据确权、数据质量评估、数据资产定价等研究,推动建立健全数据流通、交易标准规范;创新数据服务模式,强化数据清洗、数据标注、数据加工等数据服务供给,鼓励数据银行、数据信托、数据中介等新兴服务业态。2022 年 5 月出台的《北京市数字经济全产业链开放发展行动方案》提出探索数据资产价值实现:探索拥有合法数据来源的市场主体以数据资产作价出资入股相关企业,对外提供担保服务或者进行股权、债权融资,支持其与信托机构、数据服务商探索开展数据信托、数据托管、数据提存服务。

2. 数据资产证券化

数据资产证券化也是当前业界探索的数据价值变现方向之一。早在 2015 年,中关村数海数据资产评估中心成立,其中主要业务就涉及数据资产登记确权、数据资产盘点、数据资产整合、数据资产评估等,并为企业提供数据资产抵押贷款、数据资产证券化等服务,解决数据资产确权与估值问题。在中共中央、国务院《关于构建更加完善的要素市场化配置体制机制的意见》出台之后,各地政府、交易机构等均在探索数据要素化、数据资产入市等创新内容,“数据资产证券化”也被多次提及。2022 年 5 月出台的《北京市数字经济全产业链开放发展行动方案》同样提出,支持银行等金融机构在风险可控的前提下,探索开展数据资产融资、数据资产保险、数据资产证券化等金融创新服务。

金融赋能数字经济发展,数据信托、数据资产证券化、数据资产质押融资等新业务的探索,能够充分发挥数据资产的价值,激励市场参与主体的积极性,对于数据要素市场建设具有重要意义。但金融机构参与数据信托、数据资产证券化等业务,同样面临数据来源、数据定价、数据评估、数据交付等多个复杂法律问题。2023 年 8 月 1 日,财政部制定了《企业数据资源相关会计处理暂行规定》,自 2024 年 1 月 1 日起施行。通过针对数据资源制定专门统一规定,解决实务中对数据资源能否作为会计上的资产确认,作为哪类资产"入表"的疑虑,并明确计量基础。可以预见,数据要素市场化的发展将进一步深化。金融机构应制定完善的交易行为准入机制,构建体系性的合规管理制度,严格评估业务模式合法合规性和交易风险性,评估对金融消费者权益的影响,采取必要措施保障金融消费者合法权益,关注新兴业态中的金融消费者保护。

第三节　金融算法与消费者公平交易权

一、算法的基本理解

算法最早可以追溯到 9 世纪波斯的伟大数学家阿尔·花剌子模的拉丁名字(Algoritmi)及他的一本代数学著作的标题。此后,作为计算机科学领域的杰出科学家,伦敦帝国理工学院计算与控制系的科瓦尔斯基(Robert Kowalski)教授在 1979 年对算法进行过专门研究,并在其研究性论文中提出算法是由两部分构成:(1)具体用来做事的逻辑要素;(2)决定如何做事的控制要素。此后,牛津大学的计算机科学家约翰·麦考密克(John McCormick)在《改变未来的九种算法》中发展了前述说法,认为算法是"一种精确的配方,用于指定解决问题所需步骤的具体顺序(最简单的例子可能是烹饪配方)"。这种关于"算法 = 逻辑 + 控制"的主张对后来的计算机科学研究产生了广泛的影响,随后的学者几乎完全继承了这种界定算法的思路,认为"算法就是逐步解决特定问题的明确指令"[1]。

随着人工智能的发展,金融行业也进入智能时代,算法在金融行业的应用也正在不断深入,如在量化交易、智能投顾、智能风控、自动合约、用户精准画

〔1〕 伊卫风:《算法自动决策中的人为歧视及规制》,载《南大法学》2021 年第 3 期。

像、智能营销、大数据征信等业务领域中，算法均得到广泛应用，总体而言，在数字金融行业背景下，算法具有关键性地位。数字金融领域中算法的工作原理，主要是通过输入大量的金融数据，由系统按照预先设定的体系、流程和标准对输入的数据进行分析评价，最后输出结果。袁康认为，“金融科技应用中算法的基本工作原理是按照算法设计的运算逻辑搜集符合条件的相关信息作为输入数据，根据设定的规则和流程进行处理并输出计算结果”〔1〕；刘辉认为，“大数据金融算法是指利用计算机程序来控制金融决策和金融交易的人工智能运算方法”〔2〕。

二、算法对金融消费者产生的负面效应

随着算法在金融行业的不断应用，它在优化传统金融模式、提升金融效率的同时也不断暴露出内生缺陷，并在与金融体系相结合的同时产生了诸多新的风险形式，给金融消费者保护以及金融风险治理工作都带来了新的挑战。

（一）算法黑箱

“算法黑箱”主要是指决策过程隐藏在“黑箱”中，流程存在隐蔽性和不透明性，人们无法了解决策系统的内部结构及相互关系，仅能获得其输入和输出的特点，这也导致决策过程无法被观察，并且即便设置决策系统的代码被公开，普通民众也难以理解。

“算法黑箱”在金融行业中广泛存在，以大数据征信应用为例，将征信对象的基本信息、财产信息、交易信息、履约信息等数据作为输入因子，再按照预先设置的评价体系和评分标准对征信对象进行数据化评价，最后得出决策结果进而输出，即系统根据算法设定自动判断出征信对象的信用评分或信用等级。在这个过程中，评价体系或评分标准本身就是金融机构通过一系列算法预先设置的。

〔1〕 袁康：《社会监管理念下金融科技算法黑箱的制度因应》，载《华中科技大学学报（社会科学版）》2020年第1期。

〔2〕 刘辉：《大数据金融算法的法律规制》，载《财经理论与实践》2021年第2期。

尽管算法的自动化和智能化有利于提高决策效率,但“黑箱”的存在使决策的过程缺乏监管,普通消费者甚至使用算法进行业务决策的数字金融从业机构都处于被动接受结果的状态。如果算法无法得到有效监管,那么将其应用于金融活动的宣传和决策中,必然会使消费者权益受到侵犯,而消费者的知情权则是首先受到侵犯的权益。

在传统的金融模式中,正是因为金融机构和消费者之间的信息不对称,才使金融消费者的知情权和金融机构的信息披露义务以及说明义务成为一枚硬币的正反两面,通过这一重要的制度设计,让消费者有权要求金融机构提供、解释决策依据、理由和逻辑,使其拥有充分的信息作出判断,消费者在这个过程中也更容易发现交易中存在的不合理、不公平的因素,从而选择是否继续交易或者是否寻求救济。

但算法的“黑箱”属性,使其决策主要依赖数据,并且其对数据的筛选、梳理、建模和解读的流程和逻辑都由算法通过深度学习自主构建,金融消费者只能获知输入算法的数据,以及算法输出的结果,但对其决策作出的逻辑过程无法知悉。“黑箱”属性对于消费者权益的侵犯主要体现在两个方面:一方面,是使用算法的数字金融从业机构对其产品披露不足,消费者难以获知有效的算法逻辑和运行状况;另一方面,算法的专业性和复杂性导致即便算法的设计者和使用者向金融消费者说明和解释算法的逻辑,金融消费者也无法理解,更无法验证该算法逻辑设置是否如其所告知的那样,因此,金融消费者的知情权将会大大受限。与此同时,“黑箱”属性也会导致监管难度提升,监管机构通常所使用的现场调查、定期报告等检查方式可能对算法的监督起不到太大的作用,且算法本身的逻辑设置还涉及复杂、专业的计算机编程等知识,金融监管往往难以查明算法决策是否侵犯了金融消费者的各项权益。

(二)算法歧视

当前算法技术仍处于监督算法阶段,即设计者需预先确定结构化数据及运行规则,且输入端的训练数据与输出端的算法目标皆由设计者选定,这就决定了算法无法避免设计者的主观影响和大数据潜在的偏见影响，具有有限的自主性。[1] 这种算法的有限自主性导致如果所使用的基础数据本身存在瑕疵或算法的设置存在歧视，那么算法结果必然失去客观性和准确性。

算法歧视主要体现在以下两个方面：第一，算法设计者歧视，因为算法设计者的主观想法以及样本的内容难以保证完全客观中立，算法设计者可能将主观偏见嵌入算法的代码逻辑中，使算法在开发之初就具有歧视性，如数字金融从业机构具有营利性，可能在设计之初就存在"大数据杀熟"等歧视性设定，或者将其主观的"效率偏见"贯彻其中而忽略了其他的价值取向，使算法更偏重公司利益而非消费者利益；第二，训练样本的数据抽样具有随机性和片面性，如果少数群体难以成为训练样本，则可能导致算法的结果也更偏向于多数样本的群体，如智能投顾在挖掘数据时，可能将相关性当成因果性，造成统计偏差，从而导致算法基于这些数据作出错误决策。

由此可见，算法的歧视使"算法不仅没有真正解决金融资源配置的不平等问题，反而在科技层面固化了金融歧视和金融排斥"[2]。金融算法目前正广泛应用于金融机构的营销和业务中，在"算法黑箱"性质的"掩护下"，算法歧视的潜在风险隐蔽性更高，更不容易察觉，这对金融消费者的公平交易权将造成严重侵害。

（三）算法杀熟

"算法杀熟"也就是我们常说的"大数据杀熟"，主要是指金融产品和服务的提供者，通过对客户相关数据的收集和分析，在获得消费者最大支付意愿（价格）后，针对特定用户进行差异化和个性化定价，从而达到利润最大化的行为。"算法杀熟"通常包含两个阶段：第一个阶段是用消费者进行"画像"，这个画像的过程就可能涉及对消费者个人信息的非法收集和滥用，侵犯消费者的个人隐私权与自由；第二个阶段则是根据画像对消费者进行差异化对待，可能涉及差别待遇、价格歧视以及自动化决策等问题。

---

〔1〕 参见王利军、赵佩婕：《算法时代的金融风险及规制路径》，载《吉林工商学院学报》2022 年第 1 期。

〔2〕 王怀勇：《金融科技的算法风险及其法律规制》，载《政法论丛》2021 年第 1 期。

差异化对待是否就一定侵害消费者权益呢？从经济学的角度看，“价格歧视”也是差异化对待的一种，但其本身并不是一个贬义词，比如在保险行业中，保险产品是为每个人单独定价的，因为每个人的风险特征都不相同。其实，对于“算法杀熟”的诟病，本质在于金融产品的提供者在算法中嵌入了不合理的规则，这些规则又影响了价格等直接与消费者待遇相关的规则：部分金融产品的提供者利用“算法黑箱”特性隐藏定价规则，将不同用户群体“标签化”并实施差别定价，算法基于人的支付能力、消费偏好、使用习惯等，转变为对人们的各种打分和预测，在提供金融产品和服务时实施差别定价，妨碍消费者作出自主选择，严重损害金融公平性和普惠性。

目前的司法案例中，也已经有明确的“大数据杀熟”的司法判例，尽管并不是发生在金融行业，但对于消费者权益保护仍有参考价值。案例简介：2020 年 7 月，胡女士通过携程 App 订购了舟山希尔顿酒店的一间豪华湖景大床房，支付价款 2889 元。但在离开酒店时，胡女士发现酒店的实际挂牌价仅为 1377.63 元，订房差价达 1511.37 元。作为携程钻石级会员，胡女士不仅没有享受到 8.5 折优惠价，反而多支付了一倍的房价。随后她与平台沟通，但携程以其系平台方，而非涉案订单的合同相对方等为由，仅退还了部分差价。

柯桥法院开庭审理此案并当庭宣判，判决携程赔偿胡女士投诉后携程未完全赔付的差价 243.37 元，以及订房差价的三倍赔偿金，共计 4777.48 元。法院指出，作为中介平台，携程没有尽到如实报告标的实际价值的义务，也未践行“钻石贵宾享有优惠价”的承诺。同时平台还缺乏价格监管措施，向胡女士展现了一个溢价 100% 的失实价格。所以法院认定携程存在虚假宣传、价格欺诈和欺骗行为，支持原告退一赔三。[1]

目前，与“大数据杀熟”直接相关法律规定主要体现在《反垄断法》和《价格法》下的差别待遇以及《消费者权益保护法》里对“公平交易权”和“知情权”的规定。此外，随着《个人信息保护法》、《在线旅游经营服务管理暂行规定》和

---

〔1〕 参见《〔以案释法〕大数据杀熟，携程被判退一赔三》，载腾讯新闻网，https://new.qq.com/omn/20210825/20210825A07VYR00.html。

《深圳经济特区数据条例》等的出台,“大数据杀熟”的行为将受到越来越严格的规制。

(四)信息茧房

“信息茧房”是哈佛大学法学院教授桑斯坦在《信息乌托邦》中提出来的概念,桑斯坦认为,在信息传播中人们自身的信息需求并非全方位的,只会注意选择想要的或能使自己愉悦的信息,久而久之就会失去了解不同事物的能力和接触机会,将自身桎梏于像蚕茧一般的“茧房”中。

算法的茧房作用主要体现在:一方面,算法根据人类的兴趣爱好匹配信息需求,带来了整体效率的提升;但另一方面,算法推荐技术在给用户带来了一定便利的同时,也使其陷入重复获得自己兴趣领域内的信息,从而丧失了获得更广阔范围领域信息的机会。好比将自己的生活桎梏于“茧房”中,不能了解不同的事物、不能获得不同的视角,最终产生根深蒂固的偏见。长此以往,消费者的消费理念和消费习惯将完全陷入算法所预设和编制的“茧房”之中。

在金融行业中,部分金融产品的提供者利用基于智能算法的信息推荐技术,通过大数据算法引导甚至操作用户需求与决策,违反金融消费者适当性原则,蓄意构建充斥高风险金融产品服务的“信息茧房”,以算法优势排除和限制市场竞争、阻碍消费者自主选择,导致“劣币驱逐良币”。此外,算法还可能对金融消费者进行“诱导交易”,通过向金融消费不断推送“最佳产品”“本年度最大力度优惠”等信息,煽动、诱导甚至欺骗金融消费者作出盲目、不理智的金融交易行为。

为降低“信息茧房”可能给消费者造成的权益侵害,监管机构要求企业要向个人数据赋权,给予用户自决权:

如《数据安全管理办法(征求意见稿)》第23条规定:网络运营者利用用户数据和算法推送新闻信息、商业广告等,应当以明显方式标明“定推”字样,为用户提供停止接收定向推送信息的功能;用户选择停止接收定向推送信息时,应当停止推送,并删除已经收集的设备识别码等用户数据和个人信息。

《信息安全技术 个人信息安全规范》(GB/T 35273—2020)第7.5条也对个性化展示的使用作出了限制,包括在向个人信息主体提供业务功能的过程中使用个性化展示的,应显著区分个性化展示的内容和非个性化展示的内容;在向个人信息主体提供电子商务服务的过程中,根据消费者的兴趣爱好、消费习惯等特征向其提供商品或者服务搜索结果的个性化展示的,应当同时向该消费者提供不针对其个人特征的选项。

《个人信息保护法》第 24 条第 2 款规定:通过自动化决策方式向个人进行信息推送、商业营销,应当同时提供不针对其个人特征的选项,或者向个人提供便捷的拒绝方式。

(五)算法共谋

"算法共谋"的概念是在 2015 年由牛津大学法学教授 Ariel Ezrachi 和美国田纳西大学法学教授 Maurice E. Stuckle 提出。通过"算法共谋"可以自动达成垄断协议,在传统的市场中,一般是经营者通过开会签署协议或形成会议纪要的方式实现垄断,但在新经济时代,通过算法设计和数据的传递就能自然实现横向垄断或纵向垄断的效果。

事实上,"算法共谋"在很早以前就被监管部门关注:1994 年美国联邦政府诉 ATP 案中美国多家航空公司共同出资成立了一家公司,旨在收集各航空公司每日的航班价格信息并通过电脑预订系统(CRS)发送给航空公司和旅行社,航空公司可使用此系统快速观察和响应竞争对手的票价。由于高昂的协调成本,航空公司通常难以同时参与数十个或数百个航线市场的具体谈判,而基于算法的交流监督平台则能克服航空公司之间的数据交流壁垒和谈判能力缺陷,有效协调各条航线上的价格策略,使机票价格维持在较高的水平,从而提高联合利润。[1]

当具有竞争关系的经营者之间利用技术手段、平台规则、数据和算法等方式,达成、实施垄断协议,排除、限制相关市场竞争时,可能导致其他经营者自主定价权被剥夺、消费者利益受到侵害、市场的价格信号被扭曲、市场资源浪费,甚至导致其他经营者被打压,阻碍整个行业技术、生产的进步。为应对"算法共谋",2021 年 2 月 7 日,国务院反垄断委员会出台了《反垄断法》的配套措

---

〔1〕 参见周围:《算法共谋的反垄断法规制》,载《法学》2020 年第 1 期。

施——《关于平台经济领域的反垄断指南》,将算法囊括在形成垄断协议的方式之内,致力于预防和制止平台通过技术手段隐蔽垄断行为,保护市场公平竞争。

(六)消费者权利救济

首先,数字金融从业机构在提供算法类金融产品之前,往往会与消费者签署合同,获得消费者各项所需的授权。以智能投顾为例,在提供服务前,消费者会签署相关的用户协议或者服务协议,消费者只有签署协议选择同意后,才能使用该服务。那么,一旦消费者受到算法的不公平对待,或者算法的应用侵害了自身的合法权益,服务提供方往往会以"金融消费者已经授权算法作出决策"为由,使决策具有"合法授权"的外衣,导致消费者维权困难。

其次,前文已经说明了算法具有"黑箱"属性,这种不透明性导致金融消费者往往是在无意识的情况下被收集了大量的数据,算法在此基础上进行研判,但金融消费者获得的往往只有最后的输出信息或决策结果,对于整个决策的过程以及分析的过程并不知情,那么也会导致消费者可能完全觉察不到自己受到了不公平的待遇,也根本不会寻求救济。

最后,目前的法律规范对于相关责任的承担并没有明确规定。以算法为基础的智能投顾在一定的业务领域中已经可以取代人类的投资顾问,向投资者直接提供顾问服务,如果因为该智能投顾的算法问题导致决策失误,给投资者造成了损失,那么应该如何承担法律责任呢?对于金融消费者而言,核心是法律责任如何认定,由什么主体来承担损害赔偿责任,如何证明以及谁来证明过程行为和损害结果的发生以及其中的因果关系。尽管目前国际上已经有人工智能系统被赋予法律上独立人格的先例,[1]但目前国内外对算法监管严重不足,对于这类人工智能系统能否独立承担民事责任,我国法律尚没有明确的规定,也没有建立针对"算法黑箱"的民事责任制度,这也给消费的权利救济带来极大不确定性,无法实现对消费者利益的有效保护。此外,如果人工智能系统具有独立的人格和法律地位,那么算法开发者、运营者以及相关数字金融从业机构

---

〔1〕 2017年10月26日,机器人索菲亚凭借自己在机器人中的优异表现,被沙特阿拉伯授予了公民的身份,而这也代表着索菲亚成为史上唯一一个被授予公民身份的机器人。

可能以人工智能的独立性为由逃避法律责任,这将会对金融消费者造成更大的负面影响。

三、算法的法律规制

目前,我国对于金融算法的立法规范主要散见于各类法律、行政法规、部门规章以及金融监管机构的规范性文件中,主要是一种间接规制,即通过对个人隐私权保护、个人金融信息保护、金融数据安全保护等来间接限制大数据金融算法的运用。

算法规制主要涉及的规范见表 11。

表 11　算法规制的相关规范

名称	生效时间	颁布部门	内容
《个人信息保护法》	2021 年 11 月 1 日	全国人大常委会	第 24 条　个人信息处理者利用个人信息进行自动化决策,应当保证决策的透明度和结果公平、公正,不得对个人在交易价格等交易条件上实行不合理的差别待遇。通过自动化决策方式向个人进行信息推送、商业营销,应当同时提供不针对其个人特征的选项,或者向个人提供便捷的拒绝方式。通过自动化决策方式作出对个人权益有重大影响的决定,个人有权要求个人信息处理者予以说明,并有权拒绝个人信息处理者仅通过自动化决策的方式作出决定
《电子商务法》	2019 年 1 月 1 日	全国人大常委会	第 18 条第 1 项　电子商务经营者根据消费者的兴趣爱好、消费习惯等特征向其提供商品或者服务的搜索结果的,应当同时向该消费者提供不针对其个人特征的选项,尊重和平等保护消费者合法权益

续表

名称	生效时间	颁布部门	内容
《新一代人工智能发展规划的通知》	2017 年 7 月 8 日	国务院	五、保障措施 (四)建立人工智能安全监管和评估体系。 加强人工智能对国家安全和保密领域影响的研究与评估,完善人、技、物、管配套的安全防护体系,构建人工智能安全监测预警机制。加强对人工智能技术发展的预测、研判和跟踪研究,坚持问题导向,准确把握技术和产业发展趋势。增强风险意识,重视风险评估和防控,强化前瞻预防和约束引导,近期重点关注对就业的影响,远期重点考虑对社会伦理的影响,确保把人工智能发展规制在安全可控范围内。建立健全公开透明的人工智能监管体系,实行设计问责和应用监督并重的双层监管结构,实现对人工智能算法设计、产品开发和成果应用等的全流程监管。促进人工智能行业和企业自律,切实加强管理,加大对数据滥用、侵犯个人隐私、违背道德伦理等行为的惩戒力度。加强人工智能网络安全技术研发,强化人工智能产品和系统网络安全防护。构建动态的人工智能研发应用评估评价机制,围绕人工智能设计、产品和系统的复杂性、风险性、不确定性、可解释性、潜在经济影响等问题,开发系统性的测试方法和指标体系,建设跨领域的人工智能测试平台,推动人工智能安全认证,评估人工智能产品和系统的关键性能
《互联网信息服务算法推荐管理规定》	2022 年 3 月 1 日	国家互联网信息办公室、工业和信息化部、公安部、国家市场监督管理总局	对应用算法推荐技术提供互联网信息服务者提出了服务规范要求和用户权益保护要求;并要求具有舆论属性或者社会动员能力的算法推荐服务提供者履行备案手续

续表

名称	生效时间	颁布部门	内容
《禁止网络不正当竞争行为规定（公开征求意见稿）》	无	国家市场监督管理总局	第13条　经营者不得利用数据、算法等技术手段，通过影响用户选择或者其他方式，实施流量劫持、干扰、恶意不兼容等行为，妨碍、破坏其他经营者合法提供的网络产品或者服务正常运行
《金融消费者权益保护实施办法》	2020年11月1日	中国人民银行	该办法第28~34条对消费者金融信息保护作出专门规定，从消费者金融信息安全权角度，进一步强化了信息知情权和自主选择权以及公平交易权
《在线旅游经营服务管理暂行规定》	2020年10月1日	文化和旅游部	第15条　在线旅游经营者不得滥用大数据分析等技术手段，基于旅游者消费记录、旅游偏好等设置不公平的交易条件，侵犯旅游者合法权益
《数据安全管理办法（征求意见稿）》	无	国家互联网信息办公室	第23条　网络运营者利用用户数据和算法推送新闻信息、商业广告等（以下简称“定向推送”），应当以明显方式标明“定推”字样，为用户提供停止接收定向推送信息的功能；用户选择停止接收定向推送信息时，应当停止推送，并删除已经收集的设备识别码等用户数据和个人信息。 网络运营者开展定向推送活动应遵守法律、行政法规，尊重社会公德、商业道德、公序良俗，诚实守信，严禁歧视、欺诈等行为
《信息安全技术　机器学习算法安全评估规范（征求意见稿）》	无	全国信息安全标准化技术委员会	该文件规定了机器学习算法在涉及开发、验证测试、部署运行、维护升级、退役下线等阶段的安全要求和证实方法，以及机器学习算法的安全评估实施

续表

名称	生效时间	颁布部门	内容
《关于平台经济领域的反垄断指南》	2021年2月7日	国务院反垄断委员会	第6条　横向垄断协议 具有竞争关系的平台经济领域经营者可能通过下列方式达成固定价格、分割市场、限制产(销)量、限制新技术(产品)、联合抵制交易等横向垄断协议: (一)利用平台收集并且交换价格、销量、成本、客户等敏感信息; (二)利用技术手段进行意思联络; (三)利用数据、算法、平台规则等实现协调一致行为; (四)其他有助于实现协同的方式。 本指南所称价格,包括但不限于商品价格以及经营者收取的佣金、手续费、会员费、推广费等服务收费。 第7条　纵向垄断协议 平台经济领域经营者与交易相对人可能通过下列方式达成固定转售价格、限定最低转售价格等纵向垄断协议: (一)利用技术手段对价格进行自动化设定; (二)利用平台规则对价格进行统一; (三)利用数据和算法对价格进行直接或者间接限定; (四)利用技术手段、平台规则、数据和算法等方式限定其他交易条件,排除、限制市场竞争。 平台经营者要求平台内经营者在商品价格、数量等方面向其提供等于或者优于其他竞争性平台的交易条件的行为可能构成垄断协议,也可能构成滥用市场支配地位行为。 分析上述行为是否构成《反垄断法》第十四条第(三)项规定的纵向垄断协议,可以综合考虑平台经营者的市场力量、相关市场竞争状况、对其他经营者进入相关市场的阻碍程度、对消费者利益和创新的影响等因素。

续表

名称	生效时间	颁布部门	内容
《关于平台经济领域的反垄断指南》	2021年2月7日	国务院反垄断委员会	第8条　轴辐协议 具有竞争关系的平台内经营者可能借助与平台经营者之间的纵向关系,或者由平台经营者组织、协调,达成具有横向垄断协议效果的轴辐协议。分析该协议是否属于《反垄断法》第十三条、第十四条规制的垄断协议,可以考虑具有竞争关系的平台内经营者之间是否利用技术手段、平台规则、数据和算法等方式,达成、实施垄断协议,排除、限制相关市场竞争。 第17条　差别待遇 具有市场支配地位的平台经济领域经营者,可能滥用市场支配地位,无正当理由对交易条件相同的交易相对人实施差别待遇,排除、限制市场竞争。分析是否构成差别待遇,可以考虑以下因素: (一)基于大数据和算法,根据交易相对人的支付能力、消费偏好、使用习惯等,实行差异性交易价格或者其他交易条件; (二)实行差异性标准、规则、算法; (三)实行差异性付款条件和交易方式。 条件相同是指交易相对人之间在交易安全、交易成本、信用状况、所处交易环节、交易持续时间等方面不存在实质性影响交易的差别。平台在交易中获取的交易相对人的隐私信息、交易历史、个体偏好、消费习惯等方面存在的差异不影响认定交易相对人条件相同。 平台经济领域经营者实施差别待遇行为可能具有以下正当理由: (一)根据交易相对人实际需求且符合正当的交易习惯和行业惯例,实行不同交易条件; (二)针对新用户在合理期限内开展的优惠活动; (三)基于平台公平、合理、无歧视的规则实施的随机性交易; (四)能够证明行为具有正当性的其他理由

续表

名称	生效时间	颁布部门	内容
《信息安全技术　个人信息安全规范》	2020年10月1日	国家市场监督管理总局、国家标准化管理委员会	7.4　用户画像的使用限制 对个人信息控制者的要求包括： a）用户画像中对个人信息主体的特征描述，不应： 1）包含淫秽、色情、赌博、迷信、恐怖、暴力的内容； 2）表达对民族、种族、宗教、残疾、疾病歧视的内容。 b）在业务运营或对外业务合作中使用用户画像的，不应： 1）侵害公民、法人和其他组织的合法权益； 2）危害国家安全、荣誉和利益，煽动颠覆国家政权、推翻社会主义制度，煽动分裂国家、破坏国家统一，宣扬恐怖主义、极端主义，宣扬民族仇恨、民族歧视，传播暴力、淫秽色情信息，编造、传播虚假信息扰乱经济秩序和社会秩序。 c）除为实现个人信息主体授权同意的使用目的所必需外，使用个人信息时应消除明确身份指向性，避免精确定位到特定个人。例如，为准确评价个人信用状况，可使用直接用户画像，而用于推送商业广告目的时，则宜使用间接用户画像。 7.5　个性化展示的使用 对个人信息控制者的要求包括： a）在向个人信息主体提供业务功能的过程中使用个性化展示的，应显著区分个性化展示的内容和非个性化展示的内容； 注：显著区分的方式包括但不限于：标明“定推”等字样，或通过不同的栏目、版块、页面分别展示显著区分的方式包括但不限于：标明“定推”等字样，或通过不同的栏目、版块、页面分别展示等。 b）在向个人信息主体提供电子商务服务的过程中，根据消费者的兴趣爱好、消费习惯等特征向其提供商品或者服务搜

续表

名称	生效时间	颁布部门	内容
《信息安全技术 个人信息安全规范》	2020年10月1日	国家市场监督管理总局、国家标准化管理委员会	索结果的个性化展示的,应当同时向该消费者提供不针对其个人特征的选项; 注:基于个人信息主体所选择的特定地理位置进行展示、搜索结果排序,且不因个人信息主体身份不基于个人信息主体所选择的特定地理位置进行展示、搜索结果排序,且不因个人信息主体身份不同展示不一样的内容和搜索结果排序,则属于不针对其个人特征的选项。同展示不一样的内容和搜索结果排序,则属于不针对其个人特征的选项。 c) 在向个人信息主体推送新闻信息服务的过程中使用个性化展示的,应: 1) 为个人信息主体提供简单直观的退出或关闭个性化展示模式的选项; 2) 当个人信息主体选择退出或关闭个性化展示模式时,向个人信息主体提供删除或匿名化定向推送活动所基于的个人信息的选项。 d) 在向个人信息主体提供业务功能的过程中使用个性化展示的,宜建立个人信息主体对个性化展示所依赖的个人信息(如标签、画像维度等)的自主控制机制,保障个人信息主体调控个性化展示相关性程度的能力
《互联网个人信息安全保护指南》	2019年4月10日	公安部	6.3 c)完全依靠自动化处理的用户画像技术应用于精准营销、搜索结果排序、个性化推送新闻、定向投放广告等增值应用,可事先不经用户明确授权,但应确保用户有反对或者拒绝的权利……

续表

名称	生效时间	颁布部门	内容
《关于规范金融机构资产管理业务的指导意见》	2018 年 4 月 27 日	中国人民银行、原银保监会、证监会、国家外汇管理局	二十三、运用人工智能技术开展投资顾问业务应当取得投资顾问资质,非金融机构不得借助智能投资顾问超范围经营或者变相开展资产管理业务。 金融机构运用人工智能技术开展资产管理业务应当严格遵守本意见有关投资者适当性、投资范围、信息披露、风险隔离等一般性规定,不得借助人工智能业务夸大宣传资产管理产品或者误导投资者。金融机构应当向金融监督管理部门报备人工智能模型的主要参数以及资产配置的主要逻辑,为投资者单独设立智能管理账户,充分提示人工智能算法的固有缺陷和使用风险,明晰交易流程,强化留痕管理,严格监控智能管理账户的交易头寸、风险限额、交易种类、价格权限等。金融机构因违法违规或者管理不当造成投资者损失的,应当依法承担损害赔偿责任。 金融机构应当根据不同产品投资策略研发对应的人工智能算法或者程序化交易,避免算法同质化加剧投资行为的顺周期性,并针对由此可能引发的市场波动风险制定应对预案。因算法同质化、编程设计错误、对数据利用深度不够等人工智能算法模型缺陷或者系统异常,导致羊群效应、影响金融市场稳定运行的,金融机构应当及时采取人工干预措施,强制调整或者终止人工智能业务
《关于发布互联网信息服务算法备案信息的公告》及其附件《境内互联网信息服务算法备案清单》	2022 年 8 月	国家互联网信息办公室	公开发布已通过算法备案的 24 家企业共 30 项算法的名称、用途、应用产品、备案号等信息

续表

名称	生效时间	颁布部门	内容
《App 违法违规收集使用个人信息行为认定方法》	2019 年 11 月 28 日	国家互联网信息办公室、工业和信息化部、公安部、国家市场监督管理总局	该文件第 3 条第 6 项规定,利用用户个人信息和算法定向推送信息,未提供非定向推送信息的选项的,可以认定为未经用户同意收集使用个人信息
《新一代人工智能治理原则——发展负责任的人工智能》	2019 年 6 月 17 日	国家新一代人工智能治理专业委员会	六、共担责任。人工智能研发者、使用者及其他相关方应具有高度的社会责任感和自律意识,严格遵守法律法规、伦理道德和标准规范。建立人工智能问责机制,明确研发者、使用者和受用者等的责任。人工智能应用过程中应确保人类知情权,告知可能产生的风险和影响。防范利用人工智能进行非法活动
《深圳经济特区数据条例》	2022 年 1 月 1 日	深圳市人大(含常委会)	第 69 条　市场主体不得利用数据分析,对交易条件相同的交易相对人实施差别待遇,但是有下列情形之一的除外: (一)根据交易相对人的实际需求,且符合正当的交易习惯和行业惯例,实行不同交易条件的; (二)针对新用户在合理期限内开展优惠活动的; (三)基于公平、合理、非歧视规则实施随机性交易的; (四)法律、法规规定的其他情形。 前款所称交易条件相同,是指交易相对人在交易安全、交易成本、信用状况、交易环节、交易持续时间等方面不存在实质性差别

综合上述法律规范，结合针对算法开展的专项行动来看，在数字金融领域，算法的监管还较为薄弱：

首先，对算法问题的规制主要是通过个人信息保护以及数据安全来实现，并未将算法作为独立的规制对象。诚然，从个人金融信息保护、数据安全等层面对金融数据的处理进行规制是必要且重要的，但围绕算法体系的法律规制构建才是应对算法带来的各项问题的核心。另外，算法涉及的问题不仅是个人金融信息的收集和使用，如前所述，算法整个运行机制的各个环节可能都会存在侵犯消费者权利的情形，无法单纯地用《民法典》或者《个人信息保护法》进行规制。

其次，目前关于算法主要的执法域在互联网领域，比如2022年4月8日，中央网信办牵头开展"清朗·2022年算法综合治理"专项行动，本次专项活动深入排查整改互联网企业平台算法安全问题，但针对金融行业的算法规制以及执法力度还远远不够。

最后，目前对于算法的规制除了一些原则性的规定之外，具体措施还停留在算法备案的阶段，比如2018年《关于规范金融机构资产管理业务的指导意见》要求金融机构向监管部门报备人工智能模型的主要参数及资产配置的主要逻辑，以及2022年发布的《互联网信息服务算法推荐管理规定》提出算法备案要求等，但对于算法基本的概念，以及金融算法设计者、运营者、数字金融从业机构的相关权利义务以及法律责任等基本问题都没有具体的规定。

四、可能的立法和执法趋势

尽管对于金融算法问题，尚未有统一的立法，但相关研究已经逐渐成熟，立法和执法趋势也日渐清晰，即解决算法的可靠性、透明性、可解释性和可问责性。

第一，促进算法的公平性，警惕算法中隐藏的歧视、偏见和不公平：一方面，通过算法公开，使公众和监管部门能够对算法本身以及算法决策结果进行监督，防止"算法黑箱"以及算法本身存在的歧视带来的不公平结果；另一方面，通过合理的个人数据赋权，给予消费者自由选择权，避免个体消费者被歧视对待。

第二,建立算法公开制度:消费者对算法的透明性的要求实际上是“知情权”这一传统消费者权利在金融算法应用领域的具象化展开,算法的不透明性扩大了算法开发者、运营者与普通消费者之间的信息鸿沟,使市场上的信息不对称情况恶化,加剧了市场各主体地位不平等的现状,而算法的公开性和透明性能够进一步解决“算法黑箱”问题,增加算法的透明度,在一定程度上降低或消除技术带来的风险,弥补算法本身固有的缺陷。

但算法的公开并不是一般的算法架构或者源代码的公开,在实践中,算法设计者和应用者认为这类算法是企业的核心竞争力,企业会将其作为商业秘密进行保护,因此,这样的公开更多的是“有意义和有特定指向的决策体系的公开”。[1] 在算法的公开制度构建中,还需要针对不同的业务场景,具体考虑由谁公开,即公开的主体是谁;不同的算法向谁公开;公开的内容以及公开的程度等问题。

第三,构建算法责任体系:算法责任体系的构建旨在使算法的开发者和运营者等市场主体对于算法的应用更加谨慎、负责,确保其利用算法提供金融服务时更加合法合规,也将有利于完善消费者权利的救济途径。使算法的开发者和运营者在合理范围内承担责任,在法律框架下明确法律责任如何承担,这样才能避免其将算法产生的负面影响完全归咎于决策过程的自动化和智能化,从长远来讲,更有利于数字金融的行业发展。

第四,监管趋势更加严格:从《个人信息保护法》到《互联网信息服务算法推荐管理规定》,法律对于算法的规制要求更加具体全面,执法力度越来越大。《互联网信息服务算法推荐管理规定》对于具有舆论属性或社会动员能力的算法推荐服务提供者有更为明确和严格的要求,如第 24 条规定,“具有舆论属性或者社会动员能力的算法推荐服务提供者应当在提供服务之日起十个工作日内通过互联网信息服务算法备案系统填报服务提供者的名称、服务形式、应用领域、算法类型、算法自评估报告、拟公示内容等信息,履行备案手续”;第 27 条规定,“具有舆论属性或者社会动员能力的算法推荐服务提供者应当按照国家

---

〔1〕 参见丁晓东:《论算法的法律规制》,载《中国社会科学》2020 年第 12 期。

有关规定开展安全评估”。对上述主体提出备案手续以及安全评估的要求，实则是为了确保算法应用行为的安全可控。

第五，可能引入第三方检测：由于算法的专业性和复杂性，监管部门难以对其实行有效地审查，一般公众也难以承担对算法进行解密或透明化的高成本，因此，算法的监督及检查可能会由政府或政府委托的机构承担，尤其是对于复杂算法的监督，不排除会由监管部门委托专门的机构协助进行审查。

第六，完善国家标准，推动建立算法行业标准：目前针对算法已经有相关的国家标准，比如《信息安全技术 机器学习算法安全评估规范（征求意见稿）》，此外，《法治社会建设实施纲要（2020—2025 年）》提出，制定算法应用行业规则，强化算法透明公开、跟踪追责问责，制定并完善对算法推荐等新技术应用的规范；《上海市数据条例》第 70 条提出建立算法评价标准体系。由此可见，对于算法的规范还应发挥行业的积极作用，制定相关行业标准，设置合规准则。

五、合规启示

尽管目前对于算法的监管措施仍不完善，但算法治理的制度构建势在必行，基于上述的法律规制要求和执法趋势，算法应用的各类主体应当积极采取合规措施应对行业监管，保障消费者合法权益。

1. 重视伦理安全审查

2022 年 3 月 20 日，中共中央办公厅、国务院办公厅发布《关于加强科技伦理治理的意见》，强调：制定生命科学、医学、人工智能等重点领域的科技伦理规范、指南等，完善科技伦理相关标准，明确科技伦理要求，引导科技机构和科技人员合规开展科技活动。该意见要求完善科技伦理监管流程和科技伦理审查、风险处置、违规处理等监管规则。在人工智能领域，伦理安全审查至关重要，涉及底层的算法设置，从一开始就应当建立起伦理安全的意识。此外，《深圳经济特区人工智能产业促进条例》也要求人工智能企业“建立完善伦理安全治理制度”。

2023 年 4 月，科技部起草了《科技伦理审查办法（试行）》，如进行人工智能科技活动，研究内容涉及伦理敏感领域的，应设立科技伦理（审查）委员会，制定相应章程制度,并主动通过国家科技伦理管理信息登记平台进行登记。

在近期的几例AI企业上市案例中,如商汤科技在招股书中单列章节对人工智能伦理进行阐述,将人工智能伦理原则提炼为可持续发展原则、以人为本的原则和技术可控原则;此前,旷视科技在科创板首轮共计560页的问询答复中也涉及数据合规及科技伦理方面的问题。对于人工智能企业而言,科技伦理审查内容可能涉及很多方面,包括其核心算法、产品和服务。鉴于人工智能在金融行业的广泛应用,金融机构对于算法应用的伦理安全审查也不可忽视。

2. 按照监管要求完成备案工作

《互联网信息服务算法推荐管理规定》以及《关于规范金融机构资产管理业务的指导意见》对于特定领域的企业有明确的备案要求或准入要求。其中,2018年4月27日发布的《关于规范金融机构资产管理业务的指导意见》就要求金融机构向监管部门报备人工智能模型的主要参数及资产配置的主要逻辑。这一规定被认为开启了算法备案制度的先河,但该文件中并未对备案主管部门、备案的内容、备案的程序、备案所需提供的资料、备案的时限等内容作出具体的要求。数字金融从业机构应当根据上述要求及时与监管部门取得联系,如实汇报和反馈算法涉及的参数、逻辑和规则,接受监管部门的问询。

3. 企业构建算法合规体系,进行算法风险管理

在目前算法技术不公开的情况下,最能直接感应算法偏差和算法风险的主体就是金融算法的研发者、设计者以及运营者。因此,该类企业应当通过搭建内部的算法合规制度从而减低算法风险。参考《数据安全法》设置的数据安全制度,算法合规管理体系中也可以设置内部的算法测试与验证制度、风险评估和报告制度、应急处理机制、合规审查制度以及算法类金融产品监管的分级分类制度等;参考《个人信息保护法》相关要求,明确算法应用评估监测的相关负责人和管理机构,控制金融算法风险。在建立算法合规体系的基础上,还应当进行定期和不定期的审查,在算法应用的产品设计及上线阶段都应当进行合规审查,及时发现算法中存在的问题并进行修正,设置一定数量和比例的人工复查要求。

对于算法的合规管理,其事前的干预和防范必不可少,“算法测试和算法验

证是从源头上对算法的不合理、不公平决策进行干预和防范的有效措施之一”[1]。算法设计和应用的相关主体应当对算法进行审核,确保算法决策为消费者提供的是公平、客观的决策结果,审核的内容应当至少包括:(1)算法的合法合规性,以及符合基本的公序良俗及道德规范;(2)算法决策的公平性,不得歧视;(3)审核和验证算法决策所需的数据和模型的准确性和关联性;(4)算法决策是否考虑消费者的个体情况;(5)算法决策模型的稳健性;(6)算法决策是否可以进行人工干预等。

在进行算法的风险评估制度构建时,企业可以按照相关国家及行业标准进行自评估或开展第三方评估,对算法本身的风险以及可能对消费者造成的风险进行评估。

在进行算法类金融产品分级分类监管制度构建时,由于不同的金融产品适用的算法并不相同,可能产生的风险也不尽相同,应充分考虑算法模型的稳健性、自动化程度、应用场景的风险等因素,进行差别化监管,对于测试结果稳健,风险评估程度低的产品可采取更为宽松的监管政策,但风险程度较高的产品,则应加强检查频率,提高信息披露水平,制定更为严格的消费者保护措施。

此外,企业应当特别关注行业标准,尤其是在金融行业中,行业协会在金融监管机构规则标准框架下会根据行业具体情况细化标准,所出具的相关行业标准具有很强的可操作性,可以用于合规建设工作中。

4. 提供申诉途径,提供质询渠道,建立和完善举报制度

企业应建立内部申诉机制,如企业内部人员发现金融算法出现问题可能侵犯消费者权益的,应当及时反馈并修正算法;此外,还应向用户或消费者提供质询、咨询和举报的渠道,落实对算法的可解释性的规制要求,同时加强算法公开性,向社会提供监督渠道。

---

[1] 王怀勇、邓若翰:《算法时代金融公平的实现困境与法律应对》,载《中南大学学报(社会科学版)》2021年第3期。

第四节　金融产品的互联网营销

随着互联网行业的发展，短视频、社交平台、搜索引擎等网络信息传播方式成为人们获取信息的主要途径，互联网营销逐渐发展成为一类不同于传统营销的新兴宣传方式。与此同时，金融消费者的行为习惯和信息获取的方式也已经发生了翻天覆地的变化，互联网已经成为金融产品营销最重要的渠道，越来越多金融机构会采取短视频推荐、直播宣传、“大 V”发文进行“软广推荐”等营销方式对其金融产品及服务进行推广宣传。

金融产品互联网营销宣传，是指通过互联网渠道，对所提供的金融商品或金融服务进行经营性销售推荐宣传活动。通俗地讲，就是通过互联网为金融产品“打广告”。金融机构在使用互联网营销方式时，应当特别关注互联网营销所固有的法律风险，在合法合规的原则之上持续调整其金融产品网络营销的内容和方式。

一、金融产品互联网营销的相关法律规制

2019 年 12 月 20 日，中国人民银行、原银保监会、证监会及国家外汇管理局发布《关于进一步规范金融营销宣传行为的通知》，对金融营销宣传行为规范作出规定，要求金融银行业、证券业、保险业金融机构以及其他依法从事金融业务或与金融相关业务的机构应加强对自身从事的或业务合作方展开的金融营销宣传活动的内控管理、监测和监督，保障金融消费者的权益。随着大数据、云计算、移动互联网等新型信息技术的发展与应用，金融产品营销业务模式更多地向互联网营销转变。2021 年 12 月 31 日，中国人民银行、国家网信办、工业和信息化部、证监会、原银保监会、国家外汇管理局、国家知识产权局联合发布《金融产品网络营销管理办法（征求意见稿）》，统一规范各类金融产品互联网营销活动。相较于《关于进一步规范金融营销宣传行为的通知》，《金融产品网络营销管理办法（征求意见稿）》关注金融机构的互联网营销宣传模式，对新型网络营

销各场景作出规范。

（一）主体范围

《金融产品网络营销管理办法（征求意见稿）》按照不同主体在金融产品互联网营销活动中发挥的不同作用，将金融产品互联网营销的活动主体分为金融机构和第三方互联网平台，即金融产品的实际销售者和互联网营销活动的实际开展者。在实践中，金融产品互联网营销宣传活动所涉及的主体及参与方范围十分广泛，包括但不限于：

1. 金融产品的实际销售者

金融产品的实际销售者，既包括经有关管理部门批准设立的从事金融业务的金融机构，也包括无资质销售金融产品的违法经营主体。

《金融产品网络营销管理办法（征求意见稿）》中的金融机构是指国务院金融管理部门依法批准设立的从事金融业务的机构。包括由中国人民银行、原银保监会、证监会等机构批准设立的商业银行、证券公司、保险公司、基金公司等主体。

除经国务院金融管理部门依法批准设立的从事金融业务的机构外，由地方人民政府许可从事金融业务并监督管理的小额贷款公司、融资担保公司、区域性股权市场、典当行、融资租赁公司、商业保理公司、地方资产管理公司等地方金融组织持有地方人民政府颁发的合法金融牌照，也属于具有金融产品销售资质的金融业务主体。《金融产品网络营销管理办法（征求意见稿）》第35条也规定："私募基金管理机构、信用评级机构、地方金融监管部门依法批准设立的地方金融组织开展金融产品网络营销参照本办法相关规定执行。"这意味着金融监管部门并未禁止地方金融组织进行金融产品的互联网营销活动。但需要注意的是，地方金融组织从事金融业务的范围应当限于地方金融监督管理部门批准的区域，原则上不得跨行政区域开展业务，在开展金融产品的互联网营销活动时，也应当以其开展业务的实际地域范围为限。

互联网平台的便利性也为非法销售金融产品的无金融机构资质的主体创造了条件，由于通过互联网平台发布的金融产品信息纷繁复杂，金融监管部门及互联网监管部门可能存在管理上的疏漏，导致无资质销售金融产品的机构乘虚而入，借互联网平台发售非法金融产品，甚至借销售“理财产品”之名，从事非法集资等违法犯罪活动。

2. 第三方互联网平台

《金融产品网络营销管理办法（征求意见稿）》将第三方互联网平台界定为：“非金融机构自营的，为金融机构开展网络营销提供网络空间经营场所、信息交互、交易撮合等服务的网站、移动互联网应用程序、小程序、自媒体等互联网媒介。”对于上述定义的理解，存在以下几个要点：

（1）非金融机构自营

第三方互联网平台是指独立于金融产品的实际销售者和金融消费者的第三方主体，主要作用在于提供金融产品宣传信息的发布平台，类似于金融产品销售方与金融消费者的线上桥梁。金融机构自营网络平台在性质上等同于金融机构本身，属于实际的金融产品销售者。

（2）为金融机构开展网络营销提供服务

第三方互联网平台并非金融产品的代销方，而是为金融机构提供互联网营销服务的受托方。这一点不同于互联网金融平台，依据中国人民银行等部门2015年发布的《关于促进互联网金融健康发展的指导意见》，互联网金融是传统金融机构与互联网企业利用互联网技术和信息通信技术实现资金融通、支付、投资和信息中介服务的新型金融业务模式。《金融产品网络营销管理办法（征求意见稿）》中界定的第三方互联网平台与广义上的互联网金融平台之间是包含与被包含的关系，互联网金融平台中实际提供资金融通、支付、投资等服务的主体，更类似于金融产品的实际销售者，这类主体从事金融产品的网络营销行为，应当适用《金融产品网络营销管理办法（征求意见稿）》及其他相关法规中对金融机构的规定。

（3）互联网媒介

第三方互联网平台的定义不受其存在形式的限制，网站、移动互联网应用程序、小程序、自媒体、论坛、贴吧等都可以成为金融产品互联网营销活动的第三方互联网平台，《金融产品网络营销管理办法（征求意见稿）》第17条中明确，第三方互联网平台经营者应当恪守技术服务本位。该文件的起草说明中也明确,制定该文件的目的之一就是规制部分互联网平台企业利用线上场景和触达客户的优势通过参控股金融机构或与金融机构合作开展金融业务侵害金融消费者权益。因此《金融产品网络营销管理办法(征求意见稿)》中所称的第三方互联网平台,应当认定为提供互联网技术服务的平台,如抖音、微信直播平台、微博、小红书等热门网络平台及各类小程序、自媒体等互联网媒介。

3. 从事金融产品推荐活动的网络博主

通过网络博主推介宣传产品,主要依靠的是博主的粉丝数及网络影响力,在认定此类网络博主是否为金融产品互联网营销活动的主体时,首先要判断谁是为金融产品销售者提供网络营销服务的主体。网络博主及“大 V”账号的运营一般存在两种模式:

一是博主与公司签约,公司为博主配备运营团队,由公司决定博主发布的推广内容。如果公司专门通过互联网媒介为金融产品的营销提供服务,则可以将该公司视为一般的广告发布者。而博主的金融产品营销行为可以认定为完成工作任务的职务行为。

二是博主自行运营自媒体账号,为金融产品销售者开展网络营销提供信息宣传服务,这种模式下可以将该博主视为广告发布者。

(二)客体类型

《金融产品网络营销管理办法(征求意见稿)》第 3 条对金融产品的定义为:金融机构设计、开发、销售的产品和服务,包括但不限于存款、贷款、资产管理产品、保险、支付、贵金属等。

该定义所称的金融产品囊括了狭义的金融产品与金融服务,但限于由金融机构设计、开发、销售的产品和服务,即仅指由有资质主体掌控的合法金融产品。在目前的金融产品互联网营销活动中,也存在为非法金融活动提供网络营销服务的行为。这里所称的非法金融活动包括但不限于非法放贷、非法荐股推基、外汇按金交易、非公开发行证券等金融产品等。非法金融活动中衍生的由无资质主体提供的金融产品,也属于金融产品网络营销活动中的客体。

(三)金融产品的网络营销活动内容及主要模式

“营销”不同于“销售”,营销是指发现或发掘准消费者需求,让消费者了解该产品进而购买该产品的过程。而销售则是指以多种方式向消费者提供产品和服务的行为，也是营销活动的最终目的。

《金融产品网络营销管理办法(征求意见稿)》中将网络营销定义为："通过互联网平台对金融产品进行商业宣传推介的活动，包括但不限于介绍金融产品相关信息或金融机构业务品牌，为消费者购买金融产品提供转接渠道等。"也就是说，网络营销不包括通过网络宣传直接售卖金融产品，仅限于通过对金融产品信息的介绍和推荐，为金融产品销售者增加销量。

实践中新型网络营销的主要模式包括但不限于直播、自媒体账号、互联网群组、短视频、公众号推文、各类发帖等。

二、金融产品互联网营销乱象及法律分析

1. 无资质平台直播"引流"，从事非法金融活动

随着直播这一娱乐方式的兴起，直播带货也逐渐成为时下最流行的商品销售方式，在金融领域也不例外，目前很多金融机构都选择通过直播的方式进行金融产品的推介宣传。直播营销的特点在于通过流量引导，吸引众多消费者通过直播了解产品的相关信息，引起消费者的购买欲望，然后通过线上发布购买链接或告知消费者线下购买途径的方式进行产品销售。笔者团队经检索发现，目前多家商业银行、保险公司等金融机构，均开设有"抖音"账号，并通过直播途径介绍、售卖金融产品，包括但不限于交通银行信用卡、中国银行、中国人寿、平安人寿、中国人保等。只要点击进入直播间，就能了解主播正在推荐的金融产品，并可以直接通过弹窗链接进行购买。但由于直播卖货的门槛较低，各类无资质主体也瞅准机会乘虚而入，擅自开展金融产品直播营销，非法或超范围开展金融宣传销售活动。甚至有"科技公司""咨询公司"假借网络理财之名进行集资诈骗等非法活动。[1]

例如，2020 年 1 月被原银保监会浙江监管局处罚的多保鱼保险经纪有限公

---

〔1〕 参见《警惕！金融产品直播营销有风险，银保监会发布提示》，载微信公众号"新华网"2020 年 10 月 28 日，https://mp.weixin.qq.com/s/685HGjINMkYN0THVFww_pQ。

司,其抖音账号曾坐拥400余万粉丝,在各大网络平台开展保险中介业务,通过为消费者提供保险顾问咨询服务、提供多样化的保险知识普及,给保险产品引流。但该公司于2018年5月开始开展保险业务,直至2019年9月才获得原银保监会颁发的全国性保险经纪牌照,此前一直处于无资质经营状态。

我国对金融业务一直采用许可制管理模式,无资质开展金融业务属于典型的行政违法行为,相关金融监管部门可据此对无资质主体作出行政处罚。而未依法定程序经有关部门批准,以发行股票、债券、彩票、投资基金等债权凭证的方式向社会公众筹集资金,并承诺在一定期限内还本付息的行为,可能涉嫌非法吸收公众存款罪和集资诈骗罪,开展相关活动或销售非法金融产品的主体可能因此承担刑事责任。

对于无资质开展金融宣传营销的行为,中国人民银行等四部门于2019年发布的《关于进一步规范金融营销宣传行为的通知》中已明确禁止未取得相应金融业务资质的市场经营主体开展金融营销宣传活动,上海市市场监管局等部门于2020年9月发布的《关于进一步加强金融广告监管工作的意见》中也规定,未取得相应金融业务资质的市场经营主体,不得宣传推广相关金融业务活动。依据上述法规,无资质开展金融宣传营销活动的主体很有可能因此受到金融监管部门作出的责令改正、警告、罚款等行政处罚。

不同于传统的金融营销宣传行为,金融产品的互联网营销的参与方更多,传播速度更快,受众面更广,因此一旦产生金融风险,后果也将更加严重。《金融产品网络营销管理办法(征求意见稿)》中特别规定了相关主体的营销资质问题,将金融机构开展金融产品网络营销活动的范围限制在金融管理部门许可的业务范围内,并禁止金融机构违法、越权委托其他主体开展金融产品的网络营销。

对于第三方互联网平台,《金融产品网络营销管理办法(征求意见稿)》规定了入驻管理义务和不得介入义务。要求第三方互联网平台经营者对入驻的金融机构进行资质、业务合规等方面的评估,并建立经营行为检测机制,避免非法金融活动;禁止第三方互联网平台经营者在未经金融管理部门批准的情况下介入金融产品的销售环节,或参与金融业务的收入分成。在法律责任方面,对违法介入金融产品销售、业务分成或未尽到入驻管理义务的第三方互联网平台、广告发布者由金融监管部门依据《中国人民银行法》《保险法》《银行业监督管理办法》等相关法律予以行政处罚。

2. 明星代言金融产品造成金融消费者基于“偶像光环”盲目从众

近年来，很多金融产品的宣传信息中都利用明星或某些“专业人士”的形象为其金融产品进行宣传推介。但明星并非具有专业金融知识的人，其自身对所代言金融产品或互联网平台的从业资质、产品风险等问题难以进行充分的了解。同时，由于明星受到社会公众的广泛关注，社会公众基于对明星形象及社会声誉的信赖，很可能在未充分了解相关金融产品的情况下选择“明星代言”的产品或服务。而近年来盛行的“粉圈文化”，更导致部分粉丝非理性地狂热追星，过度购买“明星代言”产品为其偶像提升影响力和商业价值。因此明星代言的金融产品或互联网平台一旦出现问题，将会对广大金融消费者的权益造成严重的损害。典型的明星代言金融产品“爆雷”事件如胡某曾代言的“玖富”平台2020年“爆雷”，导致出借人到期无法收回资金，涉及金额高达390亿元；汪某代言“爱钱进”发生“爆雷”事件；潘某婷代言“中晋资产”涉嫌非法吸收公众存款等。

《广告法》对代言人责任作出了基础性规定，要求代言人需在使用过商品或接受服务后再对相关产品作推荐、证明；不得在明知或应知广告虚假的情况下对商品、服务进行推荐，并禁止代言人对医疗、药品、医疗器械、保健食品作推荐、证明。该法并未明令禁止在金融营销中使用代言人对金融产品进行推荐、证明。但《金融产品网络营销管理办法（征求意见稿）》第16条规定，不得利用学术机构、行业协会、专业人士的名义或形象作推荐、证明；金融机构应当遵守金融管理部门有关规定，不得利用演艺明星的名义或形象作推荐、证明。2021年4月，原银保监会发布《关于警惕明星代言金融产品风险的提示》，专门就明星代言金融产品问题向消费者作出提示，并提出明星在接受代言前应当查验所代言机构是否具有合法资质，所代言产品和服务是否内容真实、符合监管要求。

虽然“金融产品网络营销管理办法”还未发布正式稿，现行法规中并未对金融产品使用代言人做广告规定相应的法律责任，但有关金融机构及第三方互联网平台应当对相关问题给予足够的重视，规范利用明星及专业人士形象进行金融产品互联网营销的行为，以免将来因此遭受市场监管部门、网信部门、电信主管部门的行政处罚。

3. 通过互联网技术进行金融产品的嵌套销售

因线上支付方式的便利性和快捷性，“扫码付款”已经逐渐取代现金支付成为主流支付方式。“微信”“支付宝”等非银行支付机构在提供线上支付服务的同时，以“花呗支付有优惠”等方式，吸引消费者通过购买借贷类金融产品完成线上支付或网络消费，与之类似的还包括“借呗”“京东白条”等与非银行支付机构紧密相关的借贷类金融产品。这类业务模式的实质是通过支付业务为借贷业务导流，甚至存在将借贷类、资产管理类金融产品的购买链接放置在支付页面中，并作为默认勾选的业务，或是注明“同时一键开通”借贷类金融业务。这很可能导致消费者在不知情的情况下“被”办理借贷业务，通过借贷进行消费，但并未按时还款，因此向贷款方支付逾期利息。非银行支付机构在提供支付服务时嵌套销售借贷类、资产管理类金融产品，很容易导致金融消费者的知情权、公平交易权、自主选择权受到侵害。

近年来，相关监管部门对于非银行支付机构开展业务的监管态度趋于严格，自 2015 年起，中国人民银行发布了《非银行支付机构网络支付业务管理办法》、《非银行支付机构风险专项整治工作实施方案》（与中央宣传部等部门联合发布）、《关于非银行支付机构开展大额交易报告工作有关要求的通知》、《非银行支付机构客户备付金存管办法》、《非金融机构支付服务管理办法》等多部文件，用于规制非银行支付机构的业务行为。《非银行支付机构网络支付业务管理办法》第 9 条明确规定，支付机构不得经营或变相经营证券、保险、信贷、融资、理财、担保、信托、货币兑换、现金存取等业务。虽然该文件中并未规定支付机构违规经营或变相经营其他金融业务的法律责任，但支付机构应在牌照许可的经营范围内开展业务，遵循金融机构开展业务的一般规定。在支付页面中嵌套销售其他超越该支付机构营业范围的金融产品，很可能被认定为无资质经营，并因此受到金融监管部门的行政处罚。

《金融产品网络营销管理办法（征求意见稿）》第 15 条规定：“非银行支付

机构不得为贷款、资产管理产品等金融产品提供营销服务，不得在支付页面中将贷款、资产管理产品等金融产品作为支付选项，以默认开通、一键开通等方式销售贷款、资产管理产品等金融产品。”这实际上与2021年4月12日中国人民银行、原银保监会等四部门在约谈蚂蚁集团时要求的整改内容保持一致，时任中国人民银行副行长潘功胜在《就金融管理部门再次约谈蚂蚁集团情况答记者问》中提到，对蚂蚁集团的整改内容之一就是纠正其支付业务不正当竞争行为，断开支付宝与“花呗”等其他金融产品的不当链接，纠正在支付链路径中嵌套信贷业务等违规行为。

由于接受支付服务的金融消费者范围远大于接受信贷类业务的金融消费者范围，通过支付链接嵌套销售其他金融产品，一方面会损害金融消费者的合法权益，另一方面通过嵌套销售的金融产品与其他同类金融产品之间会形成不正当竞争关系，属于违规营销。此类行为可能使支付机构因超越业务范围经营无资质产品被金融监管部门责令整改、警告、罚款或是因资本无序扩张形成垄断被反垄断执法机构调查，甚至受到被责令停止违法行为、罚款等行政处罚。

4. 第三方互联网平台对营销主体及营销活动的管理义务履行不到位

为金融产品互联网营销提供服务的第三方互联网平台很多都不是专门服务于金融产品营销的金融信息平台，而是信息内容多元化的综合性平台，如微博、抖音、快手、小红书、微信公众号等。这类互联网平台需要对多类违法违规信息进行监管，且此前相关法规中并未规定互联网平台对平台中金融营销主体及相关活动的监管义务，因此平台对金融产品的互联网营销行为并未对用户作出专门提示。笔者团队研读了几个平台向用户公示的直播规约，在微信视频号、微博直播平台及抖音App三个网络平台中，目前仅有微信视频号平台在《微信视频号运营规范》中明确将未经相关部门许可，从事金融产品互联网营销的行为定义为违法营销，并明令禁止。[1]

《“抖音”用户服务协议》及《微博直播服务协议》中仅概括性规定了用户不

---

〔1〕《微信视频号运营规范》第4.6.2条规定：“未经相关部门许可，进行荐股、推荐金融产品等相关投资咨询活动（包括但不限于证券、期货、基金等）。或者以分享财经信息（如股市分析/行业分析）、投资技巧等为由将用户诱导或引流进行推广营销。”

得利用平台服务、直播行为或发布的任何信息、资讯、言论等,制作、复制、发布、传播含有危害国家安全、煽动民族仇恨、封建迷信、淫秽色情等违法违规信息,在列举出的违法违规信息中,并未对金融产品的网络营销问题作出专门规定。而依据中国新闻网的报道,在小红书、哔哩哔哩等社交平台上,存在很多以"入手门槛低,新手也能当理财师"等噱头吸引观众"上车"购买基金产品、开设基金课程的"理财博主"。此类现象被报道后,哔哩哔哩及小红书方面都作出回应,表明会加强监管,哔哩哔哩工作人员表示,平台会对相关内容的风险性提高重视度,但不会强制要求提供相关证书。[1]

网络博主利用"理财课程"推荐相关金融产品,首先无法保证其具有进行理财咨询或营销金融产品的资质,其次无法保证博主在推荐过程中对信息受众充分披露金融产品的相关信息,尽到风险提示义务。且此类博主的行为可能已经涉嫌非法证券投资咨询,如果其所推荐的是无资质主体经营的非法金融产品,还可能涉嫌非法吸收公众存款,一旦消费者轻信推荐盲目跟投,将会对其合法权益造成严重侵害。但第三方互联网平台并不对其资质进行审核,也不明确禁止此类内容的发布,这也就意味着互联网平台并不能对金融互联网营销可能给消费者带来的风险起到事前预防作用,金融消费者只能依靠金融监管部门的主动监管或是在博主"翻车"后通过司法救济途径来解决。

目前的法律法规中,直接对互联网平台管理职责进行约束的法规多由国家网信办等部门发布,关注的重点主要集中在国家安全、个人信息保护、涉黄赌毒、暴力恐吓、虚假信息等方面,金融营销的相关内容主要由金融监管部门和市场监督管理部门从金融机构和广告发布相关主体的角度出发加以规制,对互联网平台的监管责任有所忽略。

《金融产品网络营销管理办法(征求意见稿)》中详细规定了金融产品互联网营销活动中第三方互联网平台的主要义务。除对入驻金融机构进行准入管理并建立经营行为检测机制外,还要求第三方互联网平台在参与金融产品营销

---

〔1〕 参见《社交平台上的理财博主靠谱吗?》,载微信公众号"中国经济网"2021 年 2 月 24 日,https://mp. weixin. qq. com/s/GqWmPqYd8ZOE_vouuZY1Cw。

宣传时使用经金融机构审核确定的网络营销宣传内容,同时要求对各类金融产品依风险等级的不同分别设立宣传展示区,禁止骚扰性营销。第三方互联网平台违反对营销内容的相关规定的,由市场监管部门依据《广告法》《反不正当竞争法》的规定给予行政处罚;第三方互联网平台违反信息安全及数据安全义务的,由网信部门、电信部门依据《个人信息保护法》予以处置。

第三方互联网平台处于金融监管部门、市场监管部门、网信部门的重合管理地带,对于平台内正在进行或即将进行的金融产品互联网营销活动,平台方可提前采取合规措施,规范活动主体及活动内容,以便后续依据“金融产品网络营销管理办法”及其他可能出台的法律法规继续整改。

三、对金融机构的合规建议

(一)规范金融产品互联网营销的业务范围及营销人员设置

金融机构开展金融产品互联网营销活动,最为首要和关键的问题就是合格的金融营销资质。各金融机构在开展金融产品互联网营销活动前,首先应当明确自身的合法业务范围,在金融管理部门许可的业务范围内开展金融产品网络营销。如果要委托其他机构或个人开展金融产品的网络营销活动,应当在法律法规、规章和规范性文件有明确规定或授权的情况下进行。同时要加强对工作人员的管理,严禁工作人员利用职务身份通过互联网向客户推荐非法金融产品,造成金融消费者损害。虽然金融机构不一定会因其工作人员的个人违法犯罪行为承担法律责任,但为避免金融机构的社会声誉和商业机会因此受损,加强员工管理也是很有必要的。

通过直播、自媒体账号、互联网群组等渠道营销金融产品时,营销人员应当为金融机构从业人员并具备相关金融从业资质,确保进行产品推荐的营销人员充分了解金融产品信息,杜绝利用学术机构、行业协会、专业人士、演艺明星的名义或形象作推荐、证明。

(二)规范金融产品互联网营销的宣传内容及营销方式

金融机构在进行金融产品的互联网营销时也需遵守适当性义务,利用互联网技术开展精准营销时，需要在对金融消费者进行风险检测和评估的基础上，向金融消费者详细说明金融产品的具体情况，将适当的产品销售给适当的客户。

在营销活动中充分向金融消费者揭示金融产品可能存在的风险，对不同类别、不同风险等级的金融产品设立不同的宣传专区。对于组合销售的金融产品，要以显著方式提醒消费者注意，规避不合理的金融产品搭售行为。在营销方式上，避免采用骚扰性广告营销的行为，确保金融消费者能够进行一键关闭广告的操作，不在其他未授权的网页连接中插入金融产品信息的宣传广告。

（三）谨慎选择第三方互联网平台

在选择金融产品宣传信息投放平台或经营场所开设平台时，应对互联网平台的电信业务从业资质、技术情况、社会声誉等方面进行审慎评估，全面考察互联网平台的网络风险防范能力、数据安全保护与个人信息处理合规性、用户账号管理水平等各项因素，并与平台签订书面合作协议，明确约定各方的权利义务分配、消费者权益保护职责、数据安全及个人信息保护要求、违约责任等各项内容，尽量规避因责任分配不明产生的纠纷。

在网络营销活动进行过程中，金融机构要跟踪评价第三方互联网平台的经营合规性、数据及个人信息保护的安全性、企业风险情况等因素，尽到审慎注意义务。同时要求互联网平台发布的金融产品营销宣传内容是经过金融机构审核并实时监管，使其与金融产品合同条款保持一致，尽量避免因网络平台方的疏漏造成金融消费者的权益损害，使金融机构与金融消费者间因宣传内容不一致产生纠纷导致被诉欺诈的法律风险和对金融机构社会声誉的影响。

（四）明确与第三方互联网平台的业务界限

金融机构应与第三方互联网平台明确约定双方业务范围，确保第三方互联网平台提供好技术服务，且应使用显著方式区分金融机构与互联网平台的名称、字号、商标等相关标识，避免第三方互联网平台利用金融机构名义从事非法金融活动。

第五节　数字货币的机遇与风险

随着数字化时代的到来,货币的形态逐渐发生改变,作为数字经济的核心领域之一,数字货币受到全球持续关注,从而也衍生出“虚拟货币”、“电子货币”和“数字货币”等相关概念。数字货币的发展所引发的社会变革、交易方式的改变也对现有法律制度形成挑战,如数字货币的法律属性、首次代币发行 ICO 的监管、智能合约的有效性及监管、个人信息保护以及可能引发的新型犯罪行为等问题,给国家监管、国家安全、金融市场的稳定以及消费者权益保护带来深刻的影响。

尽管在数字货币的概念界定以及法律属性等理论问题上还存在诸多争议,从而导致对数字货币的监管仍存在不少模糊地带,但在实践中,数字货币已经广泛参与商品交易,投资数字货币的人也开始越来越多。因此,本节将结合司法实践案例,针对数字货币发行和交易过程中可能存在的民事及刑事法律问题进行分析,从而进一步明确数字货币交易行为的合法合规性。

一、数字货币的概念与发展

随着数字化时代的到来,区块链(Blockchain)和大数据(Bigdata)等数字技术的快速发展孕育了各种类型的数字货币。数字货币包括私人数字货币和法定数字货币,数字货币相比传统物理货币具有不可伪造、点对点快捷交易、流动方便的特点。

对于“数字货币”概念,有学者认为“数字货币是以区块链作为底层技术支持,具有去中心化、可编程性、以密码学原理实现安全验证等特征”[1],有学者认为,“根据欧洲银行业管理局、国际清算银行及国际货币基金组织关于数字货币的表述,可将数字货币定义为价值的数字化表现形式,不由货币当局发行,不与法定货币挂钩,可通过互联网进行转移、存储或交易的一种支付工具。这种

---

〔1〕 杨延超:《论数字货币的法律属性》,载《中国社会科学》2020 年第 1 期。

类型的数字货币其本质是基于区块链分布式账本技术所生成的一种去中心化的虚拟货币，以比特币、以太币和瑞波币为主要代表"[1]，还有学者认为，"数字货币是新型的支付方式和货币形式，包括央行数字货币和私人发行的虚拟货币；私人发行的虚拟货币以基于区块链技术的、非中心化和分布式的'加密货币'为典型和假想原型"[2]。

根据数字货币是否由央行发行，可将数字货币分为法定数字货币和非法定的加密货币，法定数字货币即央行数字货币（CBDC），法定数字货币是基于央行的信用发行代表具体金额的加密数字串，以国家信用作为背书，以纸币的数字化形式，承担货币的市场流转义务，具有主权性、法偿性等法币基本特征。[3]然而在我国，私人数字货币在早期得到迅猛发展，私人数字货币领域因为缺乏科学合理的监管，很可能会冲击现有的金融秩序，也成为滋生金融违法犯罪的土壤，因此我国对此一直是强监管态度。但随着对数字货币的研究深入以及其在全球的普及，各国政府逐步开始了数字货币的研究与推广，我国也注意到数字货币背后的巨大机遇，因此，2016 年 12 月中国人民银行成立数字货币研究所，研究法定数字货币的发行问题，法定数字货币的发展成为数字货币领域的重要课题。

我国从 2014 年开始研究设计适用于我国经济发展情况的法定数字货币，2019 年 6 月 18 日，Facebook 发布了 Libra 项目进展报告，引发了世界各国央行的关注与讨论。全球央行开始密集释放研发数字货币的信号，中国人民银行也不例外。2020 年 1 月 10 日，中国人民银行发文称基本完成法定数字货币顶层设计、标准制定、功能研发、联调测试等工作。同年 10 月 9 日，中国人民银行法定数字货币系统（Digital Currency/Electronic Payment）在深圳市首次面向公众测试，主要功能就是作为电子支付手段。

最新数据显示，截至 2022 年 8 月 31 日，15 个省（市）的试点地区累计交易

---

[1] 吴婷婷、王俊鹏：《我国央行发行数字货币：影响、问题及对策》，载《西南金融》2020 年第 7 期。

[2] 吴云、朱玮：《数字货币和金融监管意义上的虚拟货币：法律、金融与技术的跨学科考察》，载《上海政法学院学报（政法论丛）》2021 年第 6 期。

[3] 参见袁曾：《法定数字货币的法律地位、作用与监管》，载《东方法学》2021 年第 3 期。

3.6亿笔、金额1000.4亿元,支持数字人民币的商户门店数量超过560万个。2022年8月1日,中国人民银行在2022年下半年工作会议上明确提出,要有序扩大数字人民币试点。12月16日,数字人民币App更新,意味着试点地区由深圳、苏州、雄安、成都扩展至广东、江苏、河北、四川全省,并增加山东省济南市、广西壮族自治区南宁市、防城港市和云南省昆明市、西双版纳傣族自治州作为试点地区。[1]

目前实务中对于数字货币、虚拟货币的概念并未完全分清楚,数字货币、加密货币、虚拟货币等概念混用。在早期"虚拟货币"主要是指在虚拟场景下一种用于兑换特定场景内的服务、虚拟商品的工具,比如腾讯公司的Q币以及在各类游戏平台中使用的游戏币等。原文化部[2]曾在2010年发布的《网络游戏管理暂行办法》(已失效)中,首次在部门规章的层面对"虚拟货币"作出规定,该办法第2条规定,"网络游戏虚拟货币是指由网络游戏经营单位发行,网络游戏用户使用法定货币按一定比例直接或者间接购买,存在于游戏程序之外,以电磁记录方式存储于服务器内,并以特定数字单位表现的虚拟兑换工具",第19条第1项规定,"网络游戏虚拟货币的使用范围仅限于兑换自身提供的网络游戏产品和服务,不得用于支付、购买实物或者兑换其它单位的产品和服务"。从该定义中可以看出,当时对于虚拟货币的理解是虚拟货币仅在特定的业务场景中才能使用,且不能进行双向兑换。

比特币的出现,使虚拟货币的内涵扩展到"加密货币",由于这类"币"使用了密码学算法,因而也被称为"加密货币"。区块链为数字加密货币提供了一种可信、可靠、透明的底层技术机制,而在区块链技术之上,衍生出了分布式账本技术,数字加密货币和分布式账本技术的出现,是推动各国央行提出法定数字货币战略的重要原因之一。

参考国际上对于数字货币有关概念的界定,数字货币按照信用包括央行数

---

〔1〕 参见木子剑:《官宣!数字人民币试点地区扩围至17省(市)》,载移动支付网,https://www.mpaypass.com.cn/news/202212/16142932.html。

〔2〕 2018年机构改革后为文化和旅游部。

字货币和私人数字货币，私人数字货币主要被称为“虚拟货币”。[1] 我国央行数字货币的发行与交易目前正在进行试点，央行发行数字货币的现实意义不仅在于可以降低纸币发行的成本，减少洗钱等违法犯罪行动，还能助力普惠金融的发展，有助于我国建设全新的金融基础设施，进一步完善我国支付体系，推动经济发展。然而私人数字货币在现阶段并没有完善和明确的规定，导致私人数字货币的发行和交易存在监管空白，给消费者权益带来了很大危害，后文也将主要针对私人数字货币的相关法律风险进行论述和分析。

二、对私人数字货币的监管

近年来，以比特币、以太币、莱特币为首的私人数字货币引发的民商事纠纷日益增多，同时，打着数字货币名义实施诈骗、非法吸收公众存款等刑事犯罪的案件也激增。由于私人数字货币目前暂没有统一的法律规定，因此笔者接下来将主要梳理归纳现有的监管文件，研究实践中已有的司法判决，厘清对于私人数字货币的监管及司法裁判思路。

监管部门对于私人数字货币的发行、交易等行为的认定也经历了从模糊到清晰的过程：

首先，在对私人数字货币的监管初期，确定其“虚拟商品”的属性。2013 年中国人民银行等五部委发布《关于防范比特币风险的通知》，明确了比特币的性质，认为比特币不是由货币当局发行，不具有法偿性与强制性等货币属性，并不是真正意义的货币。从性质上看，比特币是一种特定的虚拟商品，不具有与货币等同的法律地位，不能且不应作为货币在市场上流通使用。但是，比特币交易作为一种互联网上的商品买卖行为，普通民众在自担风险的前提下拥有参与的自由。

比如，在高某某与刘某某不当得利纠纷案[2]中，法院认为：“比特币是一种 P2P 形式的数字货币，属网络虚拟货币的一种……从性质上看，比特币应当是

[1] 参见吴云、朱玮：《数字货币和金融监管意义上的虚拟货币：法律、金融与技术的跨学科考察》，载《上海政法学院学报（政法论丛）》2021 年第 6 期。

[2] 山东省济南市商河县人民法院民事判决书，（2015）商民初字第 1531 号。

一种特定的虚拟商品,不具有与货币等同的法律地位,不能且不应作为货币在市场上流通使用,普通民众在自担风险的前提下拥有参与的自由。因此,比特币在我国不受法律保护。因此,本院认为,对于比特币这种不合法的物,其交易亦不受法律保护,原告通过比特币交易平台误将自己的比特币汇入被告账户,但该种交易行为在我国不受法律保护,其行为所造成的后果属风险自担。"

监管部门的上述规定,一方面承认了虚拟货币可以作为商品进行交易,但另一方面也否认了比特币的货币属性,禁止各金融机构和支付机构开展与其相关的业务,防止比特币对法定货币以及金融秩序的稳定性造成冲击。

此后,监管对于私人数字货币的监管也持续趋紧。2017 年 8 月 30 日,中国互联网金融协会发布的《关于防范各类以 ICO 名义吸收投资相关风险的提示》中提到"国内外部分机构采用各类误导性宣传手段,以 ICO 名义从事融资活动,相关金融活动未取得任何许可,其中涉嫌诈骗、非法证券、非法集资等行为。广大投资者应保持清醒,提高警惕,谨防上当受骗。一旦发现有涉及违法违规的行为,应立即报送公安机关"。

2017 年 9 月 4 日发布的《关于防范代币发行融资风险的公告》中也明确提出:"代币发行融资是指融资主体通过代币的违规发售、流通,向投资者筹集比特币、以太币等所谓'虚拟货币',本质上是一种未经批准非法公开融资的行为,涉嫌非法发售代币票券、非法发行证券以及非法集资、金融诈骗、传销等违法犯罪活动。有关部门将密切监测有关动态,加强与司法部门和地方政府的工作协同,按照现行工作机制,严格执法,坚决治理市场乱象。发现涉嫌犯罪问题,将移送司法机关。"

2017 年 9 月 13 日,中国互联网金融协会发布《关于防范比特币等所谓"虚拟货币"风险的提示》,指出:比特币等所谓"虚拟货币"缺乏明确的价值基础,市场投机气氛浓厚,价格波动剧烈,投资者盲目跟风炒作,易造成资金损失,投资者需强化风险防范意识。值得注意的是,比特币等所谓"虚拟货币"日益成为洗钱、贩毒、走私、非法集资等违法犯罪活动的工具,投资者应保持警惕,发现违法犯罪活动线索应立即报案。投资者通过比特币等所谓"虚拟货币"的交易平台参与投机炒作,面临价格大幅波动风险、安全性风险等,且平台技术风险也较高,国际上已发生多起交易平台遭黑客入侵盗窃事件,投资者须自行承担投资风险。不法分子也往往利用交易平台获取所谓"虚拟货币"以从事相关非法活动,存在较大的法律风险,近期大量交易平台因支持代币发行融资活动(ICO)已被监管部门叫停。各类所谓"币"的交易平台在我国并无合法设立的依据。

由此可以看出,监管部门对于虚拟货币的认识逐渐明确,而且对于发行虚拟货币行为的监管也越来越严格。目前的监管思路普遍认为,代币发行融资是指融资主体通过代币的违规发售、流通,向投资者筹集比特币、以太币等所谓"虚拟货币",本质上是一种未经批准非法公开融资的行为,涉嫌非法发售代币票券、非法发行证券以及非法集资、金融诈骗、传销等违法犯罪活动。

2018 年 8 月 23 日,国家互联网金融风险专项整治小组表示,为巩固专项整治工作成果,防范化解金融风险,下一步相关部门将进一步采取针对性清理整顿措施,维护金融秩序和社会稳定。

一是对 124 家服务器设在境外,但实质面向境内居民提供交易服务的虚拟货币交易平台网站采取必要管控措施,下一步将加强监测,实时封堵。

二是加强对新摸排的境内 ICO 及虚拟货币交易相关网站、公众号等处置。对于定期摸排发现的境内 ICO 及虚拟货币交易场所网站、公众号,以及为上述活动提供支持和服务的公众号、自媒体及网站,及时予以关闭和查封。21 日晚间,金色财经、币世界等公众号因涉嫌发布 ICO 和虚拟货币交易炒作信息,被责令屏蔽所有内容,账号被永久封停。

三是从支付结算端入手持续加强清理整顿力度。多次约谈第三方支付机构,要求其严格落实不得开展与比特币等虚拟货币相关业务的要求。指导相关支付机构加强支付渠道管理、客户识别和风险提示,建立监测排查机制,停止为可疑交易提供支付服务。

2018 年 8 月 24 日,原银保监会、中央网信办、公安部、中国人民银行、市场监管总局发布《关于防范以"虚拟货币""区块链"名义进行非法集资的风险提示》,提示公众警惕打着"金融创新""区块链"的旗号,通过发行所谓"虚拟货币""虚拟资产""数字资产"等方式吸收资金的行为,此类活动并非真正基于区块链技术,而是炒作区块链概念行非法集资、传销、诈骗之实。

2021年9月3日,国家发展和改革委员会等发布《关于整治虚拟货币"挖矿"活动的通知》,该通知明确加强虚拟货币"挖矿活动"上下游全产业链监督,严禁新增虚拟货币"挖矿项目",将虚拟货币"挖矿"活动列为淘汰类产业,加快存量项目有序退出,严厉打击各类以虚拟货币"挖矿"名义开展的非法集资和非法发行证券活动。

2021年9月15日,中国人民银行等发布《关于进一步防范和处置虚拟货币交易炒作风险的通知》,明确虚拟货币不具有与法定货币等同的法律地位,虚拟货币相关业务活动属于非法金融活动,严厉打击涉虚拟货币犯罪活动。

2022年2月23日,最高人民法院发布《关于审理非法集资刑事案件具体应用法律若干问题的解释》,在第2条第8项中新增了通过"网络借贷"和"虚拟币交易"方式非法吸收资金,在第9项中增加了以"融资租赁"方式非法吸收资金,第10项新增"以提供'养老服务'、投资'养老项目'、销售'老年产品'等方式非法吸收资金"的行为模式。

从上述监管部门的发文内容可以看出,国家正在大力整顿私人数字货币相关行业,对于私人数字货币的发行、交易以及与此相关的交易所、自媒体等,都是强监督的态度。

在对私人数字货币领域加强监管的同时,相关法律法规也对私人数字货币的属性进行探索:

2013年发布的《关于防范比特币风险的通知》明确将比特币定性为"虚拟商品",但从该文件传递的监管态度来看,中国人民银行等五部委联合发文明确禁止金融机构和支付机构开展与比特币挂钩的支付、交易、清算、结算等服务,从行政监管层面来看,我国并不鼓励比特币在内的各类私人数字货币相关的交易活动。从上文相关的司法判例也可以看出,司法层面也并不保护此类交易活动。

2020年7月,最高人民法院、国家发展和改革委员会发布《关于为新时代加快完善社会主义市场经济体制提供司法服务和保障的意见》,其中明确提出"加强对数字货币、网络虚拟财产、数据等新型权益的保护,充分发挥司法裁判对产权保护的价值引领作用"。这是最高人民法院第一次在正式文件中提到"数字货币”，这对于数字货币、网络虚拟财产的认定，以及数字货币、网络虚拟财产、数据等新型权益的保护均具有重要意义。

《民法典》第127条规定：“法律对数据、网络虚拟财产的保护有规定的，依照其规定。”这是我国首次在法典中明确对“网络虚拟财产”进行保护。《关于为新时代加快完善社会主义市场经济体制提供司法服务和保障的意见》中将“网络虚拟财产”列为新型权益予以保护，统一了司法实践中对于类似财产的定性。

三、私人数字货币的纠纷争议解决

以“虚拟货币”为关键词，限定案由为“民事”，通过司法数据搜索，[1]近5年来，涉及“虚拟货币”的民事纠纷案件为4730件，其中2019～2021年相关民事纠纷案件数量分别为1002件、1360件以及1326件（见图34）。涉及的民事案由主要包括民间借贷纠纷、买卖合同纠纷、委托合同纠纷、不当得利纠纷、网络侵权责任纠纷、委托理财合同纠纷等。

在私人数字货币的司法认定方面，法院在审理相关民商事案件时，在事实认定与裁判标准上还是存在一定差异，现总结几点主要的司法实践观点：

1. 私人数字货币属于网络虚拟财产，应受法律保护

在丁某与翟某某返还原物纠纷案[2]中，诉争的“莱特币”是否属于应受法律保护的虚拟财产这一问题成为最重要的争议焦点。法院认为：莱特币具有稀缺性、可支配性等特点；2013年12月5日，中国人民银行等部门发布《关于防范比特币风险的通知》，其中载有“从性质上看，比特币应当是一种特定的虚拟商品”的内容；此后，中国人民银行等部委又于2017年9月4日发布《关于防范代币发行融资风险的公告》、于2021年9月15日发布《关于进一步防范和处置虚拟货币交易炒作风险的通知》等文件，其中明确虚拟货币不具有与法定货币等同的法律地位，不应且不能作为货币在市场上流通使用，另规定虚拟货币相关

---

〔1〕 截至2022年10月11日，通过威科先行法律信息库进行数据检索。

〔2〕 北京市第一中级人民法院民事判决书，（2022）京01民终5972号。

业务活动具有违法性及法人、非法人组织和自然人投资虚拟货币及相关衍生品，违背公序良俗的，相关民事法律行为无效，但并无法律、行政法规或部门规章等规定否定虚拟货币本身作为虚拟财产的可保护性，因此，二审法院肯定了诉争莱特币具有虚拟财产的属性，应当受法律保护，翟某也有权要求返还原物。

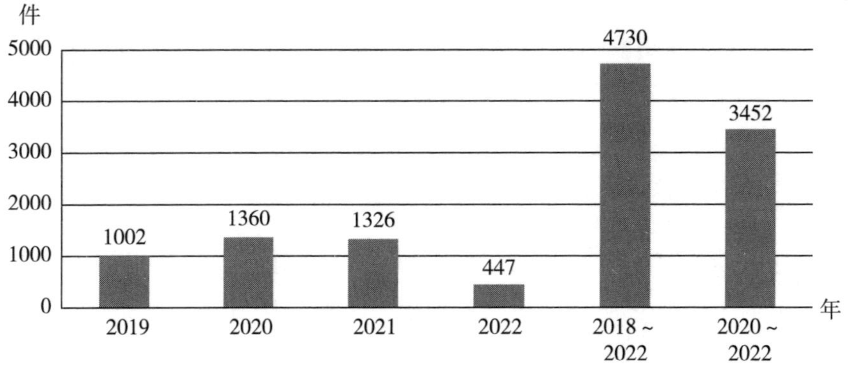

图34　近5年涉及虚拟货币的民事纠纷案件数量统计

本案的司法观点和前文所述的高某某与刘某某不当得利纠纷案有很大的区别，主要是因为《民法典》实施后，对于虚拟网络财产保护作出了明确的规定，虚拟财产作为权利客体，应当具备权利客体的价值性、稀缺性、可支配性的特点，依法应当予以保护。比特币等代币或“虚拟货币”具备权利客体特征，符合虚拟财产的构成要件，各类监管文件实质上否定的是此类“虚拟货币”作为货币的法律地位，表明其虽有“虚拟货币”的称谓，但实际上并不享有与法定货币相同的法律地位，但并没有否定其作为虚拟财产或商品物的属性。

2. 私人数字货币在代币融资交易平台中的投资和交易不受法律保护

在胡某某与秦某、于某某、青岛雷达行经济信息咨询有限公司等确认合同无效纠纷案[1]中，2020年6月，原告胡某某经人介绍与被告于某某认识，并由于某某介绍关于“雷达币”的相关金融业务。2020年6月、7月，原告向被告于某某、被告秦某转账共计117,000元，用于购买“雷达币”，原告诉求法院判定合同关系无效，返还已支付款项。

〔1〕 山东省青岛市中级人民法院民事判决书，(2022)鲁02民终10818号。

一审及二审法院认为,中国人民银行等七部门于2017年9月4日发布的《关于防范代币发行融资风险的公告》规定,代币发行融资是融资主体通过代币的违规发售、流通,向投资者筹集比特币、以太币等所谓"虚拟货币",本质上是一种未经批准非法公开融资的行为,涉嫌非法发售代币票券、非法发行证券以及非法集资、金融诈骗、传销等违法犯罪活动。代币发行融资中使用的代币或"虚拟货币"不由货币当局发行,不具有法偿性与强制性等货币属性,不具有与货币等同的法律地位,不能也不应作为货币在市场上流通使用。本案中胡某某通过于某某和秦某购买"雷达币"获得生息的方式进行所谓投资,该种投资属于我国禁止交易的范围,不受法律保护,因此胡某某要求返还该投资的行为不属于人民法院受案范围,依法驳回其起诉。

同样裁判思路的还有张某与张某某合同纠纷案[1],该案中,原告张某与被告张某某在注册名为EAA的虚拟币内盘App上交易名为EAA的"虚拟货币",如有人在该App上购买EAA"虚拟货币",就可在现实中兑换成人民币,且该币与比特币具有类似的属性,即同属于"虚拟货币",本案原告在平台完成与被告的交易后,请求认定该案所涉交易合同为无效合同,并要求被告返还EAA"虚拟货币"。但法院最终判决认为,公民交易"虚拟货币"的行为虽系个人自由,但该行为在我国不受法律保护,交易造成的后果和引发的风险应由投资者自行承担。

私人数字货币并不是真正意义上的货币,只是一种虚拟商品,不能进行发行融资,也不能如货币一般在市场上流通使用,其买卖、兑换、定价等行为均要以交易平台作支持,目前监管部门已经禁止代币发行以及为虚拟货币提供交易平台,该类案件由于涉及的交易标的物违法,因此交易行为也不受法律保护。

3. 私人之间买卖虚拟货币不具有合法性,产生的交易风险及后果应自行承担

在原告张某涛与被告张某来买卖合同纠纷案[2]中,原、被告通过微信联系,买卖泰达币(又称USDT,虚拟货币的一种)。2022年5月26日,被告向原

---

[1] 湖北省武汉市中级人民法院民事判决书,(2020)鄂01民终7588号。

[2] 浙江省天台县人民法院民事判决书,(2022)浙1023民初2778号。

告发送账号购买USDT,原告按以往交易模式,通过其配偶刘某华的微信向某虚拟地址转账交付USDT。交付后,被告以其未收到USDT为由拒付前述款项,原告遂诉至法院要求被告支付上述款项。

法院经审理认为,该泰达币不是由当局发行,不具有与货币等同的法律地位,也不具有种类物的属性,不具有现实的可返还性,同时也无法用法定货币进行量化,原、被告之间买卖泰达币,不具有合法性,由此产生的债务在我国不受法律保护,买卖“虚拟货币”产生的交易风险及相应后果也应由原、被告自行承担,遂驳回原告的诉讼请求。

目前,在司法实践中,法院对于私人之间买卖虚拟货币,大多采纳“双方买卖虚拟货币行为不具有合法性,在我国不受法律保护”的裁判思路。虚拟货币交易主体之间就虚拟货币以及虚拟货币对价的交付、支付、多付、少付、错付等情形,均不受法律保护,由此产生的任何风险均由当事人自行承担。

《关于防范比特币风险的通知》以及部分司法判例肯定了虚拟货币的商品属性,认为虚拟货币具有虚拟财产属性。而《关于防范代币发行融资风险的公告》也只是明确规定,虚拟货币不由货币当局发行,不具有法偿性与强制性等货币属性,不具有与货币等同的法律地位,不能也不应作为货币在市场上流通使用,但并未否认其商品属性。在承认了虚拟货币的虚拟财产属性以后,又将私人虚拟货币的交易行为定义为非法行为,不受法律保护,要求交易主体自行承担相关的法律风险,其中是否存在裁判思维上的矛盾之处?

从现行法律规定来看,我国法律、行政法规并未禁止虚拟货币的持有,《民法典》第127条规定:“法律对数据、网络虚拟财产的保护有规定的,依照其规定。”因此,从特定虚拟财产的角度看,虚拟货币是应当受到法律保护的。但是,当虚拟货币被看作投资理财的对象时,其所包含的属性就带有金融投资属性,不仅仅是虚拟财产,而是充当了法币的角色,而根据相关监管文件的规定,虚拟货币不具有货币属性,也不能作为货币在市场上流通。私人之间有关虚拟货币的交易,大部分情况下是其中一方出于投资目的,其案由可能是买卖合同纠纷,也可能是委托理财纠纷等,但无论案由是什么,这种交易的目的都是将虚拟货币与法币作为等同地位,并想通过交易虚拟货币而获得收益,这种行为从本质上说存在违法性，可能扰乱国家的金融管理秩序，因此，相关的交易行为才会被司法机关认定为无效。

4.“矿机”交易的争议

虚拟货币中的“挖矿”活动，是指通过专用“矿机”计算生产虚拟货币的过程。“挖矿”需要通过购买“矿机”才能进行。在分析“矿机”相关民事纠纷之前，我们需要明确一个前提，即“挖矿”在我国是否合法？《关于进一步防范和处置虚拟货币交易炒作风险的通知》中明确将虚拟货币业务定性为非法金融活动。《关于整治虚拟货币“挖矿”活动的通知》也明确要求：“区分虚拟货币‘挖矿’和存量项目。严禁投资建设增量项目，禁止以任何名义发展虚拟货币‘挖矿’项目；加快有序退出存量项目，在保证平稳过渡的前提下，结合各地实际情况科学确定退出时间表和实施路径。”从上述两个通知传达的监管态度来看，虚拟货币“挖矿”已经被列入淘汰类产业，同时严禁以数据中心名义开展虚拟货币“挖矿”活动。

目前，司法实践中关于“矿机”的纠纷主要集中在买卖合同纠纷的范围，对于买卖“专用于运算生成比特币的算力设备”（俗称“矿机”）合同是否有效，不同的法院认定存在差异：

（1）法院认为“矿机”买卖合同有效，法律法规尚未禁止“矿机”作为商品买卖

陈某诉浙江某科技有限公司买卖合同纠纷案——杭州互联网法院服务保障数字经济发展十大典型案例之二〔1〕，该案中，原告陈某与被告浙江某科技有限公司订立了比特币“矿机”买卖合同，后原告主张案涉标的物涉嫌违法而拒收货物，并要求被告返还贷款。关于双方之间比特币“矿机”买卖合同是否依法成立并有效的问题，二审法院认为，“双方系通过互联网以数据电文形式订立比特币挖矿机买卖合同，该意思表示真实，陈某亦已依约履行付款义务，因此案涉比特币挖矿机买卖合同依法成立”。相关的监管要求主要在于限制虚拟货币作为货币在市场上流通，但并未禁止比特币或比特币“矿机”作为商品买卖，因此，该

〔1〕　浙江省杭州市中级人民法院民事判决书，(2018)浙01民终10053号。

合同不存在合同无效的法定情形。

(2)法院认为“矿机”买卖合同违背公序良俗应当认定为无效

但在四川明德融乐基有限公司(以下简称明德融公司)与广州市明昕通信技术有限公司(以下简称明昕公司)的买卖合同纠纷案[1]中,法院并未支持购买“矿机”的合法性,以合同违背公序良俗为由认定合同无效。2018 年 5 月 16 日,明德融公司与明昕公司签订《销售合同》,合同约定:明德融公司向明昕公司采购斐讯 NAS 硬件设备 50 台、硬盘 50 个,货款及斐讯云盘服务费合计 124,800 元,明德融公司委托明昕公司作为受托人代为签收货物并验收。本案的争议焦点在于,案涉合同的效力如何。二审法院认定,由于相关监管文件确定了比特币等虚拟货币的非法定货币性质,将虚拟货币相关业务活动定性为非法金融活动,任何法人、非法人组织和自然人投资虚拟货币及相关衍生品,违背公序良俗的,相关民事法律行为无效,由此引发的损失由其自行承担。因此,明德融公司向明昕公司购买案涉设备,实为通过购买“矿机”并计算生产虚拟货币的“挖矿”活动,案涉购销合同因违背公序良俗而应当认定为无效,因案涉《销售合同》无效,明昕公司应当将其收取的设备款项予以返还。

国家对于虚拟货币的“挖矿”活动严厉打击,一方面在于“挖矿”活动过度消耗电力能源,另一方面也因为虚拟货币相关业务属于非法金融活动,威胁国家金融安全以及金融秩序的稳定,成为一种投机工具,也被许多不法分子利用进行刑事犯罪。

(3)法院认为“矿机”买卖合同不受法律保护,不属于人民法院受理范围

在杭州矿安网络科技有限公司“矿机”买卖合同纠纷案[2]中,二审法院认为,当事人向人民法院提起民事诉讼应当具备诉讼主体资格,案件应属于人民法院受理民事诉讼的范围和受诉人民法院的管辖。本案中,上诉人杭州矿安网络科技有限公司所主张的虚拟货币“矿机”买卖合同在合同目的方面与法律法规所禁止之虚拟货币“挖矿”行为具有高度关联性,该合同关系不受法律保护,

---

[1] 广州市中级人民法院民事判决书,(2021)粤 01 民终 22072 号。

[2] 上海市中级人民法院民事判决书,(2022)沪 02 民终 3438 号。

系相关部门清理整治的事项，不属于人民法院应当受理民事案件的范围，故一审法院裁定对杭州矿安网络科技有限公司的起诉不予受理，并无不当，二审法院予以维持。

综观法院的裁判观点，无论是虚拟货币是否具有财产属性的争议，还是矿机买卖合同的效力，不同的法院有不同的判决逻辑。然而在数字货币不断发展的趋势下，单纯以“虚拟货币及其相关的活动均为非法活动”为由，不予受理或不予保护，可能会对公民财产造成不利影响。行政监管与民事纠纷的解决应当分属两个维度，对当事人权益的保护应当是司法裁判的关注重点，司法实践中如果简单地把虚拟货币的交易和投资归咎于投资风险，认定相关法律行为无效或者直接不予立案，那么投资者或交易者所遭受的损失以及面临的侵权损害将丧失法律上的救济途径，同时也可能导致对合同履行相对方违法、违约或侵权行为的放任。

四、私人数字货币的相关刑事风险

私人数字货币相关业务中，也存在大量涉嫌非法从事金融活动的情形，严重扰乱了经济金融秩序，也严重地危害了金融消费者和投资者的合法利益。通过司法数据检索情况来看，涉及诈骗罪、组织领导传销活动罪、开设赌场罪几类罪名的案件数量较多，除此之外还有帮助信息网络犯罪活动罪、非法吸收公众存款罪、集资诈骗罪等。[1]

1. 涉嫌集资诈骗罪

在涉嫌集资诈骗罪名的案件中，部分行为人会以发行虚拟货币为名，骗取钱财。这类犯罪活动一般不涉及虚拟货币，只是打着虚拟货币发行的幌子，对公众进行诈骗活动。比如广东省高级人民法院在 2020 年判决的才力集资诈骗案中认定，“氪能集团网站后台没有接入云端挖矿设备、系统本身不可能产生比特币收益，才力作为构建氪能集团网站和 mycoin 交易平台的参与者以及网站

---

〔1〕 截至 2022 年 10 月 13 日，通过威科先行法律信息库，以“虚拟货币”为关键词对刑事案由进行检索。

运作的管理、维护者，其对此应有清楚的认知，但其仍以氪能公司高层人员身份积极宣传、推广氪能集团虚假的比特币项目，最终导致集资参与人的巨额资金无法返还，并于事发后逃匿”[1]。

此外，组织者以投资理财为名，通过线上线下方式向社会公众公开销售各种区块链虚拟货币，以高额回报为诱饵，吸引公众投资，也可能涉嫌此罪名。集资诈骗罪本质上仍然是一种诈骗犯罪，需要证明嫌疑人系以非法占有为目的，使用诈骗方法实施相关违法犯罪。根据《关于进一步防范和处置虚拟货币交易炒作风险的通知》第13条的规定，监管机构对于涉虚拟货币的刑事犯罪的类型已经作出相对明确的规定。金融诈骗等犯罪活动可能存在两种情形：第一种，项目本身就是虚构的，涉案主体并没有发行或者交易虚拟货币，某种虚拟货币只是幌子，是用于骗取钱财的工具，诈骗的噱头而已；第二种，涉案主体确实拥有相关虚拟货币资产，并以此开展业务，比如进行虚拟货币的买卖交易等，但由于虚拟货币本身业务具备违法特质，且该类所谓的“投资行为”游离在监管体系之外，相关人员的行为也不具备合规性，在金额大、用户多的情况下，一旦发生资金链断裂，极易被法院认定为存在非法占有的目的，从而按照金融诈骗所涉罪名追究刑事责任。

2. 涉嫌组织、领导传销活动罪

网络虚拟货币传销类案件，也是随着虚拟货币业务形态发展起来的一类新型的传销诈骗类案件，涉案虚拟货币及其相关的业务模式并非以销售商品为目的，发行的“虚拟货币”本身也不具备使用价值，不具有商品的属性；要求参加者以缴纳费用获得加入资格，按照一定顺序组成层级，以发展人员数量作为计酬和返利依据，以高额返利为诱饵引诱参加者继续发展他人参加而骗取财物，具有传销活动的无实体经营、“拉人头”、“交纳入门费”，具有层级性等特点。

以杜某、陈某荣等组织、领导传销活动罪为例，[2]2014年8月开始，刘某制作了“暗黑币”交易网站（www.onclooud.com），制定了网站交易“暗黑币”的相

---

[1] 广东省高级人民法院刑事判决书，(2019)粤刑终1499号。

[2] 江苏省徐州市中级人民法院刑事裁定书，(2016)苏03刑终154号。

关规则,以向会员提供三种不同级别“矿机”租赁服务使会员获得所谓“挖矿”静态收益和动态收益的“暗黑币”为幌子,要求参加者缴纳注册费用取得会员资格,并公布网站系统内所谓“暗黑币”的实时价格,用于确定参加者加入会员时购买“暗黑币”支付的费用、会员收益的“暗黑币”向公司兑换变现的价格。网站内提供 V0.5、V1、V2 三个级别会员账号,后又于 2014 年 10 月升级为 V1、V3、V9 三个级别会员账号,分别需购买 1000 个、3000 个、9000 个“暗黑币”,费用按照该网站公布“暗黑币”的实时价格确定(对应的购买账号金额约为 1.5 万元、4.5 万元、13.5 万元人民币)。参加者购买相应级别会员账号所需数量的“暗黑币”后,通过网站将“暗黑币”划转公司,注册成为相应级别会员,会员账户内“暗黑币”为零,随后则可以获得以“暗黑币”为载体的返利回报,亦即享受网站实时派发的所谓“挖矿”收益,包括静态收益和动态收益。该网站每一会员下线分为三条线(三个区),每条线下可以发展无限层级,参加者由发展其的上级会员安置成为该上级会员下一层级会员或该上级会员已发展下线会员的线下层级会员。

法院认定,涉案主体“组织、领导以推销商品、提供服务等经营活动为名,要求参加者以缴纳费用的方式获得加入资格,并按照一定顺序组成层级,直接或间接以发展人员的数量作为返利依据,引诱参加者继续发展他人参加,骗取财物,扰乱经济社会秩序的传销活动,其行为均已构成组织、领导传销活动罪”。

3. 涉嫌非法吸收公众存款罪

2022 年 3 月 1 日,新修改的最高人民法院《关于审理非法集资刑事案件具体应用法律若干问题的解释》(以下简称《非法集资解释》)开始施行,修改后的《非法集资解释》保留认定非法吸收公众存款罪的四个特征要件不变,即非法性、公开性、利诱性、社会性,结合司法新实践和犯罪新形式,增加网络借贷、虚拟货币交易、融资租赁等新型非法吸收资金的行为方式。

通过首次代币发行(ICO)进行融资,以及宣传利诱组织他人购买特定的虚拟币,都可能构成非法吸收公众存款罪,且如果在发行虚拟货币融资过程中,集资人虚构的是一个并不存在的投资项目,集资之后并未将投资款用于生产经营活动,或是直接用于个人消费,则可能构成集资诈骗罪。

比如在广东省高级人民法院审理的郝某声、杨某非法吸收公众存款罪案[1]中，二人以影视公司名义，通过会议、培训和发展下线等方式向社会公众公开销售LCC影视区块链虚拟货币，法院认定"……明知推广虚拟货币违反国家法律法规的规定，仍伙同崔某等人以发展影视事业为幌子、以高额回报为诱饵，宣传、推广区块链项目以及虚拟货币作为区块链技术对影视文化发展的作用等，从而鼓动社会公众购买LCC、PTO等虚拟货币，以达到非法吸收公众资金的目的……"

4. 涉嫌洗钱罪

这类活动主要指相关主体以虚拟货币为工具，实施犯罪行为，通过虚拟货币这一中介达到犯罪目的，利用虚拟货币跨境兑换，将犯罪所得及收益转换成境外法定货币或者财产。由于加密货币交易匿名性、去中心化及全球流通性等特点，其资金流向难以监测，为洗钱、掩饰隐瞒犯罪所得等犯罪活动提供了便利。虽然我国监管机关明确禁止代币发行融资和兑换活动，但由于各个国家和地区对比特币等虚拟货币采取的监管政策存在差异，通过境外虚拟货币服务商、交易所，可实现虚拟货币与法定货币的自由兑换，虚拟货币被利用成为跨境清洗资金的新手段，行为人通过境外虚拟货币服务商、交易所，实现虚拟货币与法币的自由兑换。利用境外加密货币交易所实现加密货币与法定货币的兑换已成为跨境清洗资金的新手段。

如最高人民检察院、中国人民银行联合发布的惩治洗钱犯罪典型案例——陈某枝洗钱案中，上海市公安局浦东分局在查办陈某波集资诈骗案中发现陈某枝洗钱犯罪线索，经立案侦查，于2019年4月3日以陈某枝涉嫌洗钱罪将案件移送起诉。上海市浦东新区人民检察院经审查认为，陈某枝以银行转账、兑换比特币等方式帮助陈某波向境外转移集资诈骗款，构成洗钱罪；陈某波集资诈骗犯罪事实可以确认，其潜逃境外不影响对陈某枝洗钱犯罪的认定，于2019年10月9日以洗钱罪对陈某枝提起公诉。

---

[1] 广东省高级人民法院刑事判决书，(2020)粤刑终624号。

5. 涉嫌开设赌场罪

根据《刑法》第 303 条第 2 款规定："开设赌场的，处五年以下有期徒刑、拘役或者管制，并处罚金；情节严重的，处五年以上十年以下有期徒刑，并处罚金。"最高人民法院、最高人民检察院、公安部发布的《关于办理网络赌博犯罪案件适用法律若干问题的意见》规定："对于将资金直接或间接兑换为虚拟货币、游戏道具等虚拟物品，并用其作为筹码投注的，赌资数额按照购买该虚拟物品所需资金数额或者实际支付资金数额认定。"

如在周某、江某某等开设赌场罪刑事案件[1]中，2019 年 8 月至 2019 年 12 月，被告人江某某团队以营利为目的为星币全球赌博网站担任代理，使用 QQ、微信等拉拢参赌人员在星币全球赌博，并与赌博网站按比例分成。平台只接受泰达币（USDT）投注，涨跌都完全同步火币网站的大盘涨跌，玩家买对了涨跌，就会赚钱，具体赚的钱数由涨跌的幅度决定，涨跌的幅度越大，赚的钱越多。被告人团队从玩家投注的泰达币中抽取手续费，跟客户输赢无关。法院认为，周某、江某某等人使用 QQ、微信等拉拢参赌人员在星币全球赌博，在参赌人员充值、投注、提现的交易过程中收取手续费，与网站利润分成，其行为均构成开设赌场罪。

6. 涉嫌帮助信息网络犯罪活动罪

为打击网络犯罪，《刑法修正案（九）》增设了帮助信息网络犯罪活动罪，私人数字货币发行交易的过程中不仅仅涉及交易的双方，还包括为该交易提供相关网络、技术、通信、广告、支付结算等服务的各方。该罪名则对上述主体的行为进行了规制。

根据《刑法》第 287 条之二第 1 款的规定，"明知他人利用信息网络实施犯罪，为其犯罪提供互联网接入、服务器托管、网络存储、通讯传输等技术支持，或者提供广告推广、支付结算等帮助，情节严重的，处三年以下有期徒刑或者拘役，并处或者单处罚金。"对上述规定进行分析，帮助信息网络犯罪活动罪的构成要件是：一是主观上有明知他人利用信息网络实施犯罪的故意；二是客观上

---

[1] 吉林省白山市中级人民法院刑事裁定书，（2022）吉 06 刑终 33 号。

为他人利用信息网络实施犯罪提供了支付结算等帮助,情节严重;三是被帮助对象所实施网络犯罪达到相应犯罪的入罪条件。

在李某、蒋某等帮助信息网络犯罪活动罪刑事案件[1]中,被告人李某于2018年12月至2019年2月受深圳市某公司雇佣,利用公司和自己提供的银行卡,在火币网和“pex”接单平台之间倒卖USDT币,为他人犯罪转移资金提供帮助。后李某所使用的数张银行卡陆续被冻结,公司也被解散。李某在明知“pex”接单平台资金来源不合法且银行卡被冻结的情况下,仍通过“pex”接单平台倒卖USDT币,并将倒卖方法传授给被告人蒋某、肖某某等人。被告人李某、蒋某、肖某某为谋取利益,通过“pex”接单平台倒卖USDT币,为他人犯罪转移资金提供支付结算帮助,并从中收取走账资金约2.8‰的费用作为好处费。

本案中,法院认为,首先,从主观故意上看,被告人李某、蒋某主观上有明知他人利用信息网络实施犯罪的概括故意。在通过“pex”接单平台倒卖USDT虚拟货币期间,两人的多张银行卡曾陆续被公安机关冻结,且李某知道其卡被冻结的原因是有相关被害人的钱转到了其银行卡内。本案中USDT虚拟货币的交易方式和交易价格明显异常,亦证明李某、蒋某主观上有明知他人利用信息网络实施犯罪的概括故意。“pex”接单平台上的USDT币的价格要比火币App上的USDT币的价格要贵,且“pex”接单平台知名度也不高。有人之所以要通过“pex”接单平台以高价格购买USDT币,是因为其购买资金的来源是违法的,想通过这种方式进行洗钱操作。其次,从客观行为方面看,被告人李某、蒋某、肖某某等人为他人利用信息网络实施犯罪提供了支付结算帮助,提供自己的银行卡绑定“pex”接单平台,通过操作倒卖USDT币,客观上为他人犯罪转移资金提供了支付结算帮助。最后,本案构成情节严重,且被帮助对象所实施网络犯罪达到相应犯罪的入罪条件。综合分析,法院认为被告人李某、蒋某、肖某某明知他人利用信息网络实施犯罪,为其提供支付结算帮助,支付结算金额在20万元以上,情节严重,其行为均构成帮助信息网络犯罪活动罪。

---

[1] 湖南省株洲市中级人民法院刑事裁定书,(2022)湘02刑终29号。

五、合规风险和建议

随着区块链等技术的不断发展和完善，数字货币、虚拟货币、“挖矿”、区块链等概念已经被越来越多的人熟知，但其自身的特点导致的民事和刑事风险以及安全监管漏洞等问题也逐渐暴露。必须明确，私人数字货币即虚拟货币，与中国人民银行发行的数字货币有本质的区别，其法律属性以及是否受司法保护还存在争议。

早在2017年，监管机构就明确发文严格禁止代币发行，强调发行融资是指融资主体通过代币的违规发售、流通，向投资者筹集比特币、以太币等所谓“虚拟货币”，本质上是一种未经批准非法公开融资的行为，涉嫌非法发售代币票券、非法发行证券以及非法集资、金融诈骗、传销等违法犯罪活动，因此，私人数字货币的发币方希望通过发行数字货币进行融资在法律上是行不通的。

对于创新型的区块链企业而言，如果只有代币而没有相关的实体业务生态的发展，区块链只能作为噱头，通过炒作抬高价值，这不符合商业逻辑，最终还会引发刑事风险。

对于希望通过投资私人数字货币获得增值收益或利息的投资方和金融消费者而言，尽管法律并未禁止持有私人数字货币，也有部分法院的案例中肯定了私人数字货币的虚拟财产属性，但大部分司法判例不支持私人之间以投资为目的进行的私人数字货币买卖和交易，因此，如果因为投资和交易私人数字货币产生民事纠纷或者遭受损失，法院可能会认为该交易违反法律规定进而判定交易双方风险自担。此外，目前披着虚拟货币、数字货币外衣，实则实施犯罪活动的案件数量与日俱增，普通的金融消费者并不具备该领域的专业知识，往往难以辨别犯罪形式和手段，容易受到蛊惑，加之虚拟货币主要在网络中交易，其匿名化和去中心化的特点导致投资参与人数众多，因此当虚拟货币成为犯罪对象或作为犯罪工具时，案件容易成为涉众型经济犯罪案件，并给广大被害人带来巨大的财产损失，也给我国金融安全带来极大挑战。

目前我国对于私人数字货币的政策走向呈现“从严、从禁”的趋势，私人数字货币的发展存在黑色产业链，监管部门正在不断提高对涉虚拟货币犯罪的打击力度，同时，虚拟货币领域的法治宣传也在不断加强，金融消费者也应当提升法律意识和金融知识,谨慎对待私人数字货币的交易和投资。

第六节　互联网平台涉金融业务的监管与完善

随着互联网技术的飞速发展,平台经济迅猛发展,互联网平台机构数量增加,平台规模也不断扩大。在数字经济大背景下,移动互联网、云计算、大数据等技术推动着阿里巴巴、百度、腾讯、京东、字节跳动、抖音等众多平台的崛起和发展。平台经济的兴起以及金融领域的数字化转型为这些平台企业从事金融业务提供了有利契机,大型互联网平台公司利凭借其资金和技术方面的优势,将科技手段与金融业务相结合,使征信、信贷、支付、资产管理等业态发生了显著变化。

互联网平台企业从事金融业务,在提升金融服务便利性、降低交易成本等方面发挥了重要作用;但同时也应全面、深入意识到平台企业涉金融业务可能产生的风险,如资本无序扩张、垄断、无牌照经营问题、机制不健全、内控不到位、妨碍公平竞争和损害消费者合法权益等违规行为。近年来,监管部门也不断加强对平台企业从事金融业务的监管,推动平台经济规范健康持续发展。本节将主要介绍数字金融领域中平台企业涉金融业务,并分析该类业务可能对金融风险以及消费者权益保护带来哪些影响,进而提出相关的合规建议。

一、互联网平台涉金融业务的兴起与发展

平台企业依托互联网及移动互联网等技术快速发展并演化出平台经济。平台经济是互联网平台发展到比较高级的阶段而形成的一种新型经济形态,平台经济具有一些不同于传统经济的特点。这些特点可以从不同的角度去观察和概括,主要有网络效应、赢者通吃、多边市场、大数据匹配效应、动态创新性、跨市场性等。[1] 这些互联网平台企业巨头初始业务领域可能是电商、社交、娱

---

〔1〕 参见王先林:《平台经济领域反垄断问题的复杂性与相关建议》,载《竞争法律与政策评论》2021年第7期。

乐、媒体或电信行业，它们在业务发展过程中积累了庞大的客户群体，并从这些特定的客户关系中积累了大量数据。在利益驱使下，开始寻求利用这些数据为现有客户提供金融服务，后来逐步介入金融业务领域并不断拓展金融产品和服务类型。

有研究将平台企业介入金融业务的过程归纳为三个阶段：第一个阶段，从电商、社交平台介入支付业务领域；第二个阶段，平台企业不断扩展支付业务服务场景，构建起广泛的线上生活体系；第三个阶段，平台企业将支付业务扩展到众多金融业务领域。[1]

平台企业涉足金融业务，往往是从支付业务开始。随着电子商务的发展，人们对支付系统效率和服务的要求也越来越高。1999 年，第一家 C2C 网站易趣网成立，同年，马云在杭州成立"阿里巴巴"，"8848"等 B2C 网站也正式上线，网上购物开始进入大众视线。在电子商务的初期阶段，信用问题并未得到很好解决，电商行业体制也并不完善，商品质量及服务难以保障，20 世纪 90 年代末至 20 世纪初的网上购物及消费并不能被广大民众接受，且支付方式主要以银行网银为主，发展仍处于起步阶段。2003 年 10 月，支付宝上线，拉开了网上支付的帷幕。支付宝通过资金第三方托管，解决了之前中国互联网购物的信用问题，支付宝在电子商务中脱颖而出，很快成为最大的第三方支付平台。

2004 年，支付宝脱离淘宝，正式成为第三方支付平台。2005 年前后，财付通、拉卡拉等第三方支付企业也相继成立。在移动支付时代，第三方支付承担起连接用户和商户的重要角色。

随着互联网和产业的进一步融合，平台企业的业务范围更加多元化，多样化的业务场景增加了平台企业的用户数量，提高了用户黏性，平台用户的金融服务需求不断涌现，为平台企业金融业务的不断发展提供了基础。2003 年支付宝上线运营后，陆续推出了话费充值、生活缴费、消费贷等多样化的生活服务。财付通依托腾讯平台，推出了 QQ 钱包、微信红包等服务，后续又不断推出游戏、电商、电影票、保险、基金等产品。2011 年 5 月 26 日，中国人民银行颁布了

---

[1] 参见王德军、代亚楠：《数字时代平台经济领域金融业务的监管思考》，载《大数据》2022 年第 4 期。

第一批第三方支付牌照，支付宝、财付通等均获得牌照。

此后，平台凭借积累的庞大客户群体以及大量的数据信息，以第三方支付服务为起点，拓展到其他金融领域，如信用贷款、基金、保险、信用卡还款、证券交易等金融业务。平台企业通过算法形成的对客户的选择和偏好的认知，比传统金融机构丰富细致得多，这类平台企业最初可能会选择与金融机构合作，比如向金融机构出售数据，或成为金融机构的销售渠道，采取这类合作的方式，可以避免其没有金融业务经营牌照的问题；随着业务的深入，平台企业更倾向于自己设立、申请或者通过收购等方式成为实际有牌照的金融机构，自己提供金融服务，实现流量变现。此外，这些公司还常作为传统金融机构的云服务商或技术服务商等。

笔者总结了百度、阿里巴巴、腾讯、京东这几家典型的平台企业所持有的金融牌照情况，不难看出：(1)平台企业积极参与金融业务的拓张，该类平台企业依靠自身的平台优势和数据优势为客户提供更多金融服务；(2)随着金融监管的加强，平台企业也更加注重合规整改，2022 年 3 月召开的国务院金融稳定发展委员会专题会议再次强调要稳妥推进并尽快完成大型平台公司整改工作。此外，也有一部分平台企业因不具有金融资质，在业务开展中也更加强调自身业务的科技属性，收缩部分金融业务规模。(见表 12)

表 12　互联网平台金融牌照情况

审批部门	牌照类型	百度	阿里巴巴	腾讯	京东
商务部	融资租赁/商业保理	无	商诚融资担保有限公司：蚂蚁集团 100% 控股的浙江融信网络技术有限公司持股 100%	无	上海邦汇商业保理公司：京东科技旗下正东金控持股 100%

续表

审批部门	牌照类型	百度	阿里巴巴	腾讯	京东
中国证券保险监督管理委员会	证券	无	华泰证券股份有限公司:阿里巴巴持股2.95%	富途控股有限公司:腾讯持股22.78%;中国国际金融控股股份有限公司:腾讯持股4.95%	无
	众筹	无	上海旭酷信息技术有限公司:阿里巴巴旗下蚂蚁集团持股100%	无	京东股权众筹:采用“领投+跟投”模式,以股权众筹平台开展业务
	基金	无	天弘基金管理有限公司:阿里巴巴旗下蚂蚁集团持股51.00136%	无	无
	基金销售	百度百盈科技有限公司:北京百度网讯科技有限公司的全资孙公司	商融(上海)商业保理有限公司:阿里巴巴旗下蚂蚁集团持股100%	腾安基金销售(深圳)有限公司:腾讯集团全资控股	北京肯特瑞财富投资管理:京东金融控股
地方政府/金融监管局	金融资产交易所/网络借贷信息中介/融资担保	西安百金金融资产交易中心:百度在线网络技术有限公司持股100%	浙江互联网金融资产交易中心:蚂蚁集团持股25%	无	汇正(厦门)融资担保有限公司:京东科技旗下全资子公司正东金控控股

注:数据收集时间截至2022年5月6日。

二、互联网平台涉金融业务的监管

与平台企业的发展特点相对应,对大型平台企业涉金融业务的治理也集中在两个方向:一个是平台经济反垄断及反不正当竞争,另一个是强化对金融科技领域的监管制度。

(一)反垄断及反不正当竞争

反垄断和反不正当竞争是平台经济的重要法律问题之一。平台型业务具有明显的规模效应和网络效应,数据市场也具有自然垄断的特征。监管部门一再强调"反垄断和防止资本无序扩张",国内平台经济领域也出现了一些标志性反垄断诉讼和反垄断执法调查。

2019 年 11 月,国家市场监管总局召集阿里巴巴、京东、美团、拼多多、苏宁等 20 多家平台企业召开"规范网络经营活动行政指导座谈会",直指"二选一"和"独家交易"行为的违法性。

2020 年 11 月 6 日,国家市场监管总局、中央网信办、国家税务总局三部门联合召开"规范线上经济秩序行政指导会",27 家主要互联网平台企业参加会议。会议从 9 个方面对互联网平台企业提出了明确要求,其中第一项就是不得滥用市场优势地位排除限制竞争。

2020 年 11 月 10 日,国家市场监管总局公布了《关于平台经济领域的反垄断指南(征求意见稿)》,以预防和制止平台经济领域的垄断行为。

2020 年 12 月 14 日,国家市场监管总局针对阿里巴巴、阅文集团、丰巢网络这三家企业未依法申报违法实施经营者集中案,分别作出 50 万元罚款的顶格处罚,这也是我国反垄断执法机构对互联网企业开出的首张罚单。

在 2020 年 12 月先后召开的中央政治局会议和中央经济工作会议中,中央两次指出要"强化反垄断和防止资本无序扩张"。中央经济工作会议进一步明确,"要完善平台企业垄断认定、数据收集使用管理、消费者权益保护等方面的法律规范",同时,"要加强规制,提升监管能力,坚决反对垄断和不正当竞争行为"。

2020 年 12 月 24 日,国家市场监管总局宣布,根据举报依法对阿里巴巴实施"二选一"等涉嫌垄断行为进行立案调查。

在 2021 年以前,针对平台企业的执法和规范并不主要集中在平台企业的金融业务板块,但 2021 年以后,从监管文件以及执法情况可以看出,随着平台企业的金融业务不断深化,暴露出的问题越来越多,健全平台企业金融监管法律制度以及规范平台经济竞争秩序愈加重要。

2021年年初,中国人民银行和原银保监会均在其各自的工作会议中明确,要加强对互联网平台公司金融活动的监管,坚决落实党中央、国务院关于强化反垄断政策,防止资本无序扩张。

法规层面,监管机构陆续出台反垄断相关法规或对现有规则进行完善。例如,2021年1月20日中国人民银行发布的《非银行支付机构条例(征求意见稿)》,明确界定相关市场范围、市场支配地位认定标准和预警措施,强化了支付领域反垄断监管措施。2021年2月7日,国务院反垄断委员会正式公布《关于平台经济领域的反垄断指南》,强调预防并制止互联网平台领域垄断的发生,从而促进平台经济的健康、有序发展。2021年9月27日,《征信业务管理办法》发布,规定征信机构对外提供征信产品和服务,应当遵循公平性原则,不得设置不合理的商业条件限制不同的信息使用者使用,不得利用优势地位提供歧视性或者排他性的产品和服务。2021年10月23日发布的《反垄断法(修正草案)(征求意见稿)》也在上述指南经验的基础上增加了数字平台反垄断规则,规定"经营者不得滥用数据和算法、技术、资本优势以及平台规则等排除、限制竞争"。

监管执法实践方面,2021年,监管对于市场主体不正当竞争行为的整改处罚力度趋严。例如,国家市场监管总局分别对数家互联网平台作出关于强迫商家"二选一"垄断行为的处罚;2021年4月29日,中国人民银行、原银保监会、证监会、国家外汇管理局等金融管理部门联合对13家从事金融业务的网络平台企业进行监管约谈,约谈的内容之一即为要求网络平台企业打破信息垄断,严格通过持牌征信机构依法合规开展个人征信业务;2021年7月,中国人民银行征信管理局向网络平台机构下发通知,要求网络平台实现个人信息与金融机构的全面"断直连";2021年11月18日,国家反垄断局于国家市场监管总局大楼正式挂牌,意味着我国反垄断执法机构将更加具有独立性和权威性。

2021年12月,国家发展和改革委员会、国家市场监管总局等共同发布《关于推动平台经济规范健康持续发展的若干意见》,强调加强金融领域监管,"强化支付领域监管,断开支付工具与其他金融产品的不当连接,依法治理支付过程中的排他或'二选一'行为,对滥用非银行支付服务相关市场支配地位的行为加强监管,研究出台非银行支付机构条例。规范平台数据使用,从严监管征信业务,确保依法持牌合规经营。落实金融控股公司监管制度,严格审查股东资质,加强穿透式监管,强化全面风险管理和关联交易管理。严格规范平台企业投资入股金融机构和地方金融组织,督促平台企业及其控股、参股金融机构严格落实资本金和杠杆率要求。完善金融消费者保护机制,加强营销行为监管,确保披露信息真实、准确,不得劝诱超前消费。”

2022 年 1 月,最高人民法院印发《关于充分发挥司法职能作用 助力中小微企业发展的指导意见》,明确提出要依法认定经营者滥用数据、算法、技术、资本优势以及平台规则等排除、限制竞争行为,防止资本无序扩张,保护中小微企业生存发展空间。

2022 年 3 月 16 日,国务院金融稳定发展委员会召开的专题会议重申促进平台经济平稳健康发展,强调尽快完成大型平台的整改工作,“红灯”“绿灯”都要设置好。

(二)强化对金融科技领域的监管制度

2021 年 3 月 5 日,国务院原总理李克强在政府工作报告指出,要强化金融控股公司和金融科技监管,确保金融创新在审慎监管的前提下进行。2021 年,金融监管部门进一步强调,各类机构以平台合作、科技创新等模式实质参与金融业务的,均应当持牌经营并接受统一监管。监管机构延续了 2020 年以来的势头,继续发布了一系列强化金融科技监管的制度。截至 2021 年年底,银行、证券、保险、基金、小额贷款、征信等各主要领域均发布了金融科技相关的法规或征求意见稿,金融机构及非金融机构均纳入监管,类似金融活动适用类似的标准,监管框架得到进一步完善。

对于金融机构而言,监管机构严格规范金融机构通过互联网或与第三方开展合作的方式开展存贷款业务:2021 年 1 月,原银保监会和中国人民银行发布《关于规范商业银行通过互联网开展个人存款业务有关事项的通知》,强调商业银行通过互联网开展存款业务,应当严格遵守法律法规和监管规定,不得借助网络等手段违反或者规避监管规定,并明确商业银行不得通过非自营网络平台开展定期存款和定活两便存款业务。2021 年 2 月,原银保监会发布《关于进一步规范商业银行互联网贷款业务的通知》,对于商业银行与合作机构共同出资发放互联网贷款的情况，提出了出资比例的监管要求。

对于非金融机构而言，监管机构对于网络平台涉金融业务采取强监管的态度。如2021年9月27日，中国人民银行发布的《征信业务管理办法》明确从事个人征信业务的，应当依法取得相关业务许可或备案，且金融机构不得与未取得合法征信业务资质的市场机构开展商业合作获取征信服务，进一步规范了征信行业的牌照要求；并将以“信用信息服务”“信用服务”“信用评分”“信用评级”“信用修复”等名义对外实质提供征信服务的，纳入征信业务管理的范畴。中国人民银行亦明确表示打着大数据公司、金融科技公司等旗号，未经中国人民银行批准擅自从事个人征信业务的行为，均属于违法行为。该办法亦明确规定金融机构不得与未取得合法征信业务资质的市场机构开展商业合作获取征信服务。

三、互联网平台涉金融业务的风险与合规

不可否认，平台企业开展金融业务极大地简化了金融行业供需双方的交易环节，提升了金融服务的效率和金融体系普惠性，降低了资金融通的边际成本，开辟了触达客户的新路径，为金融业注入了新的活力。但平台企业经营金融业务仍存在诸多合规问题，如无证或超许可范围从事金融业务、公司治理不健全、规避监管、不公平竞争、损害消费者合法权益等严重违规问题，亟须建立健全的平台金融公司的监管制度，加强牌照管理，完善数据治理制度的建设，建立公平、公正的金融市场，保障消费者的合法权益。

1. 平台企业无序资本扩张

近年来，部分非金融企业通过投资、收购等方式控制一批金融机构，形成事实上的金融控股平台，这类金融控股平台业务类型广泛、机构数量众多且控股股东与下属金融机构及关联企业之间存在大量处于监管空白地带的关联交易，盲目的资本扩张以及金融业务和实体业务风险隔离机制不健全等问题均有可能导致系统性风险。

为规范金融控股公司的合规发展和更好服务实体经济，监管部门一方面为平台企业设置了“红灯”，即禁止平台无序资本扩展，并将金融控股集团纳入全

面的金融监管体系中;另一方面也为平台的持续发展设置了“绿灯”指引,如不断完善金融控股公司的配套规范制度。2020 年国务院《关于实施金融控股公司准入管理的决定》和《金融控股公司监督管理试行办法》发布,2021 年 3 月中国人民银行发布了《金融控股公司董事、监事、高级管理人员任职备案管理暂行规定》。随着制度的不断完善,受理设立金融控股公司申请的工作也稳步推进,2022 年 3 月 17 日,中国人民银行发布公告,批准中国中信金融控股有限公司(筹)和北京金融控股集团有限公司的金融控股公司设立许可,这标志着金融控股公司设立迈出实质性一步,金融控股公司迎来持牌经营新阶段。

金融控股公司凭借大数据优势,在优化资源配置、提高服务效率及丰富金融产品等方面有可取之处,但只有依法申请设立金融控股公司且符合股东资质、股权结构、资本、公司治理、风险管控等多方面监管要求,才能在监管的指引下持续发展。

2. 逃避监管

目前,大型平台企业均在其平台生态系统下设金融平台,以“科技创新”进军金融市场。这些平台企业的初始领域并非金融行业,而是依托自身的技术优势、数据优势以及不断积累的用户优势,逐渐进入金融领域。平台企业主要是通过“技术 + 金融”的方式提供金融服务,平台企业的性质以及产品的性质都存在边界模糊的问题。对于平台企业的主体而言,如何界定它到底是科技公司还是金融公司?例如,蚂蚁集团在上市前的招股说明中就有意弱化金融属性,突出其科技属性。另外,平台企业应用技术对所提供的金融产品和服务本身进行改造,一些产品的创新在某种程度上跨越了多个监管主体和金融业务领域,容易造成监管真空。

平台介入金融业务容易规避监管,使金融风险扩大化、集中化、隐蔽化。平台企业利用这种监管漏洞,在没有金融牌照的情况下,通过与有牌照的机构合作的方式,开展实际的金融业务。部分平台企业还试图从底层运行机制上替代现代金融体系,给金融体系注入了更大的不确定性和日益增长的投机性。[1]

---

〔1〕 参见谢富胜、吴越:《平台竞争、三重垄断与金融融合》,载《经济学动态》2021 年第 10 期。

尽管部分游离在监管边缘的企业仍抱有侥幸心理，但未来金融监管的趋势必然是持牌经营，对于平台企业从事金融业务必须纳入金融监管，规范相关主体的股权结构和公司组织构建，断开不同平台金融业务之间的不当链接，金融监管必须覆盖每个领域。

3. 垄断

平台向金融业务渗透，并借助数字技术实现平台业务和金融业务的高度融合和相互巩固。面向消费者的大型平台企业，掌握了庞大的用户群体以及精细化的消费数据。为获取更多数据资源以及充分利用数据资源，平台从单一业务拓展到复合业务，部分平台甚至打通产业链上下游，实现更为复杂和庞大的金融生态圈。大型平台企业的平台业务和金融业务融合，又加强了平台实施垄断行为、巩固垄断地位的动机，形成了数据、算法、用户规模、利润的综合垄断。

平台在形成垄断后，可以实施各类垄断行为从而巩固自身的市场实力，比如：(1)以掠夺性定价、交叉补贴等方式，即以低于成本的价格销售商品或服务，将客户锁定在平台的生态系统中，从而挤压竞争对手并占领市场。(2)拒绝交易：具有市场支配地位的互联网平台拒绝与第三方开展业务，从而剥夺市场参与者的竞争可能，如微信封禁飞书事件。(3)限定交易："二选一"的行为是典型的限定交易，通过迫使平台内经营者(合作方)站队，放弃与其他平台合作的机会。在阿里巴巴的"二选一"案件中，阿里巴巴就被处以182亿元的高额处罚。(4)扼杀型并购：《关于平台经济领域的反垄断指南》第19条第3款规定，国务院反垄断执法机构高度关注参与集中的一方经营者为初创企业或者新兴平台、参与集中的经营者因采取免费或者低价模式导致营业额较低、相关市场集中度较高、参与竞争者数量较少等类型的平台经济领域的经营者集中，对未达到申报标准但具有或者可能具有排除、限制竞争效果的，国务院反垄断执法机构将依法进行调查处理。该条主要是对扼杀式并购的规制。扼杀式并购并不是一个严格意义的法律用语，其主要是指市场中的现有企业仅为了终止目标企业的创新项目/业务并获得未来的竞争优势，而进行的并购活动。因为很多初创企业营业额没有达到反垄断规定的经营者集中申报标准，所以逃脱了反垄断监管，导致很多初创企业面临"要么被收购，要么被消灭"的境遇。由此可见，这类垄断和不正当行为，严重侵害了行业其他经营者的利益。

对于消费者而言，在平台企业获得市场支配地位以后，通过"大数据杀熟"等算法可以进一步提升服务价格和降低服务质量，以侵害消费者权益为代价提升自身利润；同时，也可以通过限制消费者选择的方式巩固自身的平台垄断地位。

因此，平台企业应当高度重视反垄断合规，基于自身业务场景和行业特点梳理反垄断合规的风险场景，根据《反垄断法》及相关法律法规，就自身业务流程各个环节可能涉及的反垄断合规风险场景进行梳理，并制作合规风险自查清单和行之有效的合规指引，以指导业务部门的日常工作，确保业务运营的反垄断合规。无论是平台企业发展金融业务，还是传统金融企业借助互联网平台，都建议在"金融 + 科技"新业务模式的探索设计过程中，引入反垄断合规审查和标准流程合规控制嵌入，并在业务模式的落地经营过程中与合规部门同步最新情况。

4. 不正当竞争

平台企业开展的金融业务中也存在大量不正当竞争行为，主要的几类不正当竞争行为包括：

(1)侵害商标权行为

如在百度在线网络技术(北京)有限公司(以下简称百度公司)与山西百度融资担保有限公司不正当竞争纠纷案[1]中，被告山西百度融资担保有限公司成立于2015年5月8日，注册资本10,000万元人民币，经营范围为融资性担保业务，包括贷款担保、票据承兑担保、贸易融资担保、项目融资担保、信用证担保及其他融资性担保业务等。

百度公司诉至法院认为，百度公司于2013年进入金融领域，推出百度理财平台，2014年百度理财平台升级为百度金融中心，提供投资、贷款、消费金融、互动金融等各类金融服务，百度公司对金融业务进行了大量推广宣传。被告在2015年注册成立之时，必然已知晓百度公司第1579950号"百度"商标以及字号

[1] 山西省太原市中级人民法院民事判决书，(2020)晋01民初537号。

的知名度,并知晓百度公司在金融领域的发展,但仍然恶意注册包含有“百度”字样的企业名称,并在经营活动中使用。众所周知,在金融领域企业信誉因素尤为重要。被告行为明显违背诚实信用原则和公认的商业道德,旨在利用百度公司所享有的商业信誉从事经营活动,使相关公众对被告与百度公司的产品与服务产生混淆或误认,误认为二者之间存在某种特定关系,达到“搭便车获取非法利益”的目的。

法院经审理后认为,被告在企业名称中直接使用“百度”字号,主观上具有“傍名牌”“搭便车”、攀附“百度”商誉的故意,客观上借助了“百度”作为百度公司注册商标多年使用累积的声誉,造成了市场的混淆和误认,其行为已经构成不正当竞争。

(2)侵犯商业秘密行为

如在北京融七牛信息技术有限公司诉赵某某、北京智源享众广告有限公司侵害商业秘密纠纷案[1]中,原告北京融七牛信息技术有限公司(以下简称融七牛公司)系北京融世纪信息技术有限公司(以下简称融世纪公司)关联公司,两公司数据共同、信息共享。融世纪经营的“融 360”平台,是融资贷款及信用卡搜索、推荐与服务平台,与金融机构合作为其提供金融产品直销服务,同时为小微企业和个人消费者免费提供金融服务。“融 360”平台已经与 2500 多家金融机构达成合作,平台汇集数万种金融产品,在金融 AI 领域具有了一定的知名度和影响力。

赵某某于 2018 年 7 月 30 日入职融七牛公司,担任商务拓展经理,负责金融产品的推广、销售等市场工作,融七牛公司与赵某某签署了《劳动合同》《商业秘密及知识产权协议》《员工手册》,明确了赵某某的保密义务。2018 年 8 月 3 日,赵某某通过公司市场部“流量 bd”微信工作群获取了名称为《市场花费台账模板 2018 – 7 月》《市场 & 产品月报 20180802 版》两个 Excel 文件,知悉了公司流量渠道商名单、结算金额、结算标准、结算规则、投放状态、在合作渠道商的账户名称及密码等商业秘密。被告北京智源享众广告有限公司(以下简称智源享

---

[1] 北京市朝阳区人民法院民事判决书,(2019)京 0105 民初 2200 号。

众公司)是一家互联网广告营销公司,与融七牛公司存在直接竞争关系。智源享众公司假借合作名义与赵某某进行了大量接触,赵某某将融七牛公司的上述经营信息违法披露给智源享众公司。

法院经审理认为,案涉 Excel 表格中列明了融七牛公司从事金融业务推广营销服务所合作的渠道商名单,通过 Excel 表的形式将每个渠道商当月的投放状态、结算方式、结算标准、当月现金花费、细项结算等具体内容有针对性地进行了统计和录入,该表格属于融七牛公司内部经营数据台账,所载内容并非孤立、散落的单纯企业名称,而是融七牛公司近三个月与不同渠道商合作和结算情况的记载,整体上经过了整理和编排,里面承载的信息属于融七牛公司长期经营所积累的优势渠道资源,不属于公众普遍知悉和容易获取的经营信息,具有秘密性。该经营信息一旦被同业人员获悉,相关人员通过整体分析该表格内容便可以了解融七牛公司信用卡业务推广服务所依托的市场拓展渠道,同业竞争者便能够免去从海量的市场主体中寻找优质渠道所需的时间成本、人力、物力、财力等花费,并可以借助其掌握的上述信息省去商务沟通成本,进而与优质的渠道商最终达成合作。因此,融七牛公司所制作的涉案 Excel 表格内容是其竞争优势的体现,该经营信息具有商业价值,并且公司专门建立了"融 360 数据安全及保密制度",对于公司数据严格限定了接触的人员范围和使用、传输要求,证明公司已经对案涉经营信息采取了必要的保密措施,该经营信息应当构成商业秘密。

(3)商业诋毁行为

商业诋毁行为是指经营者编造、传播虚假信息或误导性信息,损害竞争对手的商业信誉或商品声誉的行为。在苏州朗动网络科技有限公司(以下简称朗动公司)、浙江蚂蚁小微金融服务集团股份有限公司(蚂蚁微贷公司)商业诋毁纠纷案[1]中,因朗动公司在企查查平台"风险动态"板块更新蚂蚁微贷公司误导性清算信息的行为,蚂蚁微贷公司诉至法院,认为其构成商业诋毁,损害了蚂蚁微贷公司的竞争利益和消费者利益,破坏市场秩序。法院经审理认为,基于

---

〔1〕 浙江省杭州市中级人民法院民事判决书,(2020)浙01民终4847号。

数据与信息的对应关系,数据质量直接影响蚂蚁集团、蚂蚁微贷公司的商誉。朗动公司发布和推送蚂蚁微贷公司误导性清算信息的行为,损害了作为数据主体的蚂蚁微贷公司和蚂蚁集团的竞争性权益。同时,也损害了消费者的知情权和征信行业市场竞争秩序,朗动公司的行为已构成不正当竞争,应当承担相应的民事责任。

(4)不正当数据抓取行为

在数字金融背景下,数据的重要性不言而喻。为增加竞争优势,经营者往往会选择对数据信息投入大量的人力、物力、财力以及时间成本。而大数据的优势将进一步促进其金融业务的拓展。在这种情况下,不少经营者通过不正当的数据抓取行为,来吸引消费者点击关注从而达到引流的目的。数据不正当竞争行为亦存在多种类型,如违背了商业道德不当利用其他平台的数据产品获取商业利益;利用爬虫技术盗用其他平台的数据;擅自收集、存储网络平台用户数据并进行破坏性使用;未经平台授权,获取并使用平台用户信息;通过非正常手段抓取、存储、展示网络平台数据等。

在浙江核新同花顺网络信息股份有限公司(以下简称同花顺公司)诉灯塔财经信息有限公司(以下简称灯塔公司)不正当竞争纠纷案[1]中,被告就是通过不正当的数据抓取,达到吸引消费者并展示自己平台产品的目的。同花顺公司发现,在"股票灯塔"网站的"灯塔表哥"板块,搜索相关内容点击网页后,"灯塔表哥"将用户搜索请求链接到同花顺公司数据库并作为自己的运行结果提供给用户,隐瞒数据来源。此外,在"股票灯塔"软件上,查看相关股票评论信息,发现有大量用户的评论内容与"同花顺炒股票"软件一致,但时间晚于"同花顺炒股票"软件且用户名不同。同花顺公司遂以灯塔公司不正当竞争为由诉至法院。

法院经审理认为,灯塔公司使用同花顺公司搜索引擎产品及用户评论的行为,可以认定为不当使用了同花顺公司的独有经营资源,而该经营资源是同花顺公司投入巨额资金研发、维护的,灯塔公司未经许可和支付费用,也未在经营

---

[1] 浙江省高级人民法院民事判决书,(2018)浙民终1072号。

中声明前述资源来源于同花顺公司，而是作为自己的资源向用户提供，其行为显然不具有正当性，不仅导致同花顺公司潜在用户的减少，而且对同花顺公司的涉案经营利益构成严重损害，构成侵权。

5. 数据治理

随着我国数字金融的迅猛发展，数据资源成为核心生产要素，金融数据的经济价值愈加凸显，金融数据安全风险的复杂性和隐蔽性也不断提高，个人信息和个人隐私泄露、数据滥用、数据垄断等问题严重威胁金融市场平稳健康发展。

平台企业依托互联网、移动通信等技术掌握了客户大量的购物、出行、资讯阅读等数据，平台在进一步拓展金融业务时，还将收集和存储大量用户的金融账户等个人敏感信息。平台企业存在大量未经授权收集个人信息、过度收集个人信息、过度暴露以及侵犯个人隐私的情形。平台如果没有对个人信息以及数据进行安全管理，一旦信息系统遭受攻击或因不当处置导致数据泄露、丢失、损毁，将给个人带来严重财产损失以及安全隐患，甚至可能威胁金融秩序的安全稳定。

平台企业基于大量用户数据，通过大数据算法深度分析消费者行为习惯、性格爱好、经济条件等，实现对消费者精准画像，匹配相应金融产品。而在这个过程中，必须关注算法歧视对金融消费者权益的影响。平台企业利用算法歧视侵害金融消费者主要体现在两个方面：第一个方面是针对消费者本身的算法歧视，最典型的就是价格歧视，平台企业通过大数据算法引导甚至操作用户需求与决策，产生“茧房效应”，例如，算法根据客户的价格敏感度，向其推送不同价位的投资组合产品；第二个方面则是针对第三方的算法歧视，主要体现在不公平的排序、限定交易等，是平台针对提供金融产品和服务的机构实施算法歧视，间接损害了消费者的知情权以及公平交易权等权益。

近年来，有关个人信息保护和数据治理的立法进程不断加快，执法力度也进一步加强，在此背景下，平台企业应当强化金融消费者保护机制，规范个人信息的收集使用，加强监督和规范其与第三方机构的金融业务合作等，保护数据产权和个人隐私，维护公平竞争的金融市场秩序。

第五章　金融消费者权益保护合规管理体系的构建思路

金融消费者是金融市场的重要参与者，也是金融业持续健康发展的推动者。加强金融消费者权益保护工作，是防范和化解金融风险的重要内容，对提升金融消费者信心、维护金融安全与稳定、促进社会公平正义和社会和谐具有积极意义。长期以来，我国对于金融消费者权益保护，并无专门性立法，监管部门主要依托《消费者权益保护法》《证券法》《保险法》《银行业监督管理法》等基础性法律规定实施法律层面监管。但随着金融产品和服务的不断丰富、金融消费者人数的不断增加，针对金融消费者保护进行专门性立法显得十分迫切。

2013 年《关于印发〈中国人民银行金融消费权益保护工作管理办法（试行）〉的通知》（银办发〔2013〕107 号）第一次较为体系地专门对金融消费者权益保护作出规定。2016 年 12 月，为贯彻落实国务院办公厅《关于加强金融消费者权益保护工作的指导意见》（国办发〔2015〕81 号），进一步规范金融机构行为，切实保障金融消费者合法权益，中国人民银行公布了《关于印发〈中国人民银行金融消费者权益保护实施办法〉的通知》（银发〔2016〕314 号，已失效），更加完善、体系地对金融消费者权益保护作出规定。直到 2020 年 9 月，中国人民银行才将《金融消费者权益保护实施办法》升格为部门规章，并修订、增补了相关条款，进一步规范银行、支付机构的经营行为，这也是针对金融消费者权益保护效力最高的专项立法。

在顶层立法不断完善的同时，中国人民银行、原银保监会、证监会等金融监管部门一直以来都在不断加强金融消费者权益保护的监管工作，出台各类监管文件，对金融机构提出消费者权益保护工作的具体实施要求，并加大对金融机构违规行为的处罚力度。

对于金融机构而言,金融产品的丰富以及金融消费者规模的扩大,有助于金融市场的开拓和发展,但同时也给金融机构的消费者权益保护工作带来了巨大的压力。为实现业务发展与法律风险控制之间的平衡,金融机构需要建立一套完善的金融消费者权益保护合规管理体系。

根据《合规管理体系　要求及使用指南》(ISO 37301:2021),合规管理体系是一个框架,它整合了基本结构、方针、流程和程序,以实现预期的合规结果,并采取行动防止、发现和应对不合规行为。一套完善的金融消费者权益保护合规管理体系必须包括以下几个方面:第一,金融机构应建立完善的工作机制,从组织架构、流程管理以及纠错机制等方面,保障消费者权益保护工作能够持续有效进行。第二,制度构建是合规管理工作开展的必要条件,金融机构应当按照监管要求,不断健全消费者权益保护相关的各项内部管理制度,梳理金融消费者权益保护的合规价值观。第三,在金融机构的业务开展过程中,机构的员工是服务金融消费者的直接主体,要降低合规风险必须对人员进行不断的培训,因此,金融机构应当建立标准明确的操作指引规范员工行为。第四,综合工作机制、管理制度以及标准操作指引,建立起完善的合规管理体系,并不断更新完善该体系。第五,多元化纠纷解决机制以及行业自律是消费者权益保护工作不可或缺的环节,它们从外部为机构的合规管理工作赋能。多样化、便捷的纠纷解决机制,能够保障消费者有畅通的维权渠道,实现定分止争,而行业协会一方面能够起到调解纠纷的作用,另一方面行业标准和行业规范也能够对金融机构的合规管理起到示范作用。第六,数字金融背景下,金融科技的应用与发展改变了金融业态,也给金融消费者权益保护工作带来了新的挑战,在此情况下,合规管理工作也应充分考虑行业变化和新兴业务场景,不断适应新的合规环境。在本章中,笔者将针对上述合规管理体系的构建内容逐一进行分析说明。

第一节　金融消费者权益保护工作机制

金融消费者权益保护工作机制是保障整个金融消费者权益保护合规管理

体系持续运行的基础,其中包括组织架构的设置、工作流程的管控以及纠错机制的建立。

一、公司治理与组织架构

面对竞争日益激烈的金融市场,业务的开展直接影响金融机构的效益,业务的大力拓展与金融消费者权益保护工作的落实之间可能存在某种程度上的利益冲突,这就有必要从更高层次的工作治理中去落实和履行金融消费者权益保护义务,从文化建设、发展战略、治理规则、组织架构等方面入手,完善金融消费者权益保护工作,以实现发展业务和消费者权益保护相结合。另外,金融消费者权益保护工作应当贯穿金融产品和服务设计、销售、运营、终止的全生命周期,业务流程涉及多个系统、多个部门、多个人员,如无较高层级的管理,金融消费者权益保护工作很难贯穿始终,也会因为高层重视程度不够而导致机构人员忽视该工作的重要性。因此,金融机构应当将保护金融消费者合法权益纳入公司治理、企业文化建设和经营发展战略中统筹规划,制定本机构金融消费者权益保护工作的总体规划和具体工作措施。

原银保监会印发的《健全银行业保险业公司治理三年行动方案(2020—2022 年)》(银保监发〔2020〕40 号)中,系统地从总体要求、推动党的领导与公司治理有机融合、开展公司治理全面评估、规范股东行为、提升董事会等治理主体的履职质效、健全激励约束机制、加强利益相关者权益保护、强化外部市场约束、提升监管效能、强化组织保障和责任担当等方面对银行业保险业机构公司治理提出要求。在金融消费者权益保护方面,该行动方案要求机构正视和重视消费者的意见建议、公平对待消费者,建立健全消费者权益保护的决策执行和监督机制。推动机构落实企业民主管理要求,支持和保障员工依法有序参与公司治理。同时,督促机构将尊重和维护利益相关者特别是消费者的合法权益,融入公司文化和发展战略。支持和保护消费者、员工、中小股东等利益相关者向机构董事会及监管部门投诉举报违法违规或违反职业道德的行为。

2021 年 7 月,原银保监会《关于印发〈银行保险机构消费者权益保护监管评价办法〉的通知》(银保监发〔2021〕24 号),要求原银保监会及其派出机构根据日常监管和其他相关信息,对银行保险机构消费者权益保护工作开展情况和整体状况作出综合评价。其中,体制建设方面,主要评价银行保险机构消费者权益保护工作相关公司治理和组织架构建设等情况,该要素权重为10%。

从公司层面来看,金融机构应当按照《公司法》等法律法规及监管规定,建立包括股东大会、董事会、监事会、高级管理层等治理主体在内的公司治理架构,明确各治理主体的职责边界、履职要求,完善风险管控、制衡监督及激励约束机制,不断提升公司治理水平。

良好公司治理包括但不限于以下内容:

1. 清晰的股权结构;
2. 健全的组织架构;
3. 明确的职责边界;
4. 科学的发展战略;
5. 高标准的职业道德准则;
6. 有效的风险管理与内部控制;
7. 健全的信息披露机制;
8. 合理的激励约束机制;
9. 良好的利益相关者保护机制;
10. 较强的社会责任意识。

将金融消费者权益保护工作融入公司治理,应当将消费者权益保护的有关主体责任、合规义务纳入上述内容中。如股东大会、董事会、高级管理层议事内容中应当包含对金融消费者保护政策、方针、规则的制定,参考公司治理模式,可以将战略、方针的制定权放在董事会,决策权放在股东大会,具体金融消费者保护制度、经营计划的制定权放在具有实践经验的高级管理层,决策权放在董事会。此外,还应充分发挥监事会的监督作用,对于董事、高级管理人员执行公司职务中的金融消费者权益保护工作进行监督。总体而言,在公司治理中,董事会应发挥维护金融消费者合法权益保护的主要治理作用,高级管理层发挥金融消费者合法权益保护的主要实施作用,监事会发挥主要监督作用。

健全的组织架构还应包括金融消费者权益保护专职部门或者指定牵头部

门,明确专职部门及人员职责,确保专职部门有足够的人力、物力独立开展工作,并定期向高级管理层、董(理)事会汇报工作开展情况。其中金融消费者权益保护专职部门的层级、牵头人员的管理权限应当在公司治理中得以保障,确保牵头部门、牵头人员的权威性并提供人力、物力的支持,落实人员配备和经费预算机制。

二、全流程管控机制

金融消费者权益保护工作应当贯穿金融产品和服务设计、销售、运营、终止的全生命周期。金融机构应当建立健全涉及金融消费者权益保护的全流程管控机制,确保在金融产品或者服务的设计开发、营销推介及售后管理等各个业务环节有效落实金融消费者权益保护的相关规定和要求。

以金融消费者信息权益保护为例,不少金融机构及第三方专业机构更多强调个人信息处理的全生命周期保护,也就是在信息的收集、存储、使用、加工、传输、提供、公开、删除等环节做好金融消费者个人信息保护工作。笔者认为,相应的工作还应更加提前,将金融消费者权益保护嵌入产品设计之初考虑,比如通过隐私设计(Privacy by Design,PbD),从金融产品或服务设计开发的初始阶段去制定相关的个人信息保护合规措施,而不应在产品和服务投入运营后才去考虑隐私保护问题,以实现在金融产品、服务提供的全过程中的个人信息保护。

全流程管控机制包括但不限于下列内容:

1. 事前审查机制。金融机构应当实行金融消费者权益保护事前审查,及时发现并更正金融产品或者服务中可能损害金融消费者合法权益的问题,有效督办落实金融消费者权益保护审查意见。

2. 事中管控机制。金融机构应当在金融产品或者服务营销宣传、成单交易、签署合同等各环节中遵循标准流程,加强对营销宣传行为以及交易行为的监测与管控。

3. 事后监督机制。金融机构应当做好金融产品和服务的售后管理,及时调整存在问题或者隐患的金融产品和服务规则。

三、建立纠错机制

任何合规管理体系都不可能毫无漏洞，金融消费者权益保护工作也不是一蹴而就的。在庞大的组织架构基础上，金融机构与金融消费者不断发生金融交易，由于交易规模大、客户群体覆盖面广，要落实金融消费者权益保障工作所面临的挑战也很大。因此，在金融活动中，金融消费者权益保护工作难免会发生偏差和错误，这就要求金融机构建立有效的纠错机制，不断改善消费者权益保护工作。

1. 在监管执法案件中反思

金融监管部门发布的侵犯金融消费者合法权益典型案例，以及公示的针对侵犯金融消费者合法权益的行政处罚案例，对于金融机构具有重要的指导意义。金融机构应当建立完善的纠错机制，相应部门应当定期搜集有关案例，举一反三，将负面清单纳入教育、培训范畴，并根据违规案例的情形，核查本机构在金融消费者权益保护的制度、流程、行为方面是否存在类似违规情形或潜在的违规风险，从而不断完善上述内容。

2. 分析投诉情况，采取整改措施

金融消费投诉的内容，主要集中在侵犯金融消费者的财产安全权、知情权、自主选择权、公平交易权、受教育权、信息安全权等基本权利方面。近年来，金融消费者针对金融机构的投诉集中体现在以下方面：因服务态度及服务质量引起的投诉；因金融机构服务设施、设备、业务系统引起的投诉；因金融机构管理制度、业务规则与流程引起的投诉；因营销方式和手段引起的投诉；因信息披露引起的投诉；因自主选择及公平交易权引起的投诉；因收费引起的投诉；因合同条款引起的投诉；因消费者资金安全引起的投诉；因消费者信息安全引起的投诉；因债务催收方式和手段引起的投诉等。

金融机构应当建立投诉应对机制，统计、分析投诉案例，识别合规义务，不断提高工作完备度。同时，金融机构还应关注监管部门公布的投诉数据、投诉案例以及第三方机构投诉数据。

3. 完善员工反馈机制

金融机构应当关注员工反馈、投诉、举报机制的建立。一套优质的金融消费者权益保护机制，特别要关注机制“神经末梢”的执行情况，也就是要关注具体实施金融消费者权益保护工作的人员反馈意见。金融机构应当支持和保护员工向机构董事会及监管部门投诉举报机构内部或相关人员存在违法违规或违反职业道德的行为，还应保障员工通过专门的反馈、投诉、举报渠道就金融机构金融消费者权益保护工作中存在的问题进行反映。在员工反馈机制的建立中，应当明确披露反馈方式、反馈渠道，建立匿名举报规则，特别要关注保护反馈人的个人信息，以免反馈人遭到打击报复。

4. 从司法案例中学习合规义务

司法案例是金融消费者权益保护工作的重要参照物。近年来，涉及金融消费者纠纷诉讼案件越来越多，司法机关也在不断加强金融纠纷案件的研究与审理工作，针对金融纠纷的专业性特点，北京、上海等多地建立了专门的金融法院，各地法院也建立了专门的金融法庭。

以北京金融法院为例。北京金融法院主要管辖北京市辖区内应由中级人民法院受理的金融民商事案件、涉金融行政案件和执行案件。同时，对境外公司损害境内投资者合法权益的相关案件，全国中小企业股份转让系统“精选层”挂牌企业相关证券纠纷，进行跨境、跨区域集中管辖。此外，北京金融法院还对原“一行两会一局”等国家金融管理部门因履行金融监管职责引发的行政诉讼和非诉行政执行案件享有管辖权。

从2015年开始至今，证券虚假陈述责任纠纷案件剧增，乐视网证券虚假陈述责任纠纷案件是北京金融法院审理的涉及金融消费者权益典型案件之一。由于虚假陈述责任纠纷案件涉及人员众多、涉案金额大、影响范围广等特点，此类案件的审理给司法机构带来了新的挑战。北京金融法院作为专门处理金融类纠纷案件的司法机构，依托专业化的审判团队，有利于解决类似纠纷，乐视网证券虚假陈述责任纠纷案件经过北京金融法院审理，确定了权利人范围。此案的争议也主要体现在财务造假和关联交易、担保事项、股东和实控人借款等的披露，以及因上述问题造成中小投资者损失的法律责任和因果关系上，此案的审理结果对于中小投资者通过司法途径维护自身合法权益以及促进证券市场有序运转具有重要的示范意义。

当前,诉讼纠纷中涉及金融消费者的纠纷类型主要有金融借款纠纷、银行卡盗刷引起的纠纷、委托理财纠纷、基金合同纠纷、银行业机构存在服务瑕疵或过失的赔偿责任纠纷以及个人名誉权、隐私权、信息权益等方面纠纷。其中最典型的案件类型之一就是涉及投资者适当性的纠纷。

2019 年 11 月 8 日,最高人民法院正式发布《九民纪要》,其中第五条“关于金融消费者权益保护纠纷案件的审理”对金融产品的发行人、销售者及金融服务提供者课以十分严苛的责任,提升了金融消费者权益保护在司法领域的关注度。《九民纪要》对统一裁判标准、培育理性的金融消费文化有着积极意义,但也给金融机构套上了“紧箍咒”,甚至可能增加金融机构的被诉风险。关于金融消费者权益保护纠纷案件,《九民纪要》规定,在审理金融产品发行人、销售者以及金融服务提供者(以下简称卖方机构)与金融消费者之间因销售各类高风险等级金融产品和为金融消费者参与高风险等级投资活动提供服务而引发的民商事案件中,必须坚持“卖者尽责、买者自负”原则,将金融消费者是否充分了解相关金融产品、投资活动的性质及风险并在此基础上作出自主决定作为应当查明的案件基本事实,依法保护金融消费者的合法权益,规范卖方机构的经营行为。卖方机构不能证明其已经按照法律、行政法规和相关监管规定的要求履行了适当性义务的,应当对金融消费者因此所受的损失承担赔偿责任。《九民纪要》还对举证责任、告知说明义务的衡量标准、损失赔偿数额的确定、免责事由进行了规定。

从司法实践案例以及司法机关审理案件的规则中,可以获取司法机关对于金融消费者权益保护的认定精神,有助于金融机构修正有关工作,防控法律风险。比如,根据《九民纪要》,在案件审理过程中,金融消费者应当对购买产品(或者接受服务)、遭受的损失等事实承担举证责任。卖方机构对其是否履行了适当性义务承担举证责任。卖方机构不能提供其已经建立了金融产品(或者服务)的风险评估及相应管理制度、对金融消费者的风险认知、风险偏好和风险承受能力进行了测试、向金融消费者告知产品(或者服务)的收益和主要风险因素等相关证据的,应当承担举证不能的法律后果。

举证规则方面,《九民纪要》适用过错推定原则进行责任认定,卖方机构对其是否履行了适当性义务承担举证责任。《九民纪要》对卖方机构应履行的适当性义务也进行了列举:已经建立了金融产品(或者服务)的风险评估及相应管理制度,对金融消费者的风险认知、风险偏好和风险承受能力进行了测试,向金融消费者告知产品(或者服务)的收益和主要风险因素。卖方机构对于上述义务的举证,需要更加具有实践性,仅以原则性、框架性内容举证显然不能达到司法审判的要求,应从是否履行了了解客户、适合性原则、告知说明内容和文件交付等"适当性"义务等案件事实方面着手。

举证责任分配的认定,要求金融机构更加完善过程管理和员工培训,建立健全内控机制。虽然也有学者认为《九民纪要》的上述规定仅是规范了销售和募集阶段的卖方机构应该承担的举证责任,并没有明确在投资、管理和退出阶段的举证责任,但实务中,卖方机构因投资、管理或退出阶段的过错承担赔偿责任的情况也很普遍。随着实践经验的发展和司法审判水平的提高,金融消费者权益涵盖金融产品或者金融服务全流程是必然趋势,这就要求金融机构要将风险意识嵌入产品销售、募集、投资、管理和退出等多个环节。

第二节　金融消费者权益保护制度

金融消费者权益保护制度建立,是金融消费者权益保护工作的基础,也是金融机构防控法律风险的重要手段。一方面,制度建立有助于金融机构将金融消费者权益保护工作自上而下、全生命周期贯彻;另一方面,相关制度的建立也是金融机构面对行政监管、司法诉讼程序的有效抗辩手段。

关于金融消费者权益保护的相关内控制度包括:

一、消费者权益保护审查制度

金融机构应当建立消费者权益保护审查机制,健全审查工作制度,对设计开发、定价管理、协议制定、营销宣传等环节进行消费者权益保护审查。在推出新产品和服务或现有产品和服务的风险特性、违约责任及其他涉及消费者利益的条款发生重大变化时,应开展审查。

二、金融消费者权益保护工作考核评价制度

金融机构应当制定消费者权益保护内部考核机制,对组织机构内所有涉及金融消费者权益保护的职能部门、分支机构、人员进行定期考核,并根据评价结果,通过必要的绩效手段调整经营管理行为。根据《银行保险机构消费者权益保护管理办法》,消费者权益保护考核应纳入银行保险机构综合绩效考核体系,合理分配权重,并纳入人力资源管理体系和问责体系,充分发挥激励约束作用。

另外,鉴于金融机构与外部合作方合作形态和场景越来越多,相应工作考核评价还应涉及第三方合作机构,对第三方机构实行名单制管理。在开展考核评价时,应当将金融消费者权益保护工作作为重要内容,并合理分配相关指标的占比和权重,综合考虑业务合规性、客户满意度、投诉处理及时率与合格率等,不得简单以投诉数量作为考核指标。

三、金融消费者风险等级评估制度

金融机构应当根据金融产品或者服务的特性评估其对金融消费者的适合度,合理划分金融产品和服务风险等级以及金融消费者风险承受等级,将合适的金融产品或者服务提供给适当的金融消费者。

风险等级评估制度是适当性义务履行的根本。具体而言,金融机构在向金融消费者推介、销售银行理财产品、保险投资产品、信托理财产品、券商集合理财计划、杠杆基金份额、期权及其他场外衍生品等高风险等级金融产品,以及为金融消费者参与融资融券、新三板、创业板、科创板、期货等高风险等级投资活动提供服务的过程中,必须履行了解客户、了解产品、将适当的产品(或者服务)销售(或者提供)给适合的金融消费者等义务。金融机构承担适当性义务的目的是确保金融消费者能够在充分了解相关金融产品、投资活动的性质及风险的基础上作出自主决定,并承受由此产生的收益和风险。在推介、销售高风险等

级金融产品和提供高风险等级金融服务领域,适当性义务的履行是“卖者尽责”的主要内容,也是“买者自负”的前提和基础。

四、消费者金融信息保护制度

1. 总体要求

金融机构应当根据《个人信息保护法》等有关法律法规的规定,针对消费者个人金融信息的收集、存储、使用、加工、传输、提供、公开等处理活动,制定内部管理制度和操作规程;对个人信息实行分类分级管理;采取相应的加密、去标识化等安全技术措施;合理确定个人信息处理的操作权限,并定期对从业人员进行安全教育和培训;制定并组织实施个人信息安全事件应急预案。

2. 合法、正当、必要原则

在业务场景中,金融机构处理消费者金融信息,应当遵循合法、正当、必要原则,经金融消费者或者其监护人明示同意。金融机构应当公开收集、使用消费者金融信息的规则,明示收集、使用消费者金融信息的目的、方式和范围,以格式条款取得消费者金融信息的,还应以显著方式尽可能通俗易懂地向金融消费者提示该同意的可能后果,并留存有关证明资料。不得收集与业务无关的消费者金融信息,不得采取不正当方式收集消费者金融信息,不得变相强制收集消费者金融信息。更不得以金融消费者不同意处理其金融信息为由拒绝提供金融产品或者服务,但处理其金融信息属于提供金融产品或者服务所必需的除外。另外,如金融消费者不能或者拒绝提供必要信息,致使银行、支付机构无法履行反洗钱义务的,也可采取限制性措施或拒绝提供金融产品或者服务。

3. 信息使用规则

金融机构收集消费者金融信息用于营销、用户体验改进或者市场调查的,应当以适当方式供金融消费者自主选择是否同意金融机构将其金融信息用于上述目的;金融消费者不同意的,金融机构不得因此拒绝提供金融产品或者服务。金融机构向金融消费者发送金融营销信息的,应当向其提供拒绝继续接收金融营销信息的方式。

金融机构在内部使用消费者金融信息时,应当建立以分级授权为核心的消费者金融信息使用管理制度，根据消费者金融信息的重要性、敏感度及业务开展需要，在不影响本机构履行反洗钱等法定义务的前提下，合理确定本机构工作人员调取信息的范围、权限，严格落实信息使用授权审批程序。

4. 第三方合作

在与第三方合作机构合作中，确需转让、提供消费者金融信息的，还应当向金融消费者告知接收方的名称或者姓名、联系方式、处理目的、处理方式和个人信息的种类，并取得金融消费者的单独同意。金融机构应当确保接收方在上述处理目的、处理方式和个人信息的种类等范围内处理个人信息，并事前进行个人信息保护影响评估。

在与第三方进行共同发行、销售金融产品和提供服务等合作时，如果涉及合作方共同决定个人信息的处理目的和处理方式，金融机构与第三方可能构成个人信息共同处理者。金融机构应当通过合同约定各自的权利和义务。在此种情形下，金融机构和第三方共同处理个人信息，侵害个人信息权益造成损害的，应当依法承担连带责任。

金融机构委托第三方处理个人信息的，应当与受托人约定委托处理的目的、期限、处理方式、个人信息的种类、保护措施、转让限制以及双方的权利和义务等，并对受托人的个人信息处理活动进行监督。金融机构应当要求受托人按照约定处理个人信息，不得超出约定的处理目的、处理方式等处理个人信息；还应保证委托合同不生效、无效、被撤销或者终止的，受托人应当将个人信息返还个人信息处理者或者予以删除，不得保留。

5. 个人信息出境

当前很多金融机构均在境外设立了分支机构，在经营过程中，很可能涉及信息出境的情形。部分外资金融机构为了实现与总部的数据融通，也存在信息出境的可能性。此外，金融机构在与第三方进行合作时，也可能涉及信息出境场景。在金融消费者个人信息出境过程中，也应制定有关出境管理制度，做好相应管控。

首先，金融机构向境外提供个人信息的，应当向个人告知境外接收方的名称或者姓名、联系方式、处理目的、处理方式、个人信息的种类以及个人向境外接收方行使法律规定权利的方式和程序等事项，并取得个人的单独同意。金融机构应当事前进行个人信息保护影响评估，并对处理情况进行记录。

其次，金融机构应当按照国家网信部门制定的标准合同与境外接收方订立合同，约定双方的权利和义务。合同内容包括个人信息出境的目的、方式和数据范围，境外接收方处理个人信息的用途、方式等；个人信息在境外保存地点、期限，以及达到保存期限、完成约定目的或者法律文件终止后出境个人信息的处理措施；对于境外接收方将出境个人信息再转移给其他组织、个人的约束性要求；境外接收方在实际控制权或者经营范围发生实质性变化，或者所在国家、地区数据安全保护政策法规和网络安全环境发生变化以及发生其他不可抗力情形导致难以保障数据安全时，应当采取的安全措施；违反法律文件约定的个人信息安全保护义务的补救措施、违约责任和争议解决方式；出境个人信息遭到篡改、破坏、泄露、丢失、转移或者被非法获取、非法利用等风险时，妥善开展应急处置的要求和保障个人维护其个人信息权益的途径和方式。另外，金融机构还应采取必要措施，保障境外接收方处理个人信息的活动达到《个人信息保护法》规定的个人信息保护标准。

再次，根据《数据出境安全评估办法》，如向境外提供数据满足以下条件的，应当通过国家网信部门组织的安全评估：数据处理者向境外提供重要数据；关键信息基础设施运营者和处理100万人以上个人信息的数据处理者向境外提供个人信息；自上年1月1日起累计向境外提供10万人个人信息或者1万人敏感个人信息的数据处理者向境外提供个人信息；国家网信部门规定的其他需要申报数据出境安全评估的情形。由于金融行业属于关键信息基础设施领域，且相关数据多涉及个人敏感信息，出境数据很可能涉及重要数据，因此如金融机构向境外提供数据满足上述情形之一的，应当按照相关规定通过国家网信部门组织的安全评估。重点评估个人信息出境的目的、范围、方式等的合法性、正当性、必要性；境外接收方所在国家或者地区的数据安全保护政策法规和网络安全环境对出境数据安全的影响；境外接收方的数据保护水平是否达到我国法律、行政法规的规定和强制性国家标准的要求；出境个人信息的规模、范围、种类、敏感程度，出境中和出境后遭到篡改、破坏、泄露、丢失、转移或者被非法获取、非法利用等的风险；数据安全和个人信息权益是否能够得到充分有效保障；金融机构与境外接收方拟订立的法律文件中是否充分约定了个人信息安全保护责任义务；遵守中国法律、行政法规、部门规章情况；国家网信部门认为需要评估的其他事项。

在部分业务场景下，金融机构采购网络产品和服务，如网络产品和服务的提供商为境外机构，或存在数据出境可能性，涉及金融消费者个人信息出境的，金融机构应当预判该产品和服务投入使用后可能带来的国家安全风险。影响或者可能影响国家安全的，应当向网络安全审查办公室申报网络安全审查。

6. 告知和报告义务

金融机构及其工作人员应当对消费者金融信息严格保密，不得泄露或者非法向他人提供。在确认信息发生泄露、毁损、丢失时，金融机构应当立即采取补救措施；信息泄露、毁损、丢失可能危及金融消费者人身、财产安全的，应当立即向金融机构住所地的中国人民银行分支机构等监管部门报告并告知金融消费者；信息泄露、毁损、丢失可能对金融消费者产生其他不利影响的，应当及时告知金融消费者，并在72小时以内报告金融机构住所地的中国人民银行分支机构等监管部门。

五、金融产品和服务信息披露、查询制度

金融机构应当建立完善消费者权益保护信息披露制度和机制，在售前、售中、售后全流程披露产品和服务关键信息，遵循真实性、准确性、完整性和及时性原则。

金融机构应向金融消费者披露：金融消费者对该金融产品或者服务的权利和义务，订立、变更、中止和解除合同的方式及限制；金融机构对该金融产品或者服务的权利、义务及法律责任；贷款产品的年化利率；金融消费者应当负担的费用及违约金，包括金额的确定方式，交易时间和交易方式；因金融产品或者服务产生纠纷的处理及投诉途径；金融机构对该金融产品或者服务所执行的强制性标准、推荐性标准、团体标准或者企业标准的编号和名称；在金融产品说明书或者服务协议中，实际承担合同义务的经营主体完整的中文名称；其他可能影

响金融消费者决策的信息。

金融机构对金融产品和服务进行信息披露时,应当使用有利于金融消费者接受、理解的方式。对金融产品和服务的性质、利息、费用、收益、主要风险、违约责任、免责条款、第三方合作机构参与事项及其他可能影响消费者重大决策的关键信息,应当根据金融产品或者服务的复杂程度及风险等级,对其中关键的专业术语进行解释说明,并以适当方式供金融消费者确认其已接收完整信息,如贷款类产品应明示年化综合息费成本。

金融机构向金融消费者说明重要内容和披露风险时,应当依照法律法规和监管规定留存金融消费者确认的金融产品说明书或者服务协议,金融消费者确认的风险提示书,向金融消费者说明重要内容的录音、录像资料或者系统日志等相关资料。保存的时间自业务关系终止之日起一般不得少于 3 年。

六、金融营销宣传管理制度

金融机构应当制定营销宣传管理制度,规范营销行为。营销宣传是金融机构展业的必要手段,也是主要的风险来源环节。在实践中,不当营销行为不仅会造成金融消费纠纷,使金融机构受到监管部门处罚,还可能在司法实践中对金融机构产生不利影响。

以《九民纪要》的规定为例,卖方机构未尽适当性义务导致金融消费者损失的,应当赔偿金融消费者所受的实际损失。实际损失为损失的本金和利息,利息按照中国人民银行发布的同期同类存款基准利率计算。

金融消费者因购买高风险等级金融产品或者为参与高风险投资活动接受服务,以卖方机构存在欺诈行为为由,主张卖方机构应当根据《消费者权益保护法》第 55 条的规定承担惩罚性赔偿责任的,人民法院不予支持。卖方机构的行为构成欺诈的,对金融消费者提出赔偿其支付金钱总额的利息损失请求,应当注意区分不同情况进行处理:

1. 金融产品的合同文本中载明了预期收益率、业绩比较基准或者类似约定的,可以将其作为计算利息损失的标准;

2. 合同文本以浮动区间的方式对预期收益率或者业绩比较基准等进行约

定，金融消费者请求按照约定的上限作为利息损失计算标准的，人民法院依法予以支持；

3. 合同文本虽然没有关于预期收益率、业绩比较基准或者类似约定，但金融消费者能够提供证据证明产品发行的广告宣传资料中载明了预期收益率、业绩比较基准或者类似表述的，应当将宣传资料作为合同文本的组成部分；

4. 合同文本及广告宣传资料中未载明预期收益率、业绩比较基准或者类似表述的，按照全国银行间同业拆借中心公布的贷款市场报价利率计算。

如果卖方机构的行为构成欺诈，对金融消费者提出的赔偿其支付金钱总额的利息损失请求，适用实践中可能更高的标准，以预期收益率、业绩比较基准为参考标准。同时考虑到金融产品或者金融服务的特点，将实践中出现的浮动区间上限、产品发行的广告宣传资料中载明的内容、未约定时按照全国银行间同业拆借中心公布的贷款市场报价利率计算等方式纳入适用参考范围。《金融消费者权益保护实施办法》也规定，金融机构实际承担的义务不得低于在营销宣传活动中通过广告、资料或者说明等形式对金融消费者所承诺的标准。

这就要求在实务中，金融机构在合同约定、前期广告宣传材料中要避免夸大预期收益率等内容，规范其金融产品的宣传，应当对营销宣传内容的真实性负责。另外，金融机构还应建立营销宣传的负面清单，规范营销行为。在进行营销宣传活动时，不得有下列行为：

1. 虚假、欺诈、隐瞒或者引人误解的宣传；

2. 引用不真实、不准确的数据和资料或者隐瞒限制条件等，对过往业绩或者产品收益进行夸大表述；

3. 利用金融管理部门对金融产品或者服务的审核或者备案程序，误导金融消费者认为金融管理部门已对该金融产品或者服务提供保证；

4. 明示或者暗示保本、无风险或者保收益等，对非保本投资型金融产品的未来效果、收益或者相关情况作出保证性承诺；

5. 其他违反金融消费者权益保护相关法律法规和监管规定的行为。

另外，鉴于当前互联网技术的发展，部分金融机构采取新型技术进行营销行为的，也应做好合规工作。金融机构通过电话呼叫、信息群发、网络推送等方式向消费者发送营销宣传信息的,应向消费者提供拒收或退订选择。消费者拒收或退订的,不得再以同样方式发送营销宣传信息。金融机构应规范自动营销行为,对客户呼叫、信息群发、网络推送等进行统一控制,避免短时间内对同一消费者重复呼叫和高频发送短信等行为。

根据《个人信息保护法》的规定,金融机构利用个人信息进行自动化决策,应当保证决策的透明度和结果公平、公正,不得对个人在交易价格等交易条件上实行不合理的差别待遇。通过自动化决策方式向个人进行信息推送、商业营销,应当同时提供不针对其个人特征的选项,或者向个人提供便捷的拒绝方式。通过自动化决策方式作出对个人权益有重大影响的决定,消费者有权要求金融机构予以说明,并有权拒绝金融机构仅通过自动化决策的方式作出决定。

七、金融知识普及和金融消费者教育制度

金融消费者教育是金融消费者权益保护工作的重中之重。一方面,消费者教育有利于提高消费者的专业知识,提升消费者理解风险的能力,利于消费者纠纷的解决;另一方面,消费者教育也是投资者适当性义务的有效配套工作。

金融机构应当切实承担金融知识普及和金融消费者教育的主体责任,提高金融消费者对金融产品和服务的认知能力,提升金融消费者金融素养和诚实守信意识。针对金融消费者需求的多元性与差异性,还应积极支持普惠金融重点目标群体获得必要、及时的基本金融产品和服务。金融机构应加强教育的针对性,帮助消费者了解各类金融产品或服务,提升消费者对收益与风险特征的认知。

金融机构应当制定年度金融知识普及与金融消费者教育工作计划,结合自身特点开展日常性金融知识普及与金融消费者教育活动,积极参与监管部门组织的金融知识普及活动。

对于金融消费者教育工作的开展,金融机构应当保障金融知识教育宣传的公益性,不得以营销、推介行为替代金融知识普及与消费者教育。通过建立多元化金融知识教育宣传渠道,在官方网站、手机客户端(App)、营业场所设立公益性金融知识普及和教育专区,开展金融消费者教育工作。

八、员工培训制度

员工培训是金融机构防控侵犯金融消费者权益行为发生的重要手段,金融机构应当开展金融消费者权益保护工作人员培训,增强工作人员的金融消费者权益保护意识和能力。培训应当常态化开展,且覆盖整个金融机构组织。

具体而言,金融机构应当每年至少开展一次金融消费者权益保护专题培训,培训对象应当全面覆盖中、高级管理人员、基层业务人员及新入职人员。对金融消费者投诉多发、风险较高的业务岗位,应当适当提高培训的频次。

培训的结果应当通过考核机制进行评价,并计入相关人员的考核要素中。

九、金融消费者投诉处理制度

金融机构应当建立完善的投诉处理制度。金融机构应当切实履行金融消费投诉处理的主体责任,加强对金融消费者投诉处理信息系统的建设与管理,对投诉进行正确分类并按时报送相关信息,不得迟报、漏报、谎报、错报或者瞒报投诉数据,并按年度向社会发布金融消费者投诉数据和相关分析报告。

金融机构应当设立机制便于投诉的实现。应当通过金融消费者方便获取的渠道公示本机构的投诉受理方式,包括但不限于营业场所、官方网站首页、移动应用程序的醒目位置及客服电话主要菜单语音提示等。

金融机构在收到金融消费者投诉后,应当立刻启动投诉处理机制,按照投诉处理制度,启动调查、分析、决策、回复等流程,依照相关法律法规和合同约定进行处理,并告知投诉人处理情况,但因投诉人原因导致无法告知的除外。

对于监管部门转交的投诉信息,金融机构应当在收到监管部门文件、信息后规定时间内答复投诉人,并向监管部门汇报投诉基本情况、争议焦点、调查结果及证据、处理依据、与金融消费者的沟通情况、延期处理情况及投诉人满意度等有关处理情况。如根据《金融消费者权益保护实施办法》,银行、支付机构应当自收到中国人民银行分支机构转交的投诉之日起 15 日内答复投诉人。情况复杂的,经本机构投诉处理工作负责人批准,可以延长处理期限,并告知投诉人延长处理期限的理由,但最长处理期限不得超过 60 日。

在持续的投诉处理中,金融机构应不断健全投诉管理工作机制,畅通投诉渠道,优化投诉接收方式,完善处理流程,加强统计分析,实施溯源整改,切实履行投诉处理主体责任。

十、金融消费者权益保护工作内部监督和责任追究制度

金融机构应当建立金融消费者权益保护工作内部监督和责任追究制度。

对于内部监督,主要通过举报、内部审计等工作开展。金融机构应当建立完善的内部举报机制,通过行之有效的举报处理流程,对于侵害消费者合法权益的行为进行调查、处理。从组织架构上分析,应当建立独立的举报处理部门,结合监事会、董事会等公司治理结构,实现举报制度的有效贯彻。特别值得指出的是,应当建立匿名举报机制,切实保障举报人隐私。另外,金融机构应制定消费者权益保护审计方案,将消费者权益保护工作纳入年度审计范围,全面覆盖本机构相关部门和分支机构。

金融机构还应通过消费者权益保护考核制度,对相关职能部门和分支机构的工作进行评估和考核,强化考核结果在经营管理中的运用,通过内部审计程序确定不合规行为,并及时反映在考核制度中。

对于投诉、纠纷事件暴露出来的侵犯金融消费者权益保护行为,监管部门设立了严格的处理规则。如根据《金融消费者权益保护实施办法》第 62 条的规定,银行、支付机构违反本办法规定,有下列情形之一,有关法律、行政法规有处罚规定的,依照其规定给予处罚;有关法律、行政法规未作处罚规定的,中国人民银行或其分支机构应当根据情形单处或者并处警告、处以 5000 元以上 3 万元以下罚款:

1. 未建立金融消费者权益保护专职部门或者指定牵头部门,或者金融消费者权益保护部门没有足够的人力、物力独立开展工作的;

2. 擅自代理金融消费者办理业务,擅自修改金融消费者的业务指令,或者强制搭售其他产品或者服务的;

3. 未按要求向金融消费者披露与金融产品和服务有关的重要内容的;

4. 利用技术手段、优势地位,强制或者变相强制金融消费者接受金融产品

或者服务,或者排除、限制金融消费者接受同业机构提供的金融产品或者服务的;

5. 通过附加限制性条件的方式要求金融消费者购买、使用协议中未作明确要求的产品或者服务的;

6. 未按要求使用格式条款的;

7. 出现侵害金融消费者合法权益重大事件未及时向中国人民银行或其分支机构报告的;

8. 不配合中国人民银行及其分支机构开展金融消费者权益保护领域相关工作,或者未按照规定报送相关资料的;

9. 未按要求对金融消费者投诉进行正确分类,或者迟报、漏报、谎报、错报、瞒报投诉数据的;

10. 收到中国人民银行分支机构转交的投诉后,未在规定期限内答复投诉人,或者未按要求向中国人民银行分支机构反馈投诉处理情况的;

11. 拒绝、阻挠、逃避检查,或者谎报、隐匿、销毁相关证据材料的。

对于侵害金融消费者权益重大案件负有直接责任的董事、高级管理人员和其他直接责任人员,有关法律、行政法规有处罚规定的,依照其规定给予处罚;有关法律、行政法规未作处罚规定的,中国人民银行或其分支机构应当根据情形单处或者并处警告、处以 5000 元以上 3 万元以下罚款。

目前实践中,针对侵犯消费者权益涉嫌刑事犯罪的行为,采取的是针对行为人"刑事责任 + 行政责任"双罚制。针对侵犯消费者权益被追究行政责任的行为,一般也采取"单位 + 个人"双罚制。在此背景之下,金融机构也要制定完善的内部处罚和追责制度,在侵犯金融消费者权益行为发生时,同时启动追责程序,就有关人员的违规行为进行调查,通过处罚机制进行处罚,涉嫌犯罪或者违法违规的,还应移送司法机关或监管部门。

十一、金融消费者权益保护重大事件应急制度

金融机构应当建立重大事件应急制度。金融机构应当根据大数据、监管要求等风险要素,根据自身经营管理特点、产品类型、组织架构等制定符合本机构

情况的金融消费者权益保护重大事件应急管理制度。

金融机构应当根据应急管理制度,制定相应的应急预案,并定期组织演练。在事件发生后,应当按照事件发生后的危害程度、影响范围等因素对事件进行分级,并规定相应的应急处置措施。出现侵害金融消费者合法权益重大事件的,金融机构应当根据重大事项报告的相关规定及时向监管部门报告。

对于重大事件的定义,《银行保险机构消费者权益保护管理办法》规定,重大事件是指银行保险机构因消费者权益保护工作不到位或者发生侵害消费者权益行为导致大量集中投诉、引发群体性事件或者造成重大负面舆情等。

十二、其他有关制度

金融消费者权益保护工作没有止境,现有制度更多的是按照现行有效的法律规定,结合业务实践,梳理出来的平衡性规则。金融消费者权益保护制度的构建,也非监管文件举例规定所能穷尽,尤其是新事物、新业态的不断出现,更要求金融消费者权益保护制度不断更新。金融机构应当不断建立和完善有关制度,在监管部门提出新要求时,及时改进、更新,实现金融消费者权益保护制度的动态完善。

第三节　金融消费者权益保护工作的标准操作指引

金融消费者保护工作机制和制度的建立,是从宏观和中观层面进行合规管理体系的构建,然而由于金融机构体系庞大,从业人员众多,对于人员行为的管理也是合规工作至关重要的环节。

一般情况下,金融机构会将机构本身以及机构工作人员的行为规范纳入制度文本及流程中。如在上文中提及的金融营销宣传管理制度体系下,金融机构应当对营销宣传内容的真实性负责,不得作虚假、欺诈、隐瞒或者引人误解的宣传,这就要求金融机构将有关合规义务写入制度文本中,并制定相应的追责机制。但除此之外,还应当建立明确的操作流程和行为标准,比如制定实操手册或者通过培训等方式,告知相关从业人员如何在产品发行前对金融产品穿透后的基础资产进行尽职调查,如何对金融产品带来的风险进行评估,信息披露具体的内容是什么,营销宣传中哪些话术是禁止的等。

要建立操作指引、实现行为管理,应从合规义务识别、员工培训、监督机制三方面开展工作。

1. 合规义务识别

第一,金融机构应在制定操作指引前,对合规义务进行识别。一般而言,金融消费者权益保护合规义务来源于以下几方面:一般性法律,如《民法典》;特殊性立法,如《消费者权益保护法》《个人信息保护法》;行政法规,如《储蓄管理条例》;部门规章,如《金融消费者权益保护实施办法》《商业银行信用卡业务监督管理办法》;地方性法规,如《深圳经济特区消费者保护条例(草案)》;指导性文件,如《金融消费者保护指导意见》;司法解释,如最高人民法院《关于审理网络消费纠纷案件适用法律若干问题的规定(一)》;其他国际条约、协定,国内有关文件,社会公序良俗等。另外,金融机构内部制度文件也是合规义务的重要来源。

第二,设置行为规范的标准。一般行为可分为两类:一类是正向行为。主要表现为有关法律文件中的"应当"条款。如《金融消费者权益保护实施办法》规定的"银行、支付机构应当开展金融消费者权益保护工作人员培训"。另一类是负面行为。一般表现为有关法律文件中的"不得"条款。如《个人信息保护法》规定"收集个人信息,应当限于实现处理目的的最小范围,不得过度收集个人信息",对于负面行为金融机构应当实行负面清单管理。当然,合规义务的识别也不仅仅包括"应当""不得"条款,需要系统性地梳理有关文件中的义务,将相应的法律条文内涵提炼,转化为体系性的制度文本、行为规范、操作流程等。

第三,制定标准的操作指引。在识别合规义务的基础上,金融机构应制定标准的工作手册、操作指引,这些操作指引应当便于理解,以便金融机构的基层员工能够参照执行。此外,在有条件的情况下,金融机构应针对不同的业务条线或者产品类型制定不同的操作指引,更利于员工使用。

2. 员工培训

员工培训是合规义务落实的根本。金融机构应当由消费者权益保护专门职能部门牵头,联合合规、产品、风控、审计、营销等部门,将公司合规制度、合规文化以及标准操作指引等内容通过行之有效的培训机制传递到有关员工,进而指导员工金融消费者权益保护工作的开展。培训应当贯穿金融产品和服务提供的全生命周期、贯穿员工入职到离职的始终、贯穿从高级管理人员到基层业务人员的全体系。

对于培训的频率,首先应当保证定期开展金融消费者权益保护专题培训。在新的产品和服务投入市场前、新的监管规则出台后、新的投诉和纠纷案件发生后、新的监管行为作出后均应及时开展不定期的培训工作。对金融消费者投诉多发、风险较高的业务岗位,应当适当提高培训的频次。另外,还应将培训与绩效考核机制结合,有效提高培训效能。

3. 监督机制

监督机制是合规义务落实的有效保障。金融机构建立内部监督制度,实施内部监督机制,是金融消费者权益保护工作能够落实的保障。根据对行政监管案例、司法案件的分析,金融机构侵犯金融消费者合法权益的行为,大多出现在工作人员的不规范行为中。加强行为监督,十分必要。

对于行为监督,首先,应建立包括内部审计、内部处罚等内容的内部监督制度,优化监督流程,实现监督目的;其次,应当利用好投诉举报机制,优化内部投诉举报机制与消费者投诉举报机制,二者并用有助于金融机构从业人员对于合规规则的遵守;最后,应当充分利用信息手段实现监督功能。当前金融科技发展迅速,金融机构利用信息化系统实现组织管理、业务管理、第三方管理已经成为常态。金融机构应当将合规义务和监督手段融入信息化系统中,保证监督的及时性、有效性、完备性。比如,针对金融消费者个人信息保护工作,金融机构可以在金融系统中实现分级授权功能,并通过实时审计功能对于人员使用个人信息的行为进行保存、合规评价,进而实现监督职能。

第四节　合规管理体系构建思路在金融消费者权益保护合规工作中的具体应用

一、合规管理与金融消费者权益保护

金融消费者权益保护工作包含的内容极为丰富,既包括公司治理与组织架构,也包括相应制度建设,更包括行为规范的控制等要素,需要的是体系的建立和完善。从根本上讲,金融消费者权益保护体系的构建,是金融机构履行合规义务的重要内容。

《合规管理体系　要求及使用指南》(ISO 37301:2021)中认为,合规管理体系是一个框架,它整合了基本结构、方针、流程和程序,以实现预期的合规结果,并采取行动防止、发现和应对不合规行为。

根据2022年10月1日起施行的《中央企业合规管理办法》,合规是指企业经营管理行为和员工履职行为符合国家法律法规、监管规定、行业准则和国际条约、规则,以及公司章程、相关规章制度等要求。合规风险,是指企业及其员工在经营管理过程中因违规行为引发法律责任、造成经济或者声誉损失以及其他负面影响的可能性。合规管理,是指企业以有效防控合规风险为目的,以提升依法合规经营管理水平为导向,以企业经营管理行为和员工履职行为为对象,开展的包括建立合规制度、完善运行机制、培育合规文化、强化监督问责等有组织、有计划的管理活动。

可以说,金融消费者权益保护体系是金融机构合规管理体系的重要组成部分,合规管理体系的建立又促进和赋能金融消费者权益保护工作的完善。

具体而言,金融机构需要建立金融消费者权益保护的风险等级评估、信息保护、信息披露、宣传等制度,应当有充分的运行机制保障制度的运转和落实,应建立和培养机构及人员金融消费者权益保护的文化,建立审计监督等机制,以规范机构和个人的行为达到国家法律法规、监管规定、行业准则和国际条约、

规则，以及机构章程、相关规章制度等对于金融消费者权益保护的要求。

二、合规管理体系下的金融消费者权益保护

将金融消费者权益保护工作融入合规管理体系，是金融机构促进金融消费者权益保护工作的必要之举。合规管理体系的核心方法论是PDCA方法论，对金融机构开展金融消费者权益保护工作具有重要参考意义。所谓PDCA，即计划（Plan）、实施（Do）、检查（Check）、行动（Action）的首字母组合。通过PDCA方法论实现合规管理，要求组织首先建立合规目标、原则，制定相应的合规计划，通过一系列支持和运行机制实现运转，再制定有效的检查机制，根据检查机制改进合规管理体系。（见图35）

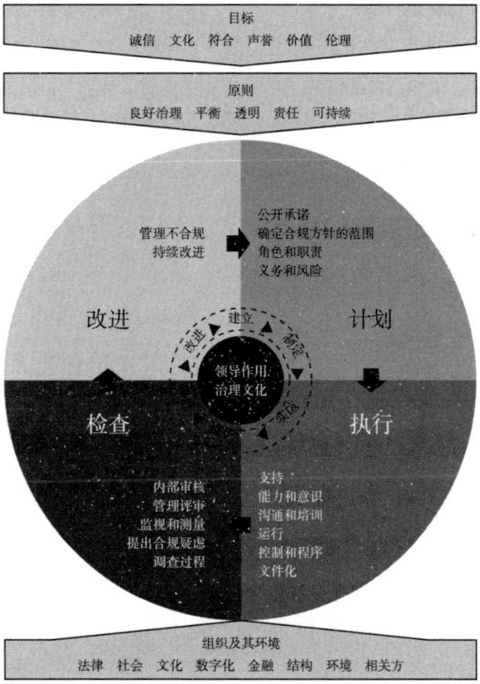

图35　PDCA方法论

金融机构可以将合规管理体系的构建思路具体应用于金融消费者权益保护体系的构建工作，主要包括以下几个方面：

1. 组织环境

第一,应理解组织[1]及其所处的环境。金融机构应当充分理解商业模式;与第三方业务合作的性质和范围;法律和法规要求;经济环境;社会、文化、环境因素;内部组织架构、方针、过程、程序和资源,包括技术;自身的合规文化等涉及合规内容的内部因素和外部因素,对可能影响金融消费者权益保护的因素进行充分分析。

第二,理解相关方的需求和期望。金融机构应当确定金融消费者权益保护工作的相关方,包括金融消费者、监管部门、内部职能机构、内部人员等,并确定相关方的合规要求。

第三,确定合规管理体系的范围。金融机构应当通过文件化形式,确定金融消费者权益保护合规管理体系的范围和边界,包括适用组织主体、部门、工作内容、工作流程等。

第四,建立合规管理体系。金融机构应当建立、实施、保持和持续改进合规管理体系,优化业务、管理流程。

第五,合规义务识别。金融机构应建立一套机制以系统识别经营活动、产品和服务所产生的合规义务,并评估对其运营所产生的影响。识别合规义务应当保持动态化、持续性,以保证能够及时识别新增、变更的义务,进而调整合规管理体系。对于合规义务的识别结果,应当通过文件化形式展示。

第六,合规风险评估。金融机构应基于合规风险评估,识别、分析和评价其合规风险。

评估所考虑的要素应当将合规义务与经营活动、产品、服务以及运营的相关方面联系起来。对于金融机构消费者权益保护工作内容,还应重点对与外包和第三方过程相关的合规风险进行评估。评估应当定期开展,并在情势或组织环境发生重大变化时进行再评价。

---

[1] 根据《合规管理体系　要求及使用指南》(ISO 37301:2021),组织是指为实现目标,由职责、权限和相互关系构成自身功能的一个人或一组人,包括但不限于公司、集团、企事业单位、权力机构等或上述组织的一部分或结合体。如果组织是较大实体中的一部分,则“组织”仅指较大实体在合规管理体系范围内的部分。此处“组织”统指金融机构或金融机构中负有合规管理义务的部门、人员等。

2. 领导作用

第一，领导作用与承诺。金融机构的决策机构，如股东会、董事会，应当制定合规方针与合规目标，并与金融机构的战略方向相一致；应当制定工作机制，确保合规管理体系的要求融入业务流程，并且确保配置合规管理体系所需的人员、资金等资源；对于合规管理体系的重要性及工作要求，金融机构的决策机构还应建立机制确保有效沟通和传达；决策机构还应建立机制保障各管理人员通过评价、绩效等方式证明其履行了与金融消费者权益保护有关的合规工作。另外，决策机构还应建立投诉、举报、反馈等机制，确保合规事宜能够及时向其通报，并确保采取适当措施处理不合规事项和违规行为，持续改进合规管理体系。金融机构应当建立机制推广合规文化。合规文化的推广，可以包含积极内容，也可以包含消极内容。当不合规事宜出现时，不应采取保护、消极对待、“怀柔”等态度，应鼓励促进和支持合规的行为，阻止且不容忍损害合规的行为。

第二，合规方针。金融机构应当建立与金融机构经营宗旨所匹配的合规方针。合规方针的建立要与合规目标、战略等内容保持一致，且应以简单明了的语言成文化。另外，合规方针不能是“空中楼阁”，应具有可实践性、可读性等特点。

第三，岗位、责任和权限。金融机构应当建立专门的金融消费者权益保护职能部门，在制度中向机构成员公开其职责和权限。一般应由董事会设立可测量、可监督的金融消费者权益保护管理机制。金融机构应当为职能部门配置足够的资金、系统、信息、人员等资源，建立及时有效的合规绩效报告制度，建立和维护问责机制，并为将合规绩效融入人员绩效体系提供制度支持。职能部门应当负责涉及金融消费者权益保护的合规管理体系的运行，识别合规义务，评估合规风险，测量合规绩效。职能部门应当监督合规管理体系的运转，保障将合规义务纳入制度、流程中，促进有关人员接受培训。金融机构应当保障职能部门有向经理层、董事会、监事会等汇报、反映的机制，还应保障职能部门具有权限接触分支机构、其他部门、员工、合作方等，并具有一定权限调取有关资料、信息和数据。金融机构应当建立制度和机制，要求各个内部机构、部门等配合和支持合规工作，确保其管理范围内的所有人员都遵守合规义务、方针、过程和程序。在经营环节,各内部机构、部门负责人还应建立风险汇报机制、检查机制、培训机制、建议机制、保密机制等,以保障合规管理体系在“最后一公里”的有效性。

3. 策划

在合规管理体系的建立中,金融机构应当根据经营情况、风险来源、合规义务等要素,建立风险应对机制,制定风险应对方案。还应在实施方案中,设计应对措施、有效性评价等内容。

金融机构应当在不同层级中设立不同的金融消费者权益保护合规目标,并且采取合规审计、信息系统记录等手段监测合规履行情况。合规目标应当简单明确行为人要做什么、需要什么资源、谁应负责、何时完成、如何评估结果。

上述机制的建立还应根据法律环境、经营情况、产品结构等要素变化而更新。

4. 支持

资源。金融机构应当对于金融消费者权益保护工作从专项资金、专门人员、专门机制、特定职权等方面提供支持。

能力。金融机构应当保障工作人员在适当的教育、培训或经验的基础上胜任金融消费者权益保护工作。在选聘人员环节,应当进行必要的背景调查,选聘具有金融消费者权益保护工作经验的员工就任相应职位;在入职后,还应确保新人培训内容必须覆盖金融消费者权益保护内容,并制订定期培训计划且进行评审;对于违反合规义务、方针、流程和程序的人员,应进行适当的纪律处分;金融机构应考虑岗位和人员可能引发的合规风险,并在调动和晋升之前进行尽职调查。

意识。金融机构应当通过宣导、培训、团队建设等手段,将金融消费者权益保护的合规方针、合规重要性、不合规影响、信息反馈机制、自身工作岗位与合规的关系等内容传导至员工,提升员工的合规意识。

沟通。合规管理体系下的“沟通”,更多为信息传导、传达的过程。金融机构应当从沟通的内容、对象、时间、方式等方面,制定体系化的信息传导机制,将合规内容和义务传达至所有人员、外部合作方。

文件化信息。金融机构应当将金融消费者权益保护的合规义务，通过合同、制度文本、操作指引、培训课程、宣贯视频等方式，以便于取得的方式提供给员工及外部合作方。

5. 运行

金融机构应当保障金融消费者权益保护机制的运行。

首先，应当对金融消费者权益保护的具体工作建立标准和准则，根据标准和准则对过程进行控制，控制和监测的范围应包括第三方合作机构。

其次，金融机构应当对控制措施进行维护、定期评审和测试，以确保其持续有效。如通过预设的演练以测试控制措施是否可行、能达到什么预期效果、能否被规避、是否切实有效地降低了风险的影响或可能性。

金融机构应当建立金融消费者权益保护的举报机制。应保证举报机制内容，如受理主体、联系方式、举报方式、途径、权利、义务等要素在整个金融机构内可知、可见、可使用。对于举报人及举报内容，应当在制度和流程中采取保密、保护等措施，设立匿名举报机制。

金融机构应制定完善的金融消费者权益保护调查机制。调查过程应由无利益冲突的合规管理人员独立进行，应当向经理层、董事会等权力机构定期报告调查的次数和结果。金融机构应当对调查报告凸显的问题予以重视，并且不断改进合规管理体系，修正制度和流程。

6. 绩效评价

金融机构应当建立内部监督和合规审计制度，定期对金融消费者权益保护工作进行合规审计，对合规绩效和合规管理体系的有效性进行评价。

内部审计和合规等部门应当向管理层提交相应内审、合规报告，并制定保护、保密制度，采取手段防止被恶意修改。另外，内审制度的建立，应当确定每次审核的目标、准则和范围。在选择审核员的机制中，应当建立背景调查、利益冲突回避等机制，以确保审核过程的客观性和公正性。

对合规管理体系进行评审，又称管理评审，应当从适宜性、充分性和有效性方面作出评价。管理评审应包括：以往管理评审提出的相关措施的实施状况；与合规管理体系相关的外部和内部因素变化；与合规管理体系相关的利益相关方需求和期望的变化;合规绩效信息等。

7. 改进

金融机构应当持续改进合规管理体系的适宜性、充分性和有效性。金融消费者权益保护内容也应持续优化制度、更新控制手段、更新法律文件、提高员工意识。

如发现不合规行为,应采取措施控制并纠正,且对后果进行处理,并分析事件发生的原因,必要时更新管理体系内容。

第五节　多元化纠纷解决机制的完善

建立完善的纠纷解决机制既是金融消费者维护自身权益的必要保障,也是金融机构履行消费者权益保护义务的重要内容。原有的纠纷解决大多通过投诉、第三方调解、诉讼、仲裁等方式解决,而在金融产品和服务种类丰富、数字金融迅速发展的今天,推进金融纠纷多元化解机制建设,可以说是畅通金融消费者权利救济渠道、防范化解金融风险的重要举措。

2019 年 11 月,最高人民法院、中国人民银行、原银保监会印发《关于全面推进金融纠纷多元化解机制建设的意见》,确定了以习近平新时代中国特色社会主义思想为指导,全面贯彻党的十九大和十九届二中、三中、四中全会精神,坚持党对司法工作和金融工作的绝对领导,坚持把非诉讼纠纷解决机制挺在前面,建立、健全专业高效、有机衔接、便捷利民的金融纠纷多元化解机制,合理配置纠纷解决资源,保护金融消费者合法权益,促进金融业持续健康发展,全方位提升人民群众的获得感、幸福感、安全感的工作目标。在《关于全面推进金融纠纷多元化解机制建设的意见》的指导下,广东、湖南等多地均出台了相应的金融纠纷多元化解机制建设文件。

在《关于全面推进金融纠纷多元化解机制建设的意见》的指导下,金融机构应指定具体部门推动金融纠纷多元化解工作,将金融纠纷多元化解工作纳入本单位金融消费者权益保护工作绩效考评内容。金融消费者申请采用调解方式解决纠纷的,金融机构应当积极参与调解,配合人民法院、金融纠纷调解组织查明事实。《关于全面推进金融纠纷多元化解机制建设的意见》指出,金融管理部门将金融纠纷调解结案率纳入金融机构消费者权益保护考核评价体系,引导金融机构强化“能调尽调”意识。对于金融机构无正当理由拒不履行已达成的调解协议的,金融管理部门、金融纠纷调解组织可通过投诉形势分析报告、金融纠纷调解运行报告等形式予以公示。

在监管部门、司法机关共同推进金融纠纷多元化解机制建设的背景下,金融机构应当深度参与有关机制的落实。建立调解权限动态授予、异地授予、及时应调、快速审批等机制,保障基层金融机构能够通过调解的方式高效解决金融纠纷。

另外,金融机构应当在营业柜台、官方网站等醒目位置,公示金融消费纠纷内、外部纠纷处理渠道及当地金融纠纷调解组织联系方式。金融机构与金融消费者订立合同时,可与金融消费者约定采用调解方式解决纠纷。

第六节 行业自律是合规实践的有益补充

金融消费者权益保护工作,需要监管部门的建章立制和执法监督,也需要行业发挥自律作用。当前,我国已经成立了中国银行业协会、中国证券业协会、中国证券投资基金业协会、中国互联网金融协会等具有行业影响力的协会,它们在金融消费者权益保护工作中扮演着重要角色,尤其是在自律规则建立、交易者教育、纠纷解决方面发挥了重要作用。

在金融消费者权益保护法律文件条文较为宏观、宽泛的情况下,熟悉行业的行业组织制定自律规则,能够有效地为金融机构制度建设、规范提供参考。如2021年11月29日,中国银行业协会下发的《信用卡催收指引》,适用于经监管批准开展信用卡业务的银行业协会会员单位,对于信用卡催收工作的合规实践具有重要的指导意义。

另外,在数字金融领域,平台类的自律准则也为金融消费者权益保护工作提供指引。如蚂蚁集团通过数字金融平台联合全国金融机构，面向全国消费者提供互联网保险、小微经营者贷款、数字消费信贷、在线理财、信用科技服务，已有多家银行、保险机构、资管机构入驻平台。2021 年 3 月 12 日，蚂蚁集团对外公布了其制定的数字金融平台自律准则，从机构准入、消费者权益保护、数据隐私保护、金融消费安全教育、平台治理等各环节对平台责任义务进行明确，确保平台合规、有序、更健康地发展。

金融机构应当融入行业组织，积极参加行业组织金融消费者权益保护工作，推动消费者教育、员工培训工作，积极推动自律公约和业务指引、多元化纠纷解决机制以及金融消费者权益保护机制的建立。

第七节　数字金融背景下消费者权益保护工作的应对思路

随着科学技术发展，以互联网金融、移动支付等业态为代表的数字金融产业发展迅速。但数字经济的发展给合规工作带来新的挑战，数字金融产业的发展同样伴随着新型法律问题的出现。金融机构作为数字金融产业的主要参与者，面临更多金融消费者权益保护的难点。

第一，数字金融发展带来金融消费者个人信息权益的保障问题。个人信息泄露的主要源头是互联网经济产业，在依托互联网技术的数字金融领域，个人信息具有重要的价值。所以，数字金融领域个人信息泄露成为金融消费者权益保护的重要挑战。另外，个人信息泄露是导致消费者被诈骗、被盗窃的主要原因，也应当重点进行治理。金融机构应当制定内部管理制度和操作规程，对个人信息实行分类管理，合理设置访问和操作权限，定期对从业人员进行安全教育和培训，制定并组织实施个人信息安全事件应急预案，采取相应的加密、去标识化等安全技术措施保障金融消费者信息权益。

第二，算法治理是金融机构面临的新挑战。随着大数据、云计算、人工智能等技术在金融领域的应用，利用算法技术发展金融科技成为金融机构的核心战略。但一直以来,“算法黑箱”“伦理安全”“大数据杀熟”等问题都受到监管部门、社会、个人主体的关注。金融机构应当关注监管部门不断加强的算法备案等政策和要求,核心产品应当进行科技伦理安全审查。在金融消费者权益保护工作方面,金融机构应当保证算法决策的透明度和结果公平、公正,不得对个人在交易价格等交易条件上实行不合理的差别待遇,且应制定金融消费者拒绝接受自动化决策的机制,并建立算法说明制度和流程。另外,在智能投顾应用领域,金融机构应特别注意投资者适当性义务的履行,以防在司法诉讼领域承担金融消费者投资亏损的赔偿责任。

第三,新兴技术应用中金融消费者财产安全已然成为值得关注的重要问题。随着数字金融和金融科技的发展,金融机构和金融消费者建立服务关系的主要媒介已然从线下转为线上。但新兴技术的应用,必然存在网络空间领域的新挑战,如个人信息泄露导致的财产损失、不法分子侵犯金融机构系统安全等。实践中,已经发生金融机构因未采取有效信息保障措施导致个人验证码泄露,进而承担赔偿责任的案例,所以金融机构应当做好系统安全、账户管理和个人信息保护工作,保障金融消费者人身和财产安全。2022 年 9 月出台的《反电信网络诈骗法》对于金融机构的合规工作也具有参考意义。根据该法,金融机构应进行以下合规工作:建立客户尽职调查制度;建立完善符合电信网络诈骗活动特征的异常账户和可疑交易监测机制;建立个人信息被用于电信网络诈骗的防范机制;对从业人员和用户开展反电信网络诈骗宣传;在有关业务活动中对防范电信网络诈骗作出提示,对本领域新出现的电信网络诈骗手段及时向用户作出提醒;对非法买卖、出租、出借本人有关卡、账户、账号等被用于电信网络诈骗的法律责任作出警示等。

第四,金融机构应当严格规制互联网营销行为。数字金融领域,新兴的在线金融产品和服务品类繁多,信息传播速度快、频率高,诸多金融机构和互联网平台等深度融合的产品和服务,使金融机构面临产品和服务营销的新挑战。另外,金融、互联网、市场监督等监管部门对于互联网营销的规制越来越严格,也对金融机构互联网营销行为形成压力。金融机构应当针对数字金融产品和服务建立专门的合规审查机制,建立互联网营销规范,制定营销行为负面清单,严格管理第三方合作产品和服务的营销行为,做好人员培训工作,制定及时有效的投诉应对机制。

第五,ODR(Online Dispute Resolution,在线消费纠纷解决)是数字金融背景下金融纠纷解决的重要手段。数字金融背景下,金融产品和服务主要通过网络途径实现交付,相应的法律合同等文书也均通过电子合同形式签订,金融机构的业务已经超出原有物理空间的限制。通过网络空间提供的产品和服务,一旦发生纠纷,对于金融机构和金融消费者而言,都面临解决的困难。对于金融机构而言,虽然电子合同可以约定争议解决机制,但基于消费者地域分布广泛的原因,可能面临多地域范围的投诉应对和侵权纠纷应对;对于金融消费者而言,网络空间领域的金融纠纷,可能影响其维权的便利性。当前,司法机关、监管部门、社会组织、金融机构均在推进多元化纠纷解决机制的建立和完善,金融机构应当积极参与多元化纠纷解决机制的推进工作,积极探索和建立 ODR 机制,在线处理投诉和解决纠纷,提高客户投诉处理效率,有效降低调解成本、减少机构负面影响。另外,金融监管部门、行业协会、金融机构还可联合仲裁、司法等机构建立“投诉 + 调解 + 仲裁/诉讼”的一站式在线纠纷处理机制,有效解决数字金融背景下的金融纠纷。